ザ・信託

弁護士 宮崎 裕二

信託のプロをめざす人のための
50のキホンと
関係図で読み解く
66の重要裁判例

はじめに

　信託法の改正から 10 年が，信託業法の改正からは 12 年が，それぞれ経過しました。

　それまでの信託については，信託銀行が主に取り扱う「商事信託」であるのに対して，信託法および信託業法の改正後は，一般の個人でも「民事信託」の取扱いが容易となり，これを主に念頭に置いた信託に関する様々な本が公刊されています。また，信託業法の改正により信託業を営む者についての範囲が拡大され，信託銀行以外の免許もしくは登録による信託会社が認められました。

　こうしたことを背景に，信託については，静かなブームが続いています。しかし，それはあくまで「静かな」ものに留まっており，「爆発的な」ブームには到底至っていません。免許や登録が認められた信託会社の数も少なく，また数年を経ずに廃業した信託会社さえあります。

　なぜ，わが国には信託がなかなか根付かないのでしょうか。これまで通り自分の財産を使い，あるいは収益を受けながら，他人に所有権を移転するという方式がわかりにくいのかもしれません。

　そこで，今一度皆さんと一緒に信託の基本について考えながら，信託とはそれほど難しいものではないということを理解してもらえればと思い，第Ⅰ部として，「信託のキホン」という題名を付けました。

他方で，弁護士を含む信託に関与する専門家の方々に，信託をめぐってどのような紛争があり，裁判所がどう判断してきたのか，を具体的にわかっていただくために，第Ⅱ部として，できるだけ多くの裁判例を取り上げました。

　信託の基本だけを書いた本や冊子，あるいは信託に関する裁判例だけを専門的に分析した本はそれぞれありますが，1冊の本の中で両方を第Ⅰ部，第Ⅱ部として取り上げたものはないと思います。それがこの本の特色といえます。そうであるだけに，虻蜂取らず，にならないかと心配してくれる同業者もいますが，今現在は信託のイロハも知らないけれども，信託のプロになりたいと思っている人にとっては，まさに格好の本であると自負しています。

　この本に巡り会った人が，信託とはこういうことか，とまさに目から鱗，と信託のプロになってくれる人が少しでも現れて頂ければ，著者としてこれに勝る喜びはありません。

平成28年11月3日

　　　　　　　　　　　　　　　　宮崎　裕二

目　次

第Ⅰ部　信託のキホン

第1　総　論 ———————————————————— *2*

① 信託が注目されてきた*!!*……………………………………… *2*

② 信託って何？ ………………………………………………… *4*

③ 信託銀行は，何をする銀行かな？ ………………………… *6*

④ 信託会社と信託銀行は，どう違うのかな？　信託会社には，種類があるのかな？ …………………………………… *8*

⑤ 信託銀行が以前から宣伝している「遺言信託」は信託なのか？「本来の遺言信託」とは，どういうことなのかな？ …… *10*

⑥ 信託は，いつ，どこから生まれたのかな？ ……………… *12*

⑦ 日本における信託の歴史は，どのようなものかな？ ………… *14*

⑧ 平成16年に信託業法が改正された*!!*………………………… *16*

⑨ 平成18年12月に新しい信託法と改正信託業法が制定された*!!*……………………………………………………………… *18*

⑩ 商事信託と民事信託の違いは何かな？ ……………………… *20*

第2 信託の仕組み ——————————— *22*

⑪ 信託の基本は三者関係 ……………………………………… *22*

⑫ 委託者とは？ ……………………………………………… *24*

⑬ 委託者が破産した場合は，どうなるのかな？ …………… *26*

⑭ 信託法では，どんなことが禁止されているのかな？ ……… *28*

⑮ 委託者の地位は，どのようなものなのかな？ …………… *30*

⑯ 受託者とは，そして受託者の一般的な義務とは何かな？ …… *32*

⑰ 受託者の具体的な義務には，何があるのかな？ ………… *34*

⑱ 信託事務の処理を第三者に委託することができるのかな？

　信託事務処理代行者とは何だろう？ ……………………… *36*

⑲ 受託者は，どのような責任を負うのかな？ …………… *38*

⑳ 受益者とは誰か，そして受益権とは何かな？ …………… *40*

㉑ 受益者を保護する人には，誰がいるのかな？ ………… *42*

㉒ 受託者の業務に対して指示ができるのかな？ ………… *44*

㉓ 将来，受益者を指定したり変更することができるのかな？

　…………………………………………………………………… *46*

㉔ 委託者が自ら受託者になれるのかな？ ………………… *48*

㉕ 委託者と受益者とが，また受託者と受益者とが同じになっ

　てもよいのかな？ ……………………………………………… *50*

第3 認知症対策としての財産管理 ——————————— *52*

㉖ 以前は認知症でも財産管理への支障がなかった*!!*…………… *52*

㉗ 時代は変わり，意思能力へのチェックが厳しくなった*!!*……… *54*

㉘ 成年後見制度では不動産を処分するのが難しいのかな？ …… *56*

㉙ 任意後見人に付けられる任意後見監督人は，何をするのかな？ ………… 58

㉚ 後見制度支援信託って何だろう？ ……………………………………… 60

㉛ 信託と他の財産管理との違いは何かな？ …………………………… 62

㉜ 認知症に備えて信託を使えるのかな？ ……………………………… 64

㉝ 障害のある子供の将来の生活の安定のために信託を利用できないかな？ ……………………………………………………………………… 66

第4 相続対策としての信託 ———————————————— 68

㉞ 相続って本当にもめるの？ 相続対策は本当に必要なの？ ……………………………………………………………………… 68

㉟ 相続対策は，遺言さえ作成すればよいのかな？ 相続税対策とは，どう違うのかな？ ……………………………………… 70

㊱ 遺言代用信託があると聞いたけど，遺言信託とは，どう違うのかな？ ………………………………………………………………… 72

㊲ 後継ぎ遺贈に代わる受益者連続信託って何かな？ …………… 74

㊳ 遺言信託についてもう一度説明してください!! ……………… 76

㊴ 共有の不動産でも信託できるのかな？ …………………………… 78

㊵ 未成年の子や孫のために信託を使えるのかな？ ……………… 80

第5 さまざまな信託 ———————————————————— 82

㊶ 事業信託って何？ 事業型信託とは，どう違うのかな？ ……… 82

㊷ 受益証券発行信託って何かな？ …………………………………… 84

㊸ 投信，MMF，リート，NISA って何かな？ …………………… 86

㊹ 限定責任信託って何かな？ ………………………………………… 88

㊺ 受益者の定めのない目的信託って何かな？ ……………………… *90*

㊻ 公益信託って何かな？ ……………………………………………… *92*

㊼ セキュリティ・トラストって何かな？ ………………………… *94*

㊽ 年金信託，退職給付信託って何かな？ ………………………… *96*

㊾ ESOP 信託って何かな？ …………………………………………… *98*

㊿ 最近よく聞く「家族信託」って何だろう？ ………………… *100*

第Ⅱ部　信託にかかわる重要裁判例

第 1　信託って何かな？ ——————————————— *107*

【 1 】名義信託って何かな？

（大審院昭和 13 年 9 月 21 日判決・民集 17 巻 20 号 1854 頁）…………… *107*

【 2 】強制執行も訴訟信託違反になるのかな？

（最高裁昭和 36 年 3 月 14 日判決・民集 15 巻 3 号 444 頁）……………… *109*

【 3 】手形の裏書が訴訟信託違反になることがあるのかな？

（大阪地裁平成 8 年 2 月 15 日判決・判時 1576 号 131 頁）……………… *111*

【 4 】取立委任裏書は訴訟信託違反なのかな？

（大阪高裁平成 9 年 1 月 30 日判決・判時 1606 号 143 頁）……………… *113*

【 5 】任意的訴訟信託って何かな？　訴訟信託の禁止に違反しない
のかな？

（最高裁昭和 45 年 11 月 11 日判決・民集 24 巻 12 号 1854 頁）………… *115*

【 6 】弁護士が係争物を譲り受けることは許されるのかな？

（最高裁平成 21 年 8 月 12 日決定・民集 63 巻 6 号 1406 頁）…………… *118*

【 7 】弁護士の預り金は，信託ではないのかな？

（最高裁平成 15 年 6 月 12 日判決・民集 57 巻 6 号 563 頁）…………… *120*

【8】 株式信託は危ういね！

（大阪高裁昭和 58 年 10 月 27 日決定・判時 1106 号 139 頁）・・・・・・・・・・・ *123*

【9】 執行妨害目的の信託は，どうなるのかな？

（大阪高裁平成 8 年 10 月 21 日決定・金判 1013 号 27 頁）・・・・・・・・・・・・・・・ *125*

【10】 知らない間に信託が成立している!?

（最高裁平成 14 年 1 月 17 日判決・民集 56 巻 1 号 20 頁）・・・・・・・・・・・・・・ *128*

【11】 損害保険代理店の預金は，信託にはならないのかな？

（最高裁平成 15 年 2 月 21 日判決・民集 57 巻 2 号 95 頁）・・・・・・・・・・・・・・ *132*

【12】 転貸人の提供した敷金の返還請求権は，信託とはいえないの
かな？

（大阪高裁平成 20 年 9 月 24 日判決・高民集 61 巻 3 号 1 頁）・・・・・・・・・・・・ *134*

【13】 詐害信託になるのは，どういうときかな？

（東京地裁昭和 61 年 11 月 18 日判決・金判 772 号 31 頁）・・・・・・・・・・・・・・ *138*

【14】 不動産の信託登記が怪しいときは，どうすればよいのだろう？

（広島地裁平成 5 年 7 月 15 日判決・金法 1386 号 82 頁）・・・・・・・・・・・・・・・ *140*

【15】 友人同士による旅行のための積立預金は何だろう？

（東京地裁平成 24 年 6 月 15 日判決・金判 1406 号 47 頁）・・・・・・・・・・・・・・ *142*

【16】 第三者名義の預金について信託が成立するのかな？

（東京地裁平成 25 年 6 月 25 日判決・判タ 1417 号 339 頁）・・・・・・・・・・・・・ *144*

【17】 信託の登記と譲渡の登記

（最高裁昭和 25 年 11 月 16 日判決・民集 4 巻 11 号 567 頁）・・・・・・・・・・・・ *147*

第 2　受託者はつらい立場だね ―――――――――――― *150*

【18】 信託受益権に対する質権取得は，受託者の利益享受の禁止に
触れるのかな？

（大審院昭和 8 年 3 月 14 日判決・民集 12 巻 4 号 350 頁）・・・・・・・・・・・・・・ *150*

【19】 委託者兼受益者が信託の目的に反する意思を表明した後に，
受託者はどうすればよいのかな？

(大審院昭和 9 年 5 月 29 日判決・法律新聞 3706 号 13 頁) ………… *152*

【20】 共同受託した信託財産の保存行為は，全員でする必要がある
のかな？

(大審院昭和 17 年 7 月 7 日判決・民集 21 巻 13 号 740 頁) ………… *154*

【21】 賃貸ビルの敷金返還義務は，受託者に承継されるのかな？

(最高裁平成 11 年 3 月 25 日判決・判時 1674 号 61 頁) ………… *157*

【22】 不動産の共有持分の集団信託で受託者の公平義務と守秘義務
が衝突したことがあるのかな？

(東京地裁平成 13 年 2 月 1 日判決・判タ 1074 号 249 頁) ………… *160*

【23】 集団信託での受託者の公平義務や説明義務とはどういうもの
かな？

(東京地裁平成 14 年 7 月 26 日判決・判タ 1212 号 145 頁) ………… *164*

【24】 著作権管理信託って何？　この受託者の義務で争われたのは
何かな？

(東京高裁平成 17 年 2 月 17 日判決（ウェストロー・ジャパン）) ……… *170*

【25】 年金信託での信託財産について合同運用義務があるのかな？

(大阪高裁平成 17 年 3 月 30 日判決・判時 1901 号 48 頁，原審神戸地裁
平成 15 年 3 月 12 日判決・判時 1818 号 149 頁) ……………… *175*

【26】 共同受託において代表受託者の注意義務とはどういうものか
な？

(東京地裁平成 21 年 3 月 27 日判決・金法 1890 号 10 頁) ………… *178*

【27】 不動産の信託では，受託者が管理業務を管理会社に任せるの
が普通だが，その不動産で生じた事故について責任を負うの
はどちらかな？

(東京地裁平成 24 年 2 月 7 日判決・判タ 1404 号 200 頁) ………… *180*

【28】 過払金の不当利得返還義務は受託者に承継されるかな？　債
務者対抗要件を備えていないときはどうかな？

(大阪高裁平成 25 年 7 月 19 日判決・判時 2198 号 80 頁) ·················· *183*

【29】 年金信託の受託者には助言義務があるのかな？

(大阪地裁平成 25 年 3 月 29 日判決・判時 2194 号 56 頁) ·················· *187*

第3　受託者にも言い分はある ———————————— *191*

【30】 遺言執行者への委託って何だろう？

(最高裁平成 5 年 1 月 19 日判決・民集 47 巻 1 号 1 頁) ·················· *191*

【31】 内諾した信託の受託を断れるのかな？

(東京地裁平成 16 年 3 月 30 日判決・判例秘書) ·················· *194*

【32】 受託者は受益者に対して費用補償請求ができるのかな？

(最高裁平成 23 年 11 月 17 日判決・金法 1935 号 59 頁) ·················· *197*

【33】 委託者指図型投資信託で委託者が情報提供を怠ったとして，
受託者の委託者に対する損害賠償請求が認められるのかな？

(東京地裁平成 21 年 6 月 29 日判決・判時 2061 号 96 頁) ·················· *200*

【34】 貸付債権について信託譲渡を受けた信託銀行が，同じ貸付債
権について二重譲渡を受けて債権回収をした銀行に対して請
求ができるのかな？

(東京地裁平成 22 年 7 月 27 日判決・判時 2090 号 34 頁) ·················· *204*

第4　受益権って何だろう？ ———————————— *206*

【35】 投資信託受益証券って何だろう？

(東京地裁昭和 45 年 12 月 17 日判決・判時 629 号 69 頁) ·················· *206*

【36】 投資信託の受益権を表示する証券は無記名債権かな？

(東京地裁平成 19 年 11 月 29 日判決・判例秘書) ·················· *208*

【37】 他人の名義を借用した貸付信託受益権に対する強制執行を本来の受益権者は排除できるのかな？

（大阪高裁昭和 58 年 2 月 16 日判決・判タ 496 号 110 頁）‥‥‥‥‥‥‥ *210*

【38】 信託受益者による信託対象土地の転借人に対する損害賠償請求ができるのかな？

（東京地裁平成 16 年 8 月 25 日判決・判例秘書）‥‥‥‥‥‥‥‥‥‥‥‥ *212*

【39】 受益証券の換金の申し出でどんな効力が生じるのかな？

（名古屋高裁平成 21 年 10 月 2 日判決・金法 1883 号 39 頁，原審名古屋

地裁平成 20 年 12 月 19 日判決・金法 1883 号 51 頁）‥‥‥‥‥‥‥‥‥ *215*

【40】 受益権の放棄はできるのかな？

（大阪地裁平成 25 年 3 月 7 日判決・判時 2190 号 66 頁）‥‥‥‥‥‥‥ *217*

【41】 共同相続された投資信託受益権について，法定相続分に応じた支払いの請求ができるのかな？

（最高裁平成 26 年 2 月 25 日判決・民集 68 巻 5 号 462 頁，原審福岡高裁

平成 23 年 8 月 26 日判決・1 審熊本地裁平成 22 年 10 月 26 日判決）‥‥‥ *221*

【42】 共同相続された投資信託受益権について，相続開始後に償還された元本等について，法定相続分に応じた支払いの請求ができるのかな？

（最高裁平成 26 年 12 月 12 日判決・民事 248 号 155 頁）‥‥‥‥‥‥‥ *223*

第5　信託の取引はヤバイかな!? ——————————— *226*

【43】 不動産投資信託商品の販売会社や受託者が説明義務違反等に問われたことがあるのかな？

（東京地裁平成 14 年 1 月 30 日判決・金法 1663 号 89 頁）‥‥‥‥‥‥‥ *226*

【44】 不動産の信託による証券化に関して仲介手数料を取ってよいのかな？

（東京地裁平成 17 年 12 月 27 日判決・判例秘書）‥‥‥‥‥‥‥‥‥‥‥ *228*

【45】 土壌汚染された土地の信託受益権を買い受けた場合に売主に対し瑕疵担保責任を追及できるのかな？

（東京地裁平成 18 年 11 月 28 日判決（ウェストロー・ジャパン））……… *230*

【46】 信託受益権の売買で融資が付かない場合に失効する条項があるときに，買主が受託者指定義務を負わないことがあるのかな？

（東京地裁平成 21 年 9 月 1 日判決・判タ 1324 号 176 頁）……………… *232*

【47】 投資信託の受益証券を販売した銀行が勧誘行為で責任を問われたことがあるのかな？

（大阪地裁平成 25 年 2 月 20 日判決・判時 2195 号 78 頁）……………… *235*

【48】 区分所有権を信託財産とした信託受益権の買主が違法建築を理由に信託受託者に対し責任を追及できるのかな？

（東京地裁平成 23 年 6 月 14 日判決・判時 2148 号 69 頁）……………… *238*

【49】 ハイリスクで一般にはわかりにくい投資信託の勧誘をした証券会社が金融取引について実務経験を有する者に対する責任はあるのかな？

（東京地裁平成 23 年 11 月 9 日判決・金法 1961 号 117 頁）……………… *241*

【50】 レバレッジリスクって何だろう？　その説明義務違反等で責任を認められたことがあるのかな？

（東京地裁平成 23 年 12 月 7 日判決・判時 2139 号 46 頁）……………… *243*

【51】 信託に絡む複雑な取引で証券会社の説明義務を否定した最高裁判決があるのかな？

（最高裁平成 28 年 3 月 15 日判決・判時 2302 号 43 頁）……………… *246*

第6 受益者がヤバくなったら… ———————————— *250*

【52】貸付信託担保貸付と定期預金担保貸付は同じように考えてよいのかな？

　　（東京高裁平成 8 年 11 月 28 日判決・判タ 962 号 171 頁）……………… *250*

【53】公共工事前払金の預金について破産管財人は支払請求できるのかな？

　　（東京高裁平成 12 年 10 月 25 日判決・金判 1109 号 32 頁）…………… *252*

【54】信託財産に属しない信託銀行の貸付債権と信託財産に属する受益者に対する元本等の引渡し債務との相殺は許されるかな？　合意相殺ならどうかな？

　　（大阪高裁平成 12 年 11 月 29 日判決・判時 1741 号 92 頁，原審京都地裁

　　平成 12 年 2 月 18 日判決・金法 1592 号 50 頁）……………………… *255*

【55】委託者が解散した場合に受託者は信託契約を解除して商事留置権を行使できるのかな？

　　（大阪高裁平成 13 年 11 月 6 日判決・判時 1775 号 153 頁）…………… *258*

【56】証券投資信託を差押えできるのかな？

　　（最高裁平成 18 年 12 月 14 日判決・民集 60 巻 10 号 3914 頁）………… *261*

【57】公共工事前払金の預金と貸付金の相殺と破産管財人の預金払戻請求のどちらが優先するのかな？

　　（福岡高裁平成 21 年 4 月 10 日判決・判時 2075 号 43 頁）…………… *264*

【58】銀行が販売した投資信託の受益者が破産した場合に，信託の解約金支払債務と貸付金を相殺できるのかな？

　　（大阪高裁平成 22 年 4 月 9 日判決・金法 1934 号 98 頁，原審大阪地裁平

　　成 21 年 10 月 22 日判決・金法 1934 号 106 頁）…………………… *268*

【59】 銀行が販売した投資信託の受益者が民事再生手続開始となった場合に，その後に受益者の了解を得ずに行った解約について不法行為責任を負うのかな？

(大阪地裁平成 23 年 1 月 28 日判決・金法 1923 号 108 頁) ················ *272*

【60】 信用金庫が販売した投資信託の受益者が破産した後に破産管財人が解約実行請求した一部解約金が信用金庫の破産者名義の預金口座に入金されたときに，信用金庫は相殺できるのかな？

(大阪地裁平成 23 年 10 月 7 日判決・金法 1947 号 127 頁) ··············· *278*

【61】 民事再生の再生債権と投資信託受益権について債権者代位により解約実行請求されたことにより負担することとなった支払債務との相殺は認められるのかな？

(最高裁平成 26 年 6 月 5 日判決・民集 68 巻 5 号 462 頁，原審名古屋高

裁平成 24 年 1 月 31 日判決・判タ 1389 号 358 頁を破棄，1 審名古屋地

裁平成 22 年 10 月 29 日判決・金法 1915 号 114 頁) ························· *282*

第7 信託と税金の関係は，どうなんだろう？ ——————— *287*

【62】 信託受益権の時価って何だろう？
(福岡地裁昭和 49 年 10 月 1 日判決・訟務月報 20 巻 13 号 124 頁) ········· *287*

【63】 不動産信託の受益権譲渡は，不動産の譲渡か金融取引か？
(東京地裁平成 25 年 2 月 25 日判決・判例秘書，東京高裁平成 25 年 7 月

19 日判決・判例秘書) ······································· *291*

【64】 劣後受益権の収益配当金の会計処理はどうするのかな？
(東京高裁平成 26 年 8 月 29 日判決・ジュリスト 1475 号 8 頁，原審東京

地裁平成 24 年 11 月 2 日判決・ジュリスト 1451 号 8 頁) ··················· *300*

xii

【65】 アメリカ国籍のみを有する者を受益者とする信託と贈与税

（名古屋高裁平成 25 年 4 月 3 日判決・ジュリスト 1460 号 8 頁）‥‥‥‥ *309*

【66】 信託の受託者が所有する信託財産である土地と固有財産の家
屋に係る賃料債権に対する滞納処分の差押えは適法なのか
な？

（最高裁平成 28 年 3 月 29 日判決・裁判所時報 1649 号 135 頁）‥‥‥‥ *319*

終わりに代えて ─────────────────────────── *323*

■**信託法**（大正 11 年 4 月 21 日・法律第 62 号，最終改正：平成 18 年 12 月 15 日・
法律第 109 号）‥‥‥‥‥‥‥‥‥‥‥‥‥‥‥‥‥‥‥‥‥‥‥‥ *327*

■**信託法**（平成 18 年 12 月 15 日・法律第 108 号，最終改正：平成 26 年 6 月 27 日・
法律第 91 号）‥‥‥‥‥‥‥‥‥‥‥‥‥‥‥‥‥‥‥‥‥‥‥‥ *334*

■**信託業法**（平成 16 年 12 月 3 日・法律第 154 号，最終改正：平成 28 年 6 月 3 日・
法律第 62 号）‥‥‥‥‥‥‥‥‥‥‥‥‥‥‥‥‥‥‥‥‥‥‥‥ *426*

●用語索引 ─────────────────────────── *519*

●判例索引 ─────────────────────────── *522*

第 I 部
信託のキホン

2　第Ⅰ部　信託のキホン

第1　総　論

① 信託が注目されてきた!!

　最近，「信託」という言葉を耳にする機会が増えてきたようです。

　小さな本屋へ行っても，「信託」に関する解説本を何冊も目にするようになりました。

　信託についての今や第一人者といわれ，『[新訂] 新しい家族信託』（日本加除出版）の著者でもある遠藤英嗣元公証人の講演を聴く機会がありましたが，この1，2年，信託についての相談や，公正証書による信託契約書作成の依頼が急速に増加したとお話しされていました。

　このように信託が注目されるようになった背景としては，長寿社会の本格化による財産管理の必要性と相続対策があると思われます。

　財産管理については，平成12年に**成年後見制度**や**任意後見制度**が施行されましたが，これらはいずれも家庭裁判所の監督下にあるため硬直的で融通が利かないという批判があり，私の経験からも，この批判はあながち的外れとはいえないと思います。

相続対策の代表例として**遺言**がありますが，自筆証書遺言は要件が厳しいこと，公正証書遺言は証人が2人必要であることなど，それぞれに手続きが面倒である上に，自分が直接財産を承継させる相手方だけしか決められず，その次の財産承継について口出しできないという問題があります。

ところが，信託であれば，信託契約をする当事者間で決めた内容について，家庭裁判所の監督は不要です。

また，財産の承継について，直接の相手方だけでなく，その後の承継人もあらかじめ決めることができます。

平成27年1月1日から相続税が増税されたことにより，巷では相続税対策としての遺言や養子縁組等が喧伝されていますが，弁護士の立場からみると，少し違和感を感じます。

相続税対策にばかり目が行くと，肝心の相続人に対する配慮がおろそかになり，かえって相続紛争を引き起こしてしまうことになりかねないからです。

資産の管理と承継が円滑に行われるためには，相続時という一点にだけ焦点を当てるのではなく，自分自身ではそろそろ資産管理が面倒だなと思うようになった頃から，中長期的に資産管理と資産承継を考えることが，重要なポイントと思います。

この面からも，財産管理や相続対策として，早い時期から信託という選択肢を取り入れることで，新たな可能性を切り拓くことができるのではないかと思います。

信託に注目が集まり始めた今だからこそ，信託の本当のスゴサをしっかりと理解しておく必要があるでしょう。

② 信託って何？

「そもそも，信託って何か？」，と聞かれますが，あることを「信じて託す」ことと答えます。

それでは，2つの漢字を分解しただけではないか，といわれそうですが，その通りとしかいいようがありません。

もっとも，信じて託す対象はいろいろあり，無限大ともいえます。

たとえば，国の政治を国会議員に任せることも信託です。

そのことが，憲法の前文に書かれているので，一部抜粋します。

「そもそも国政は，国民の厳粛な信託によるものであって，その権威は国民に由来し，その権力は国民の代表者がこれを行使し，その福利は国民がこれを享受する。これは人類普遍の原理であり……。」

もっとも，信託法や信託業法が信託の対象としているのは「財産」ですから，この本では，もっぱら財産の信託を前提とします。

そこで，信託の定義としては，ある財産を持っている人（この人を**委託者**といいます）が，ある人もしくはある会社等の法人（この人もしくは法人を**受託者**といいます）に対し，一定期間（自分の死後も含めて）その財産について名義を移転する方法により管理や処分を任せること，となります。

不動産でいえば，所有権移転登記までするのですから，その相手方に対してよほどの信頼がないとできないことです。

信頼の源泉は，身内だからというだけでなく，弁護士，司法書士とい

（第1 総 論） *5*

う職業を信頼してというものもあるし，信託銀行，信託会社という信託
業法で厳しく規制されている会社だからということもあります。

　いずれにしても，委託者が受託者に対し，ある財産を「信じて託す」
わけですから，受託者も，中途半端な気持ちで信託を引き受けるわけに
はいきません。

　委託者は，受託者に対し，何の目的でどのようなことをしてもらうた
めに，ある財産を信託しようと思っているのか，受託者との間で十分に
話し合って，信託の内容を決めた上で，信託契約を結ぶか，もしくは遺
言を作成しておく必要があります。

　その目的としては，ある人のために，その財産から生ずる賃料などの
収益や最終的にその財産そのものを渡すことがあります。

　この人のことを**受益者**といいます。

　委託者が自分自身のために受託者に財産を託すのであれば，委託者と
受益者は同じ人となります。

　以上から，**信託とは，委託者が，受託者に対し，受益者のために，財
産の名義を移して，管理や処分を任せること**だといえます。

③ 信託銀行は，何をする銀行かな？

　信託銀行というのは，一般には，主として信託業務を行う銀行のことをいいます。

　わが国では，銀行法に基づく免許を受けた銀行のうち，「金融機関の信託業務の兼営等に関する法律」（**兼営法**といいます）によって，信託業務の兼営の認可を受けた銀行です。

　信託銀行は，実にさまざまな業務を行います。

　まずは「銀行」ですから，他の都市銀行等と同様に，預金の預け入れや金銭の貸し付けをします。

　他方で，信託銀行には「不動産部」というのがあり，一般の不動産業者（正確には宅地建物取引業者，いわゆる宅建業者）と同様に，不動産の売買，賃貸およびその仲介を行います。

　また，不動産鑑定士の資格を有する従業員が多数在籍し，土地等の不動産の時価や建物賃料の鑑定を行うこともできます。

　さらに，信託銀行は，会社法上の株主名簿管理人として，発行会社の株式に係る各種事務等を行います。

　これは，一般的に「証券代行業務」といわれており，株主総会に関する諸々のお手伝いをしています。

　そして，信託銀行は，この本の中心テーマである「信託業務」を取り扱っているのです。

　これまでに，信託銀行が取り扱った信託としては，バブルの時代に

〈ビッグ〉といわれた**貸付信託**，〈ヒット〉といわれた**金銭信託**，そして，土地所有者から土地の信託を受けて，ビル等を建築してその家賃収入を土地所有者に収益として分配する**土地信託**が有名です。

他にも，「投信」として略称される**証券投資信託**や企業年金基金の運用をする**年金信託**も取り扱っています。

なお，信託銀行の商品名でもっとも有名な**遺言信託**は，実は信託法でいう「信託」ではありません。

信託銀行の扱う「遺言信託」は，遺言の作成，保管，そして執行を業務とするもので，遺言で書かれた財産そのものを受託するわけではないからです。

それにしても，信託銀行は，普通の銀行と比べると，実にさまざまな業務を行っていますね。

信託会社と信託銀行は、どう違うのかな？
信託会社には、種類があるのかな？

　一般の**信託会社**は、銀行ではありません。

　したがって、預金の預け入れ等の銀行業務を行うことはできません。

　信託会社は、信託銀行以外で信託の引き受けを業（これを**信託業**といいます）とすることのできる会社です。

　信託銀行が兼営法に基づいて認可されたのに対して、信託会社は信託業法に基づいて設立されています（信託業法および新・旧の信託法の全条文は巻末に掲載してあります）。

　信託会社には、信託業法3条による内閣総理大臣の免許を受けた者と、信託業法7条による内閣総理大臣の登録を受けた者の2種類があります（信託業法2条2項）。

　免許まで必要としないで登録ですむのは、**管理型信託業**の場合です。

　管理にとどまらず、**運用型信託業**を営むためには、免許を受けなければなりません。

　資本金については、運用型信託業の会社は1億円以上、管理型信託業の会社は5,000万円以上とされています。

　また、運用型信託業の場合は2,500万円、管理型信託業の場合は1,000万円の営業保証金を法務局に供託しなければなりません。

　平成27年12月末時点で、運用型信託業を営む信託会社は、関東財務局管内の7社のみです。

これに対して，管理型信託業を営む信託会社は，関東財務局管内の7社および近畿財務局管内の4社にすぎません。

つまり，合計しても，18社にとどまっているのです。

他人の重要な財産を名義を移して預かるのですから，信託業を営むためには設立段階で相当に厳しいチェックを受けることになります。

実際，私がある信託会社から聞いたところによれば，最初に財務局に相談に行ってから免許が下りるまでに3年以上要し，その間何の音沙汰もなかったということで，途中であきらめかけたこともあるといっていました。

なお，信託業法では，2つの特例が規定されています。

1つは，同一の会社集団に属する者の間における信託についての特例です（51条）。

同一集団内での会社間の信託であれば，届出だけで業務を行うことができ，資本金の制限もなく，営業保証金の供託も不要です。

もう1つは，特定大学技術移転事業に係る信託についての特例です（52条）。俗にTLOといわれるもので，登録は必要ですが，資本金の制限はありません。営業保証金は1,000万円が必要です。

以上のとおり，**新しい信託業法に基づき，さまざまな信託会社の設立が可能となりました。**

信託銀行が以前から宣伝している「遺言信託」は信託なのか？「本来の遺言信託」とは，どういうことなのかな？

　この**遺言信託**は，少なくとも，信託法でいう信託ではありません。

　なぜなら，信託銀行が新聞広告等でよく宣伝しているのは，遺言の「作成」と「保管」と「執行」にすぎず，これらは，私たち弁護士も業務として取り扱っているものだからです。

　もしも，これが「信託」ということになると，弁護士の大部分は信託業法の免許や登録を受けていないので，遺言の作成業務等に関与するだけで信託業法違反ということになりかねませんが，これまでにそのようなことを指摘された弁護士は一人もいません。

　そもそも信託とは，財産の管理等を任されることですが，遺言自体は財産ではありません。

　なるほど，遺言執行は，**遺言者**が遺言に書いた財産の承継を**遺言執行者**において実行することですから，遺言者が遺言執行者に財産承継を託したという点で広い意味では，「信託」の一種といえなくもありません。

　実際のところ，アメリカの信託業務の育ての親として知られる「フランシス・ヘンリー・フリース」の伝記本に，遺言執行者が信託会社の役割の初めに挙げられているほどです（『信託の真髄』206頁，G・T・スティーブンソン著，三菱信託銀行フリース研究会訳，東洋経済新報社）。

　しかし，**遺言執行**は，民法1004条以下で認められた民法上の制度で

あって，わが国においては信託法の制度ではありません。

　特に，遺言執行者の欠格事由について，民法1009条は「未成年者及び破産者」だけとしており，しかも民法1018条では，遺言執行者が報酬を受けることを当然の前提としており，信託業法が信託を業とする者について厳格に規制していることと合いません。

　したがって，信託銀行のいう「遺言信託」は，わが国の信託法や信託業法が予定している「信託」ではなく，一つの「商品」にすぎないといえます。

　それでは，**本来の遺言信託**とは何かといえば，信託法2条2項2号，3条2号の「遺言の方法による信託」ないしは「遺言による信託」を指すのです。

　信託は，一般的には，信託契約という方法でなされます。

　財産の管理を信じて託そうとする人と管理を託される人との間の契約です。

　託される人もあらかじめ託す人との間でその内容を詰めておかないと，誤解があってはいけないからです。

　しかし，託そうとする人が急病にかかったりして，そのような契約をする余裕がないときなどは，託される人の了解を取らずに，信託を遺言でする場合もあるのです。

　これが，「本来の遺言信託」です。

　つまり，信託法が定めている「本来の遺言信託」とは，遺言という方法によって信託を設定することをいうのです。

⑥ 信託は，いつ，どこから生まれたのかな？

　そもそも，信託というものが，いつ，どこから始まったのかということについては，いろいろいわれています。

　太古の昔からあったという説もあります。

　たとえば，「信託協会」の HP によれば，「紀元前 1805 年の古代エジプト人によって書かれた遺言書の中に，既に信託の考え方のきざしを見ることができます。」と記述されています。

　ローマ帝国の時代に，相続権のない女性に財産を残す制度として信託が利用されたという説もあります。

　一般的には，13 世紀ころから普及したイギリスの**ユース**が，信託の原型であるといわれています。

　騎士が家族のために自分の信頼する友人に土地を委ねて，十字軍等に出征したということです。

　また，直接教会に譲渡できないために地域の団体に土地を譲渡することで，実質的に教会へ財産を寄付することにも利用されました。

　その後，財産を譲り受けた人がその信頼に背いて横領するなどの弊害が目につくようになり，一時は「ユース禁止法」まで制定されました。

　そして，さまざまな紆余曲折を経たものの，ユースに対する実務的要請が消えることはなく，20 世紀前半に信託の法整備がなされました。

　このような経過から，イギリスでは，信託の目的が不動産で，信託の受託者が個人であることが一般的で無報酬でした。**パーソナル・トラス**

トといわれます。

　このイギリスの制度が海を渡ってアメリカに輸入されたのですが，その中身は相当に変わりました。商業的な色彩がぐっと出てきています。

　アメリカの開拓や開発のための資金調達手段として信託が利用されたのです。資金を提供する側からみたら投資目的といえます。

　そこで，信託の目的は金銭で，信託の受託者は個人というよりも，金銭を運用する専門的な会社が主流で，業務として受託するわけですから，報酬を請求することになります。**ビジネス・トラスト**といわれます。

　もっとも，アメリカと一口にいっても，各州によって信託の制度は異なります。信託に関する法律の制定は州が行うことになっているからです。

　わが国は，後で述べるように，イギリスよりも主としてアメリカのビジネス・トラストの制度を取り入れてきました。

日本における信託の歴史は，どのようなものかな？

　日本で信託を最初に取り入れた法律は，**担保附社債信託法**（明治38年法律52号）といわれています。

　担保附社債信託とは，社債発行会社（委託者）が，社債権者（受益者）のために，委託者の財産に受託者を担保権者として担保権を設定するものです。外資獲得のために，この法律が制定されました。

　その後，大正時代に入って，信託の名の下に悪質な信託業者が信託を悪用するケースが目立ったため，信託および信託業を規制するために大正11年に**信託法**と**信託業法**が制定され，翌12年に施行されました。

　もっとも，信託業法は実際上機能しませんでした。

　というのも，この信託業法に基づく専業の信託会社は，戦前・戦後の経済の混乱の中ですべて消滅してしまったからです。

　その反面，昭和18年に信託会社を銀行と合併させるいわゆる兼営法（名称の変遷があって，現在は**金融機関の信託業務の兼営等に関する法律**）が立法化されて，この兼営法の許可に基づく信託銀行のみが信託業を行うことになったのです。

　信託銀行は，貸付信託等の金融商品の販売により長期資金の貸付を行うことができましたが，信託をより柔軟にかつ幅広く活用するために，平成16年に信託業法が改正され，信託会社の設立ができるようになりました。

　この**改正信託業法**に基づき，新たな信託会社が登場してきました。

ところで，信託の種類としては，信託銀行の貸付信託の他に，昭和の終わりころから平成の初めにかけてのいわゆるバブル時代に土地信託が流行りましたが，バブル崩壊とともに土地信託はほぼ消滅し，貸付信託も激減しました。

他方で，平成12年に成立した**資産の流動化に関する法律**および**投資信託及び投資法人に関する法律**（いわゆる**投信法**）により，投資対象としての信託受益権が表に出るようになりました。

旧信託法は，悪質な信託業者を取り締まる前提として，信託とはどういうものかという観点で制定されたため，強行法規（当事者同士の話し合いでの変更ができない規定）が多く，柔軟性に欠けていました。

そこで，「規制改革・民間開放推進会議」等による信託法等の改正の動きが活発化してきました。

平成13年3月30日に閣議決定された「**規制改革推進3か年計画**」において，信託会社のあり方について検討を開始する方針が示され，平成15年3月28日に閣議決定された「規制改革推進3か年計画（再改定）」において受託可能財産の制限緩和などが検討課題とされ，さらに，同年7月28日付の金融審議会金融分科会第2部会の「**信託業のあり方に関する中間報告書**」において，知的財産権を信託に活用することなどの必要性が述べられています。

これを受けて，平成16年の**信託業法の改正**へと進んでいきました。

⑧ 平成16年に信託業法が改正された!!

大正11年に成立した信託業法は，悪質な業者を取り締まるために，信託会社について免許制を採用しましたが，これに基づいて設立された信託会社は，⑦で述べたように，戦後間もなくすべて消えてしまい，兼営法に基づく金融機関だけが信託業を行ってきました。

しかし，信託の活用を図るためには，信託業者の拡大が不可欠であることから，平成15年3月28日閣議決定の「規制改革推進3か年計画」において，信託会社の一般事業法人への解禁等が検討事項とされ，平成16年11月26日に改正信託業法が成立し，同年12月30日から施行されています。

平成16年改正信託業法の目玉は2つあります。

第1の目玉は，信託業者の受託可能財産について，改正前は，①金銭，②金銭債権，③土地及びその定着物，④有価証券，⑤動産，⑥地上権及び土地の賃借権，の6種類だけを限定列挙していたのを，財産権一般に拡大したことです。

これにより，特許権や著作権などの知的財産権や担保権等についても受託できることになりました。

第2の目玉は，兼営金融機関の他に，免許による運用型信託会社と登録による管理型信託会社を制度化したことです。

他にも，届出による同一グループ間のグループ内信託会社や，登録による特定大学技術移転事業に係る信託，いわゆるTLOの信託を認めて

います。

こうして，信託業を営む会社を拡大する方向に大きく舵を取りました。

さらに，信託サービスの利用者の窓口拡大として，信託契約代理店制度を創設しました。

また，このときに制度化された「信託受益権販売業者制度」について，金融商品取引法施行後は，同法上の金融商品取引業として規制されるようになりました。

もっとも，「信託の担い手の拡大」といいながら，信託の受託者に弁護士や弁護士法人等の専門家を入れなかったことについては，強い批判があります（新井誠『信託法（第4版）』23頁，有斐閣）。

なお，平成18年の信託法の成立を受けて，信託業法も再度改正されました。その内容は⑨のとおりです。

平成18年12月に新しい信託法と改正信託業法が制定された!!

　⑦や⑧で述べた経緯もあり，平成16年9月に法務大臣から法制審議会に対し，信託法の現代化を図る必要性があるとして，諮問がなされました。

　法制審議会では信託部会が設置され，平成17年7月には「信託法改正要綱試案」が，平成18年1月には「信託法改正要綱案」が，それぞれ決定され，同年2月に法務大臣に答申されました。

　他方で，金融審議会金融分科会第2部会において，同年2月に「信託法改正に伴う信託業法の見直しについて」の報告がなされました。

　これらを受けて，同年12月に新しい信託法および改正信託業法が制定され，翌19年9月30日に施行されました。

　まず，**新しい信託法**のポイントとしては，3つあると言われています。

　第1は，受託者の義務等の内容を適切な要件の下で合理化したことです。

　特に，**忠実義務**について一般規定を設けた上で，一定の要件を満たせば利益相反行為が許される，つまり任意規定化が認められることになりました。

　また，旧法では信託事務のすべてを受託者が処理する**自己執行義務**の建前であったのを，信託の目的に照らして相当であるときは第三者への委託を許容する等，第三者への委託範囲を拡大しました。

　第2は，受益者の権利行使の実効性や機動性を高めるための規律の整

備をしたことです。

複数の受益者による意思決定を多数決で行えるようにしました。

また，受託者の受益者に対する定期的な**情報提供義務**を課したり，受益者のために**信託監督人**や**受益者代理人**の制度を創設しました。

第3は，多様な信託の利用形態に対応する制度を整備したことです。

信託の併合や分割の制度を創設しました。

また，委託者が自ら受託者となる**自己信託**を認めました。

受益権を有価証券として発行する**受益証券発行信託**や，受託者の責任が信託財産に限定される**限定責任信託**，そして，公益信託以外にも受益者の定めのない**目的信託**等も認められています。

平成18年改正信託業法の内容としては，主に2つあります。

第1に，新しい信託法で任意規定化が認められた善管注意義務や分別管理義務等について，信託業者については従来通りの厳しい義務が課せられました。

第2に，信託法で新たに認められた自己信託について，受益者が50名以上になると信託業法の規制対象となるとともに，受益者保護のために，信託設定が真正になされたことを弁護士等にチェックさせる義務などが課せられました。

以上のとおり，**新しい信託法でいわば規制緩和がなされる一方で，信託業法では厳しい規制が課せられたということは，改正として中途半端なきらいがしないではありません。**

⑩ 商事信託と民事信託の違いは何かな？

　かつては，信託銀行や信託会社が営業のために受託する場合を**商事信託**，営業ではない個人間の信託を**民事信託**と分類するのが一般的でした。

　信託銀行などは，貸付信託や金銭信託等の商品名で大衆から集めた金銭を，主に大きなプロジェクトに投資するなどの運用をしていました。

　その一方で，民事信託として想定されていた典型例は，親族間の贈与や相続の代用品として個人間で信託を利用し，そのために親族などに財産管理を任せることで，実際に「第Ⅱ部　信託にかかわる重要裁判例」をみても，家督相続人以外の者に相続させる手段として民事信託が利用されていました。

　ところが，最近は，信託銀行自身が「福祉型信託」などの商品名で，贈与や相続などの代用品を提供するようになり，民事信託と商事信託の区別が曖昧となってきました。

　そこで，信託を受ける者が信託銀行や信託会社であれ，親族等の個人であれ，家族や親族への贈与や相続に代わる財産の移転が目的ということであれば，民事信託といってよいのではないか，という考え方が強く出されてきました。

　民事信託と商事信託をあえて区別する理由は，民事信託であれば，信託業法の強い規制をかけなくて済み，信託法だけの適用であればもっと弾力的な運用ができるのではないかという思惑があるからだと思いま

す。

　私自身も，家族間の財産移転にかかる信託については，信託業法の網をかぶせなくてもよいのではないかと思っています。

　そうでないと，平成18年の衆議院および参議院の各法務委員会が行った「信託法案および信託法の施行に伴う関係法律の整備等に関する法律案に対する附帯決議」の中で，「高齢者や障害者の生活を支援する福祉型の信託について，その担い手としての弁護士等の取扱いなどを含め，幅広い観点から検討を行うこと」と，わざわざ明記したことの趣旨がいつまでも実現しないからです。

　もっとも，現時点での一般的な解釈としては，信託業法の免許や登録を受けていない弁護士等が信託を業として受託することはできないとされており，あえて受託すれば，信託業法91条の罰則の適用を受ける危険性があるので，要注意です。

　むしろ，**弁護士・司法書士・税理士等の専門家は，それぞれの専門的な知識を活用して，信託の組成に積極的に関与することが望まれている**と思います。

第2　信託の仕組み

11　信託の基本は三者関係

　信託の基本構造は「三者関係」です。当事者が3人いるということです。委託者，受託者，受益者の三者です。
　元々の財産を持っている人が**委託者**，その委託者から頼まれて財産の名義や管理処分権を移される人が**受託者**，信託の利益を受ける人が**受益者**です。
　英語では順番に，「settlor」，「trustee」，「beneficiary」と言います。
　ここで，信託銀行へお金を預けている人は，「えっ？」，と思うかもしれません。
　自分は委託者で，信託銀行は受託者とすると，それ以外の登場人物が見当たらない，つまり受益者がいないからです。
　けれども，これは**自益信託**といって，たまたま委託者が受益者も兼ねるというもので，信託の基本構造の変型版です。
　また，委託者が受託者を兼ねることもできます。

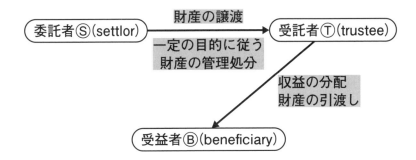

これを**自己信託**もしくは**信託宣言**といいます。

自益信託と比べても，より一層違和感があるかもしれません。

「委託者が受託者になるなんて，そんな必要がどうしてあるの？」と思われるのも無理からぬことだからです。

これについては，一定の財産を切り離すことで，切り離した財産の価値が確実に受益者に行くようにできるなどと説明されていますが，詳しいことは，㉔で改めて述べます。

自益信託にせよ，自己信託にせよ，例外的な信託であり，基本はやはり三者です。

委託者が自分の財産をある受益者のために受託者に任せるというものです。

信託を考える場合には，まずこの基本構造をきっちりと抑えることが必要です。

24 第Ⅰ部 信託のキホン

⑫ 委託者とは？

　信託法2条4項で，委託者について，「次条各号に掲げる方法により信託をする者をいう。」と定義しています。

　次条とは3条のことで，各号とは1号から3号まであります。

　まず，**1号**で，

　　「特定の者との間で，当該特定の者に対し財産の譲渡，担保権の設定その他の財産の処分をする旨並びに当該特定の者が一定の目的に従い財産の管理又は処分及びその他の当該目的の達成のために必要な行為をすべき旨の契約（以下「信託契約」という。）を締結する方法」

と，契約による信託を規定しています。

　委託者と受託者の契約です。これが一般的な方法といえます。

　次に，**2号**で，

　　「特定の者に対し財産の譲渡，担保権の設定その他の財産の処分をする旨並びに当該特定の者が一定の目的に従い財産の管理又は処分及びその他の当該目的の達成のために必要な行為をすべき旨の遺言をする方法」

と書かれています。

　1号とほとんど変わりませんが，受託者との間の二者間の契約ではなく，1人だけの単独の遺言による信託を規定しています。

　これが，本来の「遺言信託」もしくは「遺言による信託」といわれるものです。

最後に，３号で，

「特定の者が一定の目的に従い自己の有する一定の財産の管理又は処分及びその他の当該目的の達成のために必要な行為を自らすべき旨の意思表示を公正証書その他の書面又は電磁的記録（電子的方式，磁気的方式その他人の知覚によっては認識することができない方式で作られる記録であって，電子計算機による情報処理の用に供されるものとして法務省令で定めるものをいう。以下同じ。）で当該目的，当該財産の特定に必要な事項その他の法務省令で定める事項を記載し又は記録したものによってする方法」

と規定しています。

委託者自身が受託者になるもので，「自己信託」あるいは「信託宣言」といいますが，濫用防止のために，公正証書等の一定の方式を要求しています。

以上を要するに，**受託者との契約か，委託者の遺言か，あるいは公正証書等の方式で自己信託するか，のいずれかの方法で自己の財産を信託する者を委託者**ということになります。

もっとも，遺言の場合であっても，ある程度事前に「あなたに受託者になってもらいます」ということを言っておかなければ，委託者が死亡後に財産を任される方も，事情がわからず困ってしまいます。

そこで，実際には受託者の同意を取り付けておくでしょうから，契約による方法とそれほど大差がないと思われます。

⑬ 委託者が破産した場合は，どうなるのかな？

　信託には，**倒産隔離機能**があると言われています。

　これは，2つの意味で使われています。

　1つは，委託者が破産しても信託財産はその影響を受けない，もう1つは，受託者が破産しても信託財産はその影響を受けない，というものです。

　ここでは，最初の点を述べます。

　委託者が財産を信託すると，その財産は委託者の名義ではなくなります。

　したがって，委託者に対する債権者は，原則として，信託財産に対して強制執行ができません。

　また，委託者が破産した場合に，信託財産は破産財団に組み込まれないことから，委託者の破産管財人は信託財産に手を付けられないことになります。

　もっとも，例外があります。

　詐害信託といわれるものです。

　信託法11条1項では，

　　「委託者がその債権者を害することを知って信託をした場合には，受託者が債権者を害すべき事実を知っていたか否かにかかわらず，債権者は，受託者を被告として，民法第424条第1項の規定による取消しを裁判所に請求することができる。」

と定めています。

第2 信託の仕組み　27

　ここで，民法 424 条 1 項とは，「詐害行為取消請求権」の規定で，信託法 11 条は，この民法の規定の特則と位置付けられます。

　民法では，相手方が債権者を害すべき事実を知らなければ取消しができませんが，信託法では，「知っていたか否かにかかわらず」と定められているように，受託者が知らない場合でも詐害信託となります。

　もっとも，信託法 11 条 1 項ただし書きで，受益者がその事実を知らなかったときは取消しができません。

　つまり，信託財産の形式的権利者である受託者よりも実質的権利者である受益者が知っているかどうかが問題となるのです。

　委託者が破産した場合には，信託法 12 条による詐害信託の否認の問題となります。

　信託法 12 条 2 項では，

　　「破産者が破産債権者を害することを知って委託者として信託をした場合には，破産管財人は，受益者を被告として，その受益権を破産財団に返還することを訴えをもって請求することができる。」

と定めています。

　また，民事再生や会社更生の場合も，同様な規定が信託法 12 条 4 項，5 項で規定されています。

　先に述べた詐害信託の取消しの請求の場合に受託者を被告にするのと異なり，破産，民事再生，会社更生の場合には，いずれも受益者を被告として否認の請求をすることになります。

(14) 信託法では，どんなことが禁止されているのかな？

第1に受託者の利益享受，第2に脱法信託，第3に訴訟信託です。

第1の**受託者の利益享受の禁止**として，

「受託者は，受益者として信託の利益を享受する場合を除き，何人の名義をもってするかを問わず，信託の利益を享受することができない。」（信託法8条）

と規定されています。

「受益者として信託の利益を享受する場合」を例外として認めていますが，これは信託受益権を受託者がいったん取得して販売する過程で受益者を兼ねることがある実情を考慮したためです。

信託法は，他方で，163条2号で，「受託者が受益権の全部を固有財産で有する状態が1年間継続したとき。」には信託は終了すると定めているので，受託者が受益者を兼ねることについても消極的であることがわかります。

「何人の名義をもってするかを問わず」というのは，受託者本人の名義だけでなく，ダミーを使っても認めないということです。

なお，受託者が信託報酬を受け取ることは信託利益の享受ではなく，信託法54条で認められています。

第2の**脱法信託の禁止**として，

「法令によりある財産権を享有することができない者は，その権利を有するのと同一の利益を受益者として享受することができない。」

（信託法 9 条）

と規定されています。

　外国人がある権利を取得しようとしても，法令で日本人にしかその取得を認めていない場合に，信託の受託者を日本人にして自分は受益者として実質的に権利を取得することを認めないということです。

　事例としてよく挙げられるのは，鉱業権（鉱業法 17 条）や特許権（特許法 25 条）です（遠藤英嗣『［新訂］新しい家族信託』94 頁，日本加除出版）。

　第 3 の**訴訟信託の禁止**として，

　　「信託は，訴訟行為をさせることを主たる目的としてすることができない。」（信託法 10 条）

と規定されています。

　訴訟信託の禁止の理由としては，「弁護士でなければ訴訟代理人となることができない。」（民事訴訟法 54 条）や，非弁護士の法律事務の取扱い等の禁止（弁護士法 72 条）などが挙げられていますが，要するに，もっぱら訴訟をする目的で，信託を悪用することは許さないということです。

　他方で，信託法 3 条 1 号，2 号は担保権の設定，つまり**セキュリティ・トラスト**を認めたわけですから，正当な権利行使のために受託者が訴訟をすることを否定するものではありません。

　私は，今から 30 年前に債権者破産の申立を受けた会社経営者の事件を受任しましたが，その債権者は本来の債権者からの譲受人だったので，訴訟信託の禁止に違反すると主張したところ，破産申立が退けられたことがありました。

⑮ 委託者の地位は，どのようなものなのかな？

　信託法は，委託者についてそっけない態度をとっています。

　信託法での三者の登場の順番としても，「第3章　受託者等」として26条から87条まで，「第4章　受益者等」として88条から144条まで，その最後に，「第5章　委託者」として145条から148条までのわずか4条しか規定していません。

　しかし，信託が始まるかどうかは，委託者の意向にかかっているのです。そこで，本書では最初に取り上げました。

　それでは，条文にそって説明します。

　145条で「委託者の権利等」として，1項で，「信託行為においては，委託者がこの法律の規定によるその権利の全部又は一部を有しない旨を定めることができる。」と定めています。

　これらの権利は，主として受益者が行使すべきところ，委託者やその相続人らについても権利を認めると，法律関係が錯綜して混乱するのを避けるためと言われています。

　「この法律の規定によるその権利」にはいろいろあります。

　たとえば，受託者の辞任の同意権（57条1項），受託者の解任の合意権や裁判申立権（58条1項，4項）があります。また，信託の関係者である信託管理人，信託監督人，受益者代理人等の辞任の同意権等が規定されています。信託の基本的枠組みを変更することについての合意権もあります。信託の変更（149条1項），併合（151条）や分割（155条）で

す。終了の合意権（164条）や終了時の残余財産の帰属権（182条2項）もあります。受託者に，信託事務の処理状況等についての報告を求めることもできます（36条）。

以上の委託者の権利については，信託契約等で権利を制限できるというわけです。

他方で，信託法は，信託契約等で定めることにより，以上に述べた権利以外のさまざまな権利を認めています（145条2項）。信託財産への強制執行等に関する異議申立権（1号），受託者の権限違反行為や利益相反行為の取消権（2号，3号），競合行為に対する**介入権**（4号），帳簿等の閲覧謄写請求権（5号）など受託者に対する権利が主として認められています。

次に，**146条**で，「委託者の地位の移転」が認められましたが，受託者および受益者の同意が必要で，委託者が複数のときは他の委託者の同意も必要です。

147条では，遺言信託の場合に委託者の地位が相続により承継しないことを原則としました。**信託受益権**などの相続をめぐって紛争になるかもしれない相続人らが委託者としての権利を適切に行使することは困難と思われるからです。

最後に，**148条**では，90条の「委託者の死亡の時に受益権を取得する旨の定めのある信託等」のいわゆる**撤回可能信託**について，受益者が現に存在せず，または委託者が死亡するまでは受益者としての権利を有しないときは，委託者が受託者に対する145条2項各号の権利を有すると定めています。

受託者とは,そして受託者の一般的な義務とは何かな？

　信託法2条5項で,受託者について,
　「信託行為の定めに従い,信託財産に属する財産の管理又は処分及びその他の信託の目的の達成のために必要な行為をすべき義務を負う者をいう。」
と定義しています。

　受託者は,信託契約などの定めに従って,信託財産の管理や処分などの行為をするのですが,ここで注目されるのは,「義務を負う者」という書き方です。

　信託契約に限らず,契約を結んだ場合には,契約の中に一般的に「権利と義務」が定められており,また契約に書かれていないことについて,民法等の法律には「権利と義務」が規定されています。

　「権利と義務」とは,「できることとしなければならないこと」です。

　信託法にも,26条ないし28条で「受託者の権限」として,受託者ができることが規定されていますが,わずか3条です。

　これに対して,「受託者の義務等」が29条ないし39条,さらに40条以下では,「受託者の責任等」の規定も設けられています。

　つまり,信託法では,受託者について,「何ができるか」というよりも,「何をしなければならないのか」,それを怠った場合に「どのような責任を負担するのか」ということに焦点を当てているのです。

　受託者の一般的な義務として,29条1項で,「受託者は,信託の本旨

に従い、信託事務を処理しなければならない。」、2項で、「受託者は、信託事務を処理するに当たっては、善良な管理者の注意をもって、これをしなければならない。」と規定しています。

1項の**信託の本旨**とは、委託者が信託を設定した意図、つまり信託の目的を十分理解せよということです。

2項については、いわゆる**善管注意義務**といわれるもので、自分の財産に対するよりも高度な義務を課しています。

もっとも、受託者が信託銀行等の専門家であれば、このような高度な義務であるべきですが、身内などの個人が受託者となる場合には、善管注意義務では厳しすぎることも考えられるので、2項ただし書きで、「信託行為に別段の定めがあるときは、その定めるところによる注意をもって、これをするものとする。」として、一定程度注意義務を下げることを認めています。

もっとも、1項の義務もあるので、その義務を果たすだけの注意義務以下に下げることは許されないと思われます。

もう1つの一般的な義務として、30条で、「受託者は、受益者のため忠実に信託事務の処理その他の行為をしなければならない。」と定めています。これは、**忠実義務**といわれるもので、受託者は、もっぱら受益者の利益を図って行動しなさいということです。

受託者の具体的な義務には，何があるのかな？

　信託法は，受託者に対し，さまざまな具体的義務を課しています。
　31条の利益相反行為の制限，32条の競合行為の禁止，33条の公平義務，34条の分別管理義務，28条の信託事務の処理代行者に信託事務を委託した場合の35条の選任，監督義務，36条の信託事務の処理状況についての報告義務，37条の帳簿等の作成等，報告，保存義務などがあります。
　このうち，はじめの4つが特に受託者の義務として重要と思われるので，ここで簡単に説明します。
　まず，31条の**利益相反行為の制限**ですが，31条1項では，次の4つについて禁止しています。
① 信託財産に属する財産を固有財産に帰属させ，または固有財産に属する財産を信託財産に帰属させること。
② 信託財産に属する財産を他の信託の信託財産に帰属させること。
③ 第三者との間において信託財産のためにする行為であって，自己が当該第三者の代理人となって行うもの。
④ 信託財産に属する財産につき固有財産に属する財産のみをもって履行する責任を負う債務に係る債権を被担保債権とする担保権を設定することその他第三者との間において信託財産のためにする行為であって受託者またはその利害関係人と受益者との利益が相反することとなるもの。

①は「自己取引」，②は「信託財産間取引」，③は「双方代理」，④は「間接取引」といわれるものです。

このうち，特に①と②に違反してなされた行為については原則無効です。

32条の**競合行為の禁止**ですが，たとえば信託財産の土地の隣地が売りに出た際に，それを受託者として買えば一体土地として有効活用できるのに，受託者が個人として買い取った場合が考えられます。

この場合に，信託財産のためにされたものとみなすことができます。

33条の**公平義務**とは，受益者が複数いる場合に，全員に対して公平に処理しなければならないということです。

これは簡単なようですが，実はそうではないことがあります。

たとえば，当初受益者と第2次受益者との関係を公平に扱うことは大変困難です。当初受益者に対しての毎月の支払いを厚くすれば，それだけ第2次受益者への支払いが少なくなるからです。

結局は何のために信託を設定したのかという信託の目的，つまりは委託者の意図を推し量って判断する必要があると思われます。

34条の**分別管理義務**には，次の2つの意味があります。

1つは，信託財産と受託者の固有財産とを分別管理することです。

もう1つは，ある信託財産と別の信託財産とを分別管理することです。

信託財産が各委託者から受託者に名義移転しても，受託者の固有財産になるわけではないから，当然のことといえます。

36 第Ⅰ部 信託のキホン

18 信託事務の処理を第三者に委託することができるのかな？
信託事務処理代行者とは何だろう？

　旧信託法では，信託事務の処理を第三者に委託することが原則禁止とされていました。**自己執行義務**といわれていました。

　これは，受託者に対する信頼の上に信託が成り立っている建前からすれば理解できるところです。

　しかし，信託事務といっても，不動産の管理や処分と預貯金あるいは有価証券の管理とではずいぶん違うので，適切な管理等を行うためには，信託事務の一部を第三者に委託するのも合理的であると考えられます。

　そこで，信託法28条は，以下の3つの場合に**信託事務の処理の第三者への委託**を認めました。

①　信託行為に信託事務の処理を第三者に委託する旨または委託することができる旨の定めがあるとき。

②　信託行為に信託事務の処理の第三者への委託に関する定めがない場合において，信託事務の処理を第三者に委託することが信託の目的に照らして相当であると認められるとき。

③　信託行為に信託事務の処理を第三者に委託してはならない旨の定めがある場合において，信託事務の処理を第三者に委託することにつき信託の目的に照らしてやむを得ない事由があると認められるとき。

第2　信託の仕組み　*37*

　つまり，信託行為で定めがない場合も相当であれば第三者への委託を認めただけでなく，信託行為で委託を禁止した場合でもやむを得ない事由があれば，第三者への委託を認めたのです。

　旧法の原則禁止から，現信託法は一転して原則自由としました。

　受託者が委託する第三者のことを**信託事務処理代行者**と呼んでいます。

　信託事務処理代行者については，35条1項で「信託の目的に照らして適切な者に委託しなければならない。」，2項で「受託者は，当該第三者に対し，信託の目的の達成のために必要かつ適切な監督を行わなければならない。」と規定しています。

　信託の目的からすると，当然の規定ともいえます。

　ところが，この1項，2項も，3項でその例外を認めています。

　すなわち，

①　信託行為において指名された第三者

②　信託行為において受託者が委託者または受託者の指名に従い信託事務の処理を第三者に委託する旨の定めがある場合において，当該定めに従い指名された第三者

の2つの場合です。

　もっとも，このような例外的な場合でも，当該第三者が不適任もしくは不誠実であること，または当該第三者による事務の処理が不適切であることを知ったときは，その旨の受益者に対する通知，当該第三者への委託の解除その他の必要な措置をとらなければなりません（3項但書）。

38　第Ⅰ部　信託のキホン

⑲　受託者は，どのような責任を負うのかな？

　信託法は，受託者に対して，各種義務だけでなく責任についても別途規定しました。

　まず，信託法40条1項柱書(注)で，

　　「受託者がその任務を怠ったことによって次の各号に掲げる場合に
　　該当するに至ったときは，受益者は，当該受託者に対し，当該各号に
　　定める措置を請求することができる。ただし，第2号に定める措置に
　　あっては，原状の回復が著しく困難であるとき，原状の回復をするの
　　に過分の費用を要するとき，その他受託者に原状の回復をさせること
　　を不適当とする特別の事情があるときは，この限りでない。」

として，1号で「信託財産に損失が生じた場合　当該損失のてん補」，2号で，「信託財産に変更が生じた場合　原状の回復」と定めています。

　2号の原状回復を免れるときに**損失のてん補責任**まで免れるかは，法文上はっきりしませんが，信託財産の変更により具体的な損害が生じたと認められれば，その責任は免れないと思われます。

　受託者が，信託法28条の規定に違反して信託事務処理代行者に信託事務の処理を委託した場合において，原則として上記の損失のてん補および原状回復の各責任を負うことになります（信託法40条2項）。

　受託者が，忠実義務や利益相反行為の制限に違反して，受託者またはその利害関係人が利益を得た場合に，その得た利益の額と同額の損失を信託財産に生じさせたものと推定され，その責任を負うことになります

（信託法 40 条 3 項）。

　受託者が，分別管理義務に違反して，信託財産に損失または変更を生じたときも，損失のてん補または原状回復の責任を原則として負います（信託法 40 条 4 項）。

　以上の責任を負う受託者が法人の場合に，法人の取締役や理事が，違反行為について悪意または重大な過失があるときは，法人と連帯責任を負います。

　もっとも，これらの受託者や取締役らの責任について，受益者はこれを免除することも可能です（信託法 42 条）。

　なお，以上の責任とは別に，受託者は通常の信託財産の取引から生じた債務について，当然にその責任を負います。これを**信託債権**といいます。

　受託者は，受益者に対して負う**受益債権**についても責任がありますが，この場合は，信託財産の範囲内で責任を負う，いわゆる有限責任となります（信託法 100 条）。

　そして，受益債権は信託債権よりも後れる（信託法 101 条）とし，また，破産法 244 条の 7 第 2 項で，「信託財産について破産手続開始の決定があったときは，信託債権は，受益債権に優先する。」としており，信託財産の破産の有無にかかわらず，信託債権が受益債権に優先する取扱いとなります。

（注）　柱書（はしらがき）：条文の中に「号」と呼ばれる箇条書きで項目を列挙した記述がある場合の，同条項の「号」以外の部分をいいます。

受益者とは誰か，そして受益権とは何かな？

　信託法2条6項で，**受益者**とは，「受益権を有する者をいう。」とし，**受益権**については，同条7項で，

　　「この法律において「受益権」とは，信託行為に基づいて受託者が受益者に対し負う債務であって信託財産に属する財産の引渡しその他の信託財産に係る給付をすべきものに係る債権（以下「受益債権」という。）及びこれを確保するためにこの法律の規定に基づいて受託者その他の者に対し一定の行為を求めることができる権利をいう。」

と定めています。

　つまり，受益権というのは，会社の株主の権利と同様に，自益権と共益権の2種類に分類できます。

　自益権は「受益債権」といわれ，信託財産から生まれる家賃収入や，場合によってはその信託財産自体の引渡しを求める財産的な権利です。

　そして，**共益権**は，受益債権確保のために信託法で認められている権利です。

　さまざまな権利がありますが，中でも信託法92条では，**信託行為の定めによっても制限することのできない権利**として，1号から26号まで列挙しています。

　1号は，「この法律の規定による裁判所に対する申立権」で，検査役の選任申立権等があります。

　2号は，遺言信託における信託の引受けの催告権です。

第2　信託の仕組み　*41*

　3号は，信託財産への強制執行等への異議申立権で，4号は，3号の結果勝訴した場合の弁護士等への費用についての支払請求権です。

　5号は，受託者の権限違反行為の，6号は受託者の利益相反行為の，それぞれの取消権です。

　7号は，信託事務の処理の状況などについての報告請求権です。

　8号は，帳簿等の閲覧・謄写請求権です。

　9号，10号は，受託者および法人役員の任務を怠ったことによる損失のてん補または原状回復の請求権です。

　11号は，受託者の違反行為の差止請求権です。

　12号は，9号ないし11号の請求に係る訴えをして勝訴した場合の弁護士等への費用についての支払請求権です。

　13号は，前受託者の，14号は，前受託者の成年後見人や保佐人の，財産処分の差止請求権で，15号は，13号，14号の請求に係る訴えをして勝訴した場合の弁護士等への費用についての支払請求権です。

　16号は，新受託者への就任の承諾の催告権です。

　17号は，受益権を放棄する権利，18号は，受益権取得請求権です。

　19号，20号は，信託監督人と受益者代理人への就任の承諾の催告権です。

　21号，22号，23号は，受益証券発行信託における受益権原簿に係る記載事項の書面の交付請求権や原簿の閲覧請求権等です。

　24号，25号は，限定責任信託におけるてん補請求権，26号は，会計監査人設置信託におけるてん補請求権です。

受益者を保護する人には，誰がいるのかな？

「信託監督人」と「受益者代理人」がいます。

信託監督人とは，受託者に対する監督をする者です。

信託法132条1項では，

「信託監督人は，受益者のために自己の名をもって第92条各号（第17号，第18号，第21号及び第23号を除く。）に掲げる権利に関する一切の裁判上又は裁判外の行為をする権限を有する。ただし，信託行為に別段の定めがあるときは，その定めるところによる。」

と規定しています。

信託法92条各号については，⑳を参照してください。

要するに，信託監督人は，受益者を保護するために，受益者に代わって，受益債権以外の共益権の権限を行使できるわけです。

信託財産が相当に高額である反面，受託者に対する信用や能力に不安があるときには，信託監督人を選任することになります。

信託監督人の選任については，まず，信託行為で指定することができます（信託法131条）。

受益者等の利害関係人は，相当の期間を定めて，その期間内に就任の承諾をするかどうかを確答すべき旨を催告することができ，その期間内に確答をしないときは承諾をしなかったものとみなされます。

受益者が，認知症等で受託者の監督を適切に行うことができない特別の事情がある場合において，信託行為に信託監督人に関する定めがない

とき，または，指定された人が就任の承諾をせず，もしくは承諾をしなかったものとみなされた場合には，利害関係人の申立により，裁判所が信託監督人を選任することができます。

信託監督人は，善良な管理者の注意をもって，かつ，受益者のために，誠実かつ公平に権限を行使しなければなりません（信託法133条）。

もう一つの**受益者代理人**とは，文字通り，受益者の代理人で，

「その代理する受益者のために当該受益者の権利（第42条の規定による責任の免除に係るものを除く。）に関する一切の裁判上又は裁判外の行為をする権限を有する。ただし，信託行為に別段の定めがあるときは，その定めるところによる。」（信託法139条1項）

と規定し，信託監督人と異なり，92条各号に限定していません。

受益者代理人の選任については，信託監督人と同様に，信託行為で指定することができ，また利害関係人の催告の期間内に確答をしないときは承諾をしなかったものとみなされます。

信託監督人と異なるところは，裁判所に選任権がないことです。

実は，もう1つの制度として，**信託管理人**があります。

これは，将来出生する子供とか，受益者がまだ指定されていないときなど受益者が現に存しない場合に，信託行為で指定することができますし，承諾をしなかった場合には信託監督人と同様に裁判所が選任することもできます（信託法124条）。

受託者の業務に対して指示ができるのかな？

　信託法では定められていませんが，信託業法に規定があります。
　受託者に指示する人を**指図権者**といい，65条，66条で規定されています。
　信託業法65条は，
　「信託財産の管理又は処分の方法について指図を行う業を営む者（次条において「指図権者」という。）は，信託の本旨に従い，受益者のため忠実に当該信託財産の管理又は処分に係る指図を行わなければならない。」
と定めています。
　信託業法は，信託法と異なり業者に対する規制法ですから，ここで定められている指図権者も，「指図を行う業を営む者」として，業務として指図を行う人を前提としています。
　言い換えると，委託者から個人的に依頼されて，ボランティアで指図権者となった人は，信託業法の規制を受けないことになります。
　信託業法で規定されている指図権者については，信託業法66条各号で禁止事項が列挙されています。
　1号…通常の取引の条件と異なる条件で，かつ，当該条件での取引が信託財産に損害を与えることとなる条件での取引を行うことを受託者に指図すること。
　2号…信託の目的，信託財産の状況または信託財産の管理もしくは処

分の方針に照らして不必要な取引を行うことを受託者に指図すること。

3号…信託財産に関する情報を利用して自己または当該信託財産に係る受益者以外の者の利益を図る目的をもって取引（内閣府令で定めるものを除く）を行うことを受託者に指図すること。

4号…その他信託財産に損害を与えるおそれがある行為として内閣府令で定める行為。

要するに，指図権者は，もっぱら受益者のために受託者に指図するようにして，信託財産に損害を与えたり，自己の利益などを図ったりしないようにしなさい，ということだと思います。

この指図権者が具体的に活用されるものとして想定されるのは，**事業承継と絡んだ株主議決権の行使**の場面です。

委託者が，事業承継のために株式を信託するが，自分が健在な間は委託者自身が指図権者として指図権を行使するものの，認知症等になって意思能力がなくなるなど一定の条件を満たした場合に，株式の信託受益権を取得する受益者が自ら株主権を適切に行使できるまで，信頼のおける個人または法人を株式の議決権の指図権者と指定しておくというものです。

これにより，株主総会で委託者の意思に反した株主権の行使が受託者によってなされることをある程度防止することが可能となります。

23 将来，受益者を指定したり変更することができるのかな？

　信託法89条は，「受益者指定権等」という仕組みを規定しています。

　委託者が，信託契約や遺言信託の時点では，まだ資産の承継を誰にするかを決めかねていて，受益者が定まっていないときに，受益者の選任を任せる人を指定しておくのです。

　奨学金を受け取る奨学生のように，多くの候補者の中から受益者を選任する場合もあります。

　また，複数の候補者からある受益者を一応指定したものの，その後の候補者の振る舞いなどをみて受益者を変更する場合も考えられるとして，その変更する権利を与える人を指定しておくこともできます。

　このように，受益者を指定し，または変更する権利を**受益者指定権等**といい，この権利を有する人を**受益者指定権者等**といいます。

　この受益者指定権等を誰あてに行使するかについて，信託法89条1項は，受託者にしなさいと定めています。

　もっとも，受益者指定権等を受託者自身が有するときには，自分あてにできないので，「受益者となるべき者」に行使します（89条6項）。

　受益者指定権等は，遺言によっても行使できます（89条2項）。

　もっとも，その場合に受託者がこれを知らないで行った行為については，指定された受益者は，受託者に対し受益者であることを対抗できず，受託者が知るまでに前の受益者に給付した家賃等を受託者に請求できません（89条3項）。

第2　信託の仕組み　*47*

　また，受託者は，受益者を変更する権利を行使されたことにより受益者であった者が受益権を失った場合には，遅滞なくその者に通知する必要があります（89条4項）。

　この受益者指定権等は，相続によっては承継されないのが原則です。

　しかし，資産承継の場合には指定権等の行使にまで長期間を要するため，受益者指定権者等が途中で亡くなったり，認知症等で権利行使できなくなることがあります。

　そこで，信託行為において，そのような場合に，この権利の承継者もしくは新たな受益者指定権者等をあらかじめ決めておくこともできます（89条5項）。

　受益者指定権者等を誰にするかというのも，悩ましいところがあります。

　委託者が信頼する個人の場合が一般的かもしれませんが，長期間にわたるときには死亡等のリスクもあるので，法人にすることも増える可能性があります。

　奨学金のような場合には，受益者指定権者等は受託者にするものの，学識経験者からなる諮問委員会に諮問して，その意見を参考に受託者が受益者を指定する方法も考えられます。

48 第Ⅰ部 信託のキホン

㉔ 委託者が自ら受託者になれるのかな？

⑪でも述べたとおり，信託の基本は三者関係です。

委託者が自ら受託者となることについて，信託法の改正前はできないというのが通説でしたが，新しい信託法では，これを正面から認めました。

信託法3条3号では，

　「特定の者が一定の目的に従い自己の有する一定の財産の管理又は処分及びその他の当該目的の達成のために必要な行為を自らすべき旨の意思表示を公正証書その他の書面又は電磁的記録（電子的方式，磁気的方式その他人の知覚によっては認識することができない方式で作られる記録であって，電子計算機による情報処理の用に供されるものとして法務省令で定めるものをいう。以下同じ。）で当該目的，当該財産の特定に必要な事項その他の法務省令で定める事項を記載し又は記録したものによってする方法」

を，1号の信託契約，2号の遺言信託に次いで，信託の3番目に掲げています。

委託者が受託者となることを**自己信託**とも，**信託宣言**ともいいます。

自己信託については，外からわかりにくいとか，債権者を害する目的で濫用されるおそれがあるという批判が根強いこともあって，この部分だけ，自己信託の周知を図るために，信託法の施行が平成20年9月まで1年延期されました。

（第2 信託の仕組み） 49

そして，自己信託について懸念された詐害的な信託に対処するために，先に述べた公正証書等の厳格な手続きに加えて，信託法や信託業法が特別な規定を置きました。

まず，信託法では，委託者の債権者は，一般的には信託財産に対する強制執行について，詐害信託の取消請求の判決が確定しない限りできませんが，自己信託の場合には，それが可能とされています（23条2項）。

もう1つは，信託業法50条の2で，信託受益権を政令で定める人数（50人）以上の者が取得することができる場合として政令で定める場合に，自己信託であっても，内閣総理大臣の登録を受けなければならない，と規定しました。

ところで，**不動産について信託がなされた場合**に，登記をしなければ信託財産であることを第三者に主張できません（信託法14条）。

具体的には，信託に係る権利の保存，設定，移転または変更の登記と信託の登記の2つが必要です。

そこで，自己信託については，前者の登記に関しては，権利の保存，設定，移転の登記ではなく，「変更の登記」を，後者の信託の登記と同時に受託者が単独で申請することになります（不動産登記法98条）。

委託者と受益者とが，また受託者と受益者とが同じになってもよいのかな？

　委託者と受益者とが同じ場合は，実はよくあります。
　自益信託といいます。
　信託銀行が取り扱っている金銭信託は，委託者が信託受益権を取得する自益信託でした。
　これに対して，委託者と受益者とが異なるのを**他益信託**といいます。
　本書で繰り返し述べていますが，信託は超高齢化社会を迎えた財産管理制度の1つになるもので，自分自身で財産管理をすることに不安を感じている高齢者が，財産を信頼する人に託すのは，まずは自分自身のためということが多いと思います。
　最初の受益者を委託者にして，死後は配偶者か子供にするわけです。
　つまりは，信託当初の委託者と受益者が同じということであって，信託の場合に自益信託はむしろありふれた形態といえます。
　他方で，受託者と受益者とが同じになることについては，信託法で正面から禁止している規定はありませんが，これを否定的にみる説も有力です（新井誠『信託法［第4版］』389頁，有斐閣）。
　問題は，信託法163条2号で，「受託者が受益権の全部を固有財産で有する状態が1年間継続したとき。」を，信託の終了事由の1つとして挙げていることをどのようにみるかということです。
　受託者が受益者となることを好ましく思っていないことは確かでしょ

う。1年間その状態が継続すれば、信託自体が当然に終了するのですから。

けれども、この規定は、裏からみると、受託者が受益者となることで直ちに信託がなくなるわけではなく、終了までに1年間もの猶予期間を設けているともいえるのです。

また、普通に読めば、当初は受託者と受益者が異なっていたが、後にたまたま同じになった後発的な場合だけを想定したものと考えられます。

つまり、当初から受託者と受益者とが同一の場合について、信託法は禁止していないと思われます。

むしろ、信託法8条が、

「受託者は、受益者として信託の利益を享受する場合を除き、何人の名義をもってするかを問わず、信託の利益を享受することができない。」

と定めているのは、当初からであれ、途中からであれ、受託者と受益者が同一人であることを想定した規定であるとも考えられます。

新しい信託法が、できるだけ信託を普及、拡大するために制定されたと考えれば、条文で明確に規制していないことについてはできるだけ認めてもよいのではないかと思います。

業法としての信託業法が、受託者が受益者になることに関して、特に条文で規制していないことからも、信託法163条2号の信託の終了事由以外に、当然に認められないという解釈はすべきでないと考えます。

第3　認知症対策としての財産管理

 以前は認知症でも財産管理への支障がなかった!!

　以前は，財産管理としての認知症対策がそれほど意識されていませんでした。認知症ということ自体が，世間一般でそれほど「認知」されていなかったからです。

　認知症の高齢者が，たとえば賃貸マンションを所有していて，借主との賃貸借契約や管理会社との管理委託契約をする場合に，身内の配偶者や子供が本人の名前で，あるいは代理人として署名しても，特段問題とされることはありませんでした。

　自宅や賃貸マンションなどの不動産を処分する場合には，登記手続をする司法書士が意思確認をしますが，これについても，以前であれば，司法書士が，病院で寝たきりのお年寄りの枕元で，「お婆ちゃん，今日はご自宅を処分されるということで参りましたが，よろしいですね。」と言って，相槌さえ打てば，意思確認ができたということで，登記が進んだものです。

第3 認知症対策としての財産管理　　*53*

　また，相続税対策のために，銀行から借金して建物を建築することがありますが，以前の銀行の担当者であれば（今でもノルマに追われた担当者であれば同じかもしれません），自宅に出向いて何の説明もしないまま，「ここに署名してください。」とだけ言って，署名させることがありました。まして，建築をする工事業者は，建築工事請負契約書を家族の人に預けて，「ここにご本人の署名をお願いします。」とだけ言って，本人とは会わずじまいで，家族を介して工事業者の手元に契約書が戻ってくることもありました。預金の払い戻しでも，本人の代わりに娘が行っても簡単に応じてくれました。

　以上のとおり，不動産の賃貸や売却，借入れや建築工事請負契約などのいずれの場面でも，契約当事者である本人が認知症であるのか否か，認知症はどの程度進んでいるのか，ということについて，各契約の相手方（買主や工事業者など）や仲介業者が本人にきちんと確認することは，ほぼありませんでした。

　つまり，**意思能力に対するチェック意識がゆるゆるだった**のです。

　以前にも，民法では「禁治産宣告」や「準禁治産宣告」という制度があったのですが，「宣告」という言い方にあるように，「破産宣告」（今は，破産手続開始決定といいます）と同様，できるだけ世間一般に知られたくないという根強い意識からかほとんど利用されておらず，実際には禁治産宣告に該当するような老人でも，そのような状況にあることが隠されていました。

　その結果として，どれほど認知症が進んだ高齢者の場合であっても，幸か不幸か，以前であれば，財産管理について特に支障が生ずることもありませんでした。

時代は変わり，意思能力へのチェックが厳しくなった!!

　しかし，今や状況は一変しました。

　その1つのきっかけは，平成12年，つまり2000年というミレニアムの年から施行された**成年後見制度**にあると思われます。

　それまでの「禁治産宣告」「準禁治産宣告」の年間件数が，両方合わせても3千件台であったものが，「成年後見制度」による「**後見**開始」，「**補佐**開始」，「**補助**開始」，「**任意後見監督人**選任」の合計は，平成22年以降3万件台で推移しているように，桁違いに増えて，世の中一般に周知されるようになりました。

　また，古くは「豊田商事事件」に始まり，近年では高齢者を相手にしたさまざまな振込め詐欺等の悪質な犯罪が後を絶たず，高齢者対策が浸透するようになってきました。

　そのような時代背景もあり，契約の相手方は高齢者と契約を締結することについて，以前よりも格段に慎重になりました。

　特に，不動産売買で登記手続をする司法書士は，高齢者との取引については相当に神経を使っています。

　現に，これは認知症ではなく統合失調症のケースでしたが，**意思能力の確認を怠ったということで1億円以上の損害賠償請求をされた東京地裁平成24年6月27日判決**（判時2178号239頁）の事例があります。

　この判決は，

「司法書士は登記手続の専門家ではあるけれども，意思能力の有無についての専門家ではなく……登記申請の委託を受けた場合，依頼者はもとより第三者との関係においても，依頼者に意思能力がないかどうかについてまで調査確認すべき義務を一般的に負うことはない……もっとも，……依頼者が意思能力を有しないのではないかとの疑いを持つ特段の事情がある場合には，意思能力について調査確認すべき義務を負うと解される。」

として，一般的な調査確認義務を否定してはいます。

しかし，統合失調症と異なり，高齢者の認知症については，寝たきりや言葉も発せられないなど一見して意思能力に疑問を持つことが多く，司法書士業界では，判決の指摘した「特段の事情」に当たるかどうかを悩むケースが増えていると聞きます。

また，預金の払戻しの関係で振込め詐欺の舞台になることの多い銀行では，高齢者との取引について，昔と比べるとずいぶん慎重になっているようです。

このため，銀行は認知症が進んだ高齢者の意思能力に疑問を持つと，本人の配偶者などに対して，成年後見制度を勧める場合がしばしばあるようです。

成年後見制度では不動産を処分するのが難しいのかな？

　成年後見制度としての「後見開始」,「補佐開始」,「補助開始」,「任意後見監督人選任」の数は，年間3万件を超えており，すっかり世の中に定着した感があります。

　その一方で，成年後見人等の横領などの不祥事が後を絶ちません。

　そのほとんどは，身内による安易な金銭流用ですが，弁護士，司法書士，行政書士等の専門家による横領事件の摘発も相次いでいます。

　もっとも，家庭裁判所もこれらの不祥事に対して対処を図っており，その一つが**後見制度支援信託**で，成年後見人が管理する財産のうち，直ぐに必要とされない多額の預貯金については，信託銀行に金銭信託して，払戻しが簡単にできないようにする手続きが進められています。

　ここで，問題とするのは，それよりも，むしろ成年後見制度における不動産の管理，処分についてです。

　民法859条1項は，

　　「後見人は，被後見人の財産を管理し，かつ，その財産に関する法律行為について被後見人を代表する。」

と，また859条の3は，

　　「成年後見人は，成年被後見人に代わって，その居住の用に供する建物又はその敷地について，売却，賃貸，賃貸借の解除又は抵当権の設定その他これらに準ずる処分をするには，家庭裁判所の許可を得なければならない。」

と，それぞれ規定しています。

この2つの条文を素直に読むと，居住用不動産の処分については家庭裁判所の許可が必要だが，それ以外の不動産については不要であるはずです。

しかし，成年後見実務はそのようになっていません。

居住用に限らずすべての不動産について，処分をする場合に，家庭裁判所の事前の了解を取るようになっています。

なぜなら，不動産を処分するということは現金という流動資産に代わるわけですから，それだけ消えてなくなりやすいと考えるからです。

成年後見人の不祥事が続く現状では，できるだけ不動産のままで置いておきたいという家庭裁判所の考え方も理解できなくはありません。

しかし，成年後見の申立をした高齢者の親族にすると，成年後見人が付けば不動産の処分などの有効活用が図れると思ったから，というのも少なからずあると思われます。

そうでなければ，見ず知らずの成年後見人や家庭裁判所に全財産をさらけ出して管理，監督されるのは耐え難いからです。

今，「見ず知らずの」といいました。

確かに，成年後見人には配偶者か子供がなれるのではないのかと思って申立をすることが多いのですが，相続人となるはずの1人でも反対すると，家庭裁判所は一般的に弁護士などの専門家を選任します。

赤の他人が成年後見人になるのであれば，後見の申立をしなかったといっても後の祭りなのです。

任意後見人に付けられる任意後見監督人は、何をするのかな？

任意後見人とは、**任意後見契約に関する法律**に基づくものです。

この法律でいう**任意後見契約**とは、2条1号で、

「委任者が、受任者に対し、精神上の障害により事理を弁識する能力が不十分な状況における自己の生活、療養看護及び財産の管理に関する事務の全部又は一部を委託し、その委託に係る事務について代理権を付与する委任契約であって、第4条第1項の規定により任意後見監督人が選任された時からその効力を生ずる旨の定めのあるものをいう。」

と定義されています。

そこで出てくる4条1項では、

「任意後見契約が登記されている場合において、精神上の障害により本人の事理を弁識する能力が不十分な状況にあるときは、家庭裁判所は、本人、配偶者、4親等内の親族又は任意後見受任者の請求により、任意後見監督人を選任する。」

と定められています。

つまり、本人が任意後見人候補者との間で、あらかじめ、将来認知症などで財産管理等に問題が生じる状況になった場合に、家庭裁判所が任意後見監督人を付ける条件で任意後見人となる契約をしておくのです。

契約で決めるのですから、本人にしてみれば、見ず知らずの人ではなく、以前から自分が財産管理を任せるに足ると思っている人を任意後見

人にすることができ，その限りでは信託契約に似ているともいえます。

もっとも，任意後見契約は，当事者同士が署名捺印した私的な契約書では効力がなく，公正証書によってしなければなりません（2条）。

任意後見監督人の職務について，7条1項で以下のとおり規定されています。

① 　任意後見人の事務を監督すること。

② 　任意後見人の事務に関し，家庭裁判所に定期的に報告をすること。

③ 　急迫の事情がある場合に，任意後見人の代理権の範囲内において，必要な処分をすること。

④ 　任意後見人またはその代表する者と本人との利益が相反する行為について本人を代表すること。

この職務を果たすために，7条2項で，

　「任意後見監督人は，いつでも，任意後見人に対し任意後見人の事務の報告を求め，又は任意後見人の事務若しくは本人の財産の状況を調査することができる。」

と定められています。

このため，本人およびその親族からすると，本人が信頼する任意後見人なら構わないけれども，裁判所が選任する見ず知らずの任意後見監督人に財産を知られてしまう上に，間接的にせよ，裁判所の監督下に置かれるという意味では，やはり抵抗感があるかもしれません。

㉚ 後見制度支援信託って何だろう？

　後見制度支援信託は，略して**後見信託**とも言われています。

　後見制度支援信託とは，家庭裁判所が弁護士などの専門職後見人を選任して，後見制度支援信託の利用の適否について検討させるものです。

　後見制度支援信託には，2つの方式があります。

　1つは，家庭裁判所にとっての新規案件で，後見開始時に専門職後見人をまず選任して後見制度支援信託の可否を検討した上で，親族後見人に交代する，**リレー方式**と言われるものです。

　もう1つは，親族後見人が管理継続中の案件で，追加選任された専門職後見人が後見制度支援信託の可否を検討した上で，辞任して親族後見人の単独に戻す，**複数選任方式**と言われるものです。

　私が経験した複数選任方式の1つをご紹介します。

　平成27年9月上旬に大阪弁護士会から甲さんの成年後見人（その長男の乙さんがその前から成年後見人）についての推薦の連絡があり，同年9月末頃に大阪家裁より私が成年後見人に選任されました。

　私はすぐに大阪家裁に記録の閲覧謄写請求をしましたが，大変込み合っている関係で記録の取り寄せができたのが約1か月後の10月下旬でした。

　この間に，乙さんとお会いした上で，私が後見制度支援信託の可否を検討するために選任されたことの理解を求めました。

　記録取り寄せ直後の10月末日に乙さんと一緒に甲さんが入所する老

人施設に伺い，成年後見人になったことを伝えるとともに後見制度支援信託の説明をしましたが，甲さんはもっぱら杉良太郎の話をしていました。

　私は，記録を精査して，11 月半ばには大阪家裁に財産目録と収支予定表およびその資料，そして，信託契約の相当性についての報告書を送りました。

　この報告書には，Ｔ信託銀行との間で１千数百万円の後見制度支援信託を締結し，年金では賄えない金額を補てんするために信託財産から２か月ごとに一定金額の交付をすることの報告をしています。

　それから数日後に，大阪家裁よりこの信託契約を締結することの指示書が届き，私はすぐにＴ信託銀行へ連絡して，後見制度支援信託の申し込みをして，12 月半ばにＴ信託銀行から金銭信託の通帳が届きました。

　大阪家裁にその写しとともに後見人辞任許可等の申立をして，12 月下旬には辞任の許可が下りました。

　私が，大阪弁護士会から成年後見人の推薦依頼を受けてから辞任するまでの期間はわずか４か月足らずでした。

　本書では，後見制度の限界とそれに代わる，もしくはそれを補うものとして信託を勧めているのですが，このように，最高裁自体が後見制度の問題点を解消する対策の１つとして，全国の家庭裁判所に後見制度支援信託の導入を推奨しているのは，何とも不思議な感じがします。

信託と他の財産管理との違いは何かな？

　信託は，財産管理を他人に任せる1つの方法です。

　他人に任せるといえば，**代理**や**委任**による財産管理があります。

　これらとの違いは何かということになりますが，財産の名義が移るか否かが決定的に違います。

　信託の場合は財産の名義が委託者本人から受託者に移るのに対して，代理や委任の場合は本人の名義のままだからです。

　代理や委任では，財産の処分や管理の権限を任せても名義まで移転させることはしません。

　他方で，信託の場合に委託者から受託者に名義は移っても，実質的な権利者は受託者ではなく，受益権を取得した受益者です。

　委託者が受益者として受益権を取得すれば，実質的な権利者は委託者のままということになります。

　信託が，代理や委任と異なるもう1つの点は，財産の本来の所有者が認知症等で意思能力を失っても，財産の活用が可能であることです。

　代理権の消滅事由としては，民法111条1項で，1号が「本人の死亡」，2号が「代理人の死亡又は代理人が破産手続開始の決定若しくは後見開始の審判を受けたこと」，また，2項で「委任による代理権は，前項各号に掲げる事由のほか，委任の終了によって消滅する。」と規定しています。

　そして，委任の終了事由としては，民法653条で，1号が「委任者又

は受任者の死亡」、2号が「委任者又は受任者が破産手続開始の決定を受けたこと」、3号が「受任者が後見開始の審判を受けたこと」と規定しています。

つまり、民法の建前では、代理人や受任者が後見開始の審判を受けたことが代理や委任の消滅事由となってはいても、本人や委任者が後見開始の審判を受けたことや意思能力がないことは、代理や委任の消滅事由とはなっていません。

ところが、不動産取引等の実務では、委任を受けた代理人が委任状を示して契約を締結しようとしても、契約の相手方は必ず本人の意思確認をします。

その際に、本人が重度の認知症であれば、不動産の処分や借入れをすることが事実上できません。

民法では代理や委任の消滅事由となっていないので、代理権は有効だと反論しても通りません。

なぜなら、今認知症ということは、以前の代理権を授与したとき、もしくは委任状に署名したときに既に意思能力を失ったという推定を働かせるからです。

つまり、代理権や委任の終了事由というより前に代理や委任そのものが成立してないとみるのです。

しかし、信託して登記が済んでおれば、受託者の責任においてこうした処分等も可能ですので、**信託後に委託者が意思能力を失った場合にも財産活用の道が開ける**のです。

信託と代理や委任の違いがおわかりいただけたでしょうか。

第Ⅰ部　信託のキホン

㉜　認知症に備えて信託を使えるのかな？

　甲さんは，最近忘れっぽくなっており，自分の財産管理に自信が持てなくなってきました。

　テレビのニュースやワイドショーでは，振込め詐欺などお年寄りを狙った事件が後を絶たないと，毎日のように伝えており，自分もある程度の財産を手元に残したままだと，いつ詐欺師の被害に会うかわからない，と心配しています。

　そこで，まだなんとか理解できている今のうちに，信託を利用するのです。

　たとえば，甲さんが人格的にも，財産面でも信頼している乙さんがいれば，乙さんに預貯金を信託譲渡して，甲さん自身を受益者とする，甲さんが亡くなるまで，乙さんから甲さんに対し，毎月生活費に見合う一定額の交付をするとともに，甲さんが病気などで入院費等の臨時の支払負担が生じたときには，その請求書に応じて別途乙さんが支払いをする，というような信託契約を，甲さんと乙さんの間でするのです。

　甲さんが，別途，賃貸マンション等の収益不動産を所有していれば，この不動産も乙さんに信託譲渡して，その管理を任せ，そこからあがる家賃や駐車場などの収益から光熱費や管理費などの経費を除いた収入を，乙さんから振り込んでもらうこともできます。

**　信託後に，甲さんの意思能力に問題が生じるようになったとしても，信託が終了することはありません。**

第3 認知症対策としての財産管理 65

　ちなみに，受託者である乙さんが後見開始や保佐開始の審判を受ける
と受託者の任務の終了事由となりますが（信託法56条1項2号），この
場合も信託そのものが終了するわけではなく，新たな受託者を選任する
ことができます（62条）。

　いずれにせよ，甲さんの認知症が悪化しても，信託を使うことで，甲
さんの生活は，少なくとも金銭面ではあまり問題が生じないと思われま
す。

　甲さんが死亡したときに信託がどうなるかは，信託契約の中身により
ます。

　甲さんの次の第2次受益者として，甲さんの配偶者か長男等の子供を
指定しておけば，信託はそのまま継続します。

　なお，認知症の悪化により，親族の申立等により甲さんに成年後見人
などが選任されることがないわけではありません。

　その場合には，成年後見と信託が併存することになりますが，信託の
受託者はこれまでどおり信託業務を遂行すればよいと思います。

33 障害のある子供の将来の生活の安定のために信託を利用できないかな？

特定障害者扶養信託契約制度，略して「特定贈与信託」が利用できます。

特定贈与信託とは，特定障害者の生活の安定を図る目的で，その親族などが金銭等の財産を信託銀行や信託会社（受託者）に信託して，受託者が数か月に１回定期的に特定障害者に対し，その間の生活費や医療費などに相当する一定額を交付するものです。

ここでいう**特定障害者**には２種類あります。

１つは，「特別障害者」で，精神上の障害により事理を弁識する能力を欠く常況にある者や１級の精神障害者保健福祉手帳を所有する者，１級または２級の身体障害者手帳を所有する者など重度の精神または身体に障害がある者で，信託受益権のうち6,000万円まで非課税とされます。

もう１つは，特別障害者に至らない知的障害者や２級，３級の精神障害者保健福祉手帳を所有する者，65歳以上で市町村等の認定を受けた知的障害者に準ずる者で，信託受益権のうち3,000万円まで非課税とされます。

これらの特定贈与信託は，信託設定時に委託者から受益者に一括贈与を受けたものとみなされます（これを**みなし贈与**といいます）が，上記各金額の範囲内であれば，非課税ですので，申告をすることで贈与税を支払う必要がありません。

また，信託契約後に委託者が死亡しても，相続開始前３年以内であっ

ても信託した分は相続財産に含まれません。

　以上のとおり，**障害者の子供や認知症を患った配偶者のために，一度に信託銀行等へ信託することで，贈与税の非課税の優遇措置を受けつつ，将来の生活の安定を図ることができます。**

　この間に，委託者自身が認知症になったり，あるいは死亡しても，信託が続くので，委託者にとっても認知症対策となり，大変安心な信託といえます。

　特定障害者が死亡すると特定贈与信託は終了しますが，その際に信託財産が残っていれば，どこかに渡すということを，委託者はあらかじめ指定することができます。

　これを，信託法上，**残余財産受益者**もしくは**帰属権利者**（182 条 1 項 1 号，2 号）といいます。

　たとえば，特定障害者が入所している社会福祉施設とか障害者団体等です。

　特定贈与信託については，大手の信託銀行が熱心に広告していますが，信託銀行に限らず他の金融機関や信託会社でも取り扱っているところがあります。

　信託銀行等の受託者は，単に金銭を預かるだけでなく，その管理，処分，運用まですることがあります。

　その運用いかんによって信託財産が将来的に大きく異なることがあるので，運用実績をチェックする必要があるかもしれません。

第4 相続対策としての信託

 **相続って本当にもめるの？
相続対策は本当に必要なの？**

　プラス財産よりも借金などのマイナス資産の方が多ければ，相続対策は不要かもしれませんが，多少なりともプラス財産の方が多く，相続人が2人以上であれば，相続対策をしておくべきです。

　子供たちは仲が良くて，うちに限ってもめるはずがない，という人がいますが，あなたがいるから仲がよい（ふりをしている）のであって，そのあなたがいなくなれば，どうなるかわからない，というよりも，まずもめるのが現実です。

　同じ相続人でも，最後まで面倒を見た人と遠くで眺めていた人とでは意識のギャップは相当なものがあります。まして，相続人には配偶者等の応援団が付きます。兄弟は他人の始まりといいますが，配偶者同士は文字通り他人です。身内だからこそ感情的にもなります。兄や姉は年をとっても弟や妹を見下し，逆に弟や妹は昔抑えつけられたことを何年たっても忘れないものです。

いざ相続が発生した場合には，相続人全員の合意がないと遺産分割協議が成立しませんが，認知症が進んでいて相続を理解できない人がいると，成年後見人を付けない限り話し合いができません。

行方不明の人がいると，家庭裁判所で不在者財産管理人を選任してもらう必要があります。外国に居住していると，印鑑証明書の代わりに領事館でサイン証明書，在留証明書を受け取らなければなりません。

相続の話し合いのタイミングを見誤ると大変です。お通夜の席で相続財産をどうするかなんて話をしたら，取っ組み合いになるかもしれません。反面，死亡後10か月の相続税の申告期限ぎりぎりになると，相続人も申告をする税理士の先生も余裕がなくなるために，とんでもない過ちをすることがあります。

相続財産の調査は難しいものです。子供の1人が，認知症の親に代わって，何年間も多額の預金を引き出し，自分の懐に入れたとしても，親のために使ったと言われると，それ以上の追及は難しいものです。書画骨董も持ち出されると，まずお手上げです。相続財産はプラスの資産だけでなく，借入金などの負債もあります。負債については，相続人だけの話し合いで決めることができません。銀行などの債権者の同意が必要で，それがないと，法定相続分で責任を負うことになります。

以上のとおり，相続を相続人同士の話し合いに任せきりにしておくと，相続紛争が生じやすく，そこまでいかなくても，話し合いをすること自体大変な手間暇がかかり，お互い疲れ切ってしまいます。残された相続人には相続財産の全体像がよくわからないこともあります。

そこで，**相続人である子供らに対する最後の親の務めとして，相続対策をきちんとしておく必要があるのです。**

35 相続対策は，遺言さえ作成すればよいのかな？ 相続税対策とは，どう違うのかな？

　相続対策といえば，「遺言」が一番だと思う人が多いようです。

　実際のところ，㉞で述べた問題点は，遺言を作成することで解決することが多いのです。

　遺言で，「相続人甲にはXの不動産を，相続人乙にはYの預金その他一切の財産を相続させる。本遺言の執行者をZと指定する。」などと記載しておけば，甲と乙の間で遺産分割協議をする必要がありません。

　また，遺言執行者を指定しておけば，銀行等に対する預金の解約や払戻しもスムーズにいきます。

　なによりも，相続財産を知っているのは遺言者自身です。

　相続人が見落とすような財産もきちんと遺言に書いておくことで，相続財産漏れが生じることはありません。

　遺言で書かれた預金が相続時点で消えていれば，その間の預金取引を調査することである程度その経緯を把握できることがあります。

　遺言をすれば，相続人ではない人にも財産を渡せます。

　たとえば，長男の妻は相続人ではありませんが，献身的に世話をしてくれたのであれば，ある程度の財産を渡す（**遺贈**といいます）のは，遺言だからできるのです。

　しかし，遺言も極端なものを作成すると，かえって相続紛争を起こしてしまいます。

　感情的な反発だけで子供の1人にはなにも渡さないとすると，相続後

にその子供から他の相続人に対して，法定相続分の2分の1（親が相続人の場合は3分の1）に相当する相続財産をよこせという**遺留分減殺請求**（民法1028条，1031条）がなされることがあります。

遺留分は侵害しないにしても，家の跡を継ぐ長男に不動産だけを渡すとして相続税の支払いに配慮していないと，結局，その支払いのために不動産を手放すことになりかねないので，注意が必要です。

最近目立つのは，**遺言の無効確認訴訟**です。

特に，自筆証書遺言（民法968条）の場合に，他の相続人による偽造とか，遺言作成当時重度の認知症だったから遺言能力がないという主張がよくなされます。

公正証書遺言（民法969条）の場合でも，遺言能力が争われることがあります。

遺言の作成については，遺言能力を疑われないときにしておかなければならないのです。

なお，税理士の先生は，「相続対策」と「**相続税対策**」を同一視することがありますが，場合によっては相反することもあります。

たとえば，相続税の基礎控除額を増やすために養子縁組を勧めますが，相続人が増えることはそれだけ紛争のリスクが増すことを意味します。

また，相続財産を減少させるために，借入金による不動産の購入を提案しますが，誰がその借入金を承継するのかでもめることがあり，承継のためには銀行の了解も必要であることから，相続に手間暇を要し，税務申告に支障を生じさせることになりかねないので，十分気を付ける必要があります。

72 第Ⅰ部 信託のキホン

㊱ 遺言代用信託があると聞いたけど，遺言信託とは，どう違うのかな？

　遺言代用信託は，「遺言に代わる信託」ともいわれます。

　遺言代用信託は，文字通り，遺言と同じような効力を持たせるための信託契約をいいます。

　信託法は，90条1項で2つの遺言代用信託を規定しています。

　1号は，「委託者の死亡の時に受益者となるべき者として指定された者が受益権を取得する旨の定めのある信託」，2号は，「委託者の死亡の時以後に受益者が信託財産に係る給付を受ける旨の定めのある信託」です。

　1号と2号はどう違うのだろうかと思われるかもしれません。私自身も最初にこの条文を読んだときにわかりませんでした。

　よく読むと違うのは，1号が「死亡の時」と一時点を指しているのに対し，2号は「死亡の時以後」と時間の幅を示しているのです。

　つまり，1号では死亡により当然に受益権を取得するのに対して，2号は死亡時に限らずそれより後の信託契約で定めたある時期もしくはある条件が成就したときに受益者になれるというものです。

　この違いから，信託法90条2項では，「前項第2号の受益者は，同号の委託者が死亡するまでは，受益者としての権利を有しない。」と，1号よりも一段低い位置においています。

　つまり，1号の受益者の場合には，遺言代用信託の成立と同時に「受益者」としての権利を有するので，信託法上のさまざまな権利を行使で

きるのですが，2号の場合は信託契約で定められた期限の到来もしくは条件成就がないと，受益者としての権利行使ができないのです。

この遺言代用信託は，信託契約によって受託者に財産を信託譲渡し，委託者自身が生前中は第1次受益者として，死亡後は委託者の配偶者や子供などを第2次受益者とすることで，まさに遺言の代用を図るものといえます。

遺言の場合は，いつでも何回でも撤回できますが（民法1022条），遺言代用信託においても，信託法90条1項柱書で，「委託者は，受益者を変更する権利を有する。」としています。

以上の遺言代用信託と，「遺言信託」は異なります。

もっとも，ここでいう遺言信託は，本来の遺言信託であって，信託銀行が使っている遺言の作成，保管，執行を意味する「遺言信託」ではありません（⑤参照）。

本来の遺言信託は，信託法2条2項2号，3条2号で規定する遺言という方法で信託することを意味します。

これに対して，遺言代用信託は，信託法2条2項1号，3条1号の契約を締結する方法による信託で，方式が異なるのです。

遺言代用信託は委託者と受託者との二者間の契約であるのに対して，**遺言信託**はあくまで委託者自身の単独行為としての遺言に他なりません。

もっとも，遺言代用信託も，その実質は相続による財産承継とみなして，遺留分減殺請求等の対象になる可能性があります。

後継ぎ遺贈に代わる受益者連続信託って何かな？

　後継ぎ遺贈とは，甲さんが遺言によって，ある財産を自分が死亡したときにまず妻の乙さんに第1次受遺者として取得させるが，乙さんが死亡したときには，さらに子供の丙さんに第2次受遺者として取得させるというものです。

　しかし，遺言でこのような後継ぎ遺贈は認められないというのが一般的です。

　民法は，期間を区切った所有権を認めていないし，いったん乙さんのものになったのであれば，その後の処分権は乙さんにあり，甲さんはその後のことにまで口出しできないというものです。

　その一方で，後継者に悩む中小企業の経営者や農家では，後継ぎ遺贈に代わるものとしての信託に対するニーズが寄せられたことから，信託法の改正により，**受益者連続信託**が認められました。

　信託法91条は，

　「受益者の死亡により，当該受益者の有する受益権が消滅し，他の者が新たな受益権を取得する旨の定め（受益者の死亡により順次他の者が受益権を取得する旨の定めを含む。）のある信託は，当該信託がされた時から30年を経過した時以後に現に存する受益者が当該定めにより受益権を取得した場合であって当該受益者が死亡するまで又は当該受益権が消滅するまでの間，その効力を有する。」

と定めています。

つまり，甲さんが受託者Xさんに財産を信託譲渡して，第1次受益者は甲さん自身，甲さんが死亡したときに第2次受益者として妻の乙さん，その後順次第3次受益者として長男の丙さん，第4次受益者として丙さんの長女の丁さん，第5次受益者として丙さんの次女の戊さんとそれぞれ指定しておきます。

当初の信託設定が2016年として，甲さんの死亡が2020年，乙さんの死亡が2030年，丙さんの死亡が2050年，丁さんの死亡が2070年とすると，2046年で30年経過するので，その後に丙さんの死亡により受益権を取得した第4次受益者の丁さんが死亡するまで，またはそれより前に信託財産の消滅などにより信託受益権が消滅するまでの間，その効力を有することになります。

これにより，民法の相続では認められなかった後継ぎ遺贈型が，30年を超えた一定期間ではあるものの，受益者連続信託を利用することで，事実上認められることになりました。

代々続いた伝統ある家に生まれた人がその家の財産を未来へ引き継ぐために，また事業の経営者が長期的な事業の展望を抱くために，委託者は何世代か先の後継者まで思い描くものです。

これまでは，それは文字通り絵に描いた餅でしたが，受益者連続信託によって，ある程度現実化することが可能になりました。

これは，画期的なことといえましょう。

38 遺言信託についてもう一度説明してください!!

　信託法3条は，柱書で，「信託は，次に掲げる方法のいずれかによってする。」として，3つの信託の方法を規定しました。

　そのうちの1つが**遺言信託**です。

　2号で，

　「特定の者に対し財産の譲渡，担保権の設定その他の財産の処分をする旨並びに当該特定の者が一定の目的に従い財産の管理又は処分及びその他の当該目的の達成のために必要な行為をすべき旨の遺言をする方法」

と定めています。

　つまり，**遺言という方法を使って信託をする**のです。

　遺言の方式には，公正証書遺言，自筆証書遺言，秘密証書遺言などがありますが，信託の構造が難しく法律の専門家に任せる方が安心であることや，家庭裁判所の検認を要しないことから**公正証書遺言**がよいでしょう。

　自分の死後に認知症の配偶者や心身に障害のある子どもの生活を保障するために，これらを受益者として，相続人の1人もしくは信頼のおける個人あるいは信託会社などを受託者として，遺言信託を活用できると思います。

　信託でなければ，民法1002条の**負担付遺贈**を使って，たとえば長男に大部分の財産を渡す代わりに，高齢の妻に毎月の生活費の負担を負わ

せるなどして面倒をみてもらう，ということが考えられますが，実際には負担した義務を履行しないことが多いのです。

かといって，民法1027条の負担付遺贈にかかる遺言の取消しを家庭裁判所にすることまでは，実際上しないものです。

この負担付遺贈と比べると，遺言信託は受益者を保護するために，これまで述べたように受託者にさまざまな義務を課しており，また信託監督人や受託者代理人の制度もあります（㉑参照）。

ただ，遺言信託は，信託法3条1号の**信託契約**と比べて問題点があります。

信託契約の場合は委託者と受託者との契約ですから，受託者も当初から信託の中身をわかっています。

これに対して，遺言信託は遺言者による単独行為ですから，受託者を指定しないこともあるし，また，指定された受託者も遺言の効力が生ずるまで遺言信託の中身を知らないこともありえます。

受託者が相続人の1人であれば，証人の欠格事由（民法974条2号）のため，公正証書遺言の作成に立ち会うことすらできません。

つまり，遺言信託の場合には，委託者が受託者と事前の交渉がきちんとできているとは限らず，また効力が生じたときにはすでに委託者はこの世にいないのですから，委託者の思いが受託者にどこまで伝わるか，不安な面があります。

その意味で，**私としては，信託を活用するのであれば，遺言信託よりも信託契約を締結して，その中で，自分の死後の受益者に対して受益権を承継させる「遺言代用信託」をお勧めします**（㊱参照）。

㊨ 共有の不動産でも信託できるのかな？

　共有の不動産でも信託できます。

　私が関与した共有不動産の信託の例を紹介しましょう。

　３人の友人が明治時代に神戸市内の土地を共有で取得し，店舗敷地として第三者に賃貸し，その後，代がかわっても３人の共有が続いていました。

　阪神・淡路大震災で店舗が滅失した後は，時間貸し駐車場を運営する会社に一括で貸していましたが，３人ともに自身の高齢化を自覚するようになり，認知症になって他の２人に迷惑をかけたくないが，このまま次の世代にも共有状態を続けたいと思い始め，私のところに相談に来ました。

　当初は，管理会社をつくって，そこで共有土地を管理運営したらどうかという考え方も出ましたが，会社の経営をめぐって次の世代でもめても困るということから，私が提案したのが，信託です。

　今後も相当長期間にわたって共有の関係を続けたいこと，相当の収益があることから，信託会社を受託者として，３人ともそれぞれの生前中は自分を受益者として，亡くなった後は，配偶者もしくは長男を第２次受益者として，さらに，人によっては，孫を第３次受益者と指定して，信託会社との間で信託契約を結びました。

　当初の相談から信託契約の締結まで３か月程度要しました。

　この間には，第２次受益者となる人にも会って，信託の内容につい

て，信託会社と私から説明をしました。

　契約後にそれぞれの委託者およびその家族からこれで本当に安心したとの声を聴いて，私も大変うれしく思いました。

　信託登記の「**信託条項**」の中の一部を抜粋します。

　「信託の目的」には，

　　「本信託の目的は，受託者が，受益者のために信託土地を管理，運用及び処分することとする。」

と記載されています。

　この信託会社は，管理型信託業ではなく，運用型信託業の免許を受けているので（④参照），管理だけでなく，運用および処分までできるのです。

　もっとも，受託者が自由に運用をするのではなく，「信託不動産の運用，管理及び処分」の中で，

　　「既存賃貸借契約が期間満了その他の事由により終了した時は，信託土地の既存賃貸借契約の終了後の運用の方法につき，受益者の書面による指図に従って信託土地の運用を行う。」

と明記されています。

　また，信託土地の処分についても，

　　「受託者は受益者と協議のうえ，信託土地の売却価格，引渡条件等を定めて買主を探し，受益者の指図に従って，最終的買主を決定する。」

と定めています。

　信託期間を一応20年間としていますが，協議が整えば，延長できるようにしました。

未成年の子や孫のために信託を使えるのかな？

　離婚した母親が不治の病にかかり，一人息子に全財産を譲りたいが，まだ未成年であるために，自分の死後，離婚した子供の父親が親権者となってその財産を自由に使うのを何とか阻止したい，という相談があります。

　また，お祖父さんからは，自分の息子は浪費癖がひどいので，息子に財産を譲るとあっという間に財産がなくなってしまう危険があるが，孫娘は自分に似てしっかりしているようだから，未成年の孫娘に主な財産を渡したいものの，親権者が私の息子だから心配だ，という相談もあります。

　これらの場合に，遺言で母親の一人息子に全財産を相続させるとか，お祖父さんの孫娘に主な財産を遺贈する，ということを書くだけでは，依頼者の希望を満たしたことにはなりません。

　いずれの場合も，譲り渡した財産が一人息子や孫娘の父親に自由に使われてしまう危険性が高く，それでは母親やお祖父さんの目的に反するからです。

　そこで，信託の活用を考えます。

　信託の方法としては，契約でも遺言でもできますが，受託者との間で話をきちんと詰めるために，**契約による信託**が望ましいと思います。

　たとえば，上記の母親の場合には，母親が信頼のおける自分の兄弟などがいればその人を，そのような適当な人がいなければ信託会社を，受

託者として信託契約を結びます。

　信託の財産は，委託者である母親の全財産とします。

　受益者は，母親生前中は母親，母親が死亡した後は一人息子として，ある一定年齢に達するまでを信託期間とします。

　信託終了後は，財産名義を一人息子に移転します。

　信託の目的は，受益者の安定した生活と教育支援のために，毎月定期的な生活費を，また授業料等の教育費のために必要と受託者が判断した場合には特別の費用を，受益者の口座に振り込むものとします。

　なお，受益者の保護を図るために，信頼のおける親族か弁護士などの専門家を受益者代理人に指定することも考えられます。

　これまでであれば，遺言で財産を単に承継させるということしかできませんでした。

　ところが，今述べたような**信託を利用することにより，本人たちが望んでいる本当の願いを叶えることが可能となった**のです。

　無論，信託の活用はまだ緒に就いたばかりです。

　いろいろな試行錯誤を経て，より良い信託の事例が積み重なることで，信託が今後もっと飛躍的に伸びていくと信じています。

第5 さまざまな信託

㊶ 事業信託って何？ 事業型信託とは，どう違うのかな？

　信託は，成年後見や遺言の代わりに使われるだけではありません。他にもさまざまなことに使うことができます。

　まずは事業信託を紹介します。

　事業信託とは，ある事業全体を信託することです。ここで「事業」というのは，「営業」と同じ意味と一般的に解釈されています。

　その営業について，最高裁昭和40年9月22日判決・民集19巻6号1600頁は，「一定の営業目的のため組織化され，有機的一体として機能する財産（得意先関係等を含む）」と述べています。

　つまり，**事業**とは，事務所や店舗あるいは工場といったある特定の不動産だけでなく，その事業から生まれる商品やそれを生み出す設備や材料，商品を売った得意先への売掛金等の債権，事業上のノウハウ，特許などの知的財産権等の積極財産のみならず，借入金や買掛金の債務等の消極財産を含み，さらに従業員との雇用関係を含むいわば丸ごとをいう

のです。

改正された信託法や信託業法には，事業信託について何も触れていません
が，今回の一連の改正により事業信託が可能になったと言われています。

その理由は，旧信託法1条で，信託財産は「財産権」というプラス財産
だけを目的としていたのに対して，現信託法は2条で「財産の管理又
は処分」と定義している上に，21条1項3号において，「信託前に生じ
た委託者に対する債権であって，当該債権に係る債務を信託財産責任負
担債務とする旨の信託行為の定めがあるもの」を**信託財産責任負担債務**
の一例に挙げているからです。

実際に事業信託をするためには事業を構成する一つ一つのプラス，マ
イナスの各財産を網羅しなければならないので実務的には大変です。

その反面，事業信託には，無限の可能性があります。これまでであれ
ば，会社分割や合併等の複雑な手続きを必要としていたのを，事業信託
を活用することで，より簡便に組織再編を行うことが可能となるかもし
れません。また，中小企業の経営者が，事業部門別に各相続人に事業信
託をすることで事業承継がスムーズにいくことも考えられます。

ところで，**事業型信託**という言葉も聞きますが，これは事業信託と全
く異なります。事業型信託とは，バブル期の「土地信託」にみられたよ
うに，受託者である信託銀行等が委託者から預かった土地を管理・運用
する結果として事業を行うものです。

これに対して，事業信託は，受託者が委託者から受けるもの自体が事
業なのですから，受託者は当然に事業型信託を行うことになります。

受益証券発行信託って何かな？

　受益証券発行信託とは，受益権の譲渡を簡単に行えるように，有価証券を発行できるように信託行為で定めたものです。

　投資者から資金を集めて株式などの有価証券等に対する投資として集合的に運用し，その成果を投資者に分配するものとしては，すでに昭和26年に「証券投資信託法」（その後，平成10年の改正で「投資信託及び投資法人に関する法律」と改称，いわゆる**投信法**）が制定されていました。Ｊリートと呼ばれる不動産投資は，この法律に基づくものです。

　ところが，信託一般について受益証券発行信託が認められたのは，今回の信託法改正によります。

　受益証券発行信託については，信託法第8章で「受益証券発行信託の特例」として185条から215条まで，また信託法第10章で「受益証券発行限定責任信託の特例」として248条から257条まで，それぞれ規定されています。

　受益証券発行信託といいながら，実は受益証券を発行するものと発行しないものがあります（信託法185条1項，2項）。

　受益証券を発行した場合の受益権の譲渡は，この証券を交付しなければ譲渡の効力が生じません（信託法194条）。

　また，受益権原簿に記載しなければ，受益証券発行信託の受託者に譲渡を対抗することができません（信託法195条）。

　つまり，株式と同様の取扱いといえます。

受益証券発行信託においては，受託者のいわゆる善管注意義務を信託行為によって軽減することができず，その処理を第三者に委託した場合の義務の軽減もできません（信託法212条）。

他方で，受益者の権利行使について，総受益者の議決権の100分の3以上に制限することなどが認められています（信託法213条）。

受益証券発行信託では，受益権が転々譲渡される関係で，委託者の権利行使が難しくなることから，委託者の権利のうちの相当部分について受益者が行使するものとされています（信託法215条）。

受益証券発行信託のうちの**限定責任信託**については，信託法248条以下で特例が定められており，信託行為の定めにより会計監査人を置くことができますが，特に負債の部の合計額が200億円以上であるものにおいては，会計監査人を置くことが義務付けられています（信託法248条）。

受益証券発行信託を利用した信託受益権の販売をめぐっては，多くの裁判例があり，第Ⅱ部を参照して下さい。

86 第Ⅰ部　信託のキホン

㊸ 投信，MMF，リート，NISAって何かな？

　投信とは，「投資信託」の略語です。

　投信は，㊷でも述べていますが，「投資信託及び投資法人に関する法律」，いわゆる**投信法**に基づく金融商品です。

　投信は，運用会社が委託者としてファンドを組成し，信託受益権を販売会社である証券会社もしくは銀行等を通じて投資家に販売し，投資家が受益者となります。

　運用会社は，受託者である信託銀行に運用の指図をして，その指図を受けた信託銀行が株や国債等に投資をします。

　その結果の分配金や償還金は，信託銀行から販売会社の口座を通して投資家に支払われます。

　銀行の預金と異なり，投信は元本が保証されていません。

　また，数々の裁判例で明らかとなりましたが（第Ⅱ部参照），相続が生じた場合に，預金の場合は純然たる金銭債権として，法定相続分に従い当然に分割されるのに対し，投信の場合は，金銭債権にとどまらない受益者としてのさまざまな権利があるために，当然分割とならず，相続人間での遺産分割協議の対象となります。

　MMFとは，マネー・マネジメント・ファンドの略で，比較的短期の日本国債や社債やコマーシャルペーパーと言われる短期金融商品を組み合わせて換金性の高いものとして証券会社がこれまで主力商品として扱ってきたものです。

公社債投信の一種と言われています。

銀行でいう普通預金のようなものです。

ところが、日銀のマイナス金利政策を受けて、大手の運用会社が、一斉にこのままでは元本割れする危険性が高いということで、繰上げ償還することになりました。

リートとは、「Real Estate Investment Trust」の略で、「REIT」を日本語のカタカナ表記にしたものです。

これも投信の一種で、「不動産投資法人」といういわば会社のような法人が、投資家から投資証券（株式のような出資証券）を販売して集めた資金で、賃貸マンションやオフィスビル、商業施設等の複数の不動産に投資して、その賃貸収入や売却益などを投資家に分配するものです。

日本のリートは、J-REIT と呼ばれており、証券取引所に上場されていることから投資証券の売買が自由に行われています。

J-REIT は、資産運用については運用会社に委託し、資産の管理は、通常、信託銀行に任せ、また、さまざまな事務処理は事務受託会社に委託しています。

NISA とは、平成 26 年 1 月から始まった「少額投資非課税制度」で、株や投信などの運用益や配当金を一定額非課税にする制度です。

平成 28 年 1 月からは毎年 120 万円分までの投資金額にかかる値上がり益や配当金が非課税となっています。

限定責任信託って何かな？

　そもそも，信託の受託者は，信託財産のためにした行為から生じた債務について，信託財産で支払いができなければ，受託者自身の固有の財産で支払わなければならないことを知っていますか？
　そうなんです。
　受託者は，いわば合名会社の社員が会社の債務について無限責任を負うようなものなのです。
　そこで，たとえば，土地の信託を受けた受託者がその土地を売却した後に，土壌汚染が発覚して，買主から莫大な瑕疵担保責任を求められた場合に，信託財産だけでは足りないときに，自分の財産をつぎ込まなければなりません。
　それでは危なくて受託者になれないから，何とかしてほしいと経済界からの要請を受けて設けられたのが**限定責任信託**です。
　信託法は，第9章で「限定責任信託の特例」として，216条から247条まで規定しており，特に216条は，
　　「限定責任信託は，信託行為においてそのすべての信託財産責任負担債務について受託者が信託財産に属する財産のみをもってその履行の責任を負う旨の定めをし，第232条の定めるところにより登記をすることによって，限定責任信託としての効力を生ずる。」
と定めました。
　つまり，限定責任信託は，信託行為で定めただけでは足りず，その旨

の登記をすることによって，はじめてその効力を生ずるのです。

　これまでは，受託者が無限責任を負うということで相手方も安心して取引をしていたはずですから，委託者と受託者といういわば内部関係の契約だけで責任が信託財産に限定されてしまうのでは，取引の相手方に不測の損害を与えかねないとして，登記することを効力要件としたのです。

　また，信託の名称中に，限定責任信託という文字を用いなければならないとか（信託法218条），取引に当たっては限定責任信託であることを示さなければ，その主張をすることができません（信託法219条）。

　この他にも，債権者保護の規定がいろいろと定められています。

　特に，信託法222条は，法務省令で定める一定の会計帳簿や貸借対照表等の作成，受益者への報告，保存等の義務を課しています。

　そして，訴訟になったときは，裁判所はこれらの書類の提出命令を出すことができます。

　さらに，受託者に信託事務を行うについて悪意または重大な過失があったときは第三者に対する損害賠償責任を負います（信託法224条）。

　また，信託財産だけが取引の相手方の責任財産となることから，受益者に信託財産がじゃぶじゃぶ流出しないように，一定の制限が定められており，それを超えて受益者に財産を渡すと，受託者と受益者は連帯責任を負うことになります（信託法225条，226条）。

　このような数々の厳しい規定から，この制度が活用できるか疑問があります。

受益者の定めのない目的信託って何かな？

　「受益者の定めのない信託」とは，そんなものがあるのかと不思議に思うかもしれません。

　受益者がいるからこそ信託が設定されるのでは，と普通なら考えるからです。

　信託法は，実は，第11章で，「受益者の定めのない信託の特例」として258条から261条まで規定を置いており，**目的信託**とも言われています。

　目的信託としてよくいわれるのが，犬や猫などの**ペット信託**です。ペットは人ではないので受益者にはなれないからです。

　一人暮らしの老人が犬や猫などの世話をしている場合に，認知症になったり，老人ホームに入るため，さらには自分が死亡した後に，ペットの世話をできなくなった場合に備えて，一定額の金銭を受託者に信託して，受託者またはその指定する者にペットの世話を任せるというものです。

　この他にも，信託法改正の際のパブリック・コメントで寄せられた事例として，地域住民が共同で金銭を出して介護や子育て，防犯等の活動に充てるとか，自分が退職した会社や卒業した大学の研究開発などのために信託を活用することなどがありました。

　受益者の定めのない信託については，受益者という監視役がいないために，厳しい要件が課せられています。

第5　さまざまな信託　　*91*

　まず，濫用が懸念される自己信託の方法では認められません（信託法258条1項）。

　信託の変更によって，受益者を定めることができず，逆に受益者の定めのある通常の信託において受益者の定めを廃止することもできません（信託法258条2項，3項）。

　遺言によって目的信託を設定するときは，信託管理人を指定する定めを設けなければならず，その定めがない場合には遺言執行者が信託管理人を選任しなければならず，遺言執行者の定めもない場合には，利害関係人の申立により裁判所が信託管理人を選任することになります（信託法258条4項ないし6項）。

　目的信託は20年を超えることができません（信託法259条）。

　ところで，信託法附則3条で，

　　「別に法律で定める日までの間，当該信託に関する信託事務を適正に処理するに足りる財産的基礎及び人的構成を有する者として政令で定める法人以外の者を受託者としてすることができない。」

と規定され，その後，信託法施行令で，国と地方公共団体，そして純資産額が5,000万円以上の財産的基礎を有し，業務執行をする役職員に一定の犯罪歴がなく，暴力団員がいない法人と規定されました。

　これにより，**目的信託は，受託者について相当規模の法人に限定されたため，非常に使い勝手の悪い制度とされてしまいました。**

㊻ 公益信託って何かな？

　公益信託は，目的信託の一種です。

　特定の受益者がいないという意味で，「受益者の定めのない信託」であることに変わりがないからです。

　公益信託ニ関スル法律1条で，目的信託のうち，

　　「学術，技芸，慈善，祭祀，宗教其ノ他公益ヲ目的トスルモノニシテ次条ノ許可ヲ受ケタルモノ」

を公益信託と定め，2条では，公益信託の要件として，

　　「受託者ニ於テ主務官庁ノ許可ヲ受クルニ非ザレバ其ノ効力ヲ生ゼズ」

と，主務官庁の許可を効力要件としています。

　「学術」であれば，文部科学省の許可が必要ということになります。

　公益信託は，個人や法人の委託者が，公益活動のために，一定の財産を信託銀行や信託会社の受託者に信託して，受託者が公益のためにその財産を使おうというものです。

　公益信託は，公益目的に資金が使われるということで，公益財団法人に似ていると言われています。

　もっとも，**公益財団法人**については，法人を運用するための役員や従業員というヒトと事務所等のモノが必要であるのに対して，公益信託は，主務官庁への許可申請手続きやその後の資金の運用一切を受託者に任せるので，そのような手間が不要です。

　資金がなくなれば，目的を達したということで公益信託は終了するの

で，あとくされがないともいえます。

　ところで，一般の信託については，信託法や信託業法の改正がなされたのに対して，公益信託だけなぜ，カタカナ表記の昔の法律で取り残されたかといえば，公益財団法人等の公益法人の制度改革が同じ頃になされていたため，その改革の趣旨を踏まえて，改めて議論しようとなったからです。

　そして，平成28年現在まさに公益信託改正に向けての議論がなされている真っ只中です。

　公益信託には，税制上の優遇措置を受けられるものとして，現在，「特定公益信託」と「認定特定公益信託」の2つがあります。

　特定公益信託とは，信託終了時の信託財産がその委託者に帰属しないこと，信託契約が合意による終了ができないこと，出えんする財産は金銭に限られること等の要件を備えて，受託者が主務官庁の証明を受けた信託をいいます。

　この場合には，法人が出えんした金額は一般寄付金として損金算入されます。

　委託者が死亡した場合には，その信託に関する権利の価額はゼロとして相続税上非課税とされます。

　認定特定公益信託とは，特定公益信託のうち，科学技術に関する試験研究を行う者への助成金の支給や奨学金の支給または貸与等の特定の信託目的を有し，かつその業績が持続できることについて主務官庁の認定を受けたもので，法人のみならず，個人についても寄付金控除の対象となります。

　ただし，公益信託に対する一般の認知度は低く，今後の普及が望まれています。

セキュリティ・トラストって何かな？

　セキュリティ・トラストは，**担保権信託**とも言われていますが，信託法の改正で取り入れられました。

　平成16年3月19日に閣議決定された「規制改革・民間開放推進3か年計画」において，「1人の債権者が他の債権者の債権も含めた被担保債権の担保権者となり，その担保権の管理を行うことができるようにすべきであるとの指摘があること」を踏まえたものです。

　そこで，信託法3条の1号（信託契約）と2号（遺言信託）で，いずれも財産の譲渡に続いて，「担保権の設定」を財産の処分の例として明記したものです。

　もっとも，3号の自己信託では除外されています。自己信託の濫用例として担保権設定が用いられる危険性を排除したものと思われます。

　セキュリティ・トラストを利用する目的は，債権と担保権を切り離して，担保権の管理を債権者以外の受託者に信託することにあります。

　この場合の委託者は借入れをする債務者で，信託銀行等が，抵当権を設定する目的で抵当権者として受託者となり，貸付をする債権者を受益者として信託を設定します。

　これは，特に複数の金融機関が協調して大型融資を行う場合の，いわゆる**シンジケートローン**への活用が期待されています。

　シンジケートローンの場合には，従来であれば，協調融資といってもそれぞれが抵当権を設定して担保権者となるので，各債権者の意思が一

致せずに他の債権者が望まないままに担保権の実行がなされることがありました。

　また，債権の譲渡に伴い担保権の移転の手続きが必要なために手間や費用がかかりました。

　ところが，セキュリティ・トラストを利用することで，担保権は一元的に管理されるとともに，担保権の移転手続きも不要となり，債権の流動化が図られることになりました。

　ところで，債権譲渡するときは受益権も譲渡されることになりますが，信託に関する登記の登記事項として，不動産登記法97条1項1号で，委託者，受託者と並んで，「受益者の氏名又は名称及び住所」だけであったのが，法改正により，2号として，「受益者の指定に関する条件又は受益者を定める方法の定めがあるときは，その定め」が追加されたことにより，2号の登記がなされた場合には受益者の氏名または名称および住所を登記することを要しないとされました（新井誠『信託法［第4版］』153頁，有斐閣）。

㊽ 年金信託，退職給付信託って何かな？

　年金信託とは，事業主や個人等が委託者兼受益者として，受託者である信託会社に対し，年金給付にあてる資金を信託して，年金の管理運営の事務を任せるものです。

　年金には，公的年金と私的年金があります。

　公的年金としては，国民年金，共済年金，厚生年金保険があります。

　これに対して，**私的年金**は，企業が従業員のために行うのが，厚生年金基金等の企業年金で，個人が自ら行うものは個人年金です。

　企業年金で信託を利用するものとしては，厚生年金基金信託と確定給付企業年金信託があります。

　厚生年金基金信託は，厚生年金保険法に基づいて設立された厚生年金基金が，独自の年金を加算して給付するもので，終身にわたって年金が支給され，従業員の掛け金は社会保険料控除の対象になります。

　確定給付企業年金信託は，平成13年6月に成立した確定給付企業年金法によるもので，事業主が従業員の同意を得て，制度内容を定めた年金規約に基づき，年金資産の管理・運用等を信託会社に委託するものです。

　一方，**個人年金信託**は，個人が自らの老後に備えるために信託会社に信託するものです。

　個人年金信託には，年金の原資を一定期間積み立てて，その後に一定期間その元金と収益を年金式に受け取る**積立型**と，年金の原資を一括で

拠出して，その後に一定期間同様に受け取る**一括拠出型**があります。

　退職給付信託とは，企業が保有する有価証券や金銭を退職給付に充てるために信託し，信託会社がその有価証券などをその企業の従業員や退職者のために管理・運用する信託です。

　平成12年以降，退職給付会計基準が適用され，企業は退職給付債務を新たに開示することになったため，信託銀行等はこれにより顕在化する年金資産の積立不足対策のための信託商品として，退職給付信託を取り扱うようになったのです。

　この場合には，企業は信託した株式の議決権を引き続き行使することができますが，対象となるのは換金性のある上場株か店頭公開株でなければなりません。

㊾ ESOP信託って何かな？

ESOP は，「Employee Stock Ownership Plan」の略です。

元々はアメリカで制度化された ESOP，つまり従業員に対する会社の株式による退職・年金の給付制度ですが，**日本版 ESOP** は，信託を利用して従業員持株会の仕組みを応用するものが多いようです。

一つの例として，平成 27 年 8 月 27 日に公表した**東急電鉄**の「『従業員持株 ESOP 信託』の導入（詳細決定）に関するお知らせ」を紹介します。

まず，**ESOP 信託**導入の目的として，従業員に対して会社の株価上昇へのインセンティブを付与し，会社の業績や株式価値向上を目指した業務遂行を促進することにより中長期的な企業価値の向上を図るとともに，福利厚生制度をより一層充実させること，としています。

東急電鉄は一定の受益者要件を充足する従業員を受益者として，信託銀行を受託者とする ESOP 信託を設定します。

受託者は銀行から株式取得に必要な資金を借り入れますが，その際に東急電鉄が保証をします。

受託者は，5 年の信託期間内に持株会が取得を見込んでいる数の株式を，株式市場からあらかじめ定める取得期間中に取得します。

受託者は，信託期間を通じ，毎月一定日までに持株会に時価で譲渡します。

受託者は，株主として配当金を受領し，持株会への譲渡代金を配当金

原資として銀行からの借入金を返済します。

　信託期間を通じて，信託管理人が受託者に対し議決権行使等の指図を行い，受託者はこれに従って権利行使をします。

　信託終了時に，株価上昇により信託内に残余の株式がある場合には，換価処分の上，受益者に対し信託期間内の拠出割合に応じて信託収益が金銭により分配されます。

　逆に，株価下落により信託内に借入金が残る場合には，東急電鉄が保証に基づき，銀行に対して一括返済します。

　持株会への譲渡により株式がなくなった場合には，信託期間満了前に信託が終了します。

　従業員持株会を使わない ESOP 信託もあります。

　たとえば，**大塚家具**が平成 27 年 11 月 11 日に公表した「株式付与ESOP 信託の導入に関するお知らせ」によると，株式交付規程を制定して，一定の資格および会社業績等に応じて退職時に従業員に株式を交付することとします。

　会社は信託契約に基づき信託銀行へ金銭を拠出し，受益者要件を満たす従業員を受益者とする ESOP 信託を設定します。

　受託者は，信託管理人の指図に従い，拠出された金銭を原資として信託期間内に株式を取得し，株主としての権利行使をします。

　信託期間中に，株式交付規程に従い，一定の要件を満たす従業員は株式を取得します。

　信託終了時に残余株式があれば，受託者から無償譲渡された会社が消却します。

　以上のとおり，ESOP 信託といっても，さまざまな方式があります。

㊿ 最近よく聞く「家族信託」って何だろう？

　家族信託は，「**一般社団法人家族信託普及協会**」の登録商標です。
❿で述べた民事信託の一種といえます。

　同協会の定義によれば，「資産をもつ方が，特定の目的（例えば自分の老後の生活・介護等に必要な資金の管理及び給付等）に従って，その保有する不動産・預貯金等の資産を信頼できる家族に託し，その管理・処分を任せる仕組み」で，「**家族の家族による家族のための信託（財産管理）**」としています。

　家族・親族に管理を託すので，高額な報酬も発生しないため，資産家のためのものでなく，誰にでも気軽に利用できる仕組みであるとも述べています。

　家族信託についての第一人者は遠藤英嗣弁護士（元公証人）で，『**[新訂] 新しい家族信託**』（日本加除出版）の著者としてもよく知られています。

　遠藤弁護士は，公証人としての豊富な経験から，同書においてさまざまな種類の信託契約の書式を数多く紹介されており，信託を学び，信託をこれから活用する者にとって，必読の書といえます。

　もう1つ，家族信託を平易に記述している書として，河合保弘司法書士の『**家族信託活用マニュアル**』（日本法令）を紹介します。

　法律に慣れていない一般の方が抵抗なく読める本で，きわめて実践的な本といえます。

しかも，著者の家族信託への熱意が読者に伝わってくるので，読んでいる方も，ぜひ家族信託を普及させなければという思いにさせる本です。

河合司法書士は，その中で，受託者として「一般社団法人」の設立を推奨しています。

確かに，信託法に慣れていない親族が個人で受託者となるのは気が重いものがあります。

また，一般的に長期の信託期間を考えると，寿命のある個人よりも法人の方がふさわしいともいえるので，家族信託についての受託者を「家族」という個人に限定する必要はないかもしれません。

この2つの本と比べると，私のは，「信託のキホン」といいながら，特に総論部分では，信託法の解説をしている関係で少し硬い書き方になっていて，読みづらいかもしれません。

しかし，「キホン」というのは，読み書き算盤やスポーツ何でもそうですが，最初は単調なためとっつきにくいものです。

そこを何とかくぐり抜けることで，信託のプロになっていただければと思います。

なお，私の本は，この後に，第Ⅱ部の裁判例に移行しますが，家族信託が推奨されている最近での事案がもっぱら信託銀行が取り扱う商事信託であるのに対して，当初での事案が家族同士の相続紛争がらみのものが散見されており，興味深いものがあります。

第Ⅱ部

信託にかかわる
重要裁判例

はじめに

信託にかかわる裁判例を，判例雑誌や判例検索等から調べてみました。

どの裁判例においても，原則として，信託の委託者を Settlor のⓈ，受託者を Trustee のⓉ，受益者を Beneficiary のⒷと表示しています。

66 の裁判例については，7 つに分類しました。

「**第 1　信託って何かな？**」では，信託の成否や有効性が争われた 17 例を

「**第 2　受託者はつらい立場だね**」では，受託者の責任や義務が問われた 12 例を

「**第 3　受託者にも言い分はある**」では，受託者の権利面からみた 5 例を

「**第 4　受益権って何だろう？**」では，受益権や受益者の権利についての 8 例を

「**第 5　信託の取引はヤバイかな !?**」では，信託受益権の販売に関与した者の責任が問われた 9 例を

「**第 6　受益者がヤバくなったら…**」では，受益者が倒産などに陥った場合の信託受益権の行方についての 10 例を

「**第 7　信託と税金の関係はどうなんだろう？**」では，信託受益権に絡む税務訴訟についての 5 例を

それぞれ取り上げました。

信託に関する裁判例は，昭和の初めの大審院判決から登場しています。

年代的な特色があるのかと思い，昭和の終わりまでの**【第 1 期】**12 例，平成始めから信託法の改正が施行される平成 19 年 9 月までの旧信託法の時代の**【第 2 期】**23 例，新信託法が施行された以降の**【第 3 期】**31 例（これらのほとんどは旧信託法適用事例ですが）に分けて，上記の 7 つの分類のどれに当てはまるかをみてみました。

【第1期】では，12例のうち半分の6例が第1分類でした。中でも，どこまでの信託が許されるかが問われた裁判例が目立ちます。また，第2分類も3例と多く，受託者のあり方が問われていました。

　【第2期】でも，第1分類が7例，第2分類が5例と多く，信託法改正前という同一状況において，同様な傾向にあることを再確認しました。その一方で，昭和の時代には1例もなかった，第5分類が3例，第6分類が5例と相当数登場したことは，平成のバブル崩壊後の時代に入ったことを思い知らされました。

　【第3期】になると，第1分類4例，第2分類4例，第3分類3例，第4分類5例，第5分類6例，第6分類5例，第7分類4例と，どの分類の裁判例も同じように現れています。第3分類ないし第7分類については，いずれも半数以上の数を占めています。特に，第7分類については，5例のうちの4例を占めており，今後信託に絡む税務訴訟が増えることが予想されます。

　内容面からみると，【第1期】では，信頼できない家督相続人から「家」の財産を守るために信託を利用したケースなど家族的な事案が目立ちます。

　【第2期】では，最高裁平成14年判決（【10】）等契約当事者が信託と意識すらしていないのに後に信託の成立の是非が争われた事例や，不動産信託ないし土地信託の事例が相当数あります。

　【第3期】に入ると，有価証券やファンドなどの投資信託をめぐる紛争が多く登場してきました。やはり，それぞれの時代を反映しているといえます。

　ところで，私が大変興味深く思ったことは，【第1期】で目立った家族的事案と，信託法改正を機にしばしば取り上げられるようになった「民事信託」や「家族信託」といわれる事案との対比です。

　【第1期】の家族的事案では，代々引き継がれてきた「家」の財産を，だめな家督相続人に代わる人に承継させるために，信託を利用しようとしました。戦前の家督相続制度をうまくすり抜けようとしたともいえます。

これに対して，現在の実務では，民事信託などを利用することで「家」の財産をバラバラにすることなく長男などに引き継がせようとしているようにも見受けられます。こちらは，現在の均分相続制度をすり抜けして，家督相続制度を実現しようとしているともいえます。

信託は，いつの時代にも，主流の制度をすり抜けるために利用されるスキームなのかもしれません。

以上述べたことは，私の勝手な分類と時代分けに基づく偏った見方かもしれませんが，読者の皆さんが裁判例を読む上での一つの道標になれば幸いです。

第1　信託って何かな？

【1】　名義信託って何かな？

（大審院昭和 13 年 9 月 21 日判決・民集 17 巻 20 号 1854 頁）

事案の概要　　Ⓢが，大正時代にその所有する群馬県内の本件不動産を，家督相続人の長男に渡したくなかったため，二男Ⓑ1 に実質所有させる目的で受益者として，Ⓣに信託譲渡しました（登記上は売買）。その後，Ⓑ1 は，妹のⒷ2 に受益権を贈与しました。Ⓑ2 は，禁治産宣告を受けたⓉの後見人である甲より，本件不動産の所有権移転に必要な書類を受け取り，Ⓑ2 への移転登記がなされました。そこで，ⓉがⒷ2 に対し，この移転登記は無効として提訴し，1 審はⓉが勝訴したものの，原審は 1 審判決を取り消して，Ⓣの請求を棄却したため，Ⓣが上告をしましたが，大審院はこれを棄却しました。

判決の要旨　　ⓈはⒷ1 をして本件不動産を保有させ，Ⓢの家の子孫のためにその処置を一任した。本件不動産信託の受託者はⓉであるが，信託財産に対する実質上の処分権はⒷ1 がこれを有し，そのⒷ1 が信託財産である本件不動産をⒷ2 に贈与している。本件信託行為により，Ⓑ1 は信託不動産全部の受益者となり，信託財産の処分権を与えられたものと解され，このような信託行為は有効で，本件贈与も処分権の適法な行使に他ならないから，受贈者のⒷ2 が贈与不動産の所有権を取得するのは当然である。

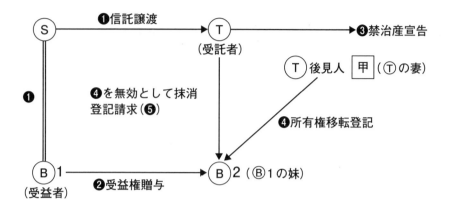

> **コメント**　上告したⓉは，信託的譲渡により所有権は完全にⓉに移転したもので，Ⓢとの関係でⓈ家の家産保護の目的のためにのみ行使する債務を負担しているにすぎず，Ⓑ1が有する他人の所有物に対する実質上の処分権がいかなる権利かが明らかでないと主張していました。これに対して，大審院は，信託財産の処分権を与えられた信託利益全部の受益者を認める信託行為を有効としたのです。
> 　言い換えると，信託の受託者には実質上何らの処分権も与えられていないということになりますが，このような受託者の権利が実質上何もないような信託について，これは「名義信託」といわれます。旧信託法の時代では，信託としての実体を備えていないとして，これを否定するのが通説で，現信託法においても有効性を否認する有力な見解もあります（新井誠『信託法［第4版］』127頁，有斐閣）。
> 　しかし，現信託法が自己執行義務を大幅に緩和しているなど器としての受託者の機能を重視していることから，名義信託の有効性を認める見解が強くなっており（みずほ信託銀行・堀綜合法律事務所『詳解信託判例』66頁，金融財政事情研究会），この判決はいわば時代を先取りしたものともいえます。

第1 信託って何かな？　　　*109*

【2】　強制執行も訴訟信託違反になるのかな？

（最高裁昭和 36 年 3 月 14 日判決・民集 15 巻 3 号 444 頁）

事案の概要　　Ｓは甲に対し，金融業を営むＴの仲介で，昭和 25 年 10 月に 45 万円と 55 万円を貸し付け，その際に公正証書を作成しましたが，甲が 2 万円を返済したにとどまりました。そこで，Ｔが仲介をした責任から，Ｓに取立ての引受けを申し出て，昭和 27 年 3 月にＳとＴとの間で債権譲渡契約が締結され，Ｓから甲に対し債権譲渡通知がなされました。そこで，Ｔは，同年 4 月に公正証書について承継執行分の付与を受け，昭和 28 年 7 月に甲に対し電話加入権につき強制執行をして，その売得金約 65 万円を取得し，さらに破産の申立をしました。

　そこで，甲は，Ｔに対し，公正証書に基づく強制執行の不許と売得金の返還を求めて提訴したところ，東京地裁，東京高裁ともに甲の請求を認めたため，Ｔが上告しましたが，最高裁はこれを棄却しました。

判決の要旨　　本件債権について公正証書が作成されており，訴訟の提起が必然的に要求されるものではないとしても，原審が訴訟行為を目的とした訴訟信託であると認定したことを妨げるものではない。また，債権譲渡契約成立直後，甲に対し破産申立あるいは強制執行がなかったとしても，その当時すでに甲の資産状態が窮迫し任意弁済を期待できなかったことから，原審の認定は是認できる。したがって，原審が，本件債権譲渡契約を信託法 11 条に違反し無効であると判断したのは正当である。なお，信託法 11 条にいう訴訟行為には，訴訟の提起，遂行のみならず，広く破産申立，強制執行を含むものと解するのが相当である。

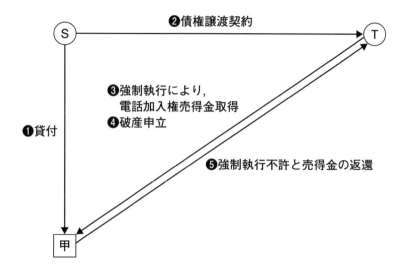

> **コメント**　訴訟信託については，旧信託法11条で禁止されていましたが，現信託法10条でも禁止されました。第Ⅰ部の⑭で述べています。
>
> もっとも，禁止の理由として従来挙げられていた「濫訴の弊害の防止」に対しては，憲法32条の「国民の裁判を受ける権利」を抑制するとの批判が強くあり，訴訟信託禁止の「主たる目的」について限定的に解釈する方向性が出ています（新井誠『信託法〔第4版〕』181頁，有斐閣）。
>
> 現に，広島高裁昭和28年10月26日判決・判タ60号69頁は，労働組合の組合員が労働組合に対し，賃金債権を譲渡して，労働組合が会社に対し賃金支払請求訴訟を提起したことについて，「信託法の精神に抵触しない限り，必要のある場合はこれを認めて差支えない。」とした上で，労働契約に基づく組合員の固有の権利について訴訟を遂行する権能を認めることは労働組合の本質に適合しかつ労働組合および組合員の双方の需要を満たすものとして，信託法違反を否定しており，今後，訴訟信託禁止については限定的解釈が進むと思われます。

【3】 手形の裏書が訴訟信託違反になることがあるのかな？

（大阪地裁平成8年2月15日判決・判時1576号131頁）

[事案の概要]

[甲]が振り出して，[乙]が裏書きした合計6億円の約束手形2通について，手形所持人のⓉが，[甲]と[乙]を相手に手形判決を取得しました。これに対して，[甲]と[乙]が異議申立を行い，これらの手形はいずれも，[乙]が株式買付の委託のためにⓈに預けたところ，その後Ⓢの債務不履行を理由に契約を解除したため，手形の原因関係が消滅しました。そこで，[乙]が，Ⓢに対し手形の返還を求めたところ，Ⓢは，[乙]から原因関係消滅の抗弁を対抗されることを回避するために，Ⓣに対し訴訟行為をさせることを主たる目的に手形を譲渡したので，信託法に違反する無効の譲渡であると主張しました。大阪地裁は，手形判決を取り消し，Ⓣの請求を棄却しました。

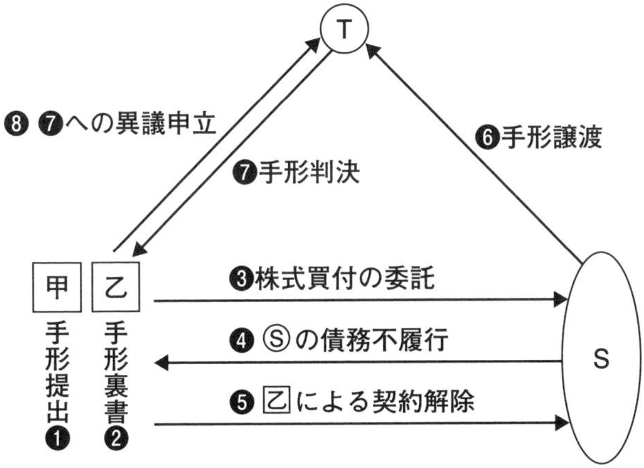

[判決の要旨]

Ⓣは，何らの原因関係に基づくことなく本件各手形を取得し，自己の形式的権利に基づいて，本件訴訟を提起しているところ，Ⓢは[甲]，[乙]がⓈに対して有する手形抗弁の対抗を回避することを目的として，本件各手形をⓉに交付して，本件訴訟を提起したものと認められる。

そうすると，ⓈからⓉへの本件各手形の譲渡行為は，訴訟行為をさせることを主たる目的として財産権の移転その他の処分をすることを禁じ，これに違反する行為をすることを禁じ，これに違反する行為を無効とする信託法11条により無効であるから，Ⓣは本件各手形について手形上の権利を取得することはない。

コメント　手形法17条は，「人的抗弁の切断」を規定しており，これを悪用して，第三者に手形を渡すことで，手形上の権利行使をすることがあります。手形法17条但書きは，手形振出人らを害することを知って手形を取得したときは，人的抗弁を主張できるとも定められていますが，「私はそのような事実は知らなかった」と言われると，人的抗弁の切断を覆すことは大変なことです。知っていることを証明するのは難しいので，このような場合に，訴訟信託の禁止の規定を利用するわけです。

　この事案でも，ⓉはⓈに対する貸付の際に本件各手形を取得したと主張しましたが，そのような原因関係の存在は認められず，逆にⓈがⓉに貸付をしていたことや，Ⓣが銀行に対する信用調査をしていなかったことなどから，ⓈからⓉへの手形の譲渡行為は，訴訟行為をさせることを主たる目的としており，信託法に違反して無効であるとして，Ⓣの手形上の権利取得を否定したもので，妥当な結論と思われます。

　次の【4】の取立委任裏書と比べると，本事案は手形法17条の人的抗弁の切断の目的が強い事案で，より悪性が強いのかなという印象を持ちます。

【4】 取立委任裏書は訴訟信託違反なのかな？

（大阪高裁平成9年1月30日判決・判時1606号143頁）

事案の概要　　Ⓣは，600万円の為替手形を所持しており，第1裏書人であるⓀに対し，第2裏書人のⓈから貸付金の担保として手形の裏書を受けたと主張して，手形金の請求をしました。原審の大阪地裁は，Ⓣの請求を認めたため，Ⓚが控訴したところ，大阪高裁は原判決を取り消し，Ⓣの請求を棄却しました。

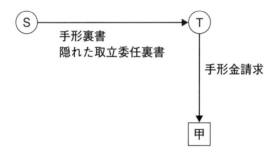

判決の要旨　　Ⓣは無職で，自ら高額の資金を貸付けする資力のないことが明らかである。Ⓢは，Ⓣに裏書した手形に関し，その裏書の前後を通じて手形債務者に対し自らその回収のための行動をし，Ⓣの提起した訴訟等においても重要な判断はすべて行ってⓉに指示を与え，これによって回収した金員は自らが取得しており，ⓉはⓈの指示によりその債権を取り立てることによって収入を得ているにすぎないものというべきであるから，ⓈのⓉに対する本件手形の裏書は，Ⓣに訴訟行為をさせることを主たる目的としてなされた隠れた取立委任裏書であると認めることができ，信託法に違反しており，隠れた取立委任の合意のみならず裏書そのものも無効というべきであるから，Ⓣは本件手形については無権利者であり，ⓀはⓉの手形金請求を拒むことができるものというべきである。

| コメント | 隠れた取立委任裏書については，最高裁昭和44年3月27日判決・民集23巻3号601頁が，「裏書人が自己の有する手形債権の取立のため，その手形上の権利を信託的に移転するものと解すべきであるところ，信託法11条は訴訟行為をなさしめることを主たる目的として財産権の移転その他の処分をなすことを禁じ，これに違反する行為を無効とするのであるから，本件のように隠れた取立委任のための手形の裏書が訴訟行為をなさしめることを主たる目的としてなされた場合においては，単に手形外における取立委任の合意がその効力を生じないのにとどまらず，手形上の権利の移転行為である裏書自体もまたその効力を生じえないものと解するのが相当である。」と述べており，「訴訟行為を主たる目的」でなされた取立委任裏書が無効であることは確定判例といえます。

取立委任裏書であれば，直ちに訴訟信託というわけではありません。銀行に対し，取立委任目的で裏書することはむしろよくあることで，それを訴訟信託とはいわないからです。

問題は，何をもって「訴訟行為を主たる目的」といえるかです。裏書がどのような経緯でなされたのか，裏書人と被裏書人はどのような経済的関係にあり，取り立てた金員はどのように分配するのか，どちらが主導的，支配的か等々具体的な事実を総合的に考慮して，訴訟信託か否かを判断する必要があります。

第1　信託って何かな？　　115

【5】　任意的訴訟信託って何かな？　訴訟信託の禁止に違反しないのかな？

（最高裁昭和 45 年 11 月 11 日判決・民集 24 巻 12 号 1854 頁）

事案の概要　共同企業体Ⓢは，和歌山県知事が発注した水害復旧工事の請負，およびこれに付帯する事業を共同で営むことを目的として，Ⓣ他 4 名の構成員によって組織された民法上の組合です。その規約で，Ⓣは，建設工事の施工に関し企業体を代表して発注者および監督官庁等第三者と折衝する権限ならびに自己の名義をもって請負代金の請求，受領および企業体に属する財産を管理する権限を有するものと定められていました。Ⓢが乙との間で請負契約を締結していたところ，乙が契約を解除したことによって，Ⓢが被った損害の賠償を，Ⓣが原告として提訴しました。原審は，Ⓣが本訴につき当事者適格を有しないとして不適法却下したため，Ⓣが上告したところ，最高裁は，原判決を破棄し，大阪高裁に差し戻しました。

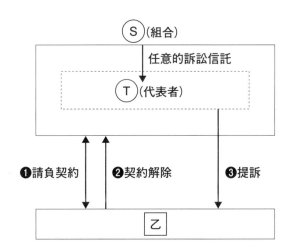

判決の要旨　訴訟における当事者適格は，特定の訴訟物について，何人をしてその名において訴訟を追行させ，また何人に対し本案の

判決をすることが必要かつ有意義であるかの観点から決せられるべきものである。したがって，これを財産上の請求における原告についていうならば，訴訟物である権利または法律関係について管理処分権を有する権利主体が当事者適格を有するのを原則とするものである。しかし，それに限られるものでないのはもとよりであって，たとえば，第三者であっても，直接法律の定めるところにより一定の権利または法律関係につき当事者適格を有することがあるほか，本来の権利主体からその意思に基づいて訴訟追行権を授与されることにより当事者適格が認められる場合もありうるのである。

そして，このようないわゆる任意的訴訟信託については，民訴法上は，同法47条（著者注：現30条）が一定の要件と形式のもとに選定当事者の制度を設けこれを許容しているのであるから，通常はこの手続によるべきものではあるが，同条は，任意的な訴訟信託が許容される原則的な場合を示すにとどまり，同条の手続による以外には，任意的訴訟信託は許されないと解すべきではない。すなわち，任意的訴訟信託は，民訴法が訴訟代理人を原則として弁護士に限り，また，信託法11条が訴訟行為を為さしめることを主たる目的とする信託を禁止している趣旨に照らし，一般に無制限にこれを許容することはできないが，当該訴訟信託がこのような制限を回避，潜脱するおそれがなく，かつ，これを認める合理的理由がある場合には許容するに妨げないと解すべきである。

そして，民法上の組合において，組合規約に基づいて，業務執行組合員に自己の名で組合財産を管理し，組合財産に関する訴訟を追行する権限が授与されている場合には，単に訴訟追行権のみが授与されたものではなく，実体上の管理権，対外的業務執行権とともに訴訟追行権が授与されているのであるから，業務執行組合員に対する組合員のこのような任意的訴訟信託は，弁護士代理の原則を回避し，または信託法11条の制限を潜脱するものとはいえず，特段の事情のない限り，合理的必要を欠くものとはいえないのであって，民訴法47条による選定手続きによらなくても，これを許容して妨げないと解すべきである。したがって，当裁判所の判例（昭和37年7月13日判決）は，右と見解を異

にする限度においてこれを変更すべきものとする。

　民法上の組合たる企業体において，組合規約に基づいて，自己の名で組合財産を管理し，対外的業務を執行する権限を与えられた業務執行組合員たる⑦は，組合財産に関する訴訟につき組合員から任意的訴訟信託を受け，本訴につき自己の名で訴訟を追行する当事者適格を有するものというべきである。

コメント　　ある程度大きな工事現場では，「○○建設工事共同企業体」の標識をよく見かけます。ジョイント・ベンチャー，略して「JV」と言われます。JV は数社の企業が共同で建設工事を行う組織で，民法上の組合に該当します。

　組合には代表者ないし管理人の定めがあれば，その組合自体の名において訴えることが可能ですが（民訴法 29 条），本件のように組合規約で幹事会社に訴訟追行権が授与されている場合には，幹事会社名で訴訟することを認めたものです。

　本来，手続法は厳格なもので，法律に規定されていないやり方に対してはそう簡単に認めないものです。現に，最高裁昭和 37 年判決はこれを否定しています。法人でなくても，民訴法は「法人でない社団等の当事者能力」の規定を置いており，最高裁も組合の名において訴えることを認めており（最高裁昭和 37 年 12 月 18 日判決・民集 16 巻 12 号 2422 頁），それで対応できるとも思えるからです。

　しかし，建設工事共同企業体が社会的実在として認知され，その幹事会社がその名前において，権利義務の主体として行動することが許されている以上，建設工事共同企業体が幹事会社に対し訴訟行為をさせることを主たる目的として訴訟を委ねたのでないことが明らかですから，訴訟信託を禁止した趣旨に照らせば，本判決は妥当な結論と思われます。

　なお，最高裁平成 28 年 6 月 2 日判決・金商 1496 号 10 頁は，アルゼンチン共和国が発行した円建て債券（ソブリン債）に関し，同国と債券の管

118 第Ⅱ部 信託にかかわる重要裁判例

理委託契約を締結した日本の銀行が，債券保有者のために同国に対し債券
の償還請求訴訟を提起したことについて，本件の最高裁昭和45年判決を
引用し，訴訟信託の禁止を潜脱するおそれがないとして，銀行の原告適格
を認めています。

【6】 弁護士が係争物を譲り受けることは許されるのかな？
（最高裁平成21年8月12日決定・民集63巻6号1406頁）

事案の概要　　Ⓢは，平成18年5月に甲との間で，甲が実施する外国人研修事業につき，中国人研修生を日本に派遣するために必要な経費の一部を甲が負担するとの契約を締結しました。弁護士Ⓣは，Ⓢからこの契約に基づく111万円の負担金支払いを求める本件債権の回収を依頼されていましたが，本件債権の支払いを求める訴訟や保全命令の申立等の手続きをするために，Ⓢから本件債権を譲り受けました。その理由は，Ⓢが日本国内に登記した支店を持たない外国法人であるため，その訴訟追行手続上の困難を回避するためでした。Ⓣは，本案訴訟を提起するとともに，本件仮差押命令を申立しました。

原審の広島高裁は，弁護士の品位の保持や職務の公正な執行を担保するために弁護士が係争権利を譲り受けることを禁止した弁護士法28条の趣旨に照らせば，本件債権の譲受けは，特段の事情がない限り，私法上の効力が否定され，無効としました。そこで，Ⓣが許可抗告したところ，最高裁は原決定を破棄し，広島高裁に差し戻しました。

第1 信託って何かな？ 119

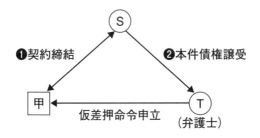

決定の要旨　債権の管理または回収の委託を受けた弁護士が，その手段として本案訴訟の提起や保全命令の申立をするために当該債権を譲り受ける行為は，他人間の法的紛争に介入し，司法機関を利用して不当な利益を追求することを目的として行われたなど，公序良俗に反するような事情があれば格別，仮にこれが弁護士法 28 条に違反するものであったとしても，直ちにその私法上の効力が否定されるものではない（最高裁昭和 49 年 11 月 7 日判決・裁判集民 113 号 137 頁）。そして，前記事実関係によれば，弁護士である㋐は，本件債権の管理または回収を行うための手段として本案訴訟の提起や本件申立をするために本件債権を譲り受けたものであるが，これが公序良俗に反するということもできない。

コメント　この決定では，「信託」という言葉は出てきませんが，債権回収の手段として譲り受けているので，その実質は信託そのものといえます。現にこの決定が引用している最高裁昭和 49 年判決では，遺産相続紛争の委任を受けた弁護士が報酬金等の担保のために遺産の一部を譲り受けたことについて，「信託的に譲渡」という表現を使っています。

　ところで，本決定での宮川光治裁判官の弁護士倫理上に関する補足意見には傾聴すべきものがあります。弁護士職務基本規程 17 条は，「弁護士は係争の目的物を譲り受けてはならない。」と定めており，取立てを目的と

する債権譲受行為は，特段の事情がない限り，懲戒対象となる「品位を失うべき非行」に該当するとしており，弁護士は十分気を付ける必要があります。

【7】 弁護士の預り金は，信託ではないのかな？
（最高裁平成15年6月12日判決・民集57巻6号563頁）

事案の概要 Ⓢから債務整理事務を委任された弁護士Ⓣが，Ⓢから債務整理遂行のために受領した500万円をもってⓉ名義の普通預金口座を開設し預金の出し入れを行っていました。ところが，税務署長甲がこの口座の預金債権についてⓈの財産であるとして，Ⓢ滞納の消費税および地方消費税の徴収のために差押えをしたため，ⓉおよびⓈが甲に対し差押えの取消しを求めました。第1審の宮崎地裁，原審の福岡高裁宮崎支部ともにⓉらの請求を退けましたが，最高裁は，原判決を破棄し，第1審判決を取り消し，差押えを取り消しました。

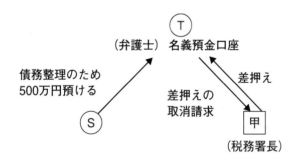

判決の要旨 Ⓣは，Ⓢから適法な弁護士業務の一環として債務整理事務の委任を受け，同事務の遂行のために，その費用として500万

第1 信託って何かな？　　*121*

円を受領し，Ⓣ名義の本件口座を開設して，これを入金し，以後本件差押えま
で本件口座の預金通帳および届出印を管理して，預金の出し入れを行っていた
というのである。

　このように債務整理事案の委任を受けた弁護士が委任者から債務整理事務の
費用に充てるためにあらかじめ交付を受けた金銭は，民法上は同法649条の規
定する前払費用に当たるものと解される。そして，前払費用は，交付の時に，
委任者の支配を離れ，受任者がその責任と判断に基づいて支配管理し委任契約
の趣旨に従って用いるものとして，受任者に帰属するものとなると解すべきで
ある。受任者はこれと同時に，委任者に対し，受領した前払費用と同額の金銭
の返還義務を負うことになるが，その後，これを委任事務の処理の費用に充て
ることにより同義務を免れ，委任終了時に，清算した残金を委任者に返還すべ
き義務を負うことになるものである。

　そうすると，本件においては，上記500万円は，ⓉがⓈから交付を受けた時
点において，Ⓣに帰属するものとなったのであり，本件口座は，Ⓣが，このよ
うにして取得した財産を委任の趣旨に従って自己の他の財産と区別して管理す
る方途として，開設したものというべきである。これらによれば，本件口座は
Ⓣが自己に帰属する財産をもって自己の名義で開設し，その後も自ら管理して
いたものであるから，銀行との間で本件口座に係る預金契約を締結したのはⓉ
であり，本件口座に係る預金債権は，その後に入金されたものを含めて，Ⓣの
銀行に対する債権であると認めるのが相当である。したがって，Ⓢの滞納税の
徴収のためには，ⓈのⓉに対する債権を差し押さえることはできても，Ⓣの銀
行に対する本件預金を差し押さえることはできないものというほかはない。

　コメント　　この最高裁の判決要旨だけをみると，債務整理で預かった
弁護士名義の預金の権利者がⓈかⓉのいずれかという事実
認定の問題で，信託とどう関係するのかと疑問に思われるかもしれませ
ん。

ところが，実は大いに関係するのです。それは，以下の深澤武久裁判官，島田仁郎裁判官の補足意見をみればよくわかります。

「会社の資産の全部又は一部を債務整理事務の処理に充てるために弁護士に移転し，弁護士の責任と判断においてその管理，処分をすることを依頼するような場合には，財産権の移転及び管理，処分の委託という面において，信託法の規定する信託契約の締結と解する余地もあるものと思われるし，場合によっては委任と信託の混合契約の締結と解することもできる。この場合には，会社の資産は，弁護士に移転する（同法1条）が，信託財産として受託者である弁護士の固有財産からの独立性を有し，弁護士の相続財産には属さず（同法15条），弁護士の債権者による強制執行等は禁止され（同法16条1項），弁護士は信託の本旨に従って善管注意義務をもってこれを管理しなければならず（同法20条），金銭の管理方法も定められており（同法21条），弁護士は原則としてこれを固有財産としたりこれにつき権利を取得してはならない（同法22条1項）など，法律関係が明確になるし，債務者が債権者を害することを知って信託をした場合には，受託者が善意であっても債権者は詐害行為として信託行為を取り消すことができる（同法12条）のである。これらの規定が適用されるならば，授受された金銭等をめぐる紛争の生ずる余地が少なくなるものと考えられる。」

以上のとおり，両裁判官の補足意見では，債務整理等のために弁護士に金銭等を移転してその管理，処分の委託をすることについて，信託としての構成を正面から論じているのです。信託業法施行令も，信託業の適用除外の一つとして，「弁護士又は弁護士法人がその行う弁護士業務に必要な費用に充てる目的で依頼者から金銭の預託を受ける行為」を挙げています。

補足意見では，弁護士にとって教訓となることを2つ指摘しています。

1つは，「信託等について何らの主張，立証もないので，その可能性を指摘するにとどめることとする。」としている点です。信託法が法律家に

第1 信託って何かな？　　123

もほとんど知られていない中でやむを得ないところですが，信託の主張が
なされていれば，正面から取り上げられていたかもしれません。

　もう1つは，「弁護士は，交付を受けた金銭等を自己の固有財産と明確
に区別して管理し，専ら委任事務処理のために使用しなければならないの
であって，それを明確にしておくために，金銭を預金して管理する場合に
おける預金名義も，そのことを示すのに適したものとすべきである。」と
しており，単なる「Ⓣ」名義ではなく，「預り金弁護士Ⓣ」というような
口座名義にすることを要請している点です。これは，平成25年8月1日
から施行されている日弁連の「預り金等の取扱いに関する規程」で，預り
金口座の開設を義務付けたこととも符合しており，弁護士の債権者からの
差押えを防ぐためにも必要不可欠な処置です。

【8】　株式信託は危ういね！
　　（大阪高裁昭和58年10月27日決定・判時1106号139頁）

事案の概要　　Ⓚは，発行済み株式総数2万5,000株のタクシー会社です。
　　　　　　　　Ⓢら26名はいずれもⓀの従業員で，各自200株の株式を有
し，その合計は5,200株で発行済み株式総数の10分の1以上ですが，いずれ
も従業員持株制度により株式信託契約を締結しないと株式を取得できず，契約
を拒否したときは会員資格を失うこと，株主の議決権は受託者である共済会理
事が行使するが，配当請求権と残余財産分配請求権は委託者に帰属することと
されていたため，共済会の理事Ⓣに信託していました。

　Ⓢらは，旧商法294条による検査役の選任を求めて京都地裁に申し立てたと
ころ，認められたため，Ⓚが大阪高裁に対し，Ⓢらは株主権を信託したから検
査役選任請求権を行使できないとして不適法却下を求めましたが，大阪高裁は
抗告を却下しました。

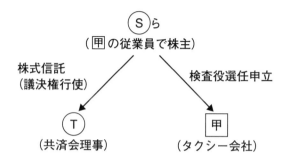

決定の要旨　甲の従業員は，従業員持株制度によって株式を取得することができるものの，株式信託契約を締結しない者は株式を取得できないから，株式を取得するためには株式信託契約を強制され，株主として契約を締結するかどうかを選択する自由はなく，また，信託期間は株主たる地位を喪失するときまでというのであるから，契約の解除も認められていない。したがって，甲の株主は，信託契約の受託者による議決権の行使はあっても，自己が株主として議決権の行使をする道はないこととなる。そして，株式信託制度が甲関与のもとに創設されたことは記録上明らかであり，右信託契約は，株主の議決権を含む共益権の自由な行使を阻止するためのものというほかなく，委託者の利益保護に著しく欠け，会社法の精神に照らして無効と解すべきである。また，株式配当請求権，残余財産分配請求権は委託者に帰属するとされ，信託の対象から除外されているが，共益権のみの信託は許されないものと解されるから，その点からも右信託契約は無効というべきである。

コメント　株式の信託は，本件のように議決権を行使する目的でなされることが多く，その有効性については争いがあります。しかし，少なくとも，弱小株主の議決権を不当に制限する等の目的で用いられる場合には，会社法310条2項の精神に照らし無効となると思われま

す（江頭憲治郎『株式会社法［第5版］』336頁，有斐閣）。同じ当事者間で争われた事案で，Ⓢらに対する招集通知を欠き，Ⓢらの不在のままでの取締役等の選任決議を無効とした大阪高裁昭和60年4月16日決定・判タ561号159頁も，同旨です。

ところで，中小企業庁が，平成20年9月1日に公表した「信託を活用した中小企業の事業承継円滑化に関する研究会における中間整理について」の中で，「議決権行使の指図権」を利用した株式信託の提唱が注目されます。

【9】 執行妨害目的の信託は，どうなるのかな？

（大阪高裁平成8年10月21日決定・金判1013号27頁）

事案の概要 信用金庫Ⓚは，Ⓢが所有する土地および旧建物について，昭和54年にⓈの子供が代表者である⒵を債務者として共同根抵当権を設定しました。旧建物は昭和4年に保存登記がされた老朽化したものでほとんど価値がなく，その後，平成6年に⒵の債務の弁済が遅滞していたところ，いずれもⒷを権利者として，土地について地上権設定請求権仮登記が，旧建物について賃借権設定請求権仮登記がなされた後，土地および旧建物について，委託者をⓈ，受託者をⓉ，受益者をⒷとする信託を原因とする所有権移転登記がなされ，さらに同年に旧建物が取り壊され，その跡地に新建物が建築され，Ⓑを所有者とする所有権保存登記がなされました。

そこで，Ⓚは，平成8年に土地および新建物について，一括競売の申立をしましたが，京都地裁は新建物についての一括競売の要件に欠けるとして，一括競売の申立を却下したため，執行抗告をしたところ，大阪高裁は京都地裁の決定を取り消して，差し戻しました。

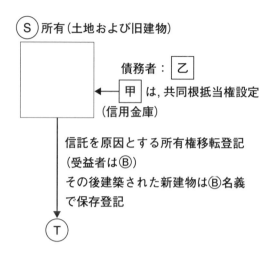

決定の要旨　民法389条は，土地に対する抵当権者は，抵当権設定後に当該土地上に抵当権設定者が建築した建物についても土地とともに一括競売をすることができると規定するところ，その趣旨は，抵当権設定後に当該土地上に建築された建物については法定地上権の成立を認めない代わりに，一括競売権を認め，本来であれば，収去しなければならない建物の存続を図り，建物所有者において売却代金のうちから建物の代金を回収するとともに，競売の実効を容易にすることにあると解される。

したがって，建築された建物のために法定地上権が生じる場合など，建物所有者の権利を保護する必要がある場合には，一括競売は許されない。そこで，本件土地につき，法定地上権が成立するか否かについて判断する。甲は，本件土地および旧建物について共同根抵当権の設定を受けたものであって，本件土地の交換価値のうち，法定地上権の価額に相当する部分については，法定地上権の付いた本件旧建物に対する根抵当権を実行してその売却代金から回収し，法定地上権の負担が付いた本件土地の価額に相当する部分については，本件土地に対する根抵当権の実行により回収することとしたもので，甲は本件土地の更地としての交換価値全部を把握していたものである。にもかかわらず，根抵

当権者である甲の承諾なく一方的に本件旧建物が取り壊され，本件新建物が建築されたことにより，本件新建物に抵当権の設定がないのに，法定地上権が成立するとすれば，法定地上権に相当する担保価値を実現することができなくなり，根抵当権者に不測の損害を被らせることとなるばかりか，根抵当権者や設定者の合理的意思に反する結果となる。したがって，本件新建物について法定地上権は成立しないと解される。

　さらに，Bは，本件土地について地上権設定請求権仮登記を経由したものであること，Bは信託の受益者であるところ，通常，根抵当権の設定された土地について，根抵当権が実行されれば，信託関係を存続させることが困難となるのに，乙が甲に対する債務の弁済を滞るようになった後に，あえて信託の登記がなされたこと，乙代表者が，TやBは乙の仕事仲間で信託の登記や本件旧建物の取壊しは「物件を守るために」行ったと述べていることなどを考慮すると，たとえBが本件土地に対する何らかの利用権の設定を受けていたとしても，これは執行を妨害する目的でなされたもので，利用権を主張することは権利の濫用として許されないものというべきである。

　また，民法389条は，当該土地上に抵当権設定者が建物を建築することを一括競売の要件とするが，Tは信託を原因として所有権移転登記を受けたものであって，抵当権設定者である乙の地位を承継したものとして，抵当権設定者と同視することができるし，Bについては，信託法上，原則として受託者であるTは信託財産である本件土地を固有財産とすることはできない反面，受益者であるBは，当然に信託の利益を受け，受託者の信託の本旨に反する信託財産の処分を取り消すことができ，さらに，信託条項によると，Tは，Bのために，金銭の借入れやこれに伴う担保権の設定等の手続きをすることや信託物件である本件土地を売却することができることとなっており，これに民法389条の趣旨を考慮すると，同条の関係では，Bも本件土地の所有者であるTと同視することができると解される。

　したがって，本件土地の所有者と本件新建物の所有者が異なるとしても，実質的にはこれを同一とみなすことができるのであるから，本件新建物につい

128　第Ⅱ部　信託にかかわる重要裁判例

て，民法 389 条の条件は充足されており，同条に基づいてこれを一括競売することができるものと解するのが相当である。

> コメント　競売妨害目的で信託登記が悪用されることはしばしばあります。私も，バブル崩壊後まもなくの頃，京都のある物件について競売を申し立てようとしたところ，信託を原因とした所有権移転登記の事案に遭遇したことがあります。本件において，裁判所が競売妨害目的を的確に把握して，一括競売を認めたことは妥当な結論と思われます。

【10】　知らない間に信託が成立している！？

（最高裁平成 14 年 1 月 17 日判決・民集 56 巻 1 号 20 頁）

事案の概要　地方公共団体は，その発注する土木建築工事について「公共工事の前払金保証事業に関する法律」5 条の規定に基づき保証事業会社より前払金の保証がなされた場合には，請負者に対し，その工事に要する経費につき前払いをすることができるとされていて，愛知県公共工事請負契約約款によれば，前払金の額は請負代金の 10 分の 4 の範囲内とし，前払金の支払いを請求するためには，あらかじめ保証事業法 2 条 5 項に規定する保証契約を締結し，その保証証書を発注者に寄託しなければならず，請負者は前払金を当該工事の必要経費以外に支出してはならないとされていました。

建設会社Ⓣは，平成 10 年 3 月に愛知県Ⓢとの間で，水源森林総合整備事業に関する本件請負契約を締結し，同年 4 月に建設業保証会社Ⓐとの間で，Ⓢのために，本件請負契約がⓉの責めに帰すべき事由によって解除された場合にⓉがⓈに対して負担する前払金から工事の既済部分に対する代価に相当する額を

第1 信託って何かな？　　129

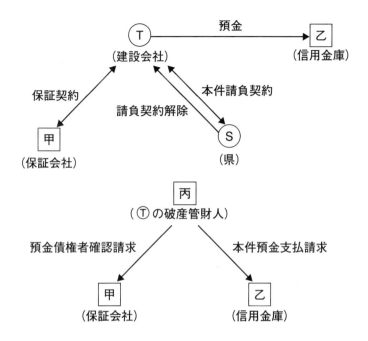

控除した額の返還債務について，甲が保証する旨の保証契約を締結しました。

　保証契約によれば，(ア)Ｔは前払金を受領したときは，これを甲があらかじめ業務委託契約を締結している信用金庫乙に別口普通預金として預け入れなければならない，(イ)Ｔは，前払金を適正に使用する責めを負い，乙に適正な使途に関する資料を提出して，その確認を受けなければ，別口普通預金の払出しを受けることができない，(ウ)甲は，前払金の使途を監査するために，請負契約に関する書類等を調査し，ＴおよびＳに対して報告，説明または証明を求めることができる，(エ)甲は，前払金が適正に使用されていないと認められるときは，乙に対し預金の払出しの中止その他の処置を依頼することができるなどとされていました。

　Ｔは，平成10年４月に保証証書をＳに寄託した上，前払金の支払いを請求し，Ｓから本件預金口座に1,696万8,000円の振込みを受けましたが，その後Ｔが営業停止となり，Ｓは同年６月に請負契約を解除し，同年７月に甲から保

証債務の履行として前払金から本件工事の既済部分の代価に相当する額を控除した残金相当額の支払いを受けました。Ⓣは，同年8月に破産して，破産管財人に選任された丙が，甲に対し本件預金について丙が債権者であることの確認を，乙に対し本件預金の支払いを，それぞれ求めたところ，名古屋地裁豊橋支部，名古屋高裁ともに丙の請求を棄却したため，上告しましたが，最高裁はこれを棄却しました。

判決の要旨　本件請負契約を直接規律する愛知県公共工事請負契約約款は，前払金を当該工事の必要経費以外に支出してはならないことを定めるのみで，前払金の保管方法，管理・監査方法等については定めていない。しかし，前払金の支払いは保証事業法の規定する前払金返還債務の保証がされたことを前提としているところ，保証事業法によれば，保証契約を締結した保証事業会社は当該請負者が前払金を適正に使用しているかどうかについて厳正な監査を行うよう義務付けられており（27条），保証事業会社は前払金返還債務の保証契約を締結しようとするときは前払金保証約款に基づかなければならないとされ（12条1項），この前払金保証約款である本件保証約款は，建設省から各都道府県に通知されていた。そして，本件保証約款によれば，前払金の保管，払出しの方法，甲による前払金の使途についての監査，使途が適正でないときの払出しの中止の措置等が規定されているのである。

したがって，Ⓣはもちろん Ⓢも，本件保証約款の定めるところを合意内容とした上で本件前払金の授受をしたものというべきである。このような合意内容に照らせば，本件前払金が本件口座に振り込まれた時点で，ⓈとⓉとの間で，Ⓢを委託者，Ⓣを受託者，本件前払金を信託財産とし，これを当該工事の必要経費の支払いに充てることを目的とした信託契約が成立したと解するのが相当であり，したがって，本件前払金が本件預金口座に振り込まれただけでは請負代金の支払いがあったということはいえず，本件預金口座からⓉに払い出されることによって，当該金員は請負代金の支払いとしてⓉの固有財産に帰属することになるというべきである。

また，この信託内容は本件前払金を当該工事の必要経費のみに支出することであり，受託事務の履行の結果は委託者であるⓈに帰属すべき出来高に反映されるのであるから，信託の受益者は委託者であるⓈであるというべきである。

そして，本件預金は，Ⓣの一般財産から分別管理され，特定性をもって保管されており，これにつき登記，登録の方法がないから，委託者であるⓈは，第三者に対しても，本件預金が信託財産であることを対抗することができるのであって（信託法3条1項参照），信託が終了して同法63条のいわゆる法定信託が成立した場合も同様であるから，信託財産である本件預金はⓉの破産財団に組み入れられることはないものということができる（同法16条参照）。

コメント　**請負契約，公共工事請負約款，保証契約，保証約款のいずれにも，また保証事業法にさえも，「信託」の一字も入っていないのですから，契約当時は注文者の愛知県も請負者も保証会社も信用金庫の誰もが信託ということを考えてもいなかったはずです。それが，裁判になって初めて主張された信託が認められたものです。不思議と言えなくもありませんが，最高裁昭和29年11月16日判決・判時41号11頁がすでに預金債権について同様に信託の成立を認めています。**

本件では，保証事業法や保証約款等に基づく仕組みから，本件前払金が一般債権者が破産財団として当てにするようなものではないと思われることから，信託構成を採用したことに問題ないと思われます。

【11】 損害保険代理店の預金は，信託にはならないのかな？
（最高裁平成 15 年 2 月 21 日判決・民集 57 巻 2 号 95 頁）

事案の概要　保険会社Ⓑと信用組合甲との争いです。Ⓣはの損害保険代理店で，代理店契約によれば，ⓉはⒷを代理して，保険契約の締結，保険料の収受，保険料領収証の発行等の業務を行い，収受した保険料については，Ⓑに納付するまで，自己の財産と明確に区分して保管し，これを流用してはならない，収受した保険料から代理店手数料を控除した残額を遅滞なくⒷに納付しなければならない，ただし，甲はあらかじめⒷの承認を得て，一定の日にⒷの作成する代理店勘定請求書に従い，保険料から代理店手数料を控除した残額を翌月末日までにⒷに納付する方法により保険料の清算をすることができる，との定めがありました。

Ⓣは，昭和 61 年 6 月に「Ⓑ代理店Ⓣ」の普通預金口座を開設して，その通帳および届出印を自ら保管していました。平成 9 年 5 月 6 日に預金口座には 342 万 2,903 円が預け入れられていましたが，Ⓣは，2 度目の不渡りを出すことが確実となったため，Ⓑ小樽支社長に本件預金口座の通帳および届出印を交付し，Ⓑは同月 7 日頃に甲に対し，預金全額の払戻しを請求しました。札幌地裁小樽支部，札幌高裁ともにⒷの請求を認めましたが，最高裁は原判決を破棄し，Ⓑの請求を棄却しました。

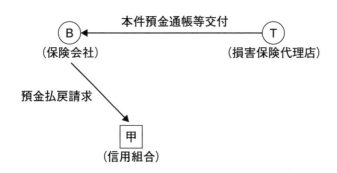

第1　信託って何かな？　　*133*

【判決の要旨】　金融機関である甲との間で普通預金契約を締結して本件預金口座を開設したのはⓣである。また，本件預金口座の名義である「Ⓑ代理店ⓣ」が預金者としてⓣではなく，Ⓑを表示しているものとは認められないし，Ⓑがⓣに甲との間での普通預金契約締結の代理権を授与していた事情は，記録上全くうかがわれない。

　そして，本件預金口座の通帳および届出印は，ⓣが保管しており，本件預金口座への入金および本件預金口座からの払戻し事務を行っていたのはⓣのみであるから，本件預金口座の管理者は，名実ともにⓣであるというべきである。さらに，受任者が委任契約によって委任者から代理権を授与されている場合，受任者が受け取った物の所有権は当然に委任者に移転するが，金銭については，占有と所有とが結合しているため，金銭の所有権は常に金銭の受領者（占有者）である受任者に帰属し，受任者は同額の金銭を委任者に支払うべき義務を負うことになるにすぎない。そうすると，Ⓑの代理人であるⓣが保険契約者から収受した保険料の所有権はいったんⓣに帰属し，受任者は同額の金銭をⒷに送金する義務を負担することになるのであって，Ⓑはⓣが甲から払戻しを受けた金銭の送金を受けることによって，初めて保険料に相当する金銭の所有権を取得するに至るというべきである。したがって，本件預金の原資は，ⓣが所有していた金銭にほかならない。本件預金債権は，Ⓑにではなく，ⓣに帰属するというべきである。

【コメント】　本件の争点は，直接的には，預金者がⒷかⓣかという認定の問題で，1審，2審がⒷとしたのに対して，最高裁はⓣとしたものです。そして，ⓣが預金者となると，実質的にはⒷの財産なのに，ⓣに対する債権者の引当てとなったり，特に甲等の金融機関の相殺対象となってしまいます。これを防ぐために，第Ⅰ部の⓾のような信託構成ができないかを検討します。

　保険契約者が保険代理店の預金口座に保険料を振り込むことによって，

金銭の移転があり，かつ，保険会社が保険料を実質的に取得すると捉えれば，保険契約者が委託者，保険代理店が受託者，保険会社が受益者と構成することが可能と思われます。これに対して，保険契約者は保険料を支払うだけで信託財産の管理を任せているのではないという反論もありますが，保険契約者は保険代理店の預金口座に保険料の振込みを続けることによって，保険代理店の管理のもとに保険契約を維持，継続できるのであり，信託構成にフィットすると思われます。本件でⓈが信託の主張をしておれば，結論が変わったかもしれません。

【12】 転貸人の提供した敷金の返還請求権は，信託とはいえないのかな？

（大阪高裁平成20年9月24日判決・高民集61巻3号1頁）

事案の概要　Ⓢはパチンコ店等を経営し，Ⓣは中堅ゼネコンです。[甲]は大阪の電鉄会社で本件建物所有者です。[甲]は，ⓉがⓈに転貸する前提で，Ⓣに本件建物を賃貸しました。これは，Ⓢの信用補完のためにⓉを介在させたものです。[甲]は，Ⓣとの間で平成12年6月に本件建物について賃貸借契約を締結し，あらかじめ予約証拠金として交付されていた4億円が同契約の敷金に充当されましたが，この4億円はⓈがⓉに交付した金員がそのまま利用されたものです。ところが，Ⓣが，平成17年5月に民事再生手続開始の申立をして，同月に開始決定がなされました。

そこで，ⓈはⓉに対し，[甲]への敷金返還請求権はⓈの信託財産であり，信託契約の終了によりⓈに同請求権が有することの確認等を求めて提訴したところ，原審の大阪地裁はこれを認めました。その後，[甲]が債権者不確知を理由に供託したため，Ⓢは，従前の訴えを交換的に変更して，供託金還付請求権を有することの確認を求めましたが，大阪高裁はⓈの請求を棄却しました。

第1　信託って何かな？　　135

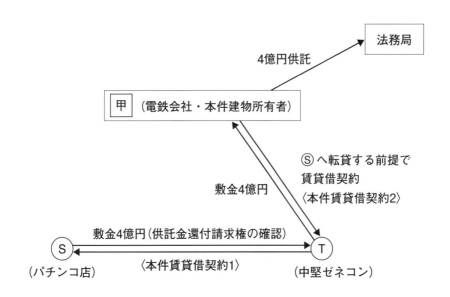

判決の要旨　　Ⓢは，本件敷金返還請求権につき，Ⓢを委託者兼受益者とし，Ⓣを受託者とする信託財産であるとし，ⓈとⓉとの間に信託契約が締結されたと主張する。

　甲とⓉとの間の本件賃貸借契約2およびⓉとⓈとの間の本件賃貸借契約1の成立に際して作成された出店契約書等の契約関係書面のいずれにも信託の文言は使用されておらず，信託を意図したと見られる条項もまったく存在しない。また，契約に至る当事者間の交渉過程においても，さらには契約期間中を通じても，法的な意味における信託契約が意識されていた形跡は一切存在しない。ⓈからⓉに交付された4億円，Ⓣから甲に交付された4億円については，いずれも本件賃貸借契約1，2に付随するところの，独立した敷金の性格を有することは明らかである。一般的に賃貸借契約とこれに基づく転貸借契約とは別個のものであり，転貸借契約に基づき転貸人に交付された敷金を，転貸人の信託財産として転貸人が管理しているということは通常観念できない。

　Ⓢも主張するように，当事者が信託という文言を用いていたか否か，法的な

意味において信託契約であるという認識を有していたか否かは，信託契約の成否につき決定的ではないと考えられるところでもある。

　そうであれば，本件の論点は，法律関係としては転貸借関係が存在し，原賃貸借，転貸借の両方について敷金が交付された場合に，当事者が信託という法律構成を選択した認識やそれを示す表示が存しないときであっても，原賃貸借関係における本件敷金返還請求権を，転借人を委託者かつ受益者とし，原賃借人兼転貸人を受託者とする信託財産であると認定できるような特段の事情があるかどうか，ということに帰着する。

　本件事案は旧信託法の適用下の時点で生じたので，信託の成立要件としては，㋐財産権の処分，㋑他人をして一定の目的に従いその財産を管理または処分をさせること，となる。しかし，それが契約すなわち意思表示の合致により成立するものである以上，効果意思すなわち一定の法的効果を欲する意思の合致が必要であることはいうまでもない（我が国の法制度上〈当該事案の妥当な解決を目的として，当事者の明示的ないし黙示的な意思と無関係に信託の成立を擬制すること〉を認めることはできない）。

　信託の効果意思の内容となる財産の管理または処分は，受託者の財産関係とは何らかの区分をつけたものであること，すなわち信託財産の分別管理が不可欠である。ところが，本件においては，信託財産としての分別管理は格別に仕組まれておらず，当事者も意識していないというべきである。

　これに対して，Ⓢは分別管理がなされていると主張する。しかし，ⓈからⓉの当座預金口座へ5,000万円，1億5,000万円，2億円が各送金され，Ⓣから甲に支払われているというのであり，いずれもⓉの一般財産に混入したことが明らかで，ⓉのみならずⓈにおいても送金した4億円の資金を別途管理しようとしていない。甲への交付以前における状態では完全にⓉの一般財産と混淆されていたことを否定できるものではない上に，Ⓣが甲に支払ったのは，本件賃貸借契約2に基づく敷金契約の結果そうなされたというにすぎないのであるから，そのことで分別管理が予定されていたと認めることはできない。

　さらに，Ⓣは，甲に対する敷金返還請求権について自己の資産として計上し

ていたものであり，Ⓣの固有財産から区分した経理処理さえも講じていなかったというのである。その他本件敷金返還請求権について，Ⓣの一般財産との区分が意識されていた事跡はまったく見当たらない。

　以上によれば，本件敷金４億円の管理または処分につき，受託者の財産関係と何らかの区分がつけられていたわけでもなく，またⓈを含む関係者も意識していないのであるから，本件においてⓉおよびⓈに信託の効果意思があったと認めることはできない。本件敷金について信託契約を締結しなければならない実益ないし必要性は，Ⓣが倒産し，あるいは他の債権者から本件敷金返還請求権について差押えがなされるなどの事態があっても本件敷金返還請求権をⓈが確保すること以外には想定できないが，敷金の交付がなされた平成12年当時，Ⓣの信用状態についてⓈが懸念していたという証拠もない。

　以上のとおりであって，原賃貸借関係における本件敷金返還請求権を，転借人を委託者かつ受益者とし，原賃借人兼転貸人を受託者とする信託財産であると認定できるような特段の事情があるということはできず，結局，本件敷金返還請求権をもってⓈの信託財産であると認めることはできない。

　コメント　　敷金返還請求権が信託財産と認められるのは，通常敷金を交付した相手方に信用リスクがあって倒産隔離の必要性がある場合ですが，本件は逆に敷金交付者の信用補完のためにⓉを介在させたものですから，本件において信託財産の主張が否定されたのは当然といえます。

【13】 詐害信託になるのは，どういうときかな？

(東京地裁昭和61年11月18日判決・金判772号31頁)

事案の概要　国である甲が，昭和60年10月16日当時，Ｓに対し836万円余の租税債権を有していました。Ｓは，当時多額の負債を抱えており，債務整理の目的で，Ｓの主要な資産である大手百貨店乙に対する売掛債権を弁護士Ｔへ信託譲渡しました。そこで，甲がこの債権譲渡が詐害行為に当たるとして取消しを求めたところ，東京地裁はこれを認めました。

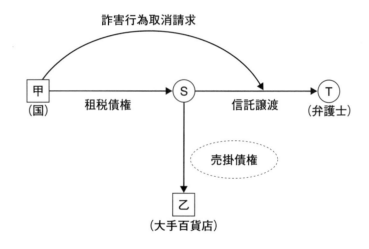

判決の要旨　Ｔは，本件債権譲渡契約が甲を害するものであること，およびＳの詐害意思を否認するとともに，Ｔも甲に対する詐害意思を有しなかったと主張しているが，右は要するに，債務者が任意整理の配当原資確保のためにその受任者に対してなす財産の信託的譲渡は詐害行為にならないとの法的見解およびそれを前提とする主張に他ならない。

しかし，たとえ債務者が任意整理の配当原資確保の目的でその受任者に対してなす財産の信託的譲渡であっても，これによって右財産は債務者の一般財産から流出し，その債権者は右財産に対する強制執行等右財産から弁済を受ける

第1 信託って何かな？　　*139*

法的手段を剥奪され，受任者の自発的な支払いを期待する他なくなるのであるから，右譲渡は債権者を害する法律行為であるというべきであるし，債務者に詐害意思があったというためには，当該法律行為によって債務者の財産が減少し，そのために残余の財産をもってしては債権者が債務の弁済を受け得なくなることを認識しておれば足り，所論の目的のゆえに詐害意思の存在が否定されるものではないというべきである。

　また，任意整理の受任者がたとえ右目的で債務者から財産の譲渡を受けたとしても，そのことをもって受任者に詐害意思がないということはできないことは同断である。

コメント　　【7】の最高裁平成15年判決の補足意見によれば，弁護士の預り金についての信託的構成が認められることになりますが，本事案の東京地裁判決では，めぼしい財産である優良債権を任意整理のために弁護士に対して信託的譲渡をしたことが詐害行為に当たるかどうかが問題とされました。

　弁護士が，債務整理のために金銭を預かったり，債権譲渡を受けることがありますが，それが直ちに詐害行為ないしは詐害信託と認定されることには違和感があります。弁護士にとって重要な職務の一つである債務整理に対し，重大な支障となるからです。ただ，本件の事案が国の租税債権という一般の先取特権ないし破産法上の財団債権等にあたることから，「優先権を無制約に主張することは許されず」との態度を取っていた①との関係で詐害性を認めたのは，結論としてやむを得なかったともいえます。

　同じく債権譲渡の事案ですが，一般債権者からの詐害行為取消請求を権利の濫用として否定した東京地裁平成10年10月29日判決・金商1054号109頁の事案が，本件とは対照的で参考になります。

【14】 不動産の信託登記が怪しいときは，どうすればよいのだろう？

（広島地裁平成5年7月15日判決・金法1386号82頁）

事案の概要　銀行甲が乙に対して継続的な貸付をするに際して，Ⓢが包括根保証人となりました。乙が昭和60年頃から支払いを遅滞するようになり，甲はⓈに対して保証履行の請求をするようになりました。Ⓢは本件不動産を所有していましたが，従前から本件不動産の譲渡を要求していたⓈの妻Ⓣに対し，昭和61年に信託を原因とした所有権移転登記をし，その後Ⓢに登記を戻したこともありましたが，最終的に平成2年2月26日付でⓉへの所有権移転登記をしました。

そこで，甲は，Ⓣに対し，主位的に信託契約の無効確認と債権者代位権に基づく本件登記の抹消登記手続を，予備的に詐害行為取消権に基づく信託契約の取消しと本件登記の抹消登記手続を求めました。広島地裁は，主位的請求のうち，債権者代位権に基づく本件登記の抹消登記手続を認め，これが可能である以上，無効確認を求める訴えの利益はないとしました。

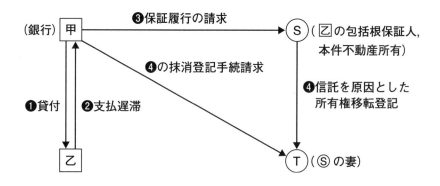

判決の要旨　Ⓣは，Ⓢに対し，単に本件不動産の譲渡を要求していたにすぎず，その方法，時期等につき何ら具体的な要求ないし指示

を行っていないのであり，しかも，Ⓣは信託の事実を知らず，本件不動産の移転登記はすべてⓈが一方的に行い，Ⓣはそれについて何ら聞かされていないというのであるから，たとえⓉが従前本件不動産の譲渡を要求していたという事情があっても，これをもってⓉがⓈに対して，本件信託契約締結に関する代理権を授与したものと認めることは到底できないというべきである。

　しかも，昭和61年当時の事情の他，Ⓢは本件不動産につき右所有権移転登記をした後も，Ⓣの了解を得ることなく，数回にわたってⓉへの所有権移転登記を抹消して自己名義で登記した上，根抵当権を設定し，依然として所有者同様に振る舞っていること，ⓈおよびⓉが供述するように離婚に備えてⓉ名義にしたというのであれば，贈与ないし財産分与による移転登記をするのが普通であって，信託という法形式を選択したのは不自然である（Ⓢの供述によっても，右法形式を選択した理由は明瞭でなく，単に他の原因による移転登記よりも費用が節約できるとの理由から信託を原因とする移転登記をしたことが窺われる）こと，Ⓢが信託の趣旨に従ってⓉに本件不動産の管理を委ねた形跡はないことなどからすると，Ⓢが本件不動産の所有権を信託目的にせよⓉに移転する確定的な意思を有していたものと認めるのは困難であり，むしろⓈは，甲が主債務者である乙に対し担保権を実行した結果，債権の満足を得ることができないことが明らかとなったことから，連帯保証人である自分に対する甲からの強制執行の可能性を察知し，それを免れようとして単に本件不動産の名義のみをⓉに変更したにすぎない疑いが極めて濃厚といわざるをえない。

　以上の次第であるから，ⓈとⓉとの間で本件信託契約が成立したものと認定することはできず，そうすると，Ⓢは Ⓣに対し，本件不動産の所有権に基づき本件登記の抹消登記手続を請求し得ることとなる。甲は，Ⓢに対して債権を有しており，Ⓢは本件不動産以外にはさしたる財産もなく，右債権を弁済する資力がないというのであるから，甲はⓈの一般財産を保全するため，Ⓣに対し，債権者代位権に基づき，ⓈのⓉに対する本件登記の抹消登記手続請求権を行使し得るものというべきである。

142 第Ⅱ部 信託にかかわる重要裁判例

> **コメント** 所有権移転登記手続をする際の登録免許税は，売買や贈与を原因とする場合と比べ信託を原因とする場合は5分の1と格段に低額です。そこで，強制執行を免れるために，登記費用が安い信託登記が選択されることがしばしばあります。
>
> 　本事案では，信託登記が繰り返されたこと，信託の受託者が委託者の妻であること，受託者が信託の意味を理解していないこと，信託の管理の実態がないことなどから，信託を無効としたもので，妥当な結論と思われます。このような場合に詐害信託として取消しをすることもできますが，本件のように，より端的に信託無効を前提に債権者代位権に基づく本件登記の抹消登記手続を請求する方法もあります。
>
> 　なお，詐害信託を理由に訴訟をする場合には，信託契約を取り消して，所有権移転登記および信託登記の抹消登記手続を認めた福井地裁平成22年5月18日判決（ウェストロー・ジャパン）が参考になります。

【15】 友人同士による旅行のための積立預金は何だろう？

（東京地裁平成 24 年 6 月 15 日判決・金判 1406 号 47 頁）

事案の概要　Ⓢ1ないしⓈ3およびⓉの4名はいわゆるママ友として親しい友人同士で，定期的に4名で旅行に出かけていました。平成12年頃，旅行の費用を積み立てるための銀行預金口座を開設することとし，Ⓣが銀行⬚甲との間で口座名義を「Ⓩ会代表者Ⓣ」とする本件口座を開設し，通帳とカードはⓉが保管し，ⓉおよびⓈ1らは，毎月各5,000円から1万円を本件口座に入金ないし振込送金をして積み立てました。Ⓩは，平成21年8月にⓉに対する公正証書に基づきⓉの本件口座を差し押さえ，甲は本件口座から241万円余を払い出してⓏに支払い，本件預金はゼロとなりました。

第1 信託って何かな？　143

そこで、まずZ会が、民法上の組合で本件預金債権はZ会に所属するとして、乙に対し不当利得返還請求を、甲に対し預金の支払いを求め、その後、Tが乙に対し、本件預金債権のうち4分の3はS1ないしS3を委託者兼受益者、Tを受託者とする信託財産であるとして、取立相当額の4分の3の181万円余の不当利得返還請求をしたところ、東京地裁は、Z会については民法上の組合に該当しないとしてその請求を却下しましたが、Tの乙に対する請求は認めました。

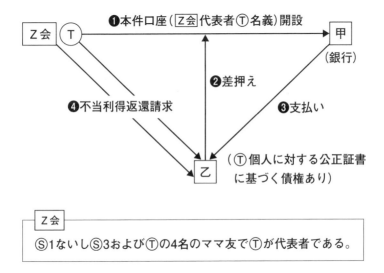

判決の要旨　S1ら3名は、Tとの間でそれぞれ専らTら4名で旅行するための資金として管理し、使用することを目的としてTに金員を支払い、同人をして本件口座を開設させ、上記目的のために同金員を同口座において管理し、または使用させる旨の、S1ら3名各人を委託者兼受益者、Tを受託者とする信託契約を締結したものであり、本件差押え時点で本件口座に現存した241万円余のうち、それぞれ60万円余は、S1ら3名の各人を委託者兼受益者、Tを受託者とする信託財産と認めることができるというべきである。

本件口座は，Ⓣのその余の一般財産とは分別して管理されている上，Ⓢ1ら各人の信託財産たる金銭について，各別に計算を明らかにすることができる状態で管理されていることが認められるのであって，むしろ信託財産としての分別管理の実態は備えているものといってよい。そうすると，Ⓩが差押えの上，取り立てた預金のうち合計181万円余については，信託財産であって，Ⓣに対する債務名義に基づきこれを差し押さえることは許されないことになる。

> コメント　　本件は，友人同士で金員を出し合って積み立てるために，1人の代表口座をつくったところ，代表者が債務を負っていて差押えを受けた，といういかにもありそうな話です。本判決は，預金口座のうち他の友人らの分について，委託者兼受益者とする信託財産と認めて救済したもので，妥当な解決と思います。なお，Ⓩについては，特段の事情がない限り，Ⓣを預金債権者として取り扱えば足り，本件預金債権の弁済による消滅を認めました。

【16】　第三者名義の預金について信託が成立するのかな？

（東京地裁平成 25 年 6 月 25 日判決・判タ 1417 号 339 頁）

事案の概要　　Ⓢは日本中央競馬会（JRA）が行う畜産振興の助成事業のための資金管理団体で，平成 19 年 6 月，Ⓣに対し，銀行ⒻのⓉ名義の口座に約 3 億円の助成金を振り込みました。ⒷはⓉから農林水産業に関する映像放送を提供する番組制作の委託を受けた会社で，番組制作費の一部について，Ⓣの口座からの送金を受けていました。Ⓣは，関連法人への前払い等により債務超過に陥り，平成 21 年 5 月に監督官庁から業務改善命令が行われ，Ⓕからは同年 6 月に貸付金と本件預金債権 4,000 万円余の相殺を受けまし

た。

　そこで，Ⓑは，本件預金について，Ⓢを委託者，Ⓣを受託者，Ⓑを受益者とする信託ないしそれに準ずる関係が成立していたにもかかわらず甲が相殺したのは不当利得ないし不法行為にあたるとして，Ⓑの債権相当額の支払いを求めましたが，東京地裁はこれを棄却しました。

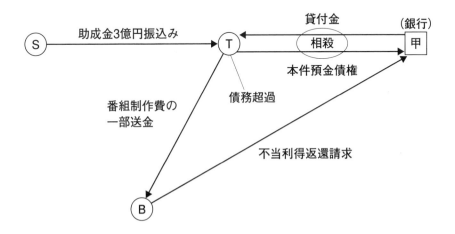

判決の要旨　旧信託法1条の「財産の管理又は処分」は，信託財産の分別管理を意味しているものと解するのが相当である。すなわち，受託者が信託財産を分別管理すべき義務は，受託者に課される基本的義務であり，受託財産の独立した法的地位を確保する上で受託財産が分別管理されて特定性をもって保管されていることが決定的に重要であることに鑑みると，上記の分別管理は，信託関係成立の要件であると解するのが相当である。

　本件においては，ⓈとⓉとの間に，本件助成金について信託とする旨の明示の合意はなく，信託関係が認められるとするならば，それは黙示の信託関係となるから，その要件である分別管理は，客観的に認められるものであることを要すると解すべきである。Ⓣは本件助成金を本件助成以外の用途に用いることが許されていなかったことが認められる。

　しかし，補助金適正化法は，間接事業者であるⓉが間接補助金である本件助

成金を目的外の用途に使用したときは，JRAの理事長においてⓈに対する補助金交付決定を取り消すことができる旨定めているものの，JRAの理事長が直接にⓈのⓉに対する本件交付決定を取り消すことができるとされているわけではなく，またⓈ実施要領およびⓉ実施要領においても，Ⓣが本件助成金を本件助成事業以外の用途に用いた場合に，JRAまたはⓈにおいて本件交付決定を取り消すことができる旨は定められていないのであり，Ⓣが本件助成金を本件助成事業以外の用途に用いることを防止することが，制度的に担保されているわけではない。Ⓣにおける本件助成金の管理方法についてみると，Ⓣが本件助成金を本件助成事業以外の用途に用いることを防止する措置が採られていたわけではなかったから，客観的にみて，黙示の信託関係が認められる程度の分別管理が行われていたと認めることはできない。

Ⓑが受益者として指定されていたかについて，信託における受益者とは，委託者が信託の利益を与えようと意図した者またはその権利を承継した者をいうところ，Ⓢ実施要領によれば，本件助成金の目的は，「畜産農家及び消費者等に有用でわかりやすい映像方法を提供することを目的とする畜産振興等映像情報等提供体制再構築事業について助成することとし，もって畜産の振興に資するものとする」ことにあるのであり，本件助成事業に関する費用の支払いは，上記の目的を実現するための手段として行われるものにすぎず，ⓈがⓉに本件助成金を交付するに当たり，Ⓣに利益を与えようとしていたとしても，その費用の支払先についてまで，信託の利益を与えようと意図していたと認めることは困難であり，Ⓑを受益者と認めることはできない。

[コメント]

本事案は，【10】の最高裁平成14年判決を意識しているようです。本事案においても助成金交付当時に関係当事者の誰もが信託を意識していなかったと思われますが，最高裁平成14年判決が信託を認めたのに対して，本事案では否定されました。

その違いはどこにあるのでしょうか。本事案では，「分別管理」を信託

の要件として強調しており，【10】の保証事業法や保証約款等に基づく仕組みと比べて，分別管理が制度化されているわけではないということかもしれません。さらに言えば，【10】の判決文でも，受益者については委託者自身としており，前払費用の支払先を受益者としているわけではないので，本件における支払先の一つであるⒷを受益者とすることには無理があったと思われます。

いずれにせよ，契約当事者間において誰も信託契約の認識がない場合には，分別管理が制度的に整っていない限りは，そう簡単に信託の法的効果が認められることにはならないでしょう。

【17】　信託の登記と譲渡の登記

（最高裁昭和25年11月16日判決・民集4巻11号567頁）

事案の概要　事案が複雑で，論点も多岐にわたるのですが，問題点を登記原因に絞ります。[甲]が大正時代に[乙]1，[乙]2の養子に入り家督相続人となりましたが，[甲]の素行が悪く家も出てしまったため，[乙]1らは，その所有する不動産が[甲]へ相続されないように処分していきました。そのうちの不動産Xについて，[乙]1から[丙]に，[丙]から[乙]1の養子のⓈに譲渡されました。その後，Ⓢがこの不動産Xとともに不動産YをⓉに信託的に譲渡したものの，登記原因は売買となっていました。

そこで，[甲]がⓉに対し，登記原因が信託でないことを理由に，ⓈからⓉへの譲渡を対抗できないとして，Ⓣから[甲]への所有権移転登記請求をしました。京都地裁，大阪高裁ともに[甲]の請求を棄却したため，[甲]が上告しましたが，最高裁はこれを棄却しました。

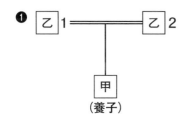

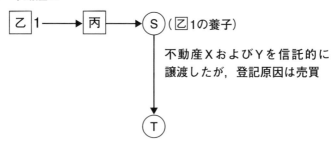

(判決の要旨) 信託法3条は，信託の趣旨をもって財産権を譲渡した場合においても，信託の登記または登録をしなければ，その譲渡の信託なることをもって第三者に対抗することができない旨を定めたに止まり，譲渡の登記があるにもかかわらずその譲渡までも対抗できない旨を規定したものではないから，いわゆる信託的譲渡につき信託の登記のない事実は，これをもって所有権の移転を甲に対抗し得ない事由とすることはできない。

第1　信託って何かな？　149

> コメント　旧信託法3条と同様の規定は，現信託法14条に引き継がれており，「登記又は登録をしなければ権利の得喪及び変更を第三者に対抗することができない財産については，信託の登記又は登録をしなければ，当該財産が信託財産に属することを第三者に対抗することができない。」と規定されています。
>
> 　そこで，不動産については，民法177条で登記を第三者対抗要件としているので，信託登記をしなければ信託財産であることを主張できないことになります。
>
> 　問題は，本件のように，所有権移転の登記はしたが，その原因が「信託」ではなく「売買」や「贈与」で，「信託の登記」をしていない場合です。
>
> 　最高裁は，「所有権移転の登記」と「信託の登記」を峻別して，信託の登記がない以上，信託財産であることは第三者に対抗できないものの，所有権移転の登記によって譲渡自体の対抗力は備えているとしたものです。
>
> 　もっとも，信託財産であることを主張できない以上，①が破産した場合には，受益者はその不動産が信託財産であることを認めてもらえず，信託受益権を行使できないことになります。つまり，倒産隔離の効力が生じないということになります。

150　第Ⅱ部　信託にかかわる重要裁判例

第2　受託者はつらい立場だね

【18】　信託受益権に対する質権取得は，受託者の利益享受の禁止に触れるのかな？

（大審院昭和 8 年 3 月 14 日判決・民集 12 巻 4 号 350 頁）

事案の概要　Ⓢが大正 15 年 12 月に銀行Ⓣに対し，信託期間を昭和 3 年 12 月まで，日歩 2 銭 5 厘の定めで自己を受益者として運用方法を指定して 3 万 7,000 円を信託預金しましたが，Ⓢの夫である甲がⓉに対し負担している債務のために信託預金に質権設定契約をして，受益権をもって甲の債務の弁済に充てることに異議ない旨の特約をしました。その後，Ⓣが，昭和 4 年 12 月にこの特約に基づきⓈの受益権とⓉのⓈおよび甲に対する債権との差引計算をした結果，ⓈのⓉに対する債権は存在しないと主張しました。

そこで，⒮がⓉに対し信託預金の取戻請求をし，青森地裁，宮城控訴院ともにⓈの請求を退けたため，Ⓢが上告しましたが，大審院は上告を棄却しました。

判決の要旨　Ⓢは，質権設定と弁済充当の特約が，信託法 9 条（注，現信託法 8 条）および 22 条（注，現信託法 31 条 1 項 1 号にほぼ同旨）の規定に抵触し無効であると主張するが，信託における受益権はその権利の目的である信託財産そのものとは異にするから，Ⓣが甲に対する債権担保のためⓉに対するⓈの本件受益権について質権を取得するとしても，これをもっ

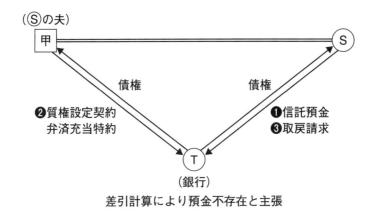

て信託法22条にいわゆる受託者が信託財産につき権利を取得したものということではない。

　また，質権の取得は信託法9条の受託者が信託の利益を享受するものにあらずと解するを相当とする。なぜなら，名義のいかんを問わず，受託者が自らを受益者とする信託はこれを禁じなければ，受託者が他人の名義を利用して自己の財産を信託財産となし，信託法16条に依拠して強制執行または競売を免れ，あるいは17条により相殺を逃れる等の弊害を生ずるので，これを防止するため受託者が受益者を兼ねることを禁ずる必要があり，同法9条はこのための規定と解するべきで，同条の受託者は何人の名義をもってするを問わず信託の利益を享受することができないとは，受託者は名義のいかんにかかわらず事実上受益者となることを得ないとする趣旨に他ならない。したがって，受託者が受益者の受益権につき他の債権のため質権を取得することはもとより受託者が自ら受益者となるものではないから，信託の利益を享受するものではないので，質権の設定および弁済充当の特約は信託法22条の規定に抵触することはない。

> コメント　昭和の初めの判決文ですから，現代人からすると非常に難解ですが，要するに，受託者が信託受益権に対して質権を取得し，これを実行しても，それは別の債権者としての権利行使にすぎず，信託法の利益享受の禁止に触れないとしたもので，次元の異なる問題を殊更に同一問題化しようとした主張を退けており，妥当な結論だと思います。

【19】 委託者兼受益者が信託の目的に反する意思を表明した後に，受託者はどうすればよいのかな？

（大審院昭和 9 年 5 月 29 日判決・法律新聞 3706 号 13 頁）

事案の概要　Ⓢが，和議申立後開始前にⓉに対して信託を原因にして不動産の所有権を移転し，Ⓣは信託の目的に従ってその不動産を処分し，和議債権者の社債償還請求権者に償還しました。そこで，ⓈがⓉに対して所有権移転登記抹消請求をしたところ，長崎地裁，長崎控訴院ともにⓈの請求を棄却したため，Ⓢが上告したところ，大審院はこれを棄却しました。

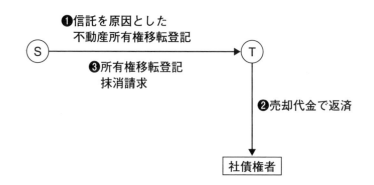

判決の要旨　信託契約の委託者，受益者および帰属権利者が同一の場合においてその者が信託の本旨に反する意思を表明しても，信託契約が存続する限り，受託者は信託の本旨に従い，善良なる管理者の注意をもって信託事務を管理することを要することから，原審が，Ⓢにおいて信託契約を解除しない限り，Ⓢの意思に反するにもかかわらず社債償還の目的に従い信託財産の処分ができることは勿論であると判示したのは正当で本件信託財産の処分が委託者の利益か否かを証拠によって判断する必要はない。

和議法による和議の開始は債権者がその財産を管理および処分する権利に影響を及ぼさない。まして，和議開始前和議申立債務者であるⓈより不動産所有権の移転を受けた受託者が当該不動産を信託の目的に従い売却して和議債権者である社債償還請求権者に償還をなすことは和議開始決定によりいささかもこれを妨げることなく，刑法上の背任罪を構成することはない。

コメント　この判決には2つの論点があります。第1は，委託者が信託契約に定められた信託の本旨に反する意思を表明した場合に受託者はどう対処すればよいのか，第2は，委託者兼受益者が再建型倒産手続（現在なら民事再生手続開始）の申立をした場合に信託財産を処分した金員で一部債権者へ弁済することが許されるか，ということです。

第1の論点については，旧信託法と現信託法の規定ぶりに差があることに注意する必要があります。旧信託法では，23条1項で「特別の事情」がある場合に信託財産の「管理方法の変更」を裁判所に請求できるだけで，少なくとも明文で，信託の本旨，つまり信託の目的の変更を認めてはいませんでした。

そこで，大審院は，委託者が信託の本旨に反する意思を表明しても，受託者は信託の本旨に従って処理をすればよいとしたものです。これに対して，現信託法は，149条で，関係当事者間の合意による変更を認め，特に3項1号で「受託者の利益を害しないことが明らかであるとき」に委託者

および受益者の合意で信託の変更ができると規定されました。もっとも，2者間の合意だけで変更が認められる要件のハードルは決して低いものではなく，本件のような場合にこれが認められるかどうかは何とも言えません。

第2の論点については，本件の当時の和議法が既に廃止され，それに代わるものとして民事再生法が制定されています。

ここで，和議法と民事再生法の大きな違いとして，和議法では債権者への弁済が認められていたのに対して，民事再生法85条1項は再生債権の弁済を禁止していることです。したがって，現在の法律のもとで，受託者が再生債権者である社債償還請求権者に対して弁済をすることは，民事再生法違反になると思われます。

民事再生法では，もう1つの問題があります。再生債務者による「双方未履行債務の解除」です。委託者が，受託者に対して，民事再生法49条に基づき信託契約を解除することが可能かもしれません。もっとも，委託者について受託者に対する未履行債務がなければ，この規定は使えないことになります。

いずれにせよ，大審院判決がそのまま現在においてもあてはまるものではないことに注意する必要があります。

【20】 共同受託した信託財産の保存行為は，全員でする必要があるのかな？

（大審院昭和17年7月7日判決・民集21巻13号740頁）

（事案の概要） Ⓢは，昭和8年5月に甲より5,500円を弁済期日を昭和10年5月と定めて借り受け，その担保として26筆の土地に抵当権を設定しました。Ⓢの兄Ⓣ1は，昭和9年4月にⓈの母Ⓣ2，Ⓢの弟Ⓣ3と

ともに、Ⓢより財産保管とⓉ1の信用維持のために、26筆の土地について信託譲渡を受け、受託者として所有権を取得し、その旨の登記を経由しました。甲は、昭和10年12月にⓈに対する債権と抵当権を乙に譲渡し、その旨の移転登記をしました。乙は、昭和15年9月にⓈに対する債権に基づき26筆の土地のうち22筆について抵当権実行申立をして、同年10月に乙が15筆を、丙が7筆を競落しました。

これに対して、ⓈとⓉ1は、本件債権が商行為によって生じたもので、昭和15年5月に時効消滅したとして、本件債権と抵当権の不存在確認および本件土地の各所有権登記の抹消登記手続を求めたところ、広島地裁は時効中断があったとして、ⓈとⓉ1の請求を棄却したため、Ⓣ1だけが控訴したところ、広島控訴院はⓉ1単独での控訴は不適法として却下しました。そこで、Ⓣ1が上告したところ、大審院は上告を棄却しました。

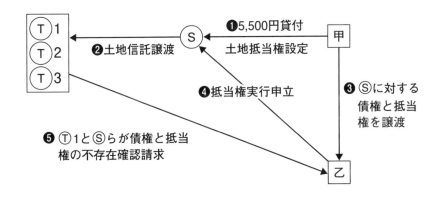

判決の要旨 信託行為において受託者が数人あるときは、信託財産はその合有に属し、信託行為に別段の定めがある場合を除く他信託事務の処理は受託者共同してこれをなすことを要することは、信託法24条の規定するところである。ここに合有とは、民法所定の共有とその性質を異にし、各受託者は持分を有せず、したがって分割請求権を有することがなく、信託財産は不可分的に受託者全員に帰属するものであるから、数人の受託者が信

託財産を合有する場合には信託財産の使用・収益・管理・処分についてはもちろん，信託財産に関する保存行為といえども，総員共同してこれをなすことを要するものと解するのを相当とする。

なぜなら，民法上の共有であれば各共有者はいずれも共有物の所有権を有し，ただその作用を分量的に制限されたものにすぎないので，共有物の保存行為のごときはその性質上各共有者が単独でこれをなすことができる理由があるが，信託法上の合有にあっては，各受託者が信託財産の所有権を有するものではなく，その所有権は全部として不可分的に受託者全員に帰属するものであるから，信託財産の保存行為といえども，信託行為に別段の定めがない限り，単独に各受託者がこれをすることができないのは当然である。

したがって，本件信託事務の処理について代表者を定める等信託行為に別段の定めがないことはⓉ1の自認するところであるだけでなく，本件において委託者にしてかつ受益者であるⓈがⓉ1と共同して本訴を提起したとしても，このために直ちにⓉ1の本訴提起についてⓈの承認があったものとして，信託法24条2項の適用があるものではない。よって，信託財産に対する保存行為といえども，他の受託者であるⓉ2，Ⓣ3と共同しないでⓉ1単独で提起した本訴請求は，排斥を免れず，原判決の判示は相当である。

[コメント] **受託者が数人いる場合に，現信託法79条は，旧信託法24条1項を引き継ぎ，信託財産は受託者の「合有」としています。もっとも，信託事務の処理については，旧信託法24条2項が信託行為に別段の定めがない限り信託事務の処理は共同してなすことを要するとしていたのに対して，現信託法80条では，1項で過半数決議，2項で保存行為は単独決議，3項で1項，2項の決議の執行は各受託者が行えるとし，さらに4項では職務分掌の定めがあればそれに従った執行ができ，5項では代理権も認めています。**

したがって，本件の大審院判決は，現信託法のもとでは，そのまま当て

はまらないように思えます。もっとも，職務分掌の定めがない一般の共同受託については，全員で訴訟をする必要があるというのが通説的見解です。これを，「固有必要的共同訴訟」といい，その点では本判決は生きているともいえます。これに対して，職務分掌の定めがある場合には，現信託法80条5項により各受託者は法律で代理権が認められているので，単独での訴訟が可能と思われます。

【21】 賃貸ビルの敷金返還義務は，受託者に承継されるのかな？

（最高裁平成11年3月25日判決・判時1674号61頁）

事案の概要 　甲は，平成元年6月に本件ビル全体を所有していた乙から，本件ビルの6階から8階を賃借し，保証金3,383万円余（償却20%）を交付しました。本件ビルについて，平成2年3月に，❶売主乙，買主をⓈ1他38名とする売買契約，❷Ⓢ1他38名を譲渡人，Ⓣを譲受人とする信託譲渡契約，❸賃貸人をⓉ，賃借人を丙とする賃貸借契約，❹賃貸人を丙，賃借人を乙とする賃貸借契約，がそれぞれ締結されました。

これらの売買契約および信託譲渡契約の締結に際し，本件賃貸借契約における賃貸人の地位を乙に留保する合意をしました。乙が平成3年9月に破産するまで，甲は乙に対し賃料を支払い，この間乙以外の者が甲に対して賃貸人としての権利を主張することはありませんでした。

甲は，上記売買契約等の経緯を知った後，本件賃貸借契約における賃貸人の地位がⓉに移転したと主張しましたが，Ⓣがこれを認めなかったことから，平成4年9月に信頼関係の破壊を理由に本件賃貸借契約を解除して退去した後に，保証金から償却部分を控除した残額の2,706万円余を請求したところ，東京地裁，東京高裁ともに甲の請求を認めたため，Ⓣが上告しましたが，最高裁はこれを棄却しました。

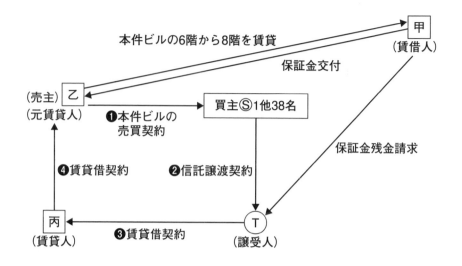

判決の要旨　自己の所有物を他に賃貸して引き渡した者が右建物を第三者に譲渡して所有権を移転した場合には，特段の事情のない限り，賃貸人の地位もこれに伴って当然に右第三者に移転し，賃借人から交付されていた敷金に関する権利義務関係も右第三者に承継されると解すべきであり，右の場合に，新旧所有者間において，従前からの賃貸借契約における賃貸人の地位を旧所有者に留保する旨を合意したとしても，これをもって直ちに前記特段の事情があるものということはできない。

　右の所有者間の合意に従った法律関係が生ずることを認めると，賃借人は，建物所有者との間で賃貸借契約を締結したにもかかわらず，新旧所有者間の合意のみによって，建物所有権を有しない転貸人との間の転貸借契約における転借人と同様の地位に立たされることとなり，旧所有者がその責めに帰すべき事由によって右建物を使用管理する等の権限を失い，右建物を賃借人に賃貸することができなくなった場合には，その地位を失うに至ることもあり得るなど，不測の損害を被るおそれがあるからである。

　もっとも，新所有者のみが敷金返還債務を履行すべきものとすると，新所有者が無資力となった場合などには，賃借人が不利益を被ることになりかねない

が，右のような場合に旧所有者に対して敷金返還債務の履行を請求することができるかどうかは，右の賃貸人の地位の移転とは別に検討されるべき問題である。

| コメント | 賃貸している建物の所有権がⅩからⅨに移転した場合には，「特段の事情のない限り」賃貸人の地位，したがって敷金返還債務も，これに伴って，当然にⅩからⅨに移転することは，最高裁昭和39年8月28日判決・民集18巻7号1354頁，同昭和44年7月17日判決・民集23巻8号1610頁等から確定判例とされており，本件の信託譲渡についても同様に解釈したもので，最高裁の一貫した姿勢がうかがわれます。

　問題は，本件のような，建物譲渡と同時に譲渡人が借り受けて既存の賃借人に転貸するというリース・バックという方式の場合には，既存の賃借人からすると賃料の支払先が従前と同様で貸主が変わらないように映るので，「特段の事情」があるときと考えられるかどうかということです。

　藤井正雄裁判官の反対意見は，まさにこの点をついて，「特段の事情」があると述べています。しかしながら，建物所有権の譲渡と敷金返還債務を含む賃貸人の地位の譲渡が連続する方が法律関係としては簡明であること，建物所有権を有しない，いわば資産的裏付けのない者に対して敷金返還請求権を有しても，一般的に債権を回収する実効性が弱いことから，多数意見が認めた判決の結果でよいと思います。

【22】 不動産の共有持分の集団信託で受託者の公平義務と守秘義務が衝突したことがあるのかな？

（東京地裁平成13年2月1日判決・判タ1074号249頁）

事案の概要　Ⓢ1ら12名を含む数十人が，あるマンションの1室の共有持分を不動産販売会社[甲]から購入して，昭和63年12月頃に，12年間の信託期間で委託者兼受益者として一括で信託銀行Ⓣに信託譲渡することで，その管理を委ねました。

受益者は受益権を譲渡することができないのが原則ですが，受益者にやむを得ない事情がある場合には事前にⓉの書面による承諾を得て受益権を譲渡することができます。ただし，その場合には[甲]が他に優先して受益権を譲り受ける権利を有するものとし，Ⓣを経由して[甲]が価格を提示し，それを受益者が承諾すると，[甲]へ受益権を譲渡する，承諾しない場合には，Ⓣまたは[甲]が譲渡価格を設定し譲渡先を斡旋する，受益者がこの譲渡を承諾しない場合には受益者が譲渡価格を設定の上譲渡先を選定する，という手順を踏むことになります。Ⓣは，平成4年6月から平成9年5月にかけて，Ⓢ1ら以外の受益者数名の受益権譲渡を承諾しました。

そこで，Ⓢ1らは，Ⓣに対し旧信託法40条2項に基づき，これらの受益権譲渡契約およびその承諾過程に関する書類の閲覧と説明の請求をしたところ，東京地裁はこれを棄却しました。

判決の要旨　信託法40条2項が委託者，その相続人および受益者（以下「受益者等」）に書類閲覧請求権および説明請求権を認めたのは，受益者等信託契約の当事者が受託者から情報提供および顛末報告を受け，受託者のなす信託事務の処理が信託の本旨に従い適切に行われているかを知るとともに，自己の信託財産擁護のために必要な行動を起こす可能性を確保するものと解される。

このような趣旨に照らすと，同項の書類閲覧請求権および説明請求権の対象

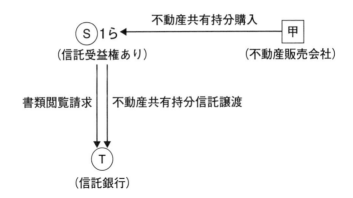

は，当該受益者等が出捐して保有する信託財産について，受託者との間で締結した信託契約に基づく信託事務の処理に関する書類および説明事項であって，他の受益者等が出捐して保有する信託財産についての信託事務の処理に関する書類および説明事項は含まれないのが原則であると解される。このことは，信託法39条が，「各」信託について受託者の帳簿具備の義務を規定し，それを受けて同法40条1項が，利害関係人に39条に規定する書類の閲覧請求権を認め，さらに同条2項が，受益者等に限って，信託事務の処理に関する書類閲覧請求権および説明請求権を認めているという具合に，同法39条と40条が一体のものとして規定されていることからも裏付けられる。

　ただし，複数の信託契約における信託財産が合同して一体化された合同運用財産として管理，運用，処分されるような場合には，事柄の性質上受益者等が右合同運用財産の管理，運用，処分の状況に関して書類閲覧請求あるいは説明請求をしようとすれば，他の受益者の信託財産についての信託事務の処理に関する事項もそこに含まれるが，そのような場合は，当然にそれらを含めて信託法40条2項の書類閲覧請求権および説明請求権の対象となるものと解すべきである。

　Ⓢ1らは，受託者たるⓉは複数の受益者を公平に扱わなければならないという公平義務を課せられているところ，本来的にはMファイナンスらに関する信託事務であったとしても，同社らとⓈ1らを公平に扱うという限度において

は，Ⓢ1らの信託事務であると言えるから，Ⓢ1らに書類閲覧請求権および説明請求権があると主張するので検討する。

思うに，本件不動産信託契約のように複数の同種の受益者があり，しかも信託契約の内容が同じである場合，受託者はそれらの受益者を公平に扱わなければならないという公平義務を負っていると解すべきである（担保付社債信託法68条参照）。したがって，信託法40条2項でいう「信託事務の処理」は，当然に信託事務を同種の受益者間で処理するということを前提にしていると解すべきであり，受託者であるⓉによる信託事務が公平に行われているか否かを判断するために必要な事柄については，たとえこれが他の受益者の保有する信託財産についての信託事務の処理に関するものであっても，同項でいう書類閲覧請求権および説明請求権の対象となり得ると言うべきである（その意味では，前記信託法40条2項の趣旨の解釈の例外といえよう）。

そして，そのような観点からみると，受益権の譲渡が本件不動産信託契約における信託財産の最終的な換金方法であることからすると，Mファイナンスらの受益権譲渡に関する事務が受益者であるⓈ1らとの関係で公平に処理されているか否かは，Ⓢ1らにとっては重大な関心事となり得ると言うべきである（弁論の全趣旨によれば，本件不動産信託契約の実質は，各受益者が節税のメリットのほか，値上がり利益と収益分配利益を得るという経済的利益を追求することを目的とするものであり，受益権の譲渡は，右経済的利益確保の最終手段と言うべきであるから，受益者にとっては利害が大きいと言える）。

しかしながら，他方で，本件不動産信託契約は受託者であるⓉと個々の受益者（委託者）との間の信頼関係に基づくものであり，Ⓣは，受託者の忠実義務に基づき個々の受益者（委託者）との関係で守秘義務を負っていると解されるところ，Mファイナンスの受益権譲渡に関する事務は，これらの受益者のプライバシーにかかわるものであり，右守秘義務の対象となると解されるから，前記のような公平義務に基づく書類閲覧請求および説明請求を認めることは，右守秘義務を貫くこといわば利害が相対立する関係にあると言える。そして，このような利害の対立する場面で，受託者たるⓉにおいて，そのいずれの

義務を優先させるかは，それぞれの義務を履行することによって保護される利益を比較衡量することによって決するほかはないと言うべきである。

　そうであるとすれば，公平義務に基づく書類閲覧請求権および説明請求を求める⒮1らとしては，具体的に公平義務に反する行為を受託者であるⓉが行っている蓋然性を立証する必要があり，そのような立証がなされた以上は書類閲覧請求権および説明請求を認めると解するのが相当である。

　もっとも，受益権の譲渡は，本来的には個々の受益者と譲渡を受ける第三者との間でその内容が合意されるものであり，通常はその価格等の条件の決定に受託者の関与する余地はないが，本件不動産信託契約においては，受益権の譲渡が，受託者が譲渡価格を設定して譲渡先を斡旋するとされているから，たとえば，㈠Ⓣが他の受益者からの受益権の譲渡承諾の申出を認めておきながら，他方で，Ⓢ1らが具体的な譲渡先を指定して譲渡承諾の申出をしたにもかかわらずこれを拒絶したような場合で受益者の変更をめぐってⓈ1らがⓉにより他の受益者と比べて不当に不利な扱いを受けた蓋然性の存するような場合，あるいは，㈡Ⓣが他の受益者と比べて不相当に低額な譲渡価格を設定して，受益権の譲渡を斡旋した等，受益権の譲渡に関し，ⓉがⓈ1らを不当に不利益に扱った蓋然性の存するような場合には，Ⓣの行った行為が公平義務に反しないか否かの判断のために，Ⓢ1ら以外の他の受益者の受益権譲渡に関する書類および説明事項についても，書類閲覧請求および説明請求が認められると解すべきである。

　そこで，このような解釈を前提にして，他の6件の受益権譲渡と比べて，Ⓢ1らが不当に不利な扱いを受けた蓋然性が存するか否かについて検討することとする。この点に関しては，Ⓢ1らによる受益権譲渡の承諾の申入れに関して，Ⓣがこれを拒絶し，あるいは，その譲渡価格を斡旋する等の関与をした事実は認められない。また，Ⓢ1らがM販売に対して受益権譲渡の承諾を申し入れ，M販売から拒否されたが，他方で6件の受益権譲渡については，M販売に対してその申し入れがなされ，最終的にⓉがこれを承諾したことが認められるが，M販売をⓉの信託事務代行者とまで認めることはできないし，また，

Ⓣが M 販売に対し，優先購入権の行使あるいは譲渡先の斡旋に関して，影響力を行使し得る立場にあったことを認めるに足る証拠もないから，右 M 販売による受益権譲渡に関しⓈ１らを不当に不利益に扱ったものと認める余地はないと言わざるを得ず，結局６件の受益権譲渡との関係で，Ⓢ１らのⓉに対する書類閲覧請求および説明請求を認めることはできないと言うべきである。

コメント　不動産の共有持分を一括して信託するのを「集団信託」といいます。旧信託法 40 条が定めていた説明請求権と書類閲覧請求権は，現信託法では 36 条の報告請求権と 38 条の帳簿等の閲覧請求権に整備されました。つまり，説明までは必要ないが報告は求められるとする一方で，閲覧請求については，38 条 2 項で拒絶事由を明確にしました。

このように規定ぶりは変わりましたが，集団信託において受託者の公平義務を判断するために一定の閲覧謄写請求を認めることは現信託法下でも可能と思われますが，判決も指摘する通り，受益者にとって，受託者の守秘義務の壁は相当に厚いと思われます。

【23】　集団信託での受託者の公平義務や説明義務とはどういうものかな？

（東京地裁平成 14 年 7 月 26 日判決・判タ 1212 号 145 頁）

事案の概要　甲１と甲２は，それぞれその所有する都内の不動産を小口化し，共有持分権に分割して，信託銀行Ⓣとの間で信託契約を締結することを前提に，かつⓉを代理人として共有持分権を販売していました（商品名「サミット」）。Ⓢ１ないしⓈ５は甲１から，Ⓢ６は甲２から，それぞれ

Ⓣから買受代金の全部または一部を借り入れた上で、共有持分権を甲1、甲2の代理人Ⓣから買い受け、Ⓣに対し、委託者兼受益者として、11年間の信託期間で信託契約をしました（この後、Ⓢ2が死亡し、Ⓢ2′が相続）。

その後、不動産価格が大幅に下落したためサミットの価格も下落したことで損害を被ったことから、Ⓢ1ないしⓈ6が、Ⓣに対し説明義務、平等義務違反等を理由に損害賠償請求をしたところ、東京地裁は、Ⓢ2′とⓈ3の各一部の請求を認め、その余の請求を棄却しました。

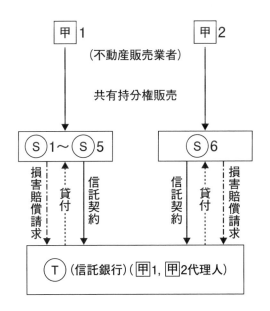

判決の要旨　Ⓣにおいて、サミットには元本保証がなく、危険性のある商品であることを説明する義務があったか否かを検討するに、不動産への投資が、不動産市況の変動によって売却利益を得ることができたり、損失を被ったりすることは当然であって、不動産への投資に元本保証がないことは一般人であれば理解できる事柄であるというべきであるし、Ⓢ1らの状況を考えると、Ⓢ1らにおいてサミットに元本保証がないことまで殊更説明

する義務はないといわなければならない。

　信託終了時において，損益分岐点となる信託不動産の売却価格について説明する必要があるかについて検討する。サミットの購入は，不動産投資にあるのであるから，信託期間中の信託配当による利回りと信託終了時の売却価格による信託配当により委託者兼受益者の受領する金員が定まってくることは明白である。また，サミットを借入金で購入した場合，最終収支が黒字となるか否かは，借入金の金額，借入金の利率，信託期間中の信託配当額，課税所得額，信託不動産の処分価格などの諸条件によって決まるが，最終収支が黒字となるためには，信託終了時に信託期間中の損失を上回るほどに信託不動産の売却によってキャピタルゲインを得ることが必要になる。ところで，顧客それぞれの借入金の金額，所得金額などの個別事情によって定める具体的金額はともあれ，上記の仕組みは，サミットの本質が不動産投資であること，信託期間中の賃料収益から信託配当を受け，信託終了時には売却価格による信託配当を受けることを説明していれば，顧客において借入金によってサミットを購入した場合，借入金について利息の支払義務があることは当然知悉している事柄であり，上記の仕組みを理解することは容易であると考えられ，Ⓣにおいて，個々の顧客の借入金，課税所得額などに応じて，損益分岐点となる信託不動産の売却価格についてまで説明する義務があったと認めることはできない。

　Ⓢ1らは，契約を締結した当時，地価上昇率が鈍化し，地価が下落に向かう可能性があったことについても説明すべきであったと主張する。サミットの本質は不動産投資にあるから，不動産市況の見通しについては，顧客においても重大な関心事であり，本来不動産を購入する者の責任において判断すべき事柄であって，Ⓣにおいて，契約を締結した当時，地価上昇率が鈍化し，地価が下落に向かう可能性があることについて説明する義務があったとは認められない。また，昭和63年および平成元年当時は，Ⓣを含め我が国の大多数が，不動産の地価はさらに上昇する見通しを有しており，地価上昇率が鈍化したとしても，それは不動産を購入する好機と考えられていたのであって，Ⓣにおいて地価が上昇することを述べたとしても，それは無理からぬことであったし，Ⓣ

の見通しを述べたにすぎないものであり，①がそれを保証したという事実がないことは前記認定のとおりであるから，①においてこの点において，説明義務があったとは認められない。

　買取り制度については，①が売主に対し，購入価格である1億円で買い取らせる義務を負っていたものであると解することはできず，また①において，地価の上昇を予想して，買主の相続または破産という事情を考慮して時価ではなく購入価格である1億円で売主に買い取らせる制度を設けたにすぎないものであるが，①横浜支店従業員が亡Ⓢ2に交付したリンク報告書には，「やむを得ない場合に限り購入価格（1億円）にて甲1が買戻しをします。」と断定的記載がされており，サミット内部資料においても，「買取り保証付きの投資用不動産については相続財産の評価の際，購入価格で評価されることになり，相続メリットが享受できない場合もおこりえます。」とあり，買取り保証という表現が用いられていること，リンク報告書の末尾には，亡Ⓢ2が①の説明内容について，税法上，買取り制度は，文章化できないが，受託者と甲1との間で文章で確認されていること，やむを得ない場合には，甲1が元本1億円で買い戻すことを①の説明で確認したとの記載がされていることが認められ，かかる事実からすると，①の担当者が，亡Ⓢ2に対し，本件売買契約にあたり，相続が発生した場合には，甲1が本件共有持分権を購入価格である1億円で買い取るとの断定的説明をしたと推認される。

　さらに，買取り制度は，①において，地価の上昇を念頭に置いて，本件共有持分権の時価が上昇している場合であっても，時価ではなく購入価格である1億円でデベロッパーに買い取らせる制度として設けたものにすぎないとしても，昭和63年および平成元年当時，①を始め多くの国民において，地価は将来にわたっても上昇を続けると予測しており，地価が将来下落に至ることは予想し得なかったという当時の状況を考えると，①において，買取り制度が本件共有持分権の時価が低下した場合には適用されない制度であると説明したとは到底考えられない。そうすると，①は，亡Ⓢ2に対し，本件買取り制度は，①において買取り義務を発生させるものではないのに，相続が発生した場合，甲

168 第Ⅱ部 信託にかかわる重要裁判例

1に対し1億円で買い取らせることを断定的に説明し，本件共有持分権が購入価格を下回ったときには買取り制度が適用されないのにそれを正しく説明しなかったことにおいて，Ⓣの説明義務違反が認められる。

そして，相続が発生した場合の相続税の負担を不安に思っていた亡Ⓢ2は，Ⓣの上記説明が動機になって購入し，Ⓢ2′は，亡Ⓢ2が死亡した後，Ⓣに対し，購入価格1億円で信託不動産を買い取ることを求めたが，Ⓣはそのような約束は存在しないとして買取りに応じなかったのであるから，Ⓣは説明義務違反に基づき，Ⓢ2が被った損害を賠償する責任がある。

亡Ⓢ2は1億円で購入し，信託終了時において1,399万1円を受領したから，Ⓢ2′はその差額である8,600万9,999円の損害を被ったというべきである。そして，弁護士費用としては，同損害の約7%に相当する600万円が相当因果関係のある損害と認めるのが相当である。

複数の委託者兼受益者を前提とする本件信託契約において，委託者兼受益者の受益権の処分を制限し，Ⓣにおいて信託不動産を一体的に管理および処分することにしたのは，複数の委託者兼受益者全体の利益を保護するという観点から合理性が認められるが，一方，各委託者兼受益者との間の本件各信託契約は同一の内容であり，本件各信託契約において，委託者兼受益者の受益権の処分を制限した受託者としては，委託者兼受益者相互を平等に取り扱う義務を負うと解するのが相当であり，Ⓣは，別個の委託者兼受益者との間に信託契約を締結したことを理由に，委託者兼受益者を平等に取り扱う義務はないとのⓉの主張は採用できない。

委託者兼受益者がⓉに対し，受益権の譲渡または信託契約の解約を求めてきた場合に，委託者兼受益者によって，特定の委託者兼受益者についてのみ，受益権の譲渡を認め，他の委託者兼受益者については，受益権の譲渡を認めないという恣意的な対応を取ったり，同一時期に受益権の譲渡を求めてきた顧客について，特定の委託者兼受益者については，受益権の譲渡先の紹介を行うが，他の委託者兼受益者については，受益権の譲渡先の紹介を行わないという恣意的な対応を取ることは，平等義務に反すると解される。

また，サミットは，相続や破産の発生などやむを得ない事情がある場合にだけ，Ⓣから許可を受けて信託期間中に受益権を譲渡できる商品であったから，Ⓣにおいて，相続や破産の発生などのやむを得ない事情がある場合でなくても，委託者兼受益者が，不動産投資の適格を持つ投資家に対し，信託不動産の共有持分権を譲渡し，譲受人がⓉとの間に，新たに本件信託契約を結ぶ場合には，Ⓣと委託者兼受益者との間で本件信託契約を解除することを認めることとしたのであるから，この取引の変更について，委託者兼受益者に受益権の譲渡を行う機会を奪った場合には，平等義務に違反すると言うべきである。

もっとも，委託者兼受益者が，受益権の譲渡を求めてきた時期によっては，経済情勢の変動が原因となって，受益権の譲渡先を紹介できなかったり，また，紹介できたとしてもその買取り価格が異なるのはやむを得ないことであって，このように対応が異なった場合に平等義務に反しているということはできないし，また，受益権の譲渡先を紹介した後，委託者兼受益者と譲渡先の間で，買取り価格等の条件が折り合わず，結局受益権の譲渡にまで至らなかったりしても，平等義務に反しているということはできない。

また，Ⓣが，委託者兼受益者に対し，従前の取扱いを変更して受益権の譲渡が可能になったことを通知する方法は，Ⓣの裁量によるものと考えられるのであり，Ⓣが取扱いの変更を文書で連絡しなかったことをもって違法とすることはできない。

Ⓢらのうち，Ⓢ3は，平成9年10月頃，本件共有持分権の中途売却を申し入れたが，Ⓣから買手の紹介はなかった。Ⓣ担当者は，Ⓣにおいて買手探しに着手したが，経済環境の激変もあり買手との話し合いがまとまらなかったと陳述するが，同時期に数人がⓉの関係する取引先に対し受益権を譲渡していることが認められ，Ⓣの斡旋によって行われたと推認されるから，ⓉがⓈ3に対し買主を紹介しなかった合理的理由を明らかにしない以上，平等義務に違反する行為であるといわなければならない。

平成9年10月直前の本件共有持分権の評価額6,000万円を中途売却価格と認めるのが相当で，信託終了時の受領額との差額である4,600万9,999円の損

170　第Ⅱ部　信託にかかわる重要裁判例

害を被ったというべきであり，これと相当因果関係のある弁護士費用として
は，同損害の7％に相当する322万円を認めるのが相当である。

> コメント　　本件での主な争点は，受託者の説明義務違反と平等義務違
> 反ですが，説明義務違反は信託業法の業者としての問題で
> あるのに対して，平等義務違反は信託法そのものの問題といえます。現信
> 託法33条は，「受益者が2人以上ある信託においては，受託者は，受益者
> のために公平にその職務を行わなければならない。」と定めており，受益
> 者を平等に取り扱うことを義務付けています。自分以外の受益者がどのよ
> うに取り扱われているかを知ることは大変困難ですが，本件ではこれを認
> めた珍しいケースといえます。本件とは反対に，公平義務違反があるとは
> 認められないとした大阪地裁平成17年7月21日判決・判時1912号75頁
> も参考になります。

【24】 著作権管理信託って何？　この受託者の義務で争われたのは何かな？

（東京高裁平成17年2月17日判決（ウェストロー・ジャパン））

事案の概要　　X曲の作詞作曲者甲からその著作権等の信託譲渡を受けたⓈ
が，日本音楽著作権協会（JASRAC）Ⓣとの間で，Ⓣを受託
者として著作権信託契約約款に基づく信託契約をしました。他方で，ⓉがY
曲の作曲をした乙との間で信託契約を締結した上で，平成4年12月から平成
15年3月まで継続的に音楽著作物利用者に利用許諾し，その許諾を受けた利
用者をして放送，録音，演奏等をさせました。
　Ⓢは，Ⓣに対し，当該行為が，X曲に係る著作権法27条または28条の権利

を侵害するものとして，不法行為または著作権信託契約の債務不履行に基づく損害賠償を請求しました。東京地裁は，Ⓢの請求を一部認めましたが，東京高裁は，Ⓣ敗訴部分を取り消し，Ⓢの請求を棄却しました。なお，その後，最高裁は上告を棄却し，上告受理の申立を不受理決定しました。

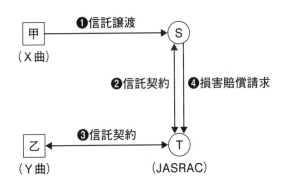

判決の要旨　著作権侵害の疑いのある音楽著作物の利用許諾中止という措置は，著作権を侵害されるおそれのある者に対しては，より手厚い保護手段であるといえるが，一方で利用許諾を中止される音楽著作物としては，利用者の判断を経ることなく，Ⓣの判断で楽曲が表現されることが差し止められるのであり，極めて重大な結果をもたらすものであって，後に侵害でないと判断された場合の利用許諾を中止された側の損害の回復は困難である。一方，使用料分配保留という措置は，著作権侵害であることが争われている音楽著作物の利用許諾を中止することなく，Ⓣが使用料を利用者から徴収し，これを分配せずにⓉの下に保留しておく措置である。

著作権侵害を主張する側にとっては，当該侵害によって受ける損害が分配を保留された手数料を大きく上回るときは，利用許諾中止の措置よりは不十分な救済方法となるが，侵害が争われている音楽著作物の使用料相当の金額が保留されており，実質的に担保といい得るものとなっているので，仮に著作権侵害であるとされた場合でも，回復しがたい損害でも生じない限り，侵害された側

の損害回復は，通常は基本的に確保されているといえる。したがって，全体としてみて，使用料分配保留という措置は，特段の事情がない限り，利用許諾中止という措置に比べて，より穏当で，かつ，合理的な措置であるということができる。

著作権の侵害について，訴訟の提起や異議の申立があった場合には，Ⓣとして使用料分配保留措置または利用許諾中止措置をとることができることとされているが，必ずいずれかの措置をとるべきであるとする条項は存在せず，またいずれの措置をとるべきかについての条項も存しない。

Ⓣは，多くの音楽著作権の信託譲渡を受け，それを管理するものであるが，Ⓣの目的や業務の性質，内容に照らせば，著作権の管理を実施するに当たっては別の著作権を侵害することがないように注意する一般的な義務があるところ，著作権侵害の紛争には，事案ごとに種々の事情があることが想定されるので，Ⓣとしては，事案に応じて，合理的に判断して適切な措置を選択することが求められているものと解される。そして，上記のようなとり得る各措置の特質を考えた場合，いずれの措置をとるべきか，換言すれば，一方の措置をとったことに不法行為責任または債務不履行責任があるといえるか否かは，著作権侵害の明白性や侵害の性質など，事案ごとの諸般の事情を勘案して判断するのが相当である。

別件訴訟についてみると，Ⓩは，ⒶおよびⓈの請求を争い，別件訴訟の第1審判決では，ⒶおよびⓈの請求が棄却され，後に第2審判決により請求が認められ，最高裁への上告および上告受理申立が排斥されて，請求の一部認容が確定したのであって，第1，2審でⒶおよびⓈの主張に変動はあったものの，司法判断が分かれたものであった。そして，請求を一部認容した第2審判決をみても，判断が分かれたのは，事実の存否というようなものではなく，多くの音楽関係の専門家から意見書等が出され，種々の見解があった中から，もっとも相当な見解が選択されたことによるものであったことが推認される。

これらの事情に照らせば，著作権侵害が明白であったとはいい難く，侵害の可能性についてのⓉの判断は，困難な状況にあったといえる。なお，別件訴訟

の控訴審判決が請求を一部認容した後については，一般的には著作権侵害等が肯定される可能性が高まったといえるであろう。しかし，上記の事情に加え，第2審判決は，異なる楽曲として公表された各楽曲間において編曲権侵害の成否が争われてその判断を示したものであって，先例も乏しい分野の争点であることなどにもかんがみれば，最高裁の判断を見極めようとした⑦の判断を直ちに非難するのは困難である。

　Ⓢは，平成10年9月付けの内容証明郵便において，⑦に対し，Y曲の利用許諾の中止は求めていない。そして，⑦はこれを受託する者として，同月付けでY曲の使用料分配保留措置をとった。また，Ⓢ代表者は，別件訴訟の控訴審裁判所に宛てた陳述書において，上記措置に言及し，「(⑦が) 適切な措置を取ってくれました。」と陳述している。そこで，Ⓢは，前記状況下にある⑦に対し，Y曲の管理除外措置をとることなく利用許諾を継続することになる「使用料分配保留措置」をとることを申し入れて，その後も了承していたものというべきである。Y曲によるX曲の著作権侵害の有無について係争中であるという状況下における⑦の対応方について，上記の申入れおよび了承がある以上，その申入れ等の内容が一見して明白に不合理であり，この申入れ等に従った場合には，申入れ等をした権利者に回復し難い損害を生じるなどの特段の事情がない限り，⑦としては，上記申入れおよび了承に従って，Y曲の使用料分配保留措置をとりつつ利用許諾を継続すれば，後に判決で著作権侵害が確定しても，不法行為責任または著作権信託契約上の債務不履行責任を負うものではないというべきである。

　特段の事情についてみるに，全体としてみて，使用料分配保留という措置は，利用許諾中止という措置に比べて，より穏当で，かつ，合理的な措置であるということができることは，前記のとおりであること，上記の内容証明郵便によるⓈの申入れは，代理人弁護士によってされたものであり，利用許諾中止措置（管理除外措置）を求めた場合には，仮にⓈが別件訴訟で敗訴したときに相当額の賠償責任を負うという危険があったことも考慮すれば，別件訴訟の判決が未確定のうちは，使用料分配保留措置を求めるとの方針で申し入れたとし

ても決して不合理ではないといえること，Ⓢが主張する損害について，別件訴訟の控訴審判決によって検討するも，著作権侵害による通常の財産上の損害にすぎず，決して回復困難な損害であるということはできないことなどに照らせば，特段の事情があるとはいえない。

　以上によれば，平成10年7月以降平成15年3月までの期間において，Ⓣが Y 曲の使用料分配保留措置をとりつつ利用許諾を続けた行為について，Ⓣに不法行為責任または著作権信託契約上の債務不履行責任があるとはいえない。

> 　コメント　本件の信託財産は，一般的な不動産や金銭の信託ではなく，音楽著作権です。音楽著作権については，従前は「著作権に関する仲介業務に関する法律」があり，本件のⓉである JASRAC だけが信託譲渡を受けていたのですが，平成12年にこの法律が廃止されて，「著作権等管理事業法」が制定されたことで，JASRAC 以外も信託の受託者になれるようになりました。これらの法律は，信託受託者の注意義務についての定めがないので，注意義務の内容に関しては信託法の規定に従うことになると思われます。本件では，複数の委託者から信託を受けた音楽著作権の衝突ですから，双方に対する忠実義務をどう調整するかという現信託法では33条の公平義務の問題といえます。もっとも，別件訴訟の甲曲の著作権と乙曲の著作権との紛争について，最高裁の判断が出るまで使用料分配保留措置をとったⓉの行為に関し義務違反を否定した本判決の判断は妥当なものと思われます。
>
> 　ところで，音楽著作権に関しては，韓国内の著作権者から韓国法人を通じて信託譲渡を受けた著作権管理業者が，著作権侵害に基づく損害賠償を請求したところ，当該韓国法人が既に解散し，同法人との信託契約も終了しているので管理業者の管理権限を否定して，管理業者の請求を退けた知財高裁平成24年2月14日判決（ウェストロー・ジャパン）があります。

【25】 年金信託での信託財産について合同運用義務があるのかな？

（大阪高裁平成 17 年 3 月 30 日判決・判時 1901 号 48 頁，原審神戸地裁平成 15 年 3 月 12 日判決・判時 1818 号 149 頁）

事案の概要　Ⓢは厚生年金保険法に基づいて設立された厚生年金基金であり，Ⓣは信託銀行です。Ⓢは，平成 9 年 10 月にⓉ′（平成 13 年 10 月にⓉに吸収合併），Ⓣそして甲の 3 つの信託銀行を共同受託者として年金信託契約を締結し，Ⓣ′に対しては 30 億円の財産の運用を委託していました。その後，個別の年金信託契約に切り替えられ，Ⓣ′は，平成 12 年 2 月に新たにハイリターンを求める IT 関連の株式銘柄に集中して運用する「19 ファンド」を立ち上げ，Ⓢから受託した 30 億円のうち 5 億円をこのファンドで運用しました。ところが，その後 IT バブルが崩壊したため，「19 ファンド」の価格が暴落して大きな損失が生じたことから，Ⓢは，Ⓣ′との年金信託契約について同年 9 月をもって解除しましたが，契約終了による「19 ファンド」からの分配金は 2 億 8,800 万円余にすぎませんでした。

そこで，Ⓢは，Ⓣ′（その後合併によりⓉが訴訟を承継）に対し，Ⓣ′がⓈ以外の厚生年金基金からの受託財産と合同運用すべき義務に違反したこと，Ⓢが指示した運用先の構成比率「アセットミックス」に反して国内株式の上限を上回ったことを理由に，主位的に年金信託契約の債務不履行，予備的に信託受益権

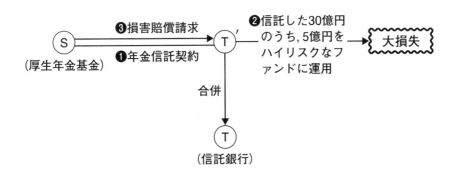

に基づく損害賠償を請求したところ，1審の神戸地裁は，合同運用義務違反およびアセットミックス遵守義務違反を理由にⓈの請求を認めましたが，大阪高裁はいずれの義務違反も否定して，1審判決を取り消し，Ⓢの請求を棄却しました。

判決の要旨

Ⓢは，平成11年11月にⓉ′との間で信託財産を合同運用の方法で運用する旨合意したと主張するが，当時のⓉ′の提案では単独運用と合同運用のいずれかの方法で運用するかについては全く言及していなかったこと，Ⓢは3年間毎年8％の運用利回りという目標の達成に強い関心を抱いていたところ，単独運用と合同運用のいずれを選択するかによって左右されるわけではないこと等からⓈの主張を採用することはできない。

黙示の合意による合同運用義務違反についても，単独運用と合同運用のいずれの方法で運用するかについては，法的規制はなく，受託者である信託会社の裁量に任されていること，年金信託契約においては，合同運用を原則とする旨の規定は存在しないこと，信託額が少額であっても単独運用が行われることもあること，現にⓈ自身それ以前にⓉ′に信託した財産をほぼ単独運用してきたこと等から，年金信託契約で合同運用を行う旨の慣行が存在するとは到底認め難いこと等から，Ⓢの主張を採用することはできない。

アセットミックス遵守義務違反について，アセットミックスを指示する場合には書面交付が通常であるにもかかわらず書面の交付をしていないこと，Ⓢはもっぱら合同運用義務違反を問題にして年金信託契約を解除に至ったものであり，解除までの間アセットミックス遵守義務違反を主張したことは一度もなかったこと，本訴提起後も専ら合同運用義務違反を主張していたものであって，1年以上経過した後に初めてアセットミックス遵守義務違反を主張したこと等から，Ⓢの主張を採用することはできない。3種類の基本アセットミックスのうちのバランス型アセットミックス遵守義務違反の有無について，平成12年2月に開催された報告会で貸付金で運用されていた5億円余の運用先が問題になっていたこと，ⓈはⓉ′に対し当時の運用実績（14%超）を超える運用利回り

の達成を強く求めたこと，これを受けて Ⓣ′ が IT 関連の株式に集中投資する年金投資基金信託を運用先に組み入れることを提案したのに対して，Ⓢは異議を述べず，資産構成割合について質問や意見を述べることもなかったこと，貸付金等に運用されていた 5 億円余が「19 ファンド」に投入された結果，国内株式の割合が高まったが，Ⓢは資産構成割合を問題にすることがなかったこと等から，Ⓢは当時の運用実績を超える運用利回りを達成するため，上記運用を了解していたものと認めるのが相当である。さらに，市場の急激な変動等が生ずることもあるため，資産構成割合の許容範囲を超えることは珍しくないこと，これらの対処方法は信託会社に一任されていることが多いこと等から，平成 12 年 2 月時点における国内株式の割合がバランス型アセットミックスにおける国内株式の上限値を上回ったからといって，バランス型アセットミックスを遵守すべき義務を怠ったものと断ずることはできない。

コメント　　本件は，年金信託の運用実務に照らして，合同運用義務違反，アセットミックス遵守義務違反があったか否かという事実認定の問題です。1 審と高裁で結論が反対になったのは，実務に対する理解の差ではないかと思います。つまり，1 審は実務への理解が浅く，やや観念的な思考に流れたのに対して，高裁は実務を深く理解したことにより，いわば実務の取扱い方を追認して，1 審を取り消したものといえます。異論もあり得るでしょうが，Ⓢ自体が厚生年金基金という資産運用のプロであることから，この結論はやむを得ないと思います。

【26】 共同受託において代表受託者の注意義務とはどういうものかな？

(東京地裁平成 21 年 3 月 27 日判決・金法 1890 号 10 頁)

事案の概要　大阪市Ⓢが，平成3年3月に信託銀行Ⓣ1，Ⓣ2，Ⓣ3，Ⓣ4の4行との間で，南側は西成区の「あいりん地区」に，東側は天王寺動物園に近接する市有地2万㎡余を信託財産として「フェスティバルゲート」という遊園地事業についての信託契約を締結し（代表受託者はⓉ3），その後開業しましたが，収益があがらなかったため，4行が大阪市を相手に調停を申し立て，信託契約を合意解除して45億円余の解決金の支払いをする調停が成立しました。

本件は，その4行のうちのⓉ1とⓉ2が合併した信託銀行Ⓧが残りのⓉ3とⓉ4をその後吸収合併したⓎに対し，4行の管理運営会社であるFGが警備保障会社Ⓗとの間で契約書を作成せず，契約内容を明確に定めず，かつ過剰な警備業務を過大な警備費用で委託させたという善管注意義務違反等を理由に，調停においてⓍが負担した16億円余の損害賠償を請求しましたが，東京地裁はこれを棄却しました。

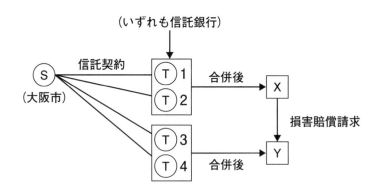

（判決の要旨）　Ⅹは，本件信託事業において，代表受託者であるⓉ3に業務執行権限が帰属することを前提に，本件信託事業について業務執行を行っていた推進室（本件信託事業を運営する共同推進機関として設置されたもの）およびFGがⓉ3の履行補助者に当たると主張するが，推進室およびFGは，4信託の方針に基づき，受託シェアに応じて構成されたものであり，4部長会（信託事務を共同して行うための協議機関として設置されたもの）の決定に基づいて業務執行を行っていたと認められるのであり，Ⓣ3に本件信託契約に基づき単独で事務処理を行う権限が帰属しているからといって，一般的に推進室およびFGがⓉ3の履行補助者にあたると解することはできない。

　Ⓣ3が他の3信託に対して負担する注意義務の有無のうち，代表受託者として単独で信託事務の処理を行うに当たっては，4部長会における決定に基づく場合か，緊急を要する場合でなければならず，また4部長会における決定に基づく場合においても，その決定の趣旨に従って事務処理を行うべき注意義務を負うと解すべきである。

　⑴　Ⓗの選定に関する注意義務違反のうち，参入経緯について，Ⓣ3は4部長会においてⒽの起用により人権問題への対処が可能になるという利点があること，および駐車場警備の委託先をⒽに変更する方針について報告をしていること，Ⓣ3が確認文書を他の3信託に報告しなかったと推認されるとしても3信託が黙示的に同意したものとほぼ一致することなどから注意義務違反があるとはいえない。委託先としての適性について，3信託も，Ⓗに委託先として不適切な点があることを認識しながら，地元対策の観点からⒽに対して警備業務を委託するという方針に異議を述べず，黙示的に同意したものであるから，Ⓣ3に代表受託者としての注意義務違反があるとはいえない。大阪市の指示書等の欠如について，4部長会において，Ⓗの資質に照らしてⒽの選定については大阪市の指示書等を徴求すべきとの指摘があったことは認められないから，Ⓣ3に注意義務があったとはいえない。

　⑵　開業時警備業務の委託に関する注意義務違反について，㋐Ⓣ3とFGとの関係は前述のとおり履行補助者であることを前提とするⅩの主張は理由がな

180　第Ⅱ部　信託にかかわる重要裁判例

いというべきである。(イ)委託の方式について，(ウ)警備業務の範囲について，(エ)警備業務の金額について，(オ)警備業務の期間その他の条件について，(カ)①3の指導監督義務違反について，(キ)共同受託者との協議および報告の欠如について，(ク)大阪市の指示書等の欠如について，いずれも注意義務があるとはいえない。

　(3)　本件各警備契約締結に関する注意義務違反について，(ア)契約内容の不当性について，(イ)共同受託者との協議の欠如について，(ウ)大阪市の指示書等の欠如について，いずれも注意義務違反があるとはいえない。

> コメント　本件は，大阪特有の地域性に絡む微妙な問題について，各信託銀行の認識の欠如がもたらしたもので，それを1つの信託銀行の責任に転嫁しようとしたことを裁判所が否定しており，妥当な判断といえます。

【27】　不動産の信託では，受託者が管理業務を管理会社に任せるのが普通だが，その不動産で生じた事故について責任を負うのはどちらかな？

（東京地裁平成24年2月7日判決・判タ1404号200頁）

事案の概要　信託銀行①は，信託受託者として本件建物およびその敷地の所有権を譲り受け，平成16年5月に甲との間で定期建物賃貸借契約兼管理業務委託契約（MLPM契約）を締結しました。他方で，①は，保険会社乙との間で本件建物について保険金額1億円の賠償責任保険契約を締結していたところ，豪雨による漏水事故により，建物4階部分のテナント所有の内装等が汚損し，テナントに対し土地工作物の所有者責任に基づいて1億

1,500万円余の損害賠償責任を負担しました。

そこで、Ⓣは乙に対し保険金を請求しましたが、乙が1,100万円しか支払わないため、保険金残額8,900万円の支払い等を求めました。これに対して、乙は、支払済みの保険金1,100万円について保険金請求の要件を満たしていなかったとして、Ⓣに対し、不当利得返還請求権に基づきその返還を求めました。東京地裁は、Ⓣの請求を棄却し、乙の請求を認めました。

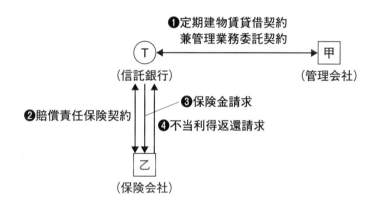

判決の要旨 甲は、本件MLPM契約上、本件不動産の賃借人であり、かつ保守管理者としての全責任を負い、下水溝、排水溝等に支障をきたさないよう常に善処しなければならないとされていたこと、実際にも下請会社をして、本件建物内を1日1回巡回させるとともに、屋上のルーフドレン付近は月1回清掃させていたことからすると、本件事故の原因となった土地工作物としてのルーフドレン周辺を含む排水プールの占有者であったと認められる。

この点について、Ⓣは、甲は本件建物の賃借人であってもその賃借は転貸を目的としており、経済的利益および損失の一切は所有者たるⓉに帰属することとされ、本件建物の修繕等とはアセット・マネージャーである丙および信託受益者に対する貸付人（レンダー）の承諾を要するなど甲の権限は厳しく制限さ

れ，本件建物の現実の支配管理を行う実質的な権限を有していないことを理由に，甲が占有者であることを争っている。

しかし，甲の賃借が転貸を目的としているとはいっても，本件建物の屋上が転貸の対象となっていることをうかがわせる証拠はないし，民法717条1項の土地の工作物の占有者は事実上工作物を支配していれば足り，経済的利益や損失の帰属がないからといって占有者ではないということはできない。そして，本件事故は，排水プール側壁天端の亀裂が存在した上に，ルーフドレンにビニール袋等が巻き付いたことも重なって発生したものであり，ルーフドレンがそのような状態であったことが土地工作物の瑕疵に該当するところ，甲は本件建物の保守管理の責任を負い，排水溝等に支障を来さないようにする責任があったのであるから，ルーフドレンの瑕疵を修補し得る者であって，土地工作物の占有者であったということができる。

なお，排水プール側壁天端の亀裂部分の修補については，丙および貸付人の承諾を得る必要があるとしても，その承諾を受けて甲において修補することが可能であり，亀裂部分に関しても甲が占有者であることを否定することはできない。

コメント　信託対象の建物の屋上部分から発生した漏水事故について，民法717条1項の土地工作物責任を負う「占有者」は，信託受託者として所有権を有する信託銀行か，その信託銀行から転貸目的で賃借しかつ保守管理の委託を受けた賃借人か，という問題です。本来であれば，信託銀行としては，漏水事故の被害者に対して，自分は占有者ではないから土地工作物責任を負わないと主張するところです。ところが，信託銀行は，責任を認めて被害弁償を済ませたのです。おそらく，保険金を請求すれば，保険会社も簡単に支払いを認めると思ったのでしょう。

ところが，その判断が外れて，保険会社がこの請求を争ったために，本

件裁判に至り，結局，信託銀行には土地工作物責任がないとして保険金請求が否定されました。信託銀行が，受託者として工作物責任を認めても，保険で賄えるからという最初の法的判断を間違ったために，信託銀行は敗訴判決を受ける羽目になったものです。保険があるからといって，最初の法的判断を安易にしてはいけないという貴重な教訓です。

【28】 過払金の不当利得返還義務は受託者に承継されるかな？債務者対抗要件を備えていないときはどうかな？

（大阪高裁平成25年7月19日判決・判時2198号80頁）

事案の概要　甲が，貸金業者乙との間で継続的な金銭消費貸借取引を行っていましたが，利息制限法所定の制限利率を超えて支払った利息を元本に充当することにより過払金が発生し，乙から信託契約に基づき金銭消費貸借に係る貸金債権を譲り受けたTにおいて過払金を利得したと主張して，Tに対して不当利得返還請求権に基づき過払金87万円余等の請求を求めました。

大阪地裁平成24年12月7日判決・判時2175号41頁が，このうち過払金50万円余の請求を認めたため，Tが控訴したところ，大阪高裁は原判決中T敗訴部分を取り消し，甲の請求を棄却しました。

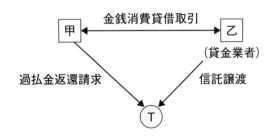

184　第Ⅱ部　信託にかかわる重要裁判例

判決の要旨　甲は，乙を債権者と認識して乙名義の預金口座に本件弁済金を振り込み，乙は弁済受領権限に基づいてこれを受領し，本件弁済金は振込み時点で乙の一般財産に混入したとみられることからすれば，本件弁済金の給付を受けた者は乙であるというべきであり，丁が給付を受けたということはできない。

　これに対し，甲は，債権譲渡がなされたが，債務者対抗要件が具備されていなかった場合においても，債権譲受人が自らの債権者の地位を債務者に対して主張できないにとどまり，債権譲受人丁が債権者であることに変わりがないから，甲において丁が債権者として弁済を受領したと主張する。

　しかしながら，そもそも，民法467条1項所定の通知または承諾は，債務者において通知または承諾が欠けていることを主張して譲受人の債権行使を阻止するための抗弁事実であり，債務者が弁済し債務が消滅した後に，債務者に当該弁済の相手方が譲渡人であったか譲受人であったかを事後的，回顧的に選択し主張する権利を付与するものではない。そして，本件弁済金に係る給付利得者が誰かは，当該給付行為（本件弁済）のなされた当時の事実関係により定まるものであるから，債務者対抗要件が具備されていなかったとしても，本件弁済後に，甲が給付利得者を選択して主張することが許されるわけではない。したがって，甲の上記主張は採用することができない。

　また，甲は，丁が本件貸金債権の債権者であるところ，乙は本件サービシング契約のサービサーとして，丁に法律上の効果および経済上の効果を帰属させる意思で，丁のために受領したものであり，丁は乙に，貸金債権回収の代理権を付与していたから，ローン債務者が乙に弁済すれば，丁が有している貸金債権に対する弁済になる旨主張する。

　確かに，乙は，本件サービシング契約に基づきサービサーとして，本件貸金債権を含むローン債務者から弁済金を回収し，乙名義の預金口座に振り込まれた回収金額から乙配当分の金額を控除した金額を，一定期間ごとに丁の管理する本件信託口座に送金する業務を行っていたことは前記認定のとおりである。しかしながら，乙が，本件貸金債権を丁に譲り渡した上でそのサービサーとな

り上記の業務を行ったのは，Ｚが顧客に対して有するローン貸付債権の流動化によって同社の資金調達を行うことを目的として立案された本件スキームによるものであるところ，本件スキームでは，Ｚは，消費者ローン債権の一部をＴに信託する一方，優先受益権，セラー受益権および劣後受益権からなる本件信託の受益権を取得し，Ｚは，優先受益権を第三者に売却して資金調達を行い，セラー受益権および劣後受益権を優先受益権の償還が終了するまで保有して元本償還および利益配当を受けることとされ，現に優先受益権の売却益やセラー受益権および劣後受益権の配当金を取得していたことは前記認定のとおりである。そうすると，Ｚが，本件サービシング契約に基づくサービサーとして本件貸金債権等のローン債権の回収・弁済受領を行ったのはＺの利益のためであったと認められるのであり，サービサーとして本件貸金債権の弁済を受領したことをもって，これがＺの給付利得ではなく，Ｔの給付利得となるということはできない。

　Ｘは，Ｚが債権者であると認識して弁済していたが，実際の債権者がＴであった以上，給付の受領者はＴであり，弁済者の主観的認識は関係がない旨主張する。しかしながら，本件弁済金に係る給付利得の当事者は，当該給付のなされた当時の事実関係により定まるものであり，ＸがＺを債権者と認識して弁済した事実は，利得の当事者を確定する上で重要な一つの事実である。したがって，Ｘの上記主張は採用することができない。

　本件各信託契約において，受託者であるＴが管理する信託財産は，信託対象債権と本件信託口座に送金された金銭をもって構成されるところ，この送金された金銭に本件弁済金が含まれていたとすれば，これは信託財産に含まれるものというべきである。Ｘは，受託者の固有の財産となる旨主張するが，本件弁済金が信託財産の対象とならないとすべき理由はない。

　ところで，信託財産は受託者から独立した財産となり，受託者の固有財産とは区別される（信託法15条乃至17条）ところ，信託行為により受益者とされる者が信託の利益を享受し，受託者は共同受益者の一人とされた場合を除き，信託の利益を享受することはできない（信託法7条，9条）とされている。Ｚ

は，本件信託の受益権を取得し，本件弁済金を含むローン債権の債務者により
乙名義の預金口座に振り込まれた弁済金の額から乙配当分の金額（セラー受益
権および劣後受益権の配当額）およびサービサー報酬相当額を控除して丁が管理
する本件信託口座に送金したのであるから，弁済金の額から控除された乙配当
分等の金額は，受益者である乙が信託の利益を得た（利得した）というべきで
ある。

また，本件信託口座に送金された分についても，丁は，この口座から，租税
公課，信託費用，信託報酬等の諸費用を支払い，優先受益権に配当したが，優
先受益権は乙が取得した第三者に売却した権利であるから，優先受益権への配
当の受益者は優先受益権者および乙であり，丁であるということはできない。

一方，丁は，本件信託により，月額315万円程度の信託報酬を得たが，前記
認定の各月における本件信託口座への送金額（平成20年5月が30億円余，同年
6月が19億円余）と比しても信託の受託者として不当に高額なものではなく，
信託報酬は信託業務の対価とみることができ，信託の利益を取得したものとみ
ることはできない。結局のところ，本件スキームにより回収されたローン債務
者の弁済金（甲の本件弁済金もその中に含まれる）によって経済的な利益（利得）
を得た者は，乙および優先受益権者であるというべきであり，丁が利得を得た
ものということはできない。

コメント　　過払金の不当利得返還義務について，本判決と同様に信託
銀行の責任を否定した判決は，東京地裁平成24年4月19
日判決・判時2157号43頁，札幌高裁平成24年9月20日判決・判タ
1390号244頁，東京高裁平成25年1月24日判決・判タ1390号244頁，
東京地裁平成26年4月22日判決・判例秘書と数多くあります。これに対
して，信託銀行の責任を認めたのは，本判決の原審と中村簡裁平成23年
12月22日判決・判タ1369号212頁の2つしか見当たりません。最終的
には最高裁で決着しますが，今のところ最高裁判決は出ていません。信託

というのは1つの器にすぎず，信託により実質的な利益を享受するのは受益者であることから，受託者の責任を否定した本判決の結論は妥当であると思います。

【29】 年金信託の受託者には助言義務があるのかな？
(大阪地裁平成25年3月29日判決・判時2194号56頁)

事案の概要　Ⓢは，厚生年金保険法に基づき九州地区のガソリンスタンド，石油販売事業を営む事業法人426社を設立事業所として昭和46年に設立認可された厚生年金基金です。Ⓢは昭和46年に銀行Ⓣを総幹事受託機関とし，他6社を共同受託者として年金信託契約を締結しました。Ⓣは，平成14年までは伝統4資産（国内債権，外国債権，国内株式および外国株式）への投資を行っていましたが，Ⓢが平成14年に甲を年金運用コンサルタントとして採用してから，Ⓣ以外の受託者との信託契約を順次解約し，平成16年にはⓉのみが受託者となりました。Ⓣは，Ⓢの資産構成割合の変更決議を受けて，不動産ファンドへの出資をするようになり，さらにⓉが甲に投資顧問業および投資事業を行っている乙を紹介したところ，甲はⓈに対し，乙の組成する私募不動産ファンドへの出資を推奨するようになり，その後次々と出資し，最終的に391億円余の出資をしました。

　ところが，Ⓢが回収できたのは130億円余で261億円余の損害を被ったとして，Ⓣに対し債務不履行または不法行為による損害賠償請求をしましたが，大阪地裁はこれを棄却しました。

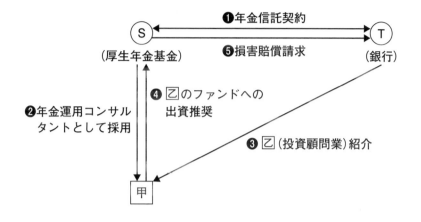

判決の要旨 　厚生年金保険法，厚生年金基金令および厚生基金規則は，労働者の老齢，障害または死亡について保険給付を行い，労働者およびその遺族の生活の安定と福祉の向上に寄与するという厚生年金保険法１条所定の目的を達成するために，基金に対し，基金資産の分散投資義務を課し，そのために，基金が自ら基金資産の構成割合および運用受託機関の選任に関する事項等を定めた基本方針を定めるとともに，運用指針を作成して運用受託機関に交付し，運用受託機関に基本方針の趣旨に沿って運用すべきことを示すことを義務付けており，運用受託機関は，基金によって示された運用指針を遵守し，委託された範囲内で基金との協議に基づいて運用することが義務付けられているのであり，運用受託機関に対し，委託された範囲を超えて基金資産全体の分散投資についての助言義務は課していない。

　このように，基金には基金資産の資産構成割合を含む基本方針の策定という重大な義務が課されているため，厚生省ガイドラインでは，管理運用業務について，基金の理事に，理事として社会通念上要求される程度の注意を払うことを義務付け，特に理事長等は「管理運用業務に精通している者」が通常用いるであろう程度の注意を払って業務を執行しなければならないとして，基金の理事（特に理事長等）に高い注意義務を課した上，理事長等が自らに基本方針策定のための能力が不足していると考える場合，年金運用コンサルタント等に助

言を求めることが考えられるとしているのである。

また，ⓉによるⓈの基金資産全体に対する分散投資についての助言義務の定めはないのであるから，旧信託法20条等所定の運用受託機関であるⓉに課せられた善管注意義務は，Ⓣに委託された範囲内において履行すれば足りるのであり，委託された範囲を超えて基金資産全体の分散投資についての助言義務を含んでいない。

民法上の委任においては，委任者の指示が不適切であった場合に，受託者はその指示に漫然と従うべきではないと一般的に解されているが，上記厚生年金保険法等の規定に照らすと，年金信託の場合にこれと同様に解すべき根拠はない。

米国のエリサ法（従業員退職給付保障法）においては，「共同受託者の責任」が定められ，基金の策定した基本方針が誤っていた場合（基金が受託者責任に反する行為を行っている場合），運用受託機関は，基金に対して問題点を指摘し，場合によっては基金に問題点を修正させる働きかけをしなければならないとされているが，日本の厚生年金保険法等の規制は，これと異なっている。

ⓈがⓉに対し，Ⓢの基金資産全体の資産構成割合について相談をしたことはないし，Ⓣが，Ⓢの基金資産全体の資産構成割合について助言をしたこともなく，それを了承する立場にもなかったのであるから，Ⓣに信義則上の助言義務を認めることもできない。

コメント　厚生年金保険法等の規定において基金に課せられている分散投資義務等や基金自ら年金運用コンサルタントを採用していること，ならびに多額の出資に至る経緯に照らすと，Ⓣの助言義務を否定したのはやむを得ないところと思います。

もっとも，本判決も述べている通り，AIJ事件を契機に兼営法施行規則が改正され，信託銀行に対し基金に対する基金資産の分散投資に関する通知義務が課せられるようになり，通知をしても基金の分散投資義務違反が

190　第Ⅱ部　信託にかかわる重要裁判例

解消されない場合には辞任も検討するように改正されました。このため，現在では，信託銀行等の受託者は，従前以上に慎重な対処が必要とされます。

第3 受託者にも言い分はある

【30】 遺言執行者への委託って何だろう？
（最高裁平成 5 年 1 月 19 日判決・民集 47 巻 1 号 1 頁）

事案の概要 Ⓢの法定相続人は，妹 2 名の甲 1，甲 2（総称して「甲ら」）でしたが，Ⓢが遺言をした当時は甲らと絶縁状態でした。Ⓢは，昭和 58 年 2 月にⓉに遺言の執行を委嘱する旨の自筆証書遺言（以下「本件遺言執行者指定の遺言書」）を作成した上，これをⓉに託するとともに，再度来宅を求めました。同年 3 月にこの求めに応じてⓈ宅を訪れたⓉの面前で，「1 発喪不要。2 遺産は一切の相続を排除し，3 全部を公共に寄与する。」という文言記載のある自筆による遺言証書（以下「本件遺言書」）を作成して本件遺言をした上，これをⓉに託し，自分は天涯孤独である旨を述べました。

Ⓢが昭和 60 年 10 月に死亡したため，Ⓣは昭和 61 年 2 月に東京家庭裁判所へ上記遺言書 2 通の検認請求をして，同年 4 月にその検認を受け，甲らに対し遺言執行者として就職する旨の通知をしましたが，甲らはその前の同年 3 月にⓈ所有の東京都港区の不動産について相続による所有権移転登記を経由していました。

そこで，Ⓣが甲らを相手に同登記の抹消登記手続を求めたところ，東京地裁はⓉの請求を棄却しましたが，東京高裁は 1 審判決を取り消してⓉの請求を認めました。甲らが上告したところ，最高裁は上告を棄却しました。

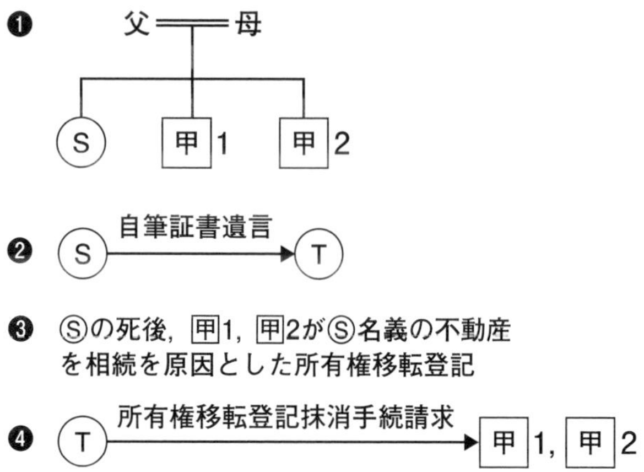

判決の要旨

遺言の解釈に当たっては，遺言書に表明されている遺言者の意思を尊重して合理的にその趣旨を解釈すべきであるが，可能な限りこれを有効となるように解釈することが右意思に沿うゆえんであり，そのためには，遺言書の文言を前提にしながらも，遺言者が遺言書作成に至った経緯およびその置かれた状況等を考慮することも許されるものというべきである。このような見地から考えると，本件遺言書の文言全体の趣旨および同遺言書作成時のⓈの置かれた状況からすると，同人としては，自らの遺産を[甲]ら法定相続人に取得させず，これをすべて公益目的のために役立てたいという意思を有していたことが明らかである。

そして，本件遺言書において，あえて遺産を「公共に寄与する」として，遺産の帰属すべき主体を明示することなく，遺産が公共のために利用されるべき旨の文言を用いていることからすると，本件遺言は，右目的を達成することのできる団体等（原判決の挙げる国・地方公共団体をその典型とし，民法34条に基づく公益法人あるいは特別法に基づく学校法人・社会福祉法人等をも含む）にその遺産の全部を包括遺贈する趣旨であると解するのが相当である。

また，本件遺言に先立ち，本件遺言執行者指定の遺言書を作成してこれをⓉ

に託した上，本件遺言のために[T]に再度の来宅を求めたという前示の経緯をも併せ考慮すると，本件遺言執行者指定の遺言およびこれを前提にした本件遺言は，遺言執行者に指定した[T]に右団体等の中から受遺者として特定のものを選定することをゆだねる趣旨を含むものと解するのが相当である。このように解すれば，遺言者であるⓈの意思に沿うことになり，受遺者の特定にも欠けるところはない。

そして，前示の趣旨の本件遺言は，本件遺言執行者指定の遺言と併せれば，遺言者自らが具体的に受遺者を指定せず，その選定を遺言執行者に委託する内容を含むことになるが，遺言者にとって，このような遺言をする必要性のあることは否定できないところ，本件においては，遺産の利用目的が公益目的に限定されている上，被選定者の範囲も前記の団体等に限定され，そのいずれが受遺者として選定されても遺言者の意思と離れることはなく，したがって，選定者における選定権濫用の危険も認められないのであるから，本件遺言は，その効力を否定するいわれはないものというべきである。

[コメント]　**本判決は，信託について直接触れているものではありません。遺言の解釈の問題です。もっとも，第Ⅰ部の⑤で述べたように，財産の管理を任せるという意味で捉えれば，遺言執行も広義の信託の一種と考えられるところです。**

実際のところ，大阪高裁昭和48年7月12日判決・判タ304号166頁が，「本件遺言の遺言執行者および信託の受託者に指定されているから，右指定に従い，遺言執行者および受託者の地位にあるものというべきである。」，「遺言執行の目的となる行為と，信託の目的となる行為との間に明確な区別はない（その結果，例えば受遺者に対する遺言の執行として行うのか，信託財産の処分として行うのかが明らかでない。）。」，「遺言の執行として行うか，信託財産の処分として行うかの選択を行為者の意思に委ねて差支えない。」，「受贈者が特定している以上，受贈者相互間の配分率の決定を

受託者に委ねたからといって，信託の目的の確定を欠くものとはいえない。したがって，本件遺言執行者の指定および信託行為は有効である。」と述べている通り，遺言執行と信託行為は相当程度重なり合っているともいえます。

　ところで，遺言は厳格な形式に従う法律行為であることから，遺言について，内容の確定を要求するために，遺言執行者に対し処分を一任することについては，大審院昭和14年6月30日判決・民集18巻1137頁が「遺言を代理させることを招来するから許されない。」と述べているように，遺言代理を禁止しています。そこで，甲らはこの大審院判決を引用して，Ⓣの請求を争いましたが，本判決においては受遺者の特定に欠けるところはない，として甲らの主張を退けました。

　まして，信託の場合には，現信託法89条において，信託において受益者指定権を有する者の定めをすることができるので，無効となる可能性は少ないと思われます。

【31】　内諾した信託の受託を断れるのかな？

（東京地裁平成16年3月30日判決・判例秘書）

（事案の概要）　　Ⓣは不動産売買の仲介業務等をする信託銀行で，Ⓢは不動産開発事業をその1つとする会社です。Ⓣは，Ⓣの仲介により，Ⓢを買主とする3つの不動産取引の売買契約が成立したとして，Ⓢに対し仲介手数料約2億8,000万円の支払いを求めました。これに対し，Ⓢは，第1取引，第2取引の善管注意義務違反，ならびに第3取引の不動産売買の資金調達に必要な信託の受託をⓉが内諾したのに正当な理由なく信託の受託を断ったことでⓈの代金決済が困難となったことによる契約準備段階での信義則違反（不法行為）があるとして争いましたが，東京地裁はⓉの請求を全額認めました。

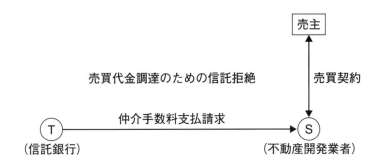

判決の要旨 Ⓣは，本件第3取引について，ノンリコースローンにより，売買代金決済のためのⓈの資金調達に必要な本件第3不動産の信託を受託することを内諾し，そのために必要な契約書の内容を確認した上で，Ⓢおよび貸主との間で契約書の調印日まで決定している。上記調印日は，Ⓢと売主との売買の残代金決済日の5日前であり，仮に調印の直前にⓉが信託の受託を断った場合には，Ⓢにおいて代替の資金調達をして予定どおり代金決済をすることが困難であり，Ⓢが売買契約について債務不履行に陥ることは，Ⓣにおいても容易に推測できたものと認められる。したがって，信義則上，このような段階でⓉが信託の受託を断るには正当な理由が必要であると解される。

そこで，信託契約等の調印日の前日になってⓉが信託の受託を断ったことに正当な理由があったか否かについて検討する。Ⓢ代表者は，本件第1取引および本件第2取引の債務不履行の原因を「地主に関する情報開示」と結び付ける発言をしており，また，本訴においてもⓉの仲介人としての善管注意義務違反を主張して仲介手数料の支払いを拒絶しているのであるから，そのような受け止め方には合理的な根拠があったということができる。そして，そのような事態になった場合には，Ⓢにおいて，Ⓣに対する本件第1取引および第2取引についての仲介手数料の支払いを拒むという事態も容易に予測できることであったと認められる。

また，Ⓢ代表者は，本件第1取引および第2取引の決済資金の調達に関し，つなぎ融資を受ける予定である等と説明しながら，結局，融資証明書を徴求できなかったのであり，この点においてもⓈの経営姿勢について信頼を失わせる要素があったものと認められる。

本件のノンリコースローンの仕組みの中で，ⓉとⓈとは，信託契約の受託者と委託者という関係のみならず，さらに信託不動産管理のためのプロパティ・マネジメント契約における委託者と受託者（プロパティ・マネージャー）として，信託期間中，長期にわたる契約関係に入ることが予定されていた。このような関係の下では，当事者間に信頼関係が存在することが必須の要件であり，これが欠けた場合には信託不動産の管理業務の円滑な遂行に困難を来たし，ひいては信託契約の存続に危機を生じかねないと認めるのが相当である。

しかるに，Ⓢは，結果として，一方においてノンリコースローンの枠組みの中でⓉに対し信託関係に入ることを求めながら，他方においてⓉの仲介人としての責任を追及するという二律背反的な姿勢を示すことになっていたのであり，このような事情の下では，Ⓣにおいて長期にわたる信託契約関係の中でⓈとの信頼関係を築くのは困難であると判断したとしてもやむを得ないというべきである。したがって，Ⓣが受託を拒否したことには正当な理由があり，Ⓣに信義則上の義務違反は認められない。

　コメント　　受託者が，不動産売買の資金調達を図る委託者との信託契約を内諾し，信託契約，ローン契約等の調印日を決めながら，その前日に信託の受託を断ったことについては，一般的には責任追及をされてもやむを得ないところです。

　ところが，信託契約やその他の契約が今後長期間にわたることから，お互いの信頼関係を築くことが困難な事情がある場合には拒絶の正当事由があるとしたものです。信託の基礎にある「信認関係」の存在が必要であることに鑑みると，妥当な結論と考えます。

第3　受託者にも言い分はある　　197

【32】　受託者は受益者に対して費用補償請求ができるのかな？

（最高裁平成 23 年 11 月 17 日判決・金法 1935 号 59 頁）

事案の概要　　兵庫県Ⓢと信託銀行Ⓣ 1（その後Ⓣ 2 に吸収合併），Ⓣ 2，Ⓣ 3（以後総称する場合は「Ⓣら」）は，昭和 62 年 12 月に，Ⓢを委託者兼受益者，Ⓣらを共同受託者とし，信託期間を 28 年間として，兵庫県加西市所在の土地をⓉらに信託譲渡し，Ⓣらにおいて本件信託土地にゴルフ場を中核とするレクリエーション施設を建設し，これを管理運営する土地信託を締結しました。Ⓣらは，本件信託契約に基づき，建設資金等を借り入れた上で，本件土地上に施設を建設し，平成 3 年 8 月に営業を開始しました。

　ところが，阪神・淡路大震災が発生した平成 7 年以降，入場者数が落ち込み，事業収支が悪化しました。平成 13 年 11 月にⓈに提出した中期経営健全化計画においては，信託配当が見込まれなくなるどころか，信託期間満了時に約 81 億円もの借入金が現存する予定である旨の記載がされており，ⓈとⓉらは，平成 15 年 3 月以降本件信託事業に資金不足が生じた場合の処理方法について協議を重ねるようになりました。Ⓣらは，借入金の負担を軽減するため，Ⓢの承認を得た上で，借換えをするなどして，平成 13 年 4 月には甲銀行から低利融資を受けた上で借入金の返済に充てました。Ⓢは上記融資につき同行との間で損失補償契約を締結し，事実上保証しました。その後も弁済期が到来する都度，借換えと損失補償契約がなされました。ところが，平成 17 年秋頃，Ⓢが損失補償契約を締結しない意向を示したため，Ⓣらは，同年 11 月付け文書により，Ⓢに対し，損失補償契約を得ることができなければ，Ⓣらがその固有勘定で弁済せざるを得ないとしたのに対して，Ⓢは同年 12 月付け文書で，信託期間中に資金不足が生じた場合は，受託者の責任で対応すべきであり，損失補償契約を締結することはできないと通知しました。Ⓣらは，甲銀行からの借入を継続することが出来ず，平成 18 年 3 月と 4 月に合計 78 億 7,900 万円を同行に弁済しました。

　そこで，Ⓣらは，信託事務遂行のために負担した借入金を自己の固有財産を

もって弁済したと主張して，旧信託法36条2項本文に基づき，Ⓢに対し負担した費用の請求を求めたところ，1審の神戸地裁はⓉらの請求を棄却したのに対して，大阪高裁はⓉらの請求を認めたため，Ⓢが上告したところ，最高裁はこれを棄却しました。

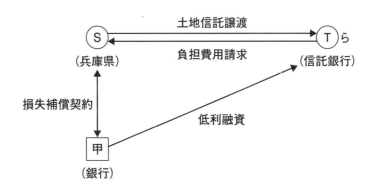

判決の要旨　公有地の信託制度の創設に先立ち，自治省の研究会が昭和61年1月に取りまとめた報告書においては，信託財産の運用が当初見通しと大きく異なった場合には信託終了に際し地方公共団体が債務を承継する可能性があることが明記されており，同年5月の自治事務次官通知においても，公有地の信託には旧信託法等の適用があることに留意することとされていた上，Ⓣ1が同年4月にⓈに提出した文書には，公有地の信託においても管理・処分の成果損失は全て受益者に帰属する旨が記載されており，Ⓢ副知事も，本件信託契約締結の約2か月前である昭和62年9月，県議会において本件信託事業に関し，信託終了時にⓈが債務を引き継ぐ可能性がある旨の答弁をしているというのである。

　これらの事実に照らせば，公有地の信託といえども，旧信託法の規律に従い，受益者に対する費用償還請求権を定めた旧信託法36条2項本文の適用があるのが原則であることが公有地の信託にかかわる関係者の共通認識であり，Ⓢもその例外ではなかったものというべきである。したがって，本件信託契約において同項本文の適用を排除しようとするのであれば，そのための交渉が重

ねられてしかるべきところ，Ⓢ と Ⓣ らとの間において，本件信託契約の締結に
至るまでの間に，かかる交渉がもたれたことは全くうかがわれない。

　そして，本件契約書の契約文言を見ても，18 条本文は「信託事務に必要な
費用は，信託財産から支弁する。」と定めているが，そこには受益者に対する
費用償還請求権を定めた旧信託法 36 条 2 項本文の適用を排除する趣旨の文言
はなく，また，32 条 2 項 4 号は「信託終了に要する費用は，信託財産から支
弁する。」と定めているが，そこにも旧信託法 36 条 2 項本文の適用を排除する
趣旨の文言はない。本件契約書 32 条 2 項 4 号は，同条項が置かれた位置等に
照らすならば，信託終了に際し，Ⓣ らが本件信託土地や本件信託施設を Ⓢ に引
き渡し，その登記名義を変更するなどの事務が伴うことから，これに要する費
用の負担について定めたものにすぎないと解される。そして，本件契約書に
は，ほかに旧信託法 36 条 2 項本文の適用を排除する旨を文言上明確に定めた
条項はなく，かえって，本件契約書においては，不足金が生ずる場合の処理方
法について，Ⓢ と Ⓣ らがあらかじめ協議するものとされ（25 条），信託の終了
時に借入金債務等が残存する場合には Ⓣ らが Ⓢ と協議の上これを処理するとさ
れているのであって（32 条 2 項 3 号），これらの条項は，Ⓣ らが負担した費用
については，最終的に Ⓢ がこれを負担する義務を負っていることを前提に，そ
の具体的な処理の方針等について Ⓢ が Ⓣ らと協議する機会を設けるべきことを
定めたものと解することができる。

　加えて，本件信託契約締結後の事情をみても，本件信託事業は平成 7 年から
収支が悪化し，平成 13 年 11 月に Ⓢ に提出された Ⓣ ら作成の中期経営健全化計
画においては，信託期間満了時に約 81 億円もの借入金が残存する予定である
旨の記載がされており，Ⓢ と Ⓣ らは平成 15 年 3 月以降，本件信託事業に資金
不足が生じた場合の処理方法について協議を重ねるようになったが，その協議
の過程において，Ⓢ が，Ⓣ らに対し，自己の費用補償義務を否定するような態
度を示したことはうかがわれず，かえって，Ⓢ は，複数回にわたって損失補償
契約を締結してまで Ⓣ らの資金調達を支援してきたのであって，Ⓢ は平成 17
年 12 月付け文書において，初めて自己の費用補償義務を明確に否定するに至

ったというのである。

　以上の事実に照らすと，本件信託契約において，受益者に対する費用補償請求権を定めた旧信託法 36 条 2 項本文の適用を排除する旨の合意が成立していたとはいえないというべきである。

コメント　現信託法は，旧信託法と異なり，受益者に対する費用償還請求権を当然には認めていません。48 条 5 項で，受益者と受託者の合意が別途必要です。言い換えると，信託契約においてこの合意をしておけば，受託者は受益者に対する費用償還請求権が認められることになります。

　なお，宮川裁判官が補足意見で指摘しているように，現信託法 52 条は，償還等を受けるのに信託財産が不足している場合において，受託者の定める相当の期間内に費用の償還等を受けないときは，受託者は信託を終了させることができるとして，受託者を保護しています。

【33】 委託者指図型投資信託で委託者が情報提供を怠ったとして，受託者の委託者に対する損害賠償請求が認められるのかな？

（東京地裁平成 21 年 6 月 29 日判決・判時 2061 号 96 頁）

事案の概要　信託銀行Ⓣは，委託者Ⓢとの間で 3 件の信託契約を締結して，委託者指図型の投資信託を設定し，エンロン社発行のコマーシャルペーパー（CP）の購入，売却を行いましたが，その間に米国連邦破産法第 11 章に基づく倒産手続申請をしたエンロン社がⓉに対し否認訴訟を提起したことから，Ⓣはその弁護士費用等の諸費用や和解金の支出を余儀なくされました。

そこで，Ⓣ はⓈ に対し，信託法の規定による費用償還請求権や債務不履行による損害賠償請求権等に基づき支出額合計 16 億 2,000 万円余の請求を求めましたが，東京地裁はこのうち 10 億 8,000 万円余の請求を認めました。

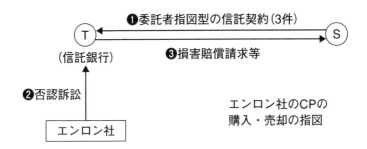

判決の要旨　Ⓣ とⓈ との間における費用償還の合意の有無について，本件各契約において，信託事務の処理に関する諸費用は，受益者の負担として，信託財産中から支弁されることが明確に記載されており，これに何らかの留保が付されていることを窺わせる規定は見当たらない。そして，信託法上も，受託者は，委託者が信託財産に関して負担した費用等については，信託財産から優先的に補償を受けることができることなどが定められていること（信託法 36 条 1 項，54 条，64 条）も併せて考えれば，Ⓣ およびⓈ は，信託事務の処理に関する費用については，本件各契約の規定どおり，信託財産から支払われることを想定していたというべきであり，Ⓣ が主張する権限分掌に対応した費用償還を当然の前提としていたと認めることはできない。

本件各契約や本件各約款が相当詳細であるにもかかわらず，受託者が支払った費用について受益者に求償できなかったり，信託財産から支払いを受けることができなかった場合の費用償還について何ら規定されていないことは，Ⓣ もⓈ も，本件各契約締結時において，このような場合を想定していなかったと考えるのが自然であり，また，仮に Ⓣ とⓈ が，このような場合における費用償還について規定を設けるとすれば，当該費用が生じた場面（権限分掌）だけではなく，費用の発生原因（帰責事由の有無を含む）および信託財産から支払いを

受けることができなかった原因（帰責事由の有無を含む）等もその要件として取り込むことも考えられるのであり，本件各契約および本件各約款が，Ⓣが主張するような権限分掌だけを基準として費用償還合意を当然の前提とするものと解することはできない。

民法650条1項および3項に基づく費用償還請求権の有無について，信託法は，受託者が信託財産に関して負担した費用等について受益者に対しその補償を請求することができることや，その費用等について，信託財産から優先的に補償を受けることができること等を規定しているのであり，信託法がこれとは別に，委任に関する民法650条の重畳的な適用を認め，受益者だけでなく委託者に対しても費用償還請求を認める趣旨であると解することはできない。

信託法に基づく費用補償請求権の有無について，Ⓣは，信託終了後，受託者であるⓉは，同法64条，54条（36条1項）に基づき，帰属権利者であるⓈに対し，同法36条1項所定の費用等の補償を請求できると主張する。しかし，同法64条が準用する同法54条（36条1項）は，前受託者が信託財産から補償を受ける権利を有することを規定するものであって，信託財産以外から補償を受ける権利を認めるものではない。そして，本件各ファンドにおける償還金は，ⓉからⓈに，Ⓢから販売会社にそれぞれ送金され，その後，受益者である各投資家に償還されたと推認されるのであり，このように，Ⓢが現時点で，信託財産を保持していない以上，ⓉはⓈに対し，同法36条1項に規定する補償請求を行使することはできない（同法54条2項は，このような事態を防止するため，前受託者に信託財産を留置する権利を認めている）。Ⓣは，本件各契約には同法36条2項の規定が適用され，信託終了の場面（同法64条，54条）においても，帰属権利者であるⓈに対する補償請求が認められるとも主張する。しかし，信託終了の場面で同法36条2項が準用されるとする規定は存在せず（同法64条が準用する同法54条は，同法36条1項のみを準用している），上記主張も理由がない。

Ⓢの債務不履行の有無について，受託者は，信託業務に関して費用等が生じた場合は，信託財産から支弁をうけるべきであるが（信託法36条1項），本件

各投資信託のような場合，信託が終了し，信託財産が多数の受益者に償還されてしまうと，受託者は，当該費用等を回収することが事実上不可能になる。そこで，受託者においてかかる費用等が生じると見込まれるときは，上記補償請求権を保全するため，信託財産の全部または一部を留置する必要がある。他方，委託者は，受託者に対して運用等の指図をする立場であり，運用方針の決定の際に，受託者と比べて多くの情報を取得し，また，取得し得る。

このような双方の立場および事情などを綜合して考えれば，委託者であるⓈには，本件各契約に基づき，受託者であるⓉが上記のような手段を行使するために必要な情報を提供する信義則上の付随義務があるというべきである。そして，本件コマーシャルペーパーの売却について否認訴訟が提起されれば，受託者であるⓉはその応訴費用等の支弁を余儀なくされるから，かかるリスクに関する情報は，Ⓣに信託財産の留置等の手段を行使する機会を与えるための重要な情報であり，本件各ファンドの全部解約依頼時において，委託者であるⓈがそのような情報を有しながら（当然有すべき場合も含む），Ⓣに告知しないことは，委託者の債務不履行になるというべきである。

Ⓣとすれば，本件各ファンドの全部解約につき同意書を作成するに当たり，Ⓢに対しリーマン社への売却についてより具体的な事実関係について情報提供を求めるなどした上で（少なくとも念のため）信託財産に対する補償請求権の保全を講じなかったことに，相応の落ち度があったというべきである。この落ち度につき，3分の1の割合による過失相殺を認めるのが相当である。

コメント

【32】は，受託者の「受益者」に対する費用補償請求の問題でしたが，本件は受託者の「委託者」に対する費用補償請求ないし損害賠償請求の問題です。

本判決は，旧信託法が受益者に対する費用補償請求を認めているのに対して，委託者に対してはそのような規定がないこと等からこれを否定しました。その一方で，本件が委託者指図型の投資信託であることから受託者

と比べて情報量が多い委託者に対し，情報を提供する信義則上の付随義務を怠ったとして債務不履行による損害賠償の義務を認めました。ある意味でバランスの取れた判決ともいえます。

【34】 貸付債権について信託譲渡を受けた信託銀行が，同じ貸付債権について二重譲渡を受けて債権回収をした銀行に対して請求ができるのかな？

（東京地裁平成22年7月27日判決・判時2090号34頁）

[事案の概要] 貸金業者Ⓢは，[甲]に対し平成19年5月に約600万円を貸し付けましたが，平成20年11月に信託銀行Ⓣに対し，本件貸付債権について，管理および処分を目的として信託を原因とする債権譲渡登記をしました。もっとも，ⓉはⓈとの間で貸付債権の管理，回収をⓈに委託していました。Ⓢは，その一方で，同年12月に銀行[乙]に対し，本件貸付債権について，売買を原因とする債権譲渡登記をしました。[甲]は，[乙]に対し本件債権譲渡について承諾した上，平成21年3月に残額約585万円の弁済をし，本件貸付債権は消滅しましたが，利息制限法を超える過払分があり，これを除くと約436万円の残元金（以下「本件残元金」）でした。

そこで，Ⓣは[乙]に対し，本件残元金等について，Ⓣの損失において[乙]が利得を得たものとして，不当利得返還請求権に基づきその支払いを求めたところ，東京地裁はこれを認めました。

[判決の要旨] [乙]は，信託財産の独立性および信託財産の管理処分権限を理由として，金銭債権が信託された場合には，債務者対抗要件を具備しなければ信託が成立しないかのようにも主張する。しかしながら，債権譲渡登記は対抗要件なのであって，信託契約の成立そのものに影響を及ぼす

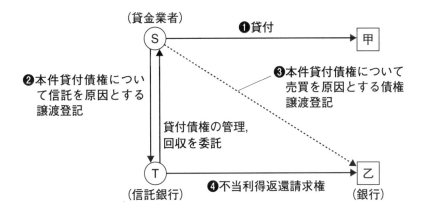

ものでないことは明らかである。そもそも，債権を信託した場合における対抗要件は，債権譲渡登記の方法に依らず，通常の債権譲渡の場合と同様，債権譲渡の通知または承諾によっても具備することができるのであるから，債権譲渡登記の登記原因における区別が信託契約の成立に影響することはない。

　また，いわゆる信託財産の独立性は，委託者または受託者と第三者との対抗問題であって，そもそも債務者対抗要件の問題ではない。一般の指名債権等の「登記または登録すべき財産権」に該当しない財産については，信託による受託者に対する物権変動について第三者対抗要件を具備していれば，同項に基づく信託の登記または登録をしなくても当該財産が信託財産に属することを第三者に対抗することができると解されるのであるから，債務者対抗要件が，受託者からの独立性とは関係がないことも明らかである。

> **コメント**　本件の乙は，信託のイロハである，信託の成立要件と対抗要件を混同しており，一般の銀行としてはいささか疑問の残る主張でした。その後，乙が破綻したのも妙に納得できます。

第4 受益権って何だろう？

【35】 投資信託受益証券って何だろう？
（東京地裁昭和 45 年 12 月 17 日判決・判時 629 号 69 頁）

事案の概要　Ⓑは昭和 39 年 1 月初めにⓉより 3 枚の投資信託受益証券（以下「本件各証券」）の発行を受けました。甲は，昭和 39 年 1 月下旬に貸金債権を有していたⒷとの間で，貸金債権の一部の弁済に代えて本件各証券を取得してこれを所持しており，約款に基づきⓉに対し，その買取請求と配当金の請求をしたところ，東京地裁はこれを認めました。

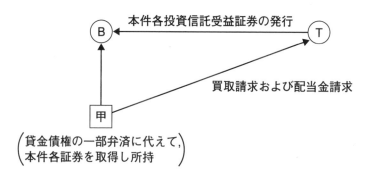

判決の要旨　本件各証券は無記名証券であり，約款において，その譲渡の方式につき特別の定めをしていないから，甲がⒷから本証券を取得する当時，Ⓑが本件各証券の真正な権利者（正確にいうならば本件各証券

に表象されている投資信託受益権の真正な権利者）であれば，甲もまた真正な権利者となり，Ⓣは甲の本訴による買取請求に応じなければならない筋合いとなる。仮に，Ⓑが本件各証券の真正な権利者ではなく，いわゆる無権利者であるとしても（本件各証券は無記名証券ではあるが，商法519条によって準用される小切手法21条が適用され，民法192条は適用がないと解する），甲が本件各証券を取得する当時Ⓑが無権利者であることを知らざるにつき重大な過失がない限り，甲は証券上の権利を取得したことになり，前同様Ⓣは甲の買取請求に応ずべきことになる。Ⓣが抗弁の項で，Ⓑは一つの無記名証券をⓉから買い受けて，Ⓣに保護預かりとして預けておいたが，その預かり証を既に他人に交付して自らは所持していないにもかかわらず，当時のⓉの職員に「預かり証はすぐに返すから受益証券を渡してほしい」と申し向けてこれを詐取したものである旨主張していることに徴すると，Ⓣはかかる事実の故にⒷが無権利者であると主張するものと解される。しかし，Ⓑが預かり証と引き換えでなくⓉの職員を欺して証券の返還を受けたという事実はこれをもって，Ⓑが無権利者であるという理由にはならない。けだし，Ⓣの主張によれば，保護預かりした時点においては，Ⓑが右証券の権利者であることを自認していることになるからである。そしてⓉが真正な権利者であり，真正な預け人であるⒷに保護預かりにかかる証券を返還交付した以上，たとえ預かり証と引き換えでなく交付した場合でも，Ⓑの受益権自体に消長を来す謂われないのはもちろん，その証券自体をⒷがⓉに返還すべき義務も生じないと解する。このことは，保護預かりの場合の預かり証なるものが本件の引換請求権を化体する有価証券ではなく，預け人を確知するための免責証券にすぎないことから生ずる当然の帰結である。

コメント

受益証券は，現信託法185条以下で規定されています。本件では無記名証券の有価証券性および保護預かり証の免責証券性を認めたものです。

【36】 投資信託の受益権を表示する証券は無記名債権かな？
（東京地裁平成19年11月29日判決・判例秘書）

事案の概要　Ⓑ2は，平成15年1月にⒷ1から，Ⓢを委託者，銀行Ⓣを受託者とする委託者指図型投資信託にかかる分割された受益権を表示する無記名の証券約1,000万口を購入しましたが，同証券をⒷ1の投資信託保護預かり口座における保護預かりとしました。甲は，平成16年10月にⒷ2が受益権の一部である投資信託払戻請求権を有するとして，Ⓑ2を債務者，Ⓢを第三債務者として差押命令の申立をしたところ，京都地裁が差押命令を発しました。

そこで，Ⓢが，本件払戻請求権の正当な権利者がⒷ1かⒷ2か確知できないことを理由として同年12月に約1,085万円を供託したものの，本件供託は，本件払戻請求権が同債権差押命令によって差し押さえられたものではないにもかかわらず，本件払戻請求権が同命令によって差し押さえられたものと誤解していたとして，甲に対し，本件供託にかかる供託金取戻権を有することの確認を求めたところ，東京地裁はこれを認めました。

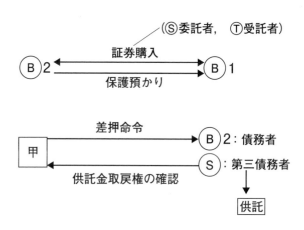

（第4　受益権って何だろう？）　209

（判決の要旨）　本件投資信託に係る分割された受益権の一部である本件払戻請求権が無記名式の受益証券である本件受益権証券をもって表示され，同受益権の譲渡および行使は本件受益権証券をもって行われなければならないこととされており，本件受益権証券が証券取引法2条1項17号にいう有価証券であり，本件払戻請求権が民法86条3項にいう無記名債権であって，動産とみなされることが明らかである。したがって，そもそも，本件払戻請求権は債権差押命令の対象となるものではない。

　また，Ⓑ1は，投資信託取引約款9条に基づき，Ⓑ2から保護預かりした本件受益権証券に係る償還金等をⒷ2に代わって受領し，Ⓑ2の指定口座に入金する義務を負担しており，同義務履行のため，本件投資信託償還日までは，投資信託受益権証券の保護預かり規定2条に基づき，本件受益権証券と他の顧客から保護預かりした本件投資信託に係る受益権証券とを1枚の大券をもって混蔵保管し，その後は，Ⓣから本件受益権証券に係る個別証券の交付を受けて保管することとされており，Ⓑ2は，上記大券について共有権，上記個別証券について所有権を有するというべきであるが，本件投資信託に係る分割された受益権を表示する受益権証券の有価証券性に鑑み，Ⓑ2がこれら共有権，所有権と離れて，直接Ⓣに対して本件払戻請求権を行使することは認められないことも明らかである。

　以上のとおり，本件差押命令の効力が本件払戻請求権に及ぶものではないところ，Ⓢは，Ⓑ2を債務者，Ⓢを第三債務者として本件払戻請求権を差し押さえる本件差押命令が発令されたことにより，Ⓑ2も本件払戻請求権者である可能性があり，Ⓑ2とⒷ1のいずれかが本件払戻請求権の権利者であるか確知することができないと判断し，かつ，本件払戻請求権が本件差押命令によって差し押さえられたことにより，民事執行法156条1項に基づき償還金を執行供託することができるものと誤解し，本件供託（弁済供託と執行供託の混合供託）をしたと認めることができる。

　したがって，本件供託のうち執行供託の性質を有する部分については，Ⓢが錯誤によってしたものというべきであり，債権者不確知としてされた弁済供託

の性質を有する部分については，民法496条にいう供託を有効と宣告した判決が存在しないことが明らかである。

以上によれば，本件供託に係る供託金につきⓈが取戻しを行うにつき，法律上なんの障碍もないというべきであり，本件請求は理由がある。

[コメント] 本件も，【35】と同様に，投資信託に係る分割された受益権の一部としての払戻請求権が無記名債権で動産とみなされることから，債権差押命令の対象とはならないとしたものです。

【37】 他人の名義を借用した貸付信託受益権に対する強制執行を本来の受益権者は排除できるのかな？

（大阪高裁昭和58年2月16日判決・判タ496号110頁）

[事案の概要] Ⓑは，不動産の売却代金の中から信託銀行Ⓣに対し，自らが委託者かつ受益者として貸付信託契約を締結するに当たり，Ⓣ担当者の進言に従い，所得税法所定の少額貯蓄非課税制度（マル優）の適用を受けるため，自己の最高限度額300万円を超える600万円について，妻と二男[甲]の了承を得て，各300万円の貸付信託として，Ⓣからその旨表示された受益証券が発行された上，その預かり証である3口の貸付信託通帳はいずれもⒷに交付されました。

[甲]に対し貸付債権の公正証書を有する[乙]が，上記[甲]名義のⓉに対する貸付信託債権に対し仮差押えおよび差押えをしてきたので，Ⓑがその不許を求めたところ，京都地裁はⒷの請求を認めたため，[乙]が控訴しましたが，大阪高裁はこれを棄却しました。

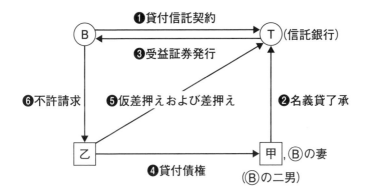

(判決の要旨) 実体関係とは符合していない右のごとき信託名義は，権利者の意思に基づき名義人の了解のもとに作出されたものであるから，民法94条2項の類推適用の可否についても考えてみなければならないが，本件債権に係る貸付信託は，信託受益権が記名式の受益証券をもって表示されているものであり，このような記名式の受益証券は，法律上，指名債権を表す証拠証券の性格を有するにすぎないものであることにかんがみれば，受益証券ないし貸付信託通帳の名義の表示をもって，社会生活ないしは取引上，一般的に信託受益権の権利帰属の外形を表示するに足りるほどの価値ある徴ひょうとまでみることは困難というべきであって，不動産における他人名義の登記・登録等の作出の場合に認められている民法94条2項の類推適用とは同様に論じえないものというほかはない。前記認定の事実によると，Ⓑは本件債権にかかる貸付信託の信託受益権につき，最高限度額を300万円と定められた少額貯蓄非課税制度の限度額を超えてその適用を受けるため，甲の名義を借用して貸付信託をしたことが明らかであるけれども，右のごとき名義の借用をもって前記民法94条2項の類推適用をなすべき事由に該当するものとまでは解し難いから，結局，右法条の類推適用を否定するのが相当である。

212　第Ⅱ部　信託にかかわる重要裁判例

> コメント　【35】,【36】が無記名証券であるのに対して, 本件は「記名証券」です。無記名証券が有価証券であるのに対して, 記名式の受益証券は証拠証券にすぎないので, 裁判所の取扱い方が異なるのは当然といえます。また, 不動産登記のような公示力もないので, 相手方と通じてした虚偽の意思表示の無効は善意の第三者に対抗できないとする民法94条2項の類推適用を否定しており, 妥当な結論と思われます。

【38】　信託受益者による信託対象土地の転借人に対する損害賠償請求ができるのかな？

（東京地裁平成16年8月25日判決・判例秘書）

事案の概要　Ⓢは, 平成13年3月にその所有する本件土地を, Ⓑの資金調達のために, 受益者をⒷとして信託銀行Ⓣへ信託譲渡しました。Ⓣは, 同じ日にⓈに対し, 本件土地につき賃料1か月9万円で賃貸借契約を結び, Ⓢはその翌日にⓏに対し, 駐車場目的で賃料1か月10万5,000円で, 1か月前予告による解約申入れができる定めのもとに転貸しました。ⓈとⒷは代表者が同じ関連会社です。

　Ⓑは平成14年10月にⒼに対し信託受益権を3,600万円で譲渡する契約を結びました。Ⓑは, その前月からⓏに対し転貸借契約の解約申入れをしていましたが, Ⓩがこれに応ぜず, 明渡し訴訟および強制執行の結果, Ⓩは平成15年6月に本件土地を明け渡しました。ⒷはⒼに対し, 受益権譲渡契約に基づく本件土地の引渡しが遅れたため, Ⓖが要求する代金200万円の減額に応じることとしました。また, 賃借人Ⓢは, 強制執行後のⓏによる占有侵害を予想して車止めを設置し, その費用として約80万円を出しました。

　そこで, 受益者Ⓑは受益権譲渡代金の減額分200万円を, 委託者兼賃借人Ⓢ

は車止め設置費用約80万円について，それぞれ不法行為による損害賠償を求めたところ，東京地裁はいずれの請求も認めました。なお，ここでは信託に関係するⒷの請求分についての判決文だけ述べます。

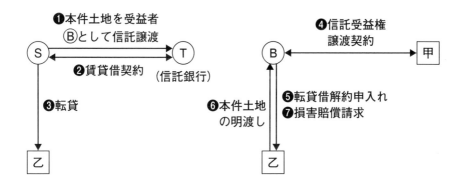

判決の要旨　Ⓩは，Ⓩの行為とⒷの代金減額による損害との間に因果関係が存しない旨主張し，その根拠として，本件信託受益権譲渡契約自体が不当な契約であり，代金減額に至ったのは，Ⓩの土地明渡しが容易でないにもかかわらず，代金設定を高くしすぎたⒷの責任であると主張し，仮にⒷの損害賠償請求を認めれば，適法な賃借人等が高額の損害賠償請求をおそれ，訴訟において争うことができなくなり不当であるとする。

　しかし，Ⓩの不法行為ないし債務不履行とⒷの損害との間には，因果関係が存するというべきである。そもそも，本件信託受益権譲渡契約締結時において，Ⓩが本件土地の占有権を有していたとしても，同契約において，ⓈにⓏを立ち退かせる義務についてこれを合意することに何ら問題はなく，また，Ⓩは，本件土地の明渡しが容易でないにもかかわらず，Ⓑが代金の設定を高くしすぎたと主張するが，本来，賃貸人は，賃借人が不法に目的物の占有を継続しない限り，賃貸借契約が終了した時点において目的土地が返還されると考えるのが通常であるから，結局，Ⓩは自ら不法に占有を継続しておきながら，相手方においてその不法行為を想定して行動すべきであったと主張するものであり，Ⓩの主張は到底採用できない。

さらに，⼄は，Ⓑの本件請求を認めれば，適法な賃借人等が高額の損害賠償請求をおそれ，訴訟において争うことができないと主張するが，適法な賃借人であれば，高額の損害賠償義務を負うことはありえず，⼄のように不法な占有を行う者が相当の損害賠償義務を負うことは当然であり，⼄の主張は論外である。なお，Ⓑが本件信託受益権譲渡契約を締結した時点で，⼄の本件土地に対する不法占有の継続を予想していたことを認めるに足りる的確な証拠はない。

結局，争いのない事実等および代金総額は 3,600 万円であり，減額した 200 万円は，その５％になること，残代金支払日（引渡期日）が当初の約定から最終的に約１年延期されたことなどを総合して判断すると，Ⓑにおいて代金を 200 万円減額したことは，Ⓑが置かれた状況下では，自らの債務不履行責任の負担を回避するために，やむを得ない措置であり，かつ 200 万円の減額は相当性の範囲を逸脱していないと認められる。

| コメント | 土地の不法占有を続けた者が損害賠償義務を負うことは，当然といえます。それでも，自らの非を棚に上げて，反論する不法占有者の主張には驚かされるかもしれませんが，訴訟の世界ではしばしばあることです。

むしろ，本件の特色は，請求者が土地所有者ではなく，信託受益権譲渡契約をした譲渡人である点です。本件土地上に収益ビルを建築する目的で譲渡契約を締結した経緯からすると，⼄の退去ができなければ，譲渡人が譲受人に対し 200 万円以上の債務不履行責任を負う可能性が高いので，裁判所が 200 万円の減額分の損害賠償を認めたのは相当であると思われます。

【39】 受益証券の換金の申し出でどんな効力が生じるのかな？

(名古屋高裁平成 21 年 10 月 2 日判決・金法 1883 号 39 頁，原審名古屋地裁平成 20 年 12 月 19 日判決・金法 1883 号 51 頁)

事案の概要　本件投資信託 3 万口は，Ⓢを委託者，信託銀行Ⓣを受託者として設定されたもので，投資信託委託業者甲から投資信託販売の委託を受けた販売会社である銀行乙から受益証券の販売を受けて受益者となったのがⒷです。Ⓑが本件投資信託を換金する方法としては，乙を通じて甲に対して本件信託契約の一部解約の実行の請求をする方法と，乙に対し投資信託の受益証券ないし受益権の買取り請求を行う方法がありました。Ⓑは，平成 19 年 3 月に弁護士丙とともに乙の支店を訪れ，全金融商品の払戻しは求めたものの，本件信託についての解約や買取りの意思表示まではしませんでした。

Ⓑは，同年 6 月に，乙を相手に，名古屋地裁へ他の預金とともに本件投資信託の支払いを求めて提訴し，その訴状は同年 7 月に到達したところ，平成 20 年 5 月に甲が行った買取りの申込みに応じて約 1,782 万円を支払いました。名古屋地裁は，Ⓑの請求を棄却したため，Ⓑが控訴したところ，名古屋高裁は原判決を変更して，訴状が送達された時点での本件信託の解約金の基準価額約 2,167 万円と既払いの約 1,782 万円との差額約 385 万円の支払いを認めました。

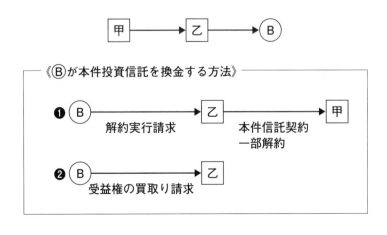

判決の要旨 実務上，投資信託の換金手続のほとんどは解約実行請求の方法によるものである一方，本件投資信託につき，Ⓩにはあからの買取り請求には応じる義務があったとは認められないこと，本件投資信託の換金方法として，解約のほかに買取り請求がある旨の説明がⒷになされたことは一度もなく，本件投資信託の投資信託説明書（目論見書）にも，Ⓩの投資信託の約款集にも，買取り請求について十分説明の記載はなく，本訴訟提起の時点において，Ⓑは買取り請求の方法を知らず，知る術も実際上なかったといえること，本訴訟の前後を通して，ⒷはⓏに対し，その保有する全金融商品の払戻しを求めており，これは解約を求める趣旨である旨を本訴訟においても主張していることなどからすれば，Ⓑは本訴訟提起時において，本件投資信託については，解約実行請求の方法により換金を求めていたことは明らかであると認められる。

それでもなお，ⓏにおいてⒷの本訴訟における本件投資信託についての請求がいずれの換金方法を選択したものか明らかでなかったというのであれば，Ⓑに対して2つの換金方法について十分な説明がなされておらず，かつ，価格変動によるリスクがある投資信託の取引であることを勘案すれば，投資信託の販売会社であるⓏとしては直ちにいずれの換金方法を選択したものであるかについて問い合わせるべき信義則上の義務があったものというべきであって，Ⓩにおいてその義務を尽くさなかった以上，Ⓑの請求が解約実行請求であることを，その選択が明確でないとして否定することはできないというほかはない。

Ⓑは，Ⓩに対し，本件投資信託の解約実行請求を行ったときは，条件付き解約金支払請求権を有することになる上，Ⓩは条件成就により投資信託委託業者から本件投資信託にかかる信託報酬が得られなくなる等の不利益を受ける立場にあったと認められるから，Ⓩが故意に条件の成就を妨害したものとみなされることになる。

そこで，本件において，Ⓩは，Ⓑから平成19年7月に本件投資信託についての解約実行請求がなされていることが明らかであり，Ⓩとしては，これを速やかに投資信託委託業者に通知すべき義務があったにもかかわらず，Ⓑから解

約実行請求がなされたことを知りながら，その義務を履行しなかったものというべきであり，かつ，この通知をしなかったことに正当な理由があったものとは認め難い。したがって，[乙]は故意に条件成就を妨害したものであるから，民法130条の規定によりその条件が成就したものとみなされる。

なお，仮に[乙]の故意による条件成就妨害が認められないとしても，[乙]は少なくとも過失によりⒷからの解約実行請求を投資信託委託業者に通知しなかったものと認められるから，Ⓑに対する債務不履行責任は免れず，その場合の損害額は本来得られるはずの平成19年7月時点での基準価額に基づく解約金額から既払金を控除した金額となる。

コメント

投資信託は一般人にはわかりにくい金融商品です。本件では投資信託を現金化するには解約実行請求と買取り請求の2つの方法があるとしつつ，実務的には解約実行請求がほとんどであるにもかかわらず，投資信託販売業者である銀行が買取り請求の処理をしたことに対して，受益権者に対し解約実行請求をした場合の差額分の請求を認めたものです。

その理由として，説明義務や選択についての問い合わせ義務を指摘しています。要は，難しい金融商品を販売するには，金融のプロとしての義務を果たしなさいということです。

【40】 受益権の放棄はできるのかな？

（大阪地裁平成25年3月7日判決・判時2190号66頁）

事案の概要

信託銀行であるⓉらは，昭和63年3月に大阪市Ⓢとの間で，Ⓣらを共同受託者，Ⓢを委託者兼受益者，Ⓢ所有の大阪

市港区弁天町駅に隣接する約3万㎡の本件土地を信託財産として，30年の期間で信託契約を締結しました。Ⓣらは，本件信託土地を2つに分け，1つには賃貸ビル3棟を，もう1つには分譲用の高層の事務所，住宅をそれぞれ建てることとし，その事業費約646億円のうち約487億円を借入金で用立てることとし，賃料等の収入で借入金を全額返済し，Ⓢに対し約272億円の信託配当を交付するという事業を計画しました。ところが，建築費が嵩んだこと，分譲予定建物の多数が売れ残り，賃料相場の低迷等により信託事業の業績が悪化し，信託配当は見込まれず，Ⓣらは固有財産から合計637億円の弁済をしました。

そこで，Ⓣらはなに対し，旧信託法36条2項本文に基づき負担した費用の補償を請求したところ，大阪地裁はこれを認めました。なお，Ⓢの反論の中で，補償請求権についての排除の合意に関しては，【32】の最高裁平成23年11月17日判決が否定的判断をしており，ここでは，もう一つの争点である「受益権の放棄」について焦点を当てます。

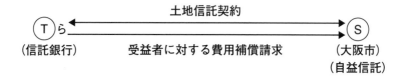

判決の要旨　旧信託法36条3項は，「前項の規定は受益者がその権利を放棄したる場合にはこれを適用せず」と規定し，受益者が受益権を放棄したときは，同条2項に基づく費用補償請求権が排除される旨規定しているところ，Ⓢは，平成24年5月，本件弁論準備手続期日において，本件信託契約における受益権を放棄するとの意思表示をした。

そこで，以下，Ⓢによる受益権放棄が許されるかどうかについて検討する。旧信託法36条3項の立法過程をみると，大正7年11月の草案および大正8年8月の草案において，信託利益は，受益の意思表示なくして当然に受益者が享受する旨規定されるとともに，受益者が信託に基づく権利の行使または信託の利益を享受する意思を表示したときは，受託者は受益者に対し，費用償還請求

権等を行使することができる旨規定されていた。これに対し，大正8年12月の草案は，受託者の受益者に対する費用補償請求権につき，受益権の行使または信託の利益を享受する意思の表示という要件が削除され，ただし書として，受益者が受益権を放棄したときは，費用補償請求権の適用を排除する旨規定された。そして，旧信託法は，7条において，受益者が当然に信託の利益を享受する旨規定し，36条3項において，上記ただし書と同様の内容を規定した。なお，費用補償請求権について，受益の意思表示を積極的要件として規定する案から受益権の放棄を消極的要件として規定する案に変わった理由について，立法過程における資料においては，何ら説明されていない。

　以上の立法過程にかんがみると，旧信託法の起草者は，一貫して受益の意思を有する受益者については，受託者からの費用補償請求を認めるのが相当であり，このような意思を有しない受益者については，利益であれ，損失であれ，一方的に押し付けることは相当ではないとの観点から，受託者からの費用補償請求を認めるべきではないという考えを有していたとみるべきである。そして，受益者が受益の意思を表示しなくても，当然に信託の利益を享受する旨の規定との整合性の観点から，受益の意思表示を積極的要件として規定するのではなく，受益をしない旨の意思表示，すなわち受益権の放棄を消極的要件として規定することとしたと解するのが相当である。

　そうすると，旧信託法36条3項は，受益者が，受益の意思がないにもかかわらず，同法7条の規定に基づき当然に信託の利益を享受し，また信託事業のリスクを負担することから解放し，保護するための規定であり，受益の意思を有していた受益者が，事後的に，信託事業の経過等を検討した上で，受益権を放棄して，信託事業のリスクを回避することまで想定した規定ではないというべきである。

　したがって，少なくとも，委託者と受益者が同一の信託すなわち自益信託については，信託契約締結当初から，委託者兼受益者が受益の意思を有していたことが明白であるから，旧信託法36条3項は適用されず，事後的に，同条項に基づき，受益権を放棄することは許されないというべきである。

なお，仮に，旧信託法36条3項が，自益信託についても適用されると解される場合であっても，本件信託契約において，Ⓢが受益権を放棄して，その結果費用補償請求義務を免れることは，信義則に反し，許されないというべきである。すなわち，本件信託契約は，Ⓢが，その所有する本件信託土地を含む弁天町地区を大阪市の副都心と位置付け，同地区の開発を企図し，その手段として公有地信託を採用することとし，積極的に本件提案競技を行い，本件信託事業において，現実に，弁天町地区に一つの街が形成され，固定資産税等の税収が増加する等，Ⓢにとって一定の目的が達成されていること，本件信託契約においては，さまざまな場面において，ⓉらとⓈとの間の協議が義務づけられており，現にⓉらとⓈとの間の協議に基づき本件信託事業が進められてきたこと，本件信託契約締結から十数年が経過した平成16年3月に，Ⓢは，本件覚書において，本件信託契約の期間終了時に残存する債務を承継する旨確認していること，Ⓣらが受領している信託報酬は，本件信託財産の管理等の対価にとどまると解されること，Ⓣらが別の信託勘定から本件信託財産に貸し付けた金員について得る利益も，資金提供の正当な対価であること（逆にいうと，本件信託契約において，Ⓣらは無償で資金提供をする義務を負っていない）などにかんがみると，Ⓢが本件信託契約における受益権を放棄して費用補償義務を免れることは，信義則に反し，許されないというべきである。

コメント　これは，「ORC200」といわれる大阪市の一大プロジェクトでしたが，バブルの崩壊とともに，他の公有地信託と同様に頓挫した案件です。旧信託法36条2項に基づく受託者の受益者に対する費用補償請求権については，同条3項において，受益者が受益権を放棄すれば同条2項を適用しないと規定しており，しかも受益権放棄について特段の制限規定もないことから，受益者は受益権放棄によって無条件に受託者からの費用補償請求を免れるのではないかと考えられていました。

これに対して，本判決は，受益の意思を有している受益者，少なくとも

第4　受益権って何だろう？　*221*

委託者兼受益者という自益信託については，受益権の放棄が認められず，仮に認められたとしても受託者の費用補償請求権を免れることができないとしたもので，「報償責任」の考え方にも合致する常識的な結論と思われます。

ちなみに，現信託法99条1項は，受益者による受益権放棄を認めながらも，ただし書で，受益者が信託行為の当事者である場合，すなわち委託者兼受益者である自益信託については，受益権放棄を否定しています。

【41】 共同相続された投資信託受益権について，法定相続分に応じた支払いの請求ができるのかな？

（最高裁平成26年2月25日判決・民集68巻5号462頁，原審福岡高裁平成23年8月26日判決・1審熊本地裁平成22年10月26日判決）

事案の概要　　甲が平成17年9月に死亡しましたが，その相続人である®1ないし®3（以下「®1ら」）と®4との間で相続争いが生じました。®4が®1らを相手に遺産分割審判の申立をして，本件投資信託受益権，国債，株式について，いずれも®1らおよび®4が各持分4分の1の割合で共有することを内容とする本件遺産分割審判がされ，平成21年3月に同審判は確定しました。

その後，®1らは，®4を相手に主位的請求として，本件投資信託等の共有物分割を求めるとともに，予備的請求として本件投資信託受益権および国債につき®1らと®4が各4分の1ずつ分割して取得することができるようにする手続きを行うことなどを求めました。原審の福岡高裁は，本件投資信託等はいずれも甲の相続開始と同時に当然に相続分に応じて分割されるから主位的請求に係る訴えは不適法として却下し，予備的請求については，®1らが®4に対して，実体法上®1らが主張する権利は認められないとして不適法却下しまし

た。そこで，Ⓑ1らが上告したところ，最高裁は原判決を破棄し，福岡高裁に差し戻しました。なお，ここでは，投資信託受益権についてのみ判決要旨を述べます。

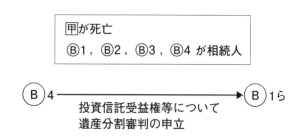

判決の要旨　本件投資信託受益権のうちの委託者指図型投資信託（投資信託および投資法人に関する法律2条1項）に係る信託契約に基づく受益権は，口数を単位とするものであって，その内容として，法令上，償還金請求権および収益分配請求権（同法6条3項）という金銭支払請求権のほか，信託財産に関する帳簿書類の閲覧または謄写の請求権（同法15条2項）等の委託者に対する監督的機能を有する権利が規定されており，可分給付を目的とする権利でないものが含まれている。このような投資信託受益権に含まれる権利の内容および性質に照らせば，共同相続された上記投資信託受益権は，相続開始と同時に当然に相続分に応じて分割されることはないものというべきである。

また，本件投資信託受益権のうちの外国投資信託は，外国において外国の法令に基づいて設定された信託で，投資信託に類するものであり（同法2条22項），上記投資信託受益権の内容は，必ずしも明らかではない。しかし，外国投資信託が同法に基づき設定される投資信託に類するものであることからすれば，上記投資信託受益権についても，委託者指図型投資信託に係る信託契約に基づく受益権と同様，相続開始と同時に当然に相続分に応じて分割されることはないものとする余地が十分にあるというべきである。

第4　受益権って何だろう？　　*223*

> **コメント**　　一般に，銀行預金と銀行で販売する投資信託は，簡単に現金化できるものとして同じようなものと考えている人が多いと思います。そして，銀行預金については，可分債権として相続開始と同時に当然に相続分に応じて分割され各相続人の分割単独債権となります（最高裁昭和29年4月8日判決・民集8巻4号819頁，最高裁平成16年4月20日判決・判時1859号61頁）。
>
> 　そこで，投資信託受益権についても，一般の人が，相続と同時に各相続分に応じて分割されると考えるのはむしろ当然ともいえます。ところが，最高裁は，信託受益権には単なる金銭支払請求権のほかに帳簿閲覧請求権等があるので，むしろ株式と同様な扱いとしました。株式であれば，確かに株主総会の議決権等の共益権が付着しており，それを目的に売買する人もいますが，投資信託受益権について，はたしてそこまでの権利を自覚して銀行から買い取る人はまずいないと思われます。
>
> 　その意味で，本件最高裁判決には違和感を覚えます。いずれにせよ，本件最高裁判決によれば，当然分割とならない以上，遺産分割審判等で準共有になると，相続人は改めて共有物分割請求訴訟を提起する必要があり，預金と比べ，大変な手間がかかることになります。

【42】 共同相続された投資信託受益権について，相続開始後に償還された元本等について，法定相続分に応じた支払いの請求ができるのかな？

（最高裁平成26年12月12日判決・民事248号155頁）

事案の概要　　Ｂは，平成8年10月に死亡したⒸの子で，Ⓒの法定相続人はⒷを含めて3人で，3人の法定相続分は各3分の1です。

甲は，死亡時に販売会社である証券会社乙から購入した複数の投資信託受益権を有していました。平成8年11月から平成10年9月までの間に発生した投資信託の収益分配金および平成16年に発生した投資信託の元本償還金は，乙または乙を吸収合併した証券会社丙の亡甲名義の口座に預り金として入金されました。

そこで，Ⓑが丙に対し，本件預り金の3分の1に当たる金員の支払いを求めました。原審の高松高裁はⒷの請求を棄却したため，Ⓑが上告しましたが，最高裁はこれを棄却しました。

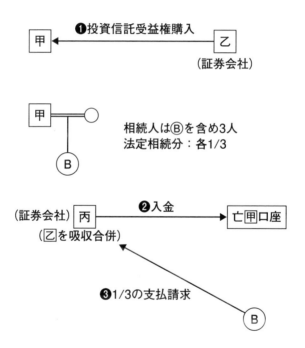

判決の要旨 本件投資信託受益権は，委託者指図型投資信託に係る信託契約に基づく受益権であるところ，共同相続された委託者指図型投資信託の受益権は，相続開始と同時に当然に相続分に応じて分割されることはないものというべきである（最高裁平成26年2月25日判決）。

そして，元本償還金または収益分配金の交付を受ける権利は上記受益権の内

容を構成するものであるから，共同相続された上記受益権につき，相続開始後に元本償還金または収益分配金が発生し，それが預り金として上記受益権の販売会社における被相続人名義の口座に入金された場合にも，上記預り金の返還を求める債権は当然に相続分に応じて分割されることはなく，共同相続人の1人は，上記販売会社に対し，自己の相続分に相当する金員の支払いを請求することができないというべきである。

コメント 【41】の最高裁平成 26 年 2 月 25 日判決で投資信託受益権が相続によって当然に相続分に分割されないとした以上，投資信託受益権から発生した元本償還金または収益分配金についても，同様な結論が出ることは自然の流れともいえます。

しかし，相続財産である賃貸不動産から発生した賃料債権について，最高裁平成 17 年 9 月 8 日判決・民集 59 巻 7 号 1931 頁が相続分に応じた分割単独債権と認定していることから，本件判決が必ずしも正当であるとまではいいきれないと思います。

【41】でも述べましたが，銀行窓口では，預金と同様な感覚で投資信託受益権の販売がなされていることからすると，相続の場合に，預金と全く異なる処理をしなければならない，つまり，預金であれば単独で法定相続分の請求が直ちにできますが，投資信託受益権やそこから発生した元本償還金または収益分配金については，全員が署名捺印した遺産分割協議書がなければ払戻しに応じない，という処理方法に疑問があるといわざるを得ません。相続で，預金と比べて面倒な手続きを踏まなければならないことが，投資信託等の普及の支障にならなければと思います。

226　第Ⅱ部　信託にかかわる重要裁判例

第5　信託の取引はヤバイかな!?

【43】 不動産投資信託商品の販売会社や受託者が説明義務違反等に問われたことがあるのかな？

（東京地裁平成 14 年 1 月 30 日判決・金法 1663 号 89 頁）

事案の概要　　Ⓑの元代表取締役甲は，平成元年 3 月に信託銀行Ⓣから融資を受けて，銀座 3 丁目のビルの区分所有権の 32 分の 1 の共有持分権を 1 億円で買い受け，同日にⓉとの間で賃料収益を得ることと将来の値上り益の取得を目的とした信託契約を締結しました。ところが，その後ビルの価格も賃料も値下がりし，賃料よりも借入金の支払金利が大幅に上回るようになり，平成 4 年 1 月に甲からⒷに共有持分権を 6,600 万円で譲渡し，ⒷはⓉから 6,000 万円を借り入れるとともに，Ⓣとの間で新たに信託契約を締結しました。しかし，その後もビルの価格が値下がりしたため，Ⓑは平成 11 年 3 月に乙に対し，共有持分権を 2,810 万円で売却しました。

そこで，ⒷがⓉを相手に説明義務違反を理由に損害賠償請求をしたところ，東京地裁は買取金額と売却代金の差額分 3,790 万円の支払いを命じました。

判決の要旨　　一般に，本件のような不動産を対象とした金融商品を販売する場合においては，売主は，その商品の内容について，購入者が自己の受け得べき利益のみならず，その損失をも検討した上で，契約を締結するか否かを判断し得るだけの説明を十分に行うべき義務を負う。

第5 信託の取引はヤバイかな!?

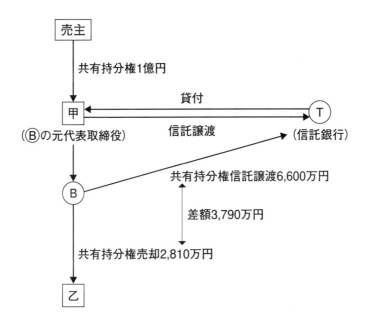

　殊に，本件においては，不動産会社からビルの区分所有権の共有持分権を買い受けること，およびこれを⑪に信託することによる「共有持分権方式」と「信託方法」を合わせた新しい不動産運用システムであるところ，当時，信託制度そのものが一般になじみが薄く，かつ，信託法57条は，「委託者が信託利益の全部を享受する場合に於いて委託者または其の相続人は何時にても信託を解除することを得　此の場合に於いては民法651条2項の規定を準用す」とし，その民法651条2項は，「当事者の一方が相手方の為めに不利なる時期に於いて委任を解除したるときは其損害を賠償することを要す但已むことを得ざる事由ありたるときは此限に在らず」として，信託契約においては，委託者からの解除が許されるのが原則であるとされていること，さらには，単なる不動産の共有持分権の売買であれば，その処分は，いつ，いかなる場合に行おうとも権利者の自由であることからすれば，本件信託契約16条1項の「この信託契約は，契約期間中は解除できない。」との規定は，異例なものというべきであり，したがって，⑪は，このことをも含め，本件各契約による利益面だけで

はなく，リスク面に対する説明をも十分に行うべき義務があったというべきである。

[コメント] 不動産に関しては，従来から宅地建物取引業法35条に基づく重要事項説明義務がある上に，現在では，金融商品に関して，金融商品販売法3条に基づく説明義務が規定されています。さらに，信託会社に対しては，信託業法25条に基づく説明義務があります。このように，本件のⓉの立場に対しては二重三重の説明義務が課せられており，そうであるだけに契約期間中の解除不可の条項については，あらかじめ丁寧に説明すべき義務があったといえます。

【44】 不動産の信託による証券化に関して仲介手数料を取ってよいのかな？

（東京地裁平成17年12月27日判決・判例秘書）

[事案の概要] Ⓢは，所有する東京都江戸川区の土地および建物を[甲]に信託譲渡し，信託受益権を取得する方法で自己資金を捻出する計画を立て，平成16年9月に不動産会社[乙]に対して，不動産仲介手数料として約2,500万円を支払いました。本件計画をアレンジした[丙]は，Ⓢと業務委託契約を締結したコンサルティング担当の[丁]に対し，[乙]への仲介手数料を支払う必要がないと言いましたが，[丁]が[乙]を介在させてしまいました。

そこで，Ⓢは[乙]に不要の仲介手数料を支払ったということで，[乙]と[丁]に対して損害賠償請求をしたところ，東京地裁は[丁]に対しては仲介手数料の半額の請求を認めましたが，[乙]に対する請求は棄却しました。

第5 信託の取引はヤバイかな!?　　229

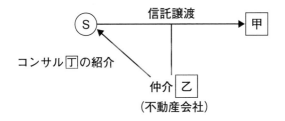

判決の要旨　丁の善管注意義務違反について、丙が、本件証券化は信託方式であるので、仲介業者を介在させる必要はないと助言したのに対し、丁は、この事実をSに告げずに、積極的に丙に働きかけて、乙を仲介業者として介在させ、Sをして、仲介手数料を支払わせたものであり、受託者としての注意義務違反があるものと認められる。

　乙に対する不当利得返還請求権の成否について、確かに仲介契約についての契約書等の書面が作成されたことはなく、Sと丁との打ち合わせにおいても乙が参加していない。しかし、S代表者と丁とのメールのやりとりにおいて、S代表者の問に対し、丁が、乙は売買仲介業者であり、報酬支払いを求められていることを伝え、S代表者においてそのことを認識していたこと、S代表者も第三者性を高めるため仲介業者を入れるといわれ仲介契約をしたことを認めていること、仲介契約に基づき本件支払いがされたことが認められ、仲介契約は成立していたものと認められる。Sの乙に対する不当利得返還請求は理由がない。

　丁に対する請求の関係での過失相殺について、S代表者は本件支払いをする前に、丁や丙に対し、なぜ仲介業者が必要であるかを容易に確認することができたし、顧問弁護士から丁や丙に問い合わせることも可能であった。しかも本件支払いは2,000万円を超えるものであったから、より慎重に行うべきであったので、Sに過失があったものと認められる。その過失の程度も重大であるといわざるを得ない。よって、本件全事情を考慮の上、5割の過失相殺をすることが相当である。

> コメント　信託にはさまざまな業者が介在し，本来必要のない費用が支払われたときに，その責任を誰かに問えるのかが問題となります。本件では，コンサル業者の責任が認められましたが，委託者自身の過失も問われ，請求額の半分が過失相殺されたことは，バランスのとれた妥当な判断といえます。

【45】 土壌汚染された土地の信託受益権を買い受けた場合に売主に対し瑕疵担保責任を追及できるのかな？

（東京地裁平成18年11月28日判決（ウェストロー・ジャパン））

事案の概要　甲は，宇都宮市内のSが所有する本件土地上にボウリング場等の施設の建設を計画しました。甲は，Bを設立し，本件土地をSから信託銀行Tへ信託譲渡し，BがSとの間で平成16年7月に6億5,000万円で信託受益権の譲渡契約を締結し，同年8月に代金の支払いがなされました。ところが，本件土地の土壌に鉛や油類の汚染ならびに廃タイヤ等の廃棄物が認められました。そこで，汚染土壌の除去等のための処理費用として約1億円を要したとして，BがSに対し，瑕疵担保責任に基づきその支払いを求めたところ，東京地裁は5,000万円の支払いを認めました。

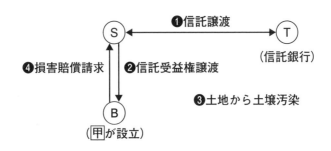

（第5　信託の取引はヤバイかな!?）　231

判決の要旨　本件譲渡契約は，本件信託契約の締結を停止条件とするものである。本件信託契約の締結自体は本件譲渡契約より後であるとしても，その内容は本件譲渡契約の時点において，売主・買主合意のものであった。汚染実績や地中障害物が存する可能性があることは，本件信託契約の開示事項に明記されているところである。また，本件報告書には，車両の解体を行っていたことは記載されている。したがって，Ⓑの側において，本件土地に土壌汚染の可能性があること自体は認識していたというべきであり，早期の事業開始のために代金決済前の土壌汚染の権限を取得するに至ったのも，これを前提とするものというべきである。

　他方，土壌汚染の有無自体は，調査をしなければ判断することができない。上記の経緯および本件譲渡契約から明らかなとおり，Ⓑが土壌調査を実施することができるのは，本件譲渡契約締結後のことである。瑕疵担保責任における過失の有無の判断は売買契約締結時が基準となるものであり，その時点においてⒷが調査を実施することはできないのであるから，過失があるとは認められない。

　本件信託契約の別紙として添付された信託受益権譲渡承諾依頼書兼承認書には，譲受人Ⓑは本件信託契約に規定されている委託者の義務を負担することを承諾する旨の記載があり，本件信託契約の別紙2・開示事項に，将来行政当局および近隣から土壌改善，撤去・使用制限，原状回復等を求められる可能性があることを受益者はあらかじめ了承し，この場合，受益者が対応することが規定されているが，これはその文言上，ⒷとⓉの間を規律することが明らかである。したがって，Ⓢが瑕疵担保責任を免れる理由があるとはいえない。

　損害額について，代金決済までの調査権限は，Ⓑの希望により特に与えられたのであり，その理由は，Ⓑの早期事業開始を可能とするとともに，紛争を避けるためであり，Ⓢの意向とも一致していた。本件譲渡契約には10％相当の違約金条項もあり，本件の経緯に基づけば，Ⓑが損害の全額について権利を行使するのは信義則に反するというよりほかなく，Ⓑの請求は5,000万円の限度で理由がある。

232　第Ⅱ部　信託にかかわる重要裁判例

> コメント　　一般的な土地自体の売買であれば，土地の売主が買主に対
> し，民法560条等に基づく瑕疵担保責任を追及する例は数
> 多くあります。本件の特色は，土地所有者であった者から直接土地を買う
> のではなく，土地所有者が信託銀行との間の信託契約により，委託者兼受
> 益者として，信託銀行に土地を信託譲渡する一方，信託受益権を買主に譲
> 渡したため，その信託受益権の売買自体に瑕疵があるとして責任追及され
> たものです。
>
> 　本件の信託受益権の実質は本件土地そのものであることから，東京地裁
> も，信託受益権の買主について，土地の買主と同様に売主に対する瑕疵担
> 保責任の追及を認めたものと思われます。もっとも，本件の事実経緯に基
> づき損害額のうち約半額の限度でしかその責任を認めなかったことについ
> ては，その判断過程が今一つ明確ではなく，釈然としないところがありま
> す。

【46】　信託受益権の売買で融資が付かない場合に失効する条項　があるときに，買主が受託者指定義務を負わないことが　あるのかな？

（東京地裁平成21年9月1日判決・判タ1324号176頁）

事案の概要　　Ⓢとは平成19年8月に代金約91億円で信託受益権売買契
約を締結しました。Ⓢは，その責任と負担において，Ⓢが所
有する土地ならびに甲から賃借した借地上に本件建物を完成させ，平成20年
4月またはⓈとⒷが別途合意する日（譲渡実効日）において全額の支払いと引
き換えに受益者および委託者としての地位がⓈからⒷに移転するものとしまし
た。その際に，ⒷはⓈに対し手付金として約4億5,000万円を交付しました。

Ⓑの譲渡実効日における本件売買代金の支払義務は，譲渡実効日にⒷが営業者として投資家と匿名組合契約を締結し，同契約に基づく当初出資金を受領していること，匿名組合事業のためにⒷが資金を借り入れる目的で締結する金銭消費貸借契約に基づく貸付金を受領していること等の要件が満たされていることを条件として，その効力を生ずる．これらの要件のいずれか一つでも充足されていない場合は，本件受益権売買契約は譲渡実効日をもって失効するものとし，ⓈはⒷに対し本件手付金を速やかに無利息で返還する（以下「本件失効条項」），とされていました．

Ⓢは平成20年8月に本件信託契約の受託者である信託銀行を指定するよう催促するとともに，Ⓢの子会社甲がⒷに対して融資を行う用意がある旨を告げました．Ⓑは，同月Ⓢに対し，譲渡実効日である同月末までに金融機関からのノンリコースローンおよび投資家からの出資が受けられる見込みがなく，本件失効条項により，譲渡実効日に受益権売買契約が失効し，本件手付金の返還を求めることになると告げました．

そこで，Ⓢは同月に解除の意思表示をして，違約金から手付金を差し引いた約13億7,000万円の支払いを求めて提訴しましたが，逆にⒷは，Ⓢに対し手付金の返還の反訴をしたところ，東京地裁はⓈの請求を棄却し，Ⓑの請求を認めました．

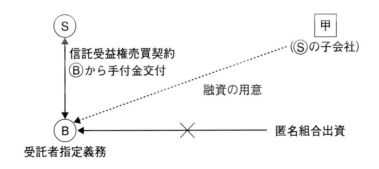

判決の要旨　本件受益権売買契約の契約書の1条1項には，本件信託契約の受託者として「Ⓑの指定する信託銀行」との記載があるこ

とからすれば，本件信託契約の受託者は，Ⓑが指定することが予定されていたと認められる。また，本件受益権売買契約においては，Ⓢが，Ⓑが指定する信託銀行との間で，本件不動産につき信託契約を締結した上，本件信託契約に基づく信託受益権をⒷに移転させることがⓈの債務とされていること，本件受益権が移転する効力が生ずる譲渡実効日に本件売買代金の残額を支払うことがⒷの債務とされていたことが認められる。

　そうすると，Ⓑが受託者を指定することは，Ⓢが本件受益権売買契約に基づく債務を履行するために不可欠の前提となっていたというべきであるから，Ⓑは，本件受益権売買契約に基づいて，受託者を指定する義務を負っていたと見るのが相当である。このように解しないと，Ⓑが正当な理由なく受託者を指定しない場合にも，Ⓢにはその指定を求める権利を有せず，本件受益権の移転と引き換えに本件売買代金の残額の支払いも受けられないことになってしまい，妥当でない。

　しかし，本件失効条項において，譲渡実効日に，定められた要件のいずれか一つでも充足されない場合には，本件受益権売買契約が当然に失効することがあらかじめ規定されていたことからすれば，失効の蓋然性が高い場合には，Ⓑが受託者を指定することは無意味であるから，このような場合にまで，上記指定義務を負わせたものと解釈するのは合理性を欠くものであり，Ⓑの受託者を指定する義務は，このような場合は除く趣旨と解釈するのが相当である。

　そこで，本件受益権売買契約が失効する蓋然性についてみると，本件解除がされた平成20年当時には，本件売買代金の支払原資を融資する金融機関が見つからなかったこと，その融資を得るためには，本件建物のテナントが決まっていることが必要であったにもかかわらず，当時テナントは1つしか決まっていなかったことが認められる。これらの事実に照らすと，当時，本件失効条項によって，本件受益権売買契約が譲渡実効日である同月末に失効する蓋然性が高かったというべきであるから，Ⓑが受託者指定の義務を負わない場合に該当するものというべきである。したがって，Ⓑの債務不履行は認められない。

　Ⓢは，囲による貸付を申し出ており，Ⓑは売買代金を支払うための借入金を

得ることができたから，本件失効条項は適用されない旨を主張する。しかし，そもそも，本件失効条項は，貸付金の受領だけではなく，出資金の受領も要件としているから，Ⓢの主張はそれ自体不完全なものであって失当である。

> コメント　一般の不動産売買契約においても，融資特約（ローン特約）付きはしばしばあり，融資が認められない場合には，白紙解約となって手付金の返還が認められています。本件は，実物の不動産が信託受益権に代わっただけですから，基本的に同じ考え方で処理してよく，判決の結論は妥当であるといえます。
> 　特に，本件の解除が問題となった時期は，まさにリーマンショックと重なり合うときで，銀行融資ができない状況にあったことは客観的事実ですから，本件のⒷが故意に融資や出資の努力を怠ったことはないと思われます。本件のⓈとすれば，本件失効条項を入れたこと自体が契約段階におけるミスともいえます。契約から譲渡実効日までに相当の期間が空く場合に，契約交渉においてどのような条項を入れるのか，あるいは入れないかは，まさに後日紛争状態に陥った場合に，死命を決することになりかねないことを思い知らされる教訓的な事案です。

【47】　投資信託の受益証券を販売した銀行が勧誘行為で責任を問われたことがあるのかな？

（大阪地裁平成 25 年 2 月 20 日判決・判時 2195 号 78 頁）

事案の概要　信託銀行（その後これを吸収合併したⓉ）の従業員 2 名が，平成 19 年 7 月に，当時 77 歳の女性Ⓑに対し償還条件付き投資信託の購入を勧誘し，ⒷはⓉに対する満期前の定期預金 2 口を解約して 2,100

万円分購入しました。ところが，その後本件商品の価額が下落したため，Ⓑは平成21年10月に本件商品を解約し，解約返戻金として約1,176万円を受領しました。

そこで，Ⓑは，購入額から解約返戻金，キャッシュバックおよび分配金として受領した額を控除した金額に満期までの利息金と弁護士費用を加算した金額合計約894万円を請求したところ，大阪地裁はこれを認めました。

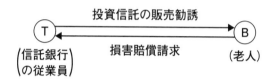

判決の要旨　投資商品を販売する金融機関の担当者が，顧客の意向と実情に反して，明らかに過大な危険を伴う取引を積極的に勧誘するなど，適合性の原則から著しく逸脱した取引の勧誘をしてこれを行わせたときは，当該行為は不法行為上の違法となると解するのが相当である。

そして，上記のような顧客の適合性を判断するに当たっては，取引の対象となった商品等の特性を踏まえて，これとの相関関係において，顧客の投資経験，投資取引の知識，投資意向，財産状態等の諸要素を総合的に考慮すべきである（最高裁平成17年7月14日判決・民集59巻6号1323頁）。

取引の対象となった商品等の特性に関し，本件商品は，日経平均株価の動向等によっては，元本を毀損する危険性のある金融商品である。購入者には，少なくとも，Ⓣ従業員の説明を聞き，またはパンフレット等の交付された資料を読むことで本件商品の特性を認識し，および理解できるだけの能力および日経平均株価の推移や動向をある程度は把握および理解できる能力が必要といえる。

しかし，Ⓑの投資経験，投資取引の知識および能力についてみると，Ⓑは本件取引当時77歳の高齢の一人暮らしの女性であり，国民学校高等科を卒業後は，宿泊施設の仲居，専業主婦，工場労働者として働くという，株式等の金融

商品の知識を得る機会の少ない学歴，職歴，経歴しか有せず，亡夫とともに世帯の収入および資産は預貯金で運用し，株式等の有価証券取引の経験がなかった。本件商品の特性を理解できる能力は備えていなかったと推認できる。

　①が⑧および亡夫の長年の預金の預け入れ先であった銀行であることも合わせ鑑みれば，本件パンフレットを見せられた上で①従業員から本件定期預金を解約してその解約金で本件商品を購入するよう勧められた場合には，預貯金以外の投資経験のない高齢者である⑧においては，本件商品が元本が確保された高い利回りの預金あるいは預金類似の金融商品であると誤解する危険性が高いと考えられる。⑧が投資商品の購入を積極的に望んでいたとも推認できない。⑧の財産状態をみると，収入は月額 20 万円，保有する金融資産は 2,850 万円程度であって，本件の投資額 2,100 万円は，その 7 割以上にも当たる。⑧は高齢であるから医療費や介護費等の資金需要が生じる可能性は否定できず，投資による損失を将来の資産運用または投資によって取り戻せる時間的余裕があるかどうかにも疑問が残る。

　以上によれば，①従業員らが，⑧に対して，安定した資産であり⑧の保有する金融資産の 7 割以上を占めていた本件定期預金を解約して，その解約金を原資として本件商品を購入するよう勧めた一連の勧誘行為は，⑧の実情と意向に反する明らかに過大な危険を伴う取引を勧誘したものといえる。したがって，①従業員らの上記勧誘行為は，適合性の原則から著しく逸脱した違法な行為であって，⑧に対する不法行為に当たると認められる。

　また，本件商品の購入を勧誘した際，①従業員らが⑧に対して，本件商品の内容等について本件パンフレットを示した上で一応の説明を行ったとは認められるが，本件パンフレットの記載内容および⑧の年齢，経歴，難聴であったことならびに①従業員らの説明に対する⑧の対応等に照らせば，①従業員らは，⑧において本件商品の内容およびリスクを理解するのに十分な説明を⑧に対して行わなかったと推認できる。したがって，①従業員らの本件取引に関する勧誘行為には，説明義務違反の違法があったというべきである。

　⑧が投資商品の購入を積極的に望んでいたとは推認できず，①従業員らの勧

誘に応じて本件商品を購入したと推認できる。そして，Ⓣ従業員らは，適合性に欠けるⒷに十分な説明をせず本件商品を勧め，購入に至らせたのであるから，Ⓑの行為に重要な財産の処分を安易に一任した過失があると評価することはできない。したがって，適合性原則違反および説明義務違反のどちらとの関係でも過失相殺を行うことが相当であるとは認められない。

損害の額および本件訴訟の事案の内容に照らせば，Ⓣ従業員らの不法行為と因果関係が認められるⒷの弁護士費用相当額の損害としては80万円が相当であると認められる。

[コメント] **投資信託を販売した銀行の従業員の勧誘行為に対して適合性原則違反および説明義務違反を認めたものです。銀行の社会的責任を考えれば，妥当な結論と思われます。**

この判決の前にも大阪地裁平成22年8月26日判決・判時2106号69頁が適合性原則違反等を認めていますが（ただし，2割の過失相殺），他方で広島高裁平成24年6月14日判決・判タ1387号230頁は否定しています。商品の危険性や購入者の理解能力等で異なる判決結果が出ることもありえます。

【48】 区分所有権を信託財産とした信託受益権の買主が違法建築を理由に信託受託者に対し責任を追及できるのかな？

（東京地裁平成23年6月14日判決・判時2148号69頁）

[事案の概要] Ⓢは，平成14年当時3つの区分所有権である本件不動産を所有していましたが，同年8月にⓉとの間で，Ⓢを委託者および受益者，Ⓣを受託者とする不動産管理処分信託契約を締結して，本件不動

産の所有権を㋣に移転し，本件信託受益権は㋳に売却しました。その後，㋳は平成15年9月に㋐らに対して，本件信託受益権を㋾の媒介のもとに1億500万円で売却し，㋐らは，同月に信託契約を解除して本件不動産の所有権移転登記を受けました。

ところが，㋐らは，区分所有権の1つの店舗について，半分以上の部分が駐車場として建築許可がなされており，平成3年に渋谷区長から行政命令（実際には行政指導にとどまる）がなされていたとして，平成21年7月に㋳との本件売買契約を解除し，売主の㋳，仲介業者の㋾，そして受託者の㋣らに対し損害賠償を求めましたが，東京地裁はいずれの請求も棄却しました。ここでは，受託者㋣との関係についてのみ触れます。

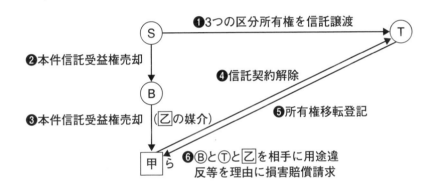

(判決の要旨) 　㋐らは，本件信託契約の受託者である㋣が信託財産を組成する際，容積率超過および用途違反につき何ら調査することなく漫然と信託業務を遂行したことは，本件信託契約上の債務不履行に当たる旨主張する。

しかしながら，本件不動産について本件信託契約を締結した当事者は，㋣と㋜であり，㋐らは上記契約の締結に何らの関与もしておらず，㋐らは本件信託契約の締結から1年以上が経過した後に，㋜から本件信託受益権を譲り受けた㋳からこれをさらに譲り受けたにすぎない。そのため，受託者である㋣が信託財産を組成するに当たり，㋐らに対し，何らかの債務を負っていたとみること

は困難であり，丁の信託財産を組成する行為について，甲らに対する債務不履行を構成することはできない。

　また，甲らは，丁が本件売買契約に伴って本件信託契約を合意解除する際にも受託者としての注意義務を怠り，本件不動産の瑕疵を看過して甲らに対する告知を怠ったことは，合意解除契約上の債務不履行に当たる旨主張する。

　しかし，甲らは，賃料収入を得る目的で本件不動産を取得することを意図して本件売買契約を締結したのであり，本件売買契約においては，単にⒷの信託受益権を譲り受けるのではなく，直ちに丁との間で本件信託契約を解除することが予定されていた。実際にも，甲らは，本件売買契約締結の当日に甲らに対して本件信託契約の解除を通知し，その1週間後に本件信託契約は合意解除されたのである。そのため，丁と甲らとの間の本件信託契約は，甲らが契約当事者になると同時に，合意解除することを予定しつつ，合意解除されるまでの間一時的に存続したにすぎない。

　そうすると，丁が本件信託契約上，信託財産である本件不動産に瑕疵があった場合，それを甲らに告知する義務を負うという関係にあったと解するのは困難であり，丁は甲らに対し上記告知義務を負っていたということはできない。

> | コメント |　本件信託受益権の売買契約の特殊性は，信託受益権の転々譲渡後すぐに信託契約の合意解除が予定されていて，買主は不動産の所有権自体を取得したことです。したがって，本件の買主は信託組成時の受益権者ではない上に，信託契約の受託者との関係は数日間にすぎず，受託者に対する債務不履行責任を問うこと自体に無理があったといえます。
>
> 　不動産の瑕疵の内容自体についていえば，店舗としての利用が今後も可能であることなどから，信託受益権の売主や仲介業者に対する請求が否定されたのもやむを得ないと思われます。

第5　信託の取引はヤバイかな!?　　　*241*

【49】　ハイリスクで一般にはわかりにくい投資信託の勧誘をした証券会社が金融取引について実務経験を有する者に対する責任はあるのかな？

（東京地裁平成 23 年 11 月 9 日判決・金法 1961 号 117 頁）

事案の概要　　本件投資信託は，Ⓢを委託者，信託銀行Ⓣを受託者として，投資家から集めた資金を受託者に信託して委託者の指図に基づいて運用し，投資家は投資資金の対価としてⓈが発行する受益権を取得する委託者指図型の証券投資信託（少人数私募）です。資金の運用先は投資事業有限責任組合（本件組合）の有限責任組合員としての持分取得のために拠出され，本件組合は主にプライベート・エクイティに投資します。本件投資信託は積極的な運用をするもので，契約期間は原則 10 年間で，受益者はこの間一部解約の実行を請求することはできません。投資先企業の数も限定的で，1 つの投資案件によって大きな悪影響を被ることがあり，投資先はベンチャー企業や財務上の問題を抱えた企業など高いリスクを伴うものでした。

Ⓐは，証券会社Ⓩの従業員らから勧誘を受け，平成 19 年 3 月に本件投資信託受益権 5 口を購入して，5 億 1,575 万円を支払いましたが，同年 5 月に中途解約ができない旨の説明を受けていないとして消費者契約法 4 条 2 項の不利益事実の不告知にあたるとして，本件契約を取り消し，適合性原則違反，不利益事実の不告知，金融商品販売法上の説明義務違反を理由に提訴しましたが，東京地裁はいずれの主張も認めず請求を棄却しました。ここでは，適合性原則違反のみ取り上げます。

判決の要旨　　本件投資信託は，一般的・抽象的には高いリスクを伴うものであり，また，その仕組みの中で投資事業有限責任組合が利用されており，一般投資家にとって直ちに理解できるものとはいえないという商品特性を有するものと認められる。

本件投資信託の以上のような商品特性を踏まえつつ，Ⓐの側の投資経験，知

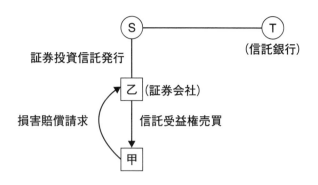

識，投資意向，財産状態等を見るに，㋐甲は本件契約の締結時，投資信託を含むいくつかの金融商品を購入した経験があったこと，㋑甲は，丙社を創業し，上場企業に育て上げた経験を有し，本件投資信託の投資先であるプライベート・エクイティの価格変動リスクや信用リスク，特に新規上場を目指す企業に特有のリスクについて深い実務経験を有していた上，丙社が子会社を設立して100億円規模のファンドの組成をした案件について自ら代表者として公表しており，ファンドの組成にも関心を持っていて，本件投資信託の仕組みを理解するのに必要な知識を有していたこと，㋒甲は，ハイリスク・ハイリターンの商品を購入する意向を有していたこと，㋓本件投資信託の本件代金等は5億1,575万円であるのに対し，甲は，本件契約の締結時，金融資産800億円を有し，年収12億円を得ていたものであって，その時点では経済的困窮に陥っていたものではないことがそれぞれ認められ，これらの事情に照らせば，甲が，およそ本件投資信託の購入を自己責任で行う適性を欠く者であったものとは到底認められないというべきである。

コメント　同じ適合性原則の事案であっても，本件と【47】の事案は対照的です。銀行と証券会社との違いもありますが，むしろ顧客側の事情が全く異なります。

　本件において，金融商品に対する実務経験と知識，上場企業を立ち上げ

第5　信託の取引はヤバイかな!?　　243

た実績等からみて，これで適合性原則違反を認めるのは難しいでしょう。
判決の結果は正当なものといえます。

【50】　レバレッジリスクって何だろう？　その説明義務違反等で責任を認められたことがあるのかな？

（東京地裁平成 23 年 12 月 7 日判決・判時 2139 号 46 頁）

事案の概要　　Ⓑ 1（昭和 23 年生まれ）とⓑ 3（昭和 27 年生まれ）は姉妹で，Ⓑ 2（大正 13 年生まれで提訴後死亡し，その長男Ⓑ 4 が承継）はⒷ 1 らの母です。Ⓑ 1 らは，証券会社甲に口座を開設していたところ，「レジデンシャルワン」という居住用不動産（レジデンシャル）を投資対象とする金融商品の勧誘を受けて購入しました。出資単位は，1 口 100 万円で運用期間の 3 年間中途解約はできません。「レジデンシャルワン」は，Ⓑ 1 らの投資者から匿名組合出資を受ける親ファンド（発行者）と親ファンドから匿名組合出資を受けて不動産信託受益権を取得・保有する子ファンド（投資ビークル）がそれぞれ特別目的会社として別法人となる二層式構造となっています。これらの会社は各レジデンシャルごとに設立されます。

投資ビークルは，発行者からの出資のほかにその数倍の金融機関等からのノンリコースローンによる資金調達を行い，不動産信託受益権を取得します。投資ビークルの保有する信託受益権等の売却代金は金融機関等からの借入弁済に優先的に充てられ，その残余が投資者に対して返還されるため，不動産の下落により投資者に生じる損害は，下落幅を超えて大幅に拡大します。この拡大リスクを「レバレッジリスク」といいます。

たとえば，1 億円の信託受益権を買うのに，4,000 万円が出資で，6,000 万円が借入れの場合に，信託受益権が 2,000 万円下落すると，2 割の下落率に対して，8,000 万円の中からまず借入金 6,000 万円の弁済が優先されて 2,000 万円し

か残らないため、投資者への配分は2,000万円となり、4,000万円に対する損害は5割と拡大するのです。これがレバレッジ、つまり「てこの原理」なのです。

Ⓑ1らは平成15年11月から平成19年11月にかけてそれぞれ数回にわたり出資しました。この結果、Ⓑ1は約4,730万円、Ⓑ2は1,210万円、Ⓑ3は660万円それぞれ損害を受けたとして甲を相手に提訴しましたが、東京地裁は、Ⓑ1については約2,950万円、Ⓑ2を承継したⓇ4については約710万円、Ⓑ3については約360万円の損害を認めました。

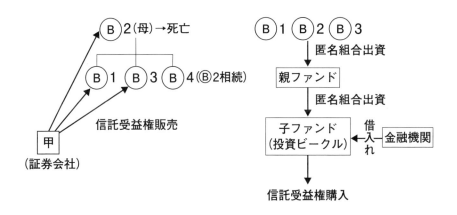

判決の要旨　投資家は投資によって期待される利益の程度と、当該投資によるリスクの程度とを勘案した上で、当該投資を実行するか、また、いかなる額を投資するかを判断するものである。このことからすると投資家の投資判断において、リスクの有無・程度は不可欠の情報というべきである。

そして、レジデンシャルワンのようにレバレッジリスクを有する商品については、元本が保証されていないという一般的な説明のみならず、少なくとも、各ファンドの金融機関等への借入金の返済が投資家に対する出資金の償還に優先するため、借入れをせずにファンドの運用を行った場合に比して損失が数倍に膨らむおそれがあること、借入れがない場合に比した損失の膨らみは出資金

に対する借入金の比率が増えればより大きくなることを説明した上で，当該ファンドが予定する出資金に対する借入金の上限率を明らかにすることにより，投資家が元本欠損についての危険性の程度を具体的に認識し得るようにしなければならない。

　⊞担当者らにおいて本件で必要とされる説明義務を尽くしたとは認められず，Ⓑ１らが⊞から説明を受けなくてもレバレッジリスクを十分に理解していたと認めるべき証拠はない。そして，⊞担当者らに，説明義務を尽くさなかった点に過失があることも明らかである。したがって，⊞は，⊞担当者らが，⊞の業務の執行について，過失により説明義務に違反してレバレッジリスクを説明しないで，本件各レジデンシャルワンへの出資をⒷ１らに勧誘し，契約を締結させたものというべきであり，これによりⒷ１らに生じた損害について，民法709条，715条に基づき賠償する責任があることが認められる。

　Ⓑ１らの損害額について，⊞の説明義務違反と相当因果関係のある損害を算定するに当たっては，㋐Ⓑ１らのレジデンシャルワンへの出資額から元本返済額および分配金等の額を差し引いた差額（Ⓑ１らの通算損害額）を算出した上で，㋑その差額のうち，投資対象である不動産価格の下落により各レジデンシャルワンに生じた元本毀損額（これは前記の説明義務違反の有無にかかわらず生じた損失である）を除いた額を⊞らの不法行為と相当因果関係にある損額額と認めるのが相当である。

　過失相殺について，Ⓑ１らにおいて，レジデンシャルワンの有するレバレッジリスクを認識することは困難というべきであり，また，Ⓑ１らが⊞担当者から交付された書類の記載内容を子細に検討せずに，レジデンシャルワンの安全性を強調する⊞担当者らの説明を信じて本件請求に係るレジデンシャルワンに出資したという事情があったとしても，これをもって，レバレッジリスクの現実化により拡大した本件損害の一部をⒷ１らの負担すべき事情であるとはいえない。

246　第Ⅱ部　信託にかかわる重要裁判例

> コメント　レバレッジリスクというのは，証券化商品をよく取り扱う
> 投資家には知られていますが，一般の人にはなじみの薄い
> 言葉です。まして，本件では二層式構造という複雑な仕組みになってお
> り，きちんとした説明がなされない以上，Ⓑ1らが理解できなかったこと
> について，証券会社の説明義務違反を認めたのは当然でしょう。
> 　また，一連の取引の中でⒷ1らが利益を得た部分について損害額から控
> 除したのは公平の観点から妥当と思われます。その一方で，高齢者らの取
> 引に鑑み，過失相殺を否定したのはプロである証券会社に対する警鐘とい
> えます。

【51】　信託に絡む複雑な取引で証券会社の説明義務を否定した最高裁判決があるのかな？

（最高裁平成 28 年 3 月 15 日判決・判時 2302 号 43 頁）

事案の概要　消費者金融大手の更生会社甲が，証券会社乙と丙との間で，丙が組成し乙が販売した「仕組債」を運用対象金融資産とする信託契約を含む一連の取引を行ったところ，サブプライム問題で仕組債が暴落したことから約 290 億円の損害を被りました。そこで，甲の管財人丁が，乙と丙に対して，取引の際に説明義務違反があったと主張して，不法行為に基づく損害賠償を求めました。1 審の東京地裁は，丁の請求を棄却しましたが，控訴審の東京高裁が乙らの説明義務違反を認め丁の請求を一部認容したため，乙らが上告受理申立をしたところ，最高裁は上告を受理した上で，原判決を破棄し，丁の請求を棄却しました。

第5　信託の取引はヤバイかな!?　247

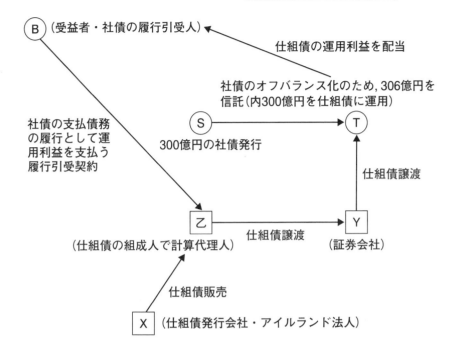

〈インデックスCDSとは〉
① インデックスCDS＝クレジット・デフォルト・スワップ。
② CDSとは，参照対象となる企業等（参照組織）の倒産等のリスク回避をしたい保証の買手が保証の売手に保証料を支払うことで，倒産等が発生した場合に保証の売手が買手に対し所定の金額を支払うこと。
③ インデックスとは，複数のCDSの市場価格を平均値で指数化したもの。

〈本件仕組債の仕組み〉
① Xは，300億円の仕組債を発行して乙に販売し，その代金で債券（ユーロ円債のシグマ債券）を購入する。
② 乙はXに対する債権保全のため，①の債権に担保権を設定（本件担保債券）。
③ Xと乙とのスワップ契約（乙はXに仕組債の元利金を支払い，Xは乙に担保債券の元利金を支払う）。

④ 乙はインデックスCDSにかかる保証料を支払い，参照組織に倒産等が生じた場合にXが乙に決済額を支払う。

① 市況悪化によりシグマ債券およびインデックスCDSが暴落。
② 乙がXに対しスワップ契約解除。
③ XはTに対し，本件仕組債の期日前償還金約3億円を支払う。
④ Sは290億円余りの損失。

〈不法行為に基づき各約145億5,000万円の損害賠償請求〉

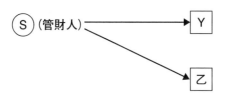

❶ 金融資産組成上の注意義務違反
❷ 説明義務違反

(判決の要旨) 本件仕組債の具体的な仕組み全体は必ずしも単純ではないが，乙は，甲取締役兼執行役兼財務部長Cらに対し，X社の発行するユーロ円債のD債券を担保債権として本件インデックスCDS（クレジット・デフォルト・スワップ）取引を行うという本件仕組債の基本的な仕組みに加え，本件取引には参照組織の信用力低下等による本件インデックスCDS取引における損失の発生，発行者の信用力低下等によるD債券の評価額の下落といった元本を毀損するリスクがあり，最悪の場合には拠出した元本300億円全部が毀損され，その他に期日前に償還されるリスクがある旨の説明をしたというべきである。

そして，甲は，消費者金融業，企業に対する投資等を目的とする会社で，その発行株式を東京証券取引所市場第一部やロンドン証券取引所に上場し，国際的に金融事業を行っており，本件取引について，公認会計士及び弁護士に対し

乙から交付を受けた資料を示して意見を求めていた。そうすると、甲において、上記説明を理解することが困難なものであったということはできない。

　原審は、乙による本件担保債券をD債券としたこと等の提示時期等を問題とする。しかしながら、上記各事項が提示された時点において、甲が本件取引に係る信託契約の受託者や履行引受契約の履行引受者との間で折衝に入り、かつ、上記事前調査の予定期間が経過したからといって、本件取引の実施を延期し又は取りやめることが不可能または著しく困難であったという事情はうかがわれない。そして、本件仕組債が乙において販売経験が十分とはいえない新商品であり、Cらが金融取引についての詳しい知識を有しておらず、本件英文書面の訳文が交付されていないことは、国際的に金融事業を行い、本件取引について公認会計士らの意見も求めていた甲にとって上記各事項を理解する支障になるとはいえない。したがって、乙らが本件取引を行った際に説明義務違反があったということはできない。

　コメント　　本件で証券会社が販売した仕組債の仕組み、およびその仕組債を運用対象資産とする信託契約を含む一連の取引の構造は、難解そのもので私には正直理解困難です。この取引の顧客が一般人であれば、結論は変わったのかもしれません。しかし、顧客が東京証券取引所一部上場で国際的な金融事業を行っている金融会社であること、公認会計士や弁護士にも意見を求めていたこと、証券会社の担当者が顧客の担当者に対し最悪の場合には元本全部を毀損し、期日前償還のリスクもあることを説明していることからすると、本件結論は妥当であると思われます。

第6　受益者がヤバくなったら…

【52】貸付信託担保貸付と定期預金担保貸付は同じように考えてよいのかな？

（東京高裁平成8年11月28日判決・判タ962号171頁）

事案の概要　　Ⓢは委託者兼受益者として受託者である信託銀行Ⓣに対し貸付信託を有しており，信託受益権の買取を請求しましたが，Ⓣは，昭和59年にⒷの代行でⓉとの間で信託口座を開設した甲の申込みにより上記貸付信託に質権を設定してⒷに450万円を貸し付け，期限後に信託受益権の買取代金債務と貸付金返還請求権とを相殺したので民法478条の類推適用により弁済の効力が生じたと反論しました。

そこで，Ⓑが受益証券買取代金債権の確認を求めて提訴したところ，東京地裁はⒷの請求を棄却したため，Ⓑが控訴しましたが，東京高裁はこれを棄却しました。

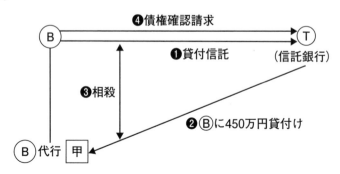

（第6　受益者がヤバくなったら…）　251

（判決の要旨）　Ⓑは，貸付信託と定期預金とは法的な性質が異なっており，貸付信託を担保とする貸付けと定期預金の期限前解約による払戻しとの間には，同視することのできない差異がある旨主張する。

　しかしながら，㋐本件貸付信託も，委託者（受益者）が一定額の元本を信託銀行（受託者）に一定期間信託し，信託銀行がこれを運用して期限到来後元本および収益（収益満期受取型・ビッグ）を金銭で委託者に支払うもので，元本が保証されており，信託預金ともいわれていることなどに照らしても，定期預金に類似していること，㋑本件におけるような信託総合口座では，普通預金，記名式貸付信託受益証券保護預り受益証券を担保とする当座貸越，収益金積立用金銭信託，国債等公共債の保護預り，国債等を担保とする当座貸越等の取引ができることとされており，顧客から普通預金残高を超える払戻しの請求があった場合，不足相当額につき，当該口座で取引されている貸付信託受益証券や国債等を担保（質権設定）に一定額を限度として自動的に貸出し（貸越）をして普通預金へ入金のうえ払戻しがされ，後日普通預金に入金があれば自動的に貸越金の返済に充当されることになっており，預金と貸付信託は密接に連動して運用され，一定範囲の貸付けについては受益証券を担保として自動的に融資がされていること，㋒受益者が貸付信託により融資を得ようとする場合，設定日から1年を経過していない受益証券によるときは，これを信託銀行が買い取ることができないので，受益証券に質権を設定し，右1年を経過した時点で受益証券を買い取りその代金をもって相殺する予定のもとに，貸付けを行うという方法がとられているところ，このような貸付けは頻繁に行われており，貸付限度額が限定されている（貸付信託元本の90％以内であるが，ビッグの場合は元本の100％までである）ことから，一般の貸付けと異なり，厳重な審査は行われず，信託総合口座通帳，借入申込証，担保差入証等の必要書類の記入，提出を受け，届出の住所，氏名，印鑑の照合，確認をして貸付けがされるのであり，預金を担保とする貸付けと同様に取り扱われていることが認められる。

　以上の認定事実に徴すると，貸付信託を担保とする貸付けと，定期預金の期限前解約による払戻しないし定期預金を担保とする貸付けとを同視することが

252　第Ⅱ部　信託にかかわる重要裁判例

でき，Ⓑの主張は理由がない。したがって，信託銀行が，権限を有すると見られる者から申込みにより貸付信託を担保とする貸付けをした場合，信託銀行として尽くすべき相当の注意を用いたときは，右貸付けによって生じた貸付債権を自働債権とする受益証券買取代金債務との相殺をもって受益者に対抗することができると解することができる。

> **コメント**　本件の主題から外れますが，民法 478 条とは「債権の準占有者に対する弁済」といって，本当は債権者でないのに，銀行窓口に預金通帳やその印鑑を持参する等いかにも債権者らしいふりをした人に対して弁済した場合にそれを有効とするものです。本件でも，本人に代わって口座開設をした人に対するもので，この条文の適用が認められました。
>
> 　さて，本題に戻って，貸付信託が信託預金ともいわれていることなどから貸付信託を担保とする貸付けと，定期預金の期限前解約による払戻しないし定期預金を担保とする貸付けとを同視することができると判断したことは，一般の常識に合致するものです。【41】や【42】の投資信託受益権についての共同相続に関する 2 つの最高裁平成 26 年判決が預金と異なる取扱いをしたこととは対照的ともいえます。

【53】 公共工事前払金の預金について破産管財人は支払請求ができるのかな？

（東京高裁平成 12 年 10 月 25 日判決・金判 1109 号 32 頁）

事案の概要　破産会社（請負業者）Ⓣは，平成 9 年 6 月に東京都Ⓢから都営住宅の屋内電気設備工事を 7,119 万円で請け負い，保証会

社甲はTとの間で前払金相当額の2,840万円で前払保証をしました。そこで、Sは、同年7月にT名義の乙銀行の預金口座に同額を振り込みました。Tは、下請け業者への支払いのために1,550万円を払い出し、残金は1,290万円となりましたが、同年11月にSに対し工事続行不能の申出をして、Sは同年12月に請負契約を解除しました。甲は、平成10年1月にSに対しTの施工した出来高分を控除した約2,100万円を支払いました。

Tは同年3月に破産し、破産管財人丙は、乙銀行に対し残余金の払戻しの請求をするとともに、甲に対して預金債権者であることの確認を求めて提訴しました。東京地裁が丙の請求をいずれも棄却したため、丙が控訴しましたが、東京高裁はこれを棄却しました。

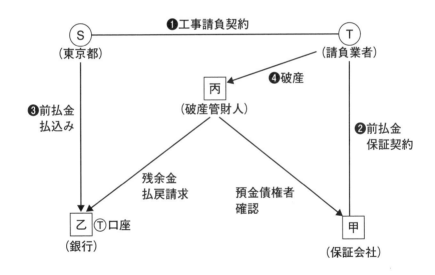

判決の要旨 TとSとの間の本件請負契約における本件前払金支払いの合意は、保証業法による保証を前提とするものであるところ、保証業法によれば、保証は保証約款に基づくことが規定され、かつ、保証約款は、建設大臣の承認を要し、建設省からの通知等をもって各地方公共団体に周知されているのであるから、当事者であるTとSは、保証業法および本件約款

の各規定(前払金の保管方法,使途制限,管理,監査の方法等の各規定)を容認し,これらを前提として前払合意をしたものというべきである。そして,本件前払合意ならびに保証業法および本件約款によれば,前払金は別口普通預金口座で別途管理すること,本件工事の必要経費以外に使用してはならないこと,払出しについても,適正な使途に関する資料を提出して確認を得なければならないこと,Ⓣは前払金の使途について監査を受け,使途が適正でないときは払出し中止の措置がとられることなどが定められている。

このように,その使途について厳格な制限を課し,分別の管理を行わせていることなどを考慮すると,本件前払合意による前払金は,未だ請負代金の支払いとはいえず,その使途を本件工事の必要経費に限定した信託財産として移転したものと解するのが相当である。したがって,本件前払合意は,法1条にいう信託契約に該当するものであり,前払金が本件預金口座に現実に振り込まれた時点で信託が成立し,工事の進展に応じて,一定の手続きに基づいてⓉに払い出されることによって,請負代金の支払いになるというべきである。

なお,本件預金債権は,Ⓣの一般財産から分別管理され,特定性をもって保管されているのであるから,受託者の一般債権者は信託財産の差押え等はできず,また,登記,登録が不可能な財産権であるから,分別管理されていることによって,破産管財人を含めた第三者にも対抗することができると解される(法16条)。本件における信託契約においては,Ⓢは前払金が工事代金の一部として支払われ,それ以外には使われないということについて利益を有する受益者であるとともに,Ⓣも本件工事を行えば,それに応じて支払いを受けられるという意味において受益者となる。

したがって,Ⓣは,受託者兼受益者であるが,法9条は,受託者が受益者を兼ねることを禁止するものにすぎないから,複数の受益者のうちの1人が受託者を兼ねたとしても,同条に反しない。

[コメント] 公共工事前払金の預金について信託の成立を最高裁が認めたのは，この後の平成14年です（【10】参照）。本判決は，最高裁平成14年判決をいわば先取りしたものといえ，その結論は妥当なものといえます。

もっとも，最高裁判決では受益者をⓈのみとしているのに対して，本判決では受益者がⓈに加えて受託者であるⓉも含めている点に特色があります。私としては，前払金を自己名義の口座にすることによって，工事をすれば確実に工事代金を確保できるメリットがあるという点で，Ⓣも受益者であるとする本判決に賛同します。

【54】 信託財産に属しない信託銀行の貸付債権と信託財産に属する受益者に対する元本等の引渡し債務との相殺は許されるかな？　合意相殺ならどうかな？

（大阪高裁平成12年11月29日判決・判時1741号92頁，原審京都地裁平成12年2月18日判決・金法1592号50頁）

[事案の概要] 信販会社Ⓢは，平成3年7月に信託銀行Ⓣに対して，金銭信託2億円を平成10年7月までの信託期間として信託しましたが，Ⓢは平成8年6月に破産し，[甲]が破産管財人に選任されました。[甲]は，同月に本件信託の配当金や元本の入金先の普通預金口座を解約しました。Ⓣは，信託期間満了後，元本等をⓉの別段預金口座に振り込み，Ⓢとの間の銀行取引約定書に基づき，平成10年7月にⓈに対する貸付金と別段預金を相殺しました。

そこで，[甲]がⓉに対し，信託元本等の請求を求めて提訴し，京都地裁は[甲]の請求を認めたため，Ⓢが控訴したところ，大阪高裁は原判決を取り消して，Ⓢ

の請求を棄却しました。

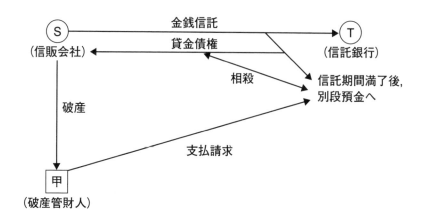

判決の要旨　銀行取引約定書7条1項には、Ⓣに対する債務とⓈの預金その他の債権とを、その債権の期限のいかんにかかわらず、いつでも相殺できますとの約定がある。しかし、これが信託との相殺予約として効力があるかには、問題がある。

　銀行取引約定書7条1項は、そもそも信託契約上の債権債務に適用されるかからして疑問が提起されている。本件銀行取引約定書の適用範囲は原則として、銀行法10条1、2項所定の預金、貸付け、手形割引、為替取引などに限られ、信託業務には適用されないと解する余地がないではない。

　普通銀行は、信託業の認可を受けてはじめて信託業を営むことができる。しかも、Ⓣは信託業務を主業とする銀行であって、銀行業務を主業とするいわゆる信託兼営銀行とは区別されている。いずれにしても、信託業務に本来の銀行業務を中心とした本件銀行取引約定書を適用するには疑問が生ずるのである。

　しかし、本件では信託終了後、Ⓢの指定口座が既に解約されているため、元本、収益配当金はⓉの別段預金に振り込まれていた。そして、別段預金は、いずれの種類の預金にも属さない保管金や預り金等を銀行の事務処理の便宜上一時的に整理するために設けられた預金勘定である。別段預金に受け入れる資金の性質は種々雑多である。現実に銀行が預り金債務を負っているものとそうで

ないものがある。後者は消費寄託ではなく一時保管金にすぎない。本件別段預金は貸金の一時預り金に準じた一時保管金の性質を有する。なるほど，別段預金口座に振り込んだからといって，受託者として受益者に元本，収益金を引き渡すべき義務が消滅するものではない。

しかし，この別段預金は主業の信託業務から本来の銀行業務である預金，保管金の処理に委ねられたものと認められ，別段預金の支払いは銀行業務に当たる側面がある。そして，信託銀行の使用している銀行取引約定書７条１項は，普通銀行のそれと異なり，「払戻し，解約又は処分のうえ，その取得金をもって債務の弁済に充当することができます。」として，普通銀行の約定書にはない「解約」または「処分」を挿入している。これは，昭和38年4月のひながた改正に際し追加されたが，その理由として信託銀行の貸出金の回収のため，金銭信託の信託金などについて差引計算をできるようにしたものである。そのことは当時の改正の解説においても広く公にされている。それ故，とくにⓉが信託銀行，Ⓢが信販会社であって，いずれも商人で専門的金融機関であるから，このような満期後の金銭信託の元本，収益金とこれを引当てとしてなされた貸付金につき，銀行取引約定書７条１項により相殺の合意をしていることを認識し，あるいは，十分認識し得たものと認められ，両者を含む金融機関相互においてこれにより相殺があるという商慣習が存在すると認められる。

本件当事者双方は専門的金融機関として商慣習に従い取引する地位にある者であるから，反対の意思表示など特段の事情が認められない本件においては，銀行取引約定書７条１項による信託満期後別段預金に振り込まれた信託元本および収益配当金との合意相殺は有効であると認められる。

[コメント]　**原審の京都地裁と大阪高裁の本件判決が正反対の結論となったように，どちらに転んでもおかしくない事例です。特に信託銀行が信託業務を取り扱うと同時に銀行業務も取り扱っているという二重性格であることから，裁判所としてもどちらを重視するかで結論が**

分かれたのかもしれません。

また，本件のⓈ自体が金融機関であることを強調していることから，Ⓢが一般の企業もしくは個人であれば，「相殺があるという商慣習の適用がない」として，反対の結果となったかもしれません。

【55】 委託者が解散した場合に受託者は信託契約を解除して商事留置権を行使できるのかな？

（大阪高裁平成13年11月6日判決・判時1775号153頁）

[事案の概要]　Ⓢは，旧兵庫銀行グループに属するリース会社で，昭和61年10月に信託銀行Ⓣとの間で，特定金銭信託契約証書を取り交わし，Ⓢを委託者兼受益者，Ⓣを受託者としてⓉに対し20億円を信託しました。その後，信託の種別は特定金銭信託から金銭信託以外の金銭の信託に変更しました。Ⓢは平成7年9月に解散し，神戸地裁に同年9月に特別清算開始の申立をし，同年10月に特別清算開始決定を受けました。Ⓣは，Ⓢに対し約140億円の貸金債権を有していましたが，上記申立を受けて，同年9月に本件信託契約を解除して信託を終了させ，解除に伴いⓉに帰属した有価証券を商法521条に基づき留置する旨の意思表示をしました。その後，Ⓣは同年12月から平成8年3月にかけての受領した株式の配当金および売却代金ならびに国債の償還金等合計約7億2,187万円を貸金債権等の元本に充当しました。Ⓢは信託契約の解除は無効であるとして，特別清算の手続きにおいて配当をしませんでした。

そこで，Ⓣが，Ⓢに対し，Ⓢが拒否した配当金の支払いを求めて提訴しましたが，神戸地裁はこれを棄却したため，Ⓣが控訴したところ，大阪高裁はⓉの請求を認めました。

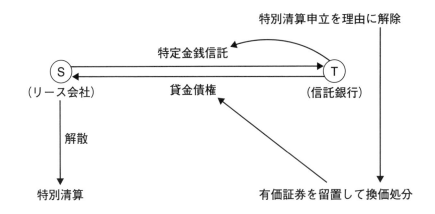

判決の要旨 Ⓢの解散という事態は，信託財産の運用による利殖という本件信託の目的を達成することを困難にさせるものであるから，本件契約13条3項の「経済情勢の変動その他相当の事由により信託目的の達成……が困難となったと認めたとき」に該当するというべきである（なお，本件当事者は，特別清算開始の申立をもって上記条項に該当するか否かを論じているが，むしろ解散決議が上記条項に該当するか否かを検討すべきである）。

そうすると，Ⓣが平成7年9月に⒮に対し，本件契約13条3項に基づき本件契約解除の意思表示をし，これが同月に⒮に到達したことによって，本件契約は終了したことになる。

本件信託取引について本件銀行取引約定が適用されるかについて，本件銀行取引約定書には，その他の銀行取引約定書には見られない「解除または処分のうえ，その取得金をもって」の文言が加わっている。これは信託銀行では，信託金についても弁済充当の対象とすることで，貸付金の回収財源とすることを念頭に置いたものと考えられる。

以上の点に照らすと，ⓉとⓈは，本件銀行取引が銀行法10条1項および2項所定の銀行取引のみならず，信託取引にも適用されることを想定して本件銀行約定書を取り交わしたものと推認するのが相当である。もっとも，本件銀行取引約定が信託法の強行規定やその趣旨に違反するときは，その限度で，本件

260　第Ⅱ部　信託にかかわる重要裁判例

銀行取引約定が無効となることはいうまでもない。したがって，Ⓣと Ⓢ との間
で合意された本件銀行取引約定は，信託法の強行規定ないしその趣旨に違反し
ない限度で，Ⓣと Ⓢ との間における信託取引を含む取引全般について適用され
ると解するのが相当である。

　Ⓣは，本件証券につき商法 521 条所定の留置権の行使として本件銀行取引約
定 4 条 4 項に基づき本件換価処分を行ったものと認められるところ，本件銀行
取引約定は，本件信託を含めて，Ⓣと Ⓢ との間の取引一般について適用され
る。また，留置権は，形式競売の申立権が認められているが，他の債権者は配
当要求することができず，目的物の換価金は留置権者に交付される。留置権者
は，目的物の所有者に対して換価金返還債務を負うが，目的物の所有者が被担
保債権の債務者であるときは，上記換価金返還債務と被担保債権とを相殺する
ことで，事実上優先弁済を受けることができる。このように留置権者であるⓉ
は，留置権の目的物である本件証券を担保として優先弁済を受け得る立場にあ
るといえる。

　そして，本件証券の処分方法のうち，株式配当金の受領や割引国債の償還に
ついては，Ⓣの恣意的裁量が介在する余地はなく，また，株式の売却について
も，証券取引市場における換価処分である以上，売却日における当該株式銘柄
の相場価格によって高値で売却されたものと推認され，かつより高値で売却す
る方がⓉにとっても有利になるから，Ⓢ にとって不利益となるようなⓉの恣意
的裁量の余地は考え難い。したがって，Ⓣによる本件証券の処分方法は，一般
的にみていずれも適正かつ妥当なものであると評価することができる。

　以上に加えて，Ⓣの⒮に対する貸金債権等の額が本件証券の価格を上回るこ
とを併せ考慮すると，本件において，Ⓣが本件銀行取引約定 4 条 4 項に基づい
て行った本件換価処分は有効なものというべきである。

　他方，本件弁済充当については，本件銀行取引約定 7 条 1 項に基づくものと
解される。そして，本件銀行取引約定は，Ⓣと Ⓢ との間の取引全般について適
用されるのであるから，信託法の強行法規ないしその趣旨に違反しない限り本
件弁済充当は有効に行われたものというべきである。

[コメント]　本件と【54】の事案はよく似ています。いずれもⓉは同一の信託銀行であること，Ⓢは地方の金融機関であること，1審で否定された信託銀行の請求が一転して控訴審で認められたこと，本件は留置権，【54】は相殺と法的場面は異なるものの担保的処理を裁判所が追認したことなど，類似点が目につきます。

【54】でも述べましたが，Ⓢが一般人であった場合に，はたして同じ結論になるのか必ずしも明らかではありません。金融村の常識が世間一般にも通用するとは限らないからです。

【56】　証券投資信託を差押えできるのかな？

（最高裁平成18年12月14日判決・民集60巻10号3914頁）

[事案の概要]　[甲]は，平成12年1月に[乙]から証券投資信託であるMMF（マネー・マネジメント・ファンド）を購入しました。本件投資信託は，投資信託委託業者であるⓈを委託者，信託銀行Ⓣを受託者として，ⓈがⓉに対して信託財産の運用を指図するとともに，本件投資信託から生じた受益権を均等分割して証券化して，受益証券を発行するものです。本件受益証券の販売は，証券会社や銀行等の販売会社が行い，販売した受益証券は販売会社に保護預りされ，受益者による換金は，Ⓢに本件信託契約の解約の実行を請求する方法により行います。

[丙]1は，平成13年7月に[甲]を債務者，[乙]を第三債務者として，東京地裁より，[甲]と[乙]との間で締結された本件投資信託総合取引規定に基づく投資信託の受益証券について，[乙]において[甲]に対して支払われる解約金750万円を含む債権に対し，差押命令および転付命令を得ました。

そこで，[丙]1は，平成15年7月に[乙]に対し差押債権者の取立権に基づき本

件受益証券についての解約実行請求を行いました。丙1がその後死亡したため，丙2，丙3が本件訴訟における丙1の地位を承継し，解約実行請求に係る一部解約金として，各約351万円を請求しました。

原審の東京高裁平成17年4月28日判決・判時1906号54頁は，解約権は乙になく，受益者である甲から解約実行請求があっても乙が解約金の支払義務を負うものではなく，丙らも乙に対して解約実行請求ができないとして，丙2らの請求を棄却したため，丙2らが上告したところ，最高裁は原判決を破棄し，東京高裁に差し戻しました。

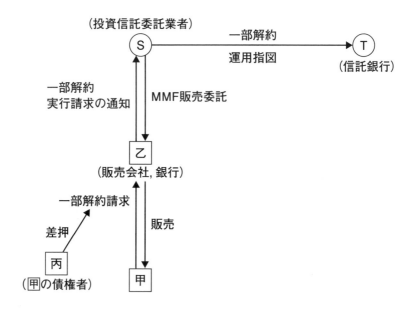

判決の要旨　本件受益証券に係る販売会社である乙は，受益者に対し，Sから一部解約金の交付を受けることを条件として，一部解約金の支払義務を負い，受益者は，乙に対し，上記条件の付いた一部解約金支払請求権を有するものと解するのが相当であり，そして，受益者の債権者は，受益者の乙に対する上記条件付きの一部解約金支払請求権を差し押さえた上，民事執行法155条1項に定める取立権の行使として，乙に対して解約実行請求の

意思表示をすることができ，この解約実行請求に基づくⓈの一部解約の実行により，Ⓢから一部解約金が[乙]に交付されたときに，[乙]から上記一部解約金支払請求権を取り立てることができるものと解するのが相当である。

本件取引規定は，[乙]と受益者との間の権利義務関係を定めるものとして，受益証券等の解約の申込みは[乙]の店舗で受け付けること，解約金は取扱商品ごとに定められた日に[乙]の店舗にある受益者の指定口座に入金することを定めており，本件受益証券の内容について定める本件約款においても，受益者による解約実行請求はⓈまたは販売会社に対して行うものとされているから，本件取引規定に基づき，[乙]は受益者に対する関係で，受益者から本件受益証券について解約実行請求を受けたときは，これを受け付けてⓈに通知する義務およびこの通知に従って一部解約を実行したⓈから一部解約金の交付を受けたときに受益者に一部解約金を支払う義務を負うもの，換言すれば，[乙]は，受益者に対し，Ⓢから一部解約金の交付を受けることを条件として一部解約金の支払義務を負い，受益者は，[乙]に対し，上記条件の付いた一部解約金支払請求権を有するものと解するのが相当である。

受益者の[乙]に対する一部解約金支払請求権を差し押さえた債権者は，取立権の行使として，[乙]に対して解約実行請求の意思表示をすることができ，Ⓢによって一部解約が実行されて[乙]が一部解約金の交付を受けたときは，[乙]から上記一部解約金支払請求権を取り立てることができるものと解するのが相当である。

[丙]1は，本件訴状の送達をもって[乙]に対して本件解約実行請求の意思表示を行ったものであり，これは差押債権者の取立権に基づくものとして，[乙]に対してⓈに対する本件解約実行請求の通知義務を生じさせるものということができる。ところが，[乙]は本件解約実行請求があったことをⓈに通知しておらず，そのためⓈも本件解約実行請求に基づく一部解約の実行をしていないことがうかがわれる。Ⓢは，解約実行請求があった場合には，受益者に対し，一部解約を実行して一部解約金を支払う義務を負っているが，[乙]が上記通知をしなければ，Ⓢによる一部解約の実行および一部解約金の[乙]への交付によって前記条件

が成就することはなく，⼄は丙2らに対して一部解約金の支払義務を負わない
ことになるというべきであるから，⼄が上記通知をしないことについて民法
130条所定の要件が充足されるのであれば，同条により前記条件が成就したも
のとみなされ，⼄は，丙2らに対して本件解約実行請求に基づく一部解約金の
支払義務を負う余地がある。

　以上によれば，甲が⼄に対して前記のような条件の付いた一部解約金支払請
求権を有することを認めず，丙2らが同請求権を差し押さえ，取立権の行使と
して⼄に対して解約実行請求の意思表示をすることも認められないかのように
判示し，これを前提に丙2らの民法130条に基づく主張を排斥した原審の判断
には判決に影響を及ぼすことが明らかな法令の違反がある。

> コメント　原審は，本件投資信託の受託者Ⓣに対し一部解約請求がで
> きるのは委託者Ⓢだから，受益者の販売会社⼄に対する一
> 部解約金支払請求権を否定したのに対して，最高裁は，解約実行請求が販
> 売会社を通じて行う方法に限定されている取引の実態から，受益者の⼄へ
> の請求を肯定したものです。現実に即した妥当な判断と思われます。

【57】 公共工事前払金の預金と貸付金の相殺と破産管財人の預金払戻請求のどちらが優先するのかな？

（福岡高裁平成21年4月10日判決・判時2075号43頁）

事案の概要　工事会社Ⓣは，平成19年4月に福岡県Ⓢとの間で砂防護岸
請負契約を締結し，前払金を管理するために銀行甲の⼄支店
に口座を開設し，同年5月に建設業保証会社丙との間で前払金保証契約を締結
し，同月にⓈから前払金として1,696万8,000円の振込みを受けました。Ⓢは，

Ⓣの経営状態が悪化して工事続行ができなくなったため、同年7月に本件請負契約を解除し、Ⓣおよび丙との間で本件工事の出来高が1,590万8,550円であることを確認し、本件前払金から出来高を控除した残額105万9,450円を丙に請求し、丙はⓈに対してこれを支払いました。Ⓣは同年8月に破産手続開始決定を受け、丁が破産管財人に選任されました。丙は、保証債務履行による求償権に基づき、同年9月に本件口座から同額の払戻しを受け、本件口座の残高は194万4,277円となりました。甲は、丁に対し、平成20年1月に甲がⓉに対して有する債権と本件預金とを相殺した旨の通知書を送りました。

そこで、丁が甲に対し本件預金の払戻請求をしたところ、福岡地裁は丁の請求を棄却したため、丁が控訴しましたが、福岡高裁はこれを棄却しました。

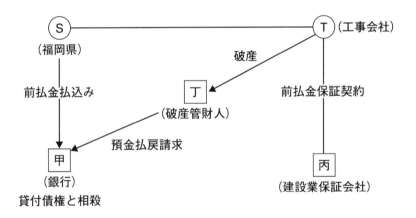

判決の要旨　まず、原審の「本件及び本件保証契約の内容、前払金保証約款の記載等に照らせば、本件前払金が本件口座に振込まれた時点で、ⓈとⓉとの間で、Ⓢを委託者、Ⓣを受託者、本件前払金を信託財産とし、これを当該工事の必要経費の支払いに充てることを目的とした信託契約が成立したと解するのが相当である（最高裁平成14年1月17日判決。甲もこの点は争わない）。そして、本件請負契約の解除によって、信託は終了し（旧信託法56条）、その後は信託財産がその帰属権利者に移転するまで信託は存続するものとみなされる（旧信託法63条）が、これは信託財産についての清算事務を行

うために認められるものであるから（新信託法175条，176条参照），その清算事務の処理に必要な範囲でのみ信託関係が存続すると解すべきである。」まで引用する。

本件請負契約において，Ⓢは，同契約が解除された場合には，出来高部分を検査の上，当該検査に合格した部分等の引渡しを受けるものとし，当該引渡しを受けたときは，これに相応する請負代金をⓉに支払わなければならず，また，前払金が支払われている場合には，前払金の額を上記請負代金から控除しなければならないとされており，上記条項の趣旨からすれば，本件前払金から上記請負金額を控除した金額を支払った後の本件口座の残余金は，未払いの請負代金に他ならず，Ⓣに帰属すべきものといえる。そこで剰余金がⓉに帰属する時期がいつであるかが問題となるところ，平成19年7月，Ⓢ，Ⓣおよび丙との間で，本件工事の出来高が確認され，Ⓢは同出来高部分の引渡しを受けたのであるから，同日以降Ⓣは剰余金につき，請負代金として，甲に対して払出しの請求をなし得たものと解される。

しかし，Ⓣはかかる手続きを行わず，平成20年1月付け請求書で甲に対し払戻しを請求するまでの間，剰余金を本件口座に預け入れたままにしており，また，丙も同年8月Ⓢに保証金を支払ったことにより，同保証金の額を限度として求償権を取得し，これを行使するためⓈに代位して本件口座に係る預金債権を取得したのであるから，Ⓣに対し旧信託法63条に基づく信託（以下「法定信託」）事務の履行として，剰余金の払出手続をなすよう求めることが可能であったのに，これをしていない。

かかる事実を本件口座開設ないし本件信託財産清算の一連の経緯と併せ考慮すると，ⓈおよびⓉは，本件確認等がなされた時点で，本件口座から剰余金の払出手続きを行った上，これをⓉに帰属させるのが迂遠であったことから，本件口座に剰余金を預け入れたままⓉに帰属したとする処理を選択し，おって丙もこれに同意したものと解される。

一方，法定信託は信託財産についての清算事務処理に必要な範囲でのみ存続させれば足りると解されるところ，上記のとおり，Ⓢに代位して本件口座に係

る預金債権を取得した丙に対する払戻手続きの範囲では，法定信託を存続させる必要があるものの，Ⓣに帰属するものと合意された剰余金については，Ⓣの固有財産なのであるから，信託関係にはないものと解すべきである。

コメント　本件の素朴な疑問として，本件口座が前払金専用口座として開設されたのであれば，出来高を控除した額を保証会社に支払えば残高はゼロとなるはずです。ところが，194 万円余の残高があり，これを銀行が債権と相殺したものです。これが，破産会社であるⓉの取分に相当する金額ならまだよいのですが，下請け業者への支払分があったとすると，それはまさに必要経費に充てることを目的とした信託財産とは考えられないでしょうか。

また，本判決では，Ⓣは剰余金について払出しの請求をなし得たと決めつけていますが，経営状態の悪化によりⓈからの契約解除がなされ，破産手続開始の直前の段階では，本件口座は事実上凍結されていて，払出しの請求が事実上できなかったのではないかとの疑問も生じます。その場合には，破産法 71 条 1 項 3 号の相殺禁止に該当する可能性を否定できません。

ところで，剰余金の帰属時期について，本判決は出来高を確認した時点としていますが，この確認時期が破産手続開始日よりも遅くなると，名古屋高裁金沢支部平成 21 年 7 月 22 日判決・判時 2058 号 65 頁は，相殺が破産法 71 条 1 項 1 号に違反して無効になると述べています。いずれの事案も請負契約解除時期が破産手続開始日より前であるのに，相殺する金融機関とは関係ない当事者によって行われる出来高確認時期のいかんによって，相殺の有効性が左右されることには，金融機関側からの強い批判があります。

268　第Ⅱ部　信託にかかわる重要裁判例

【58】　銀行が販売した投資信託の受益者が破産した場合に，信託の解約金支払債務と貸付金を相殺できるのかな？

（大阪高裁平成 22 年 4 月 9 日判決・金法 1934 号 98 頁，原審大阪地裁平成 21 年 10 月 22 日判決・金法 1934 号 106 頁）

事案の概要　Ⓑと甲は，平成 18 年 3 月にⓈを委託者，Ⓣを受託者とする証券投資信託である商品名「GW7 つの卵累投口」に関する累積投資取引契約を締結しました。本件契約では，当初，Ⓑの受益権を表示する受益証券が発行され，甲が保護預りしていましたが，社債，株式等の振替に関する法律の施行を受け，平成 19 年 1 月以降，Ⓑの受益権は振替機関および口座管理機関である甲が備え置く振替口座簿の記録によって管理されていました。

　投資信託約款においては，受益権は振替口座簿に記載または記録されることにより定まること，受益権の換金は，受益者が委託者に対して信託契約の解約の実行を請求する方法によること，この解約実行請求を受益者がするときは，受益権を販売した販売会社に対して振替口座簿に記載または記録された振替受益権をもって行うこと，委託者が解約実行請求を受け付けた場合には信託契約の一部を解除し，一部解約金は販売会社の営業所等において受益者に支払うこと，などが定められています。

　甲が定めた投資信託取引約款等においては，甲が受益権の販売のほか，解約実行請求の受付および一部解約金の代理受領や受益者への支払い等の業務を行うこと，甲の振替口座簿で管理されている受益権は，受益者からの申出により他の口座管理機関に振替えができること，受益権の購入および解約の申込みは，甲所定の手続きにより行われるものとされていること，解約金は，受益者が届け出た甲の指定預金口座に入金されること，解約は，受益者から解約の申し出があった場合のほか，やむを得ない事情により甲が解約を申し出たときにもなされ得ること，などが定められています。

　甲は，平成 19 年 8 月に 1 億 5,000 万円，同年 9 月に 5,000 万円を貸し付けた

が，Ⓑが平成20年6月に破産を申し立てたことから，Ⓑおよび連帯保証人の甲に対する預金を相殺した残金約2億円の貸金債権を有していました。Ⓑの破産管財人乙は，平成20年7月付け書面で本件契約を解約しましたが，その時点での解約金は851万1,900円です。

そこで，乙は甲を相手に同額の支払いを求めて提訴したところ，大阪地裁において請求が棄却されたため，乙が控訴したところ，大阪高裁はこれを棄却しました。

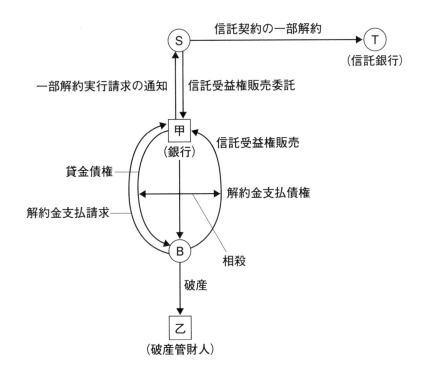

判決の要旨　　甲のなした，貸金債権を自働債権として乙が甲に対して有する解約金支払請求権と相当額で相殺するとの相殺権の行使は有効であり，乙の請求権は消滅したから，乙の請求は棄却すべきものと判断する。

その理由は，当審における乙の補充主張に対する判断を後記のとおり追加す

るほか，原判決の説示するとおりであるからこれを引用する（注，原判決は最高裁平成18年12月14日判決を引用した上で，概略以下のとおり述べている。条件付債権を受働債権とし，甲が⑧に対して有している破産債権を自働債権として相殺することができるか。すなわち，本件において破産法67条2項が適用されるかどうかが問題となる。この点，破産債権者である甲は，破産者の破産時において破産者に対して停止条件付債務を負担している場合においては，特段の事情のない限り，停止条件不成就の利益を放棄したときだけでなく，破産後に停止条件が成就したときにも，破産法67条2項後段の規定により，停止条件付債務，すなわち，破産財団所属の停止条件付債権を受働債権として，破産債権を自働債権として，相殺をすることができるものと解される（最高裁平成17年1月17日判決・民集59巻1号1頁）。したがって，本件においては，相殺の主張が許されない特段の事情が存するかどうかが問題となる。甲が⑧に対して負っていた債務は，停止条件付とはいっても，その条件不成就がほとんど考えられず，その債務額も基準価格により，いかなる時期においても容易にその算定をなし得る性質のものである。したがって，甲としては，⑧の破産時において，容易に現実化する一定額の債務を負担していたものであって，甲の⑧に対して有していた破産債権との関係においては，相殺の担保的機能に対する合理的な期待を有していなかったとまでは言えない。他に特段の事情は存しないというべきである。）。

　当審における補充主張（投資信託の販売会社は単なる取次にすぎず，自ら投資信託を解約等して換金することもできないからこれに対して相殺の対象として期待すべき相当性はない旨）に対する判断について，本件契約において，甲は，⑧の受益権を管理する口座管理機関であり，甲を通してのみ他の口座管理機関への受益権の振替えおよび信託契約の解約による換金が可能であって，また，解約があった場合に，その解約金は甲の指定口座に入金されることが明らかである。したがって，このような受益者である⑧と口座管理機関である甲との関係は，信託契約の解約金について，甲の知らない間に処分されることがなく，またその支払いは甲の預金口座を通じての支払いとなることからして，相殺の対象となると甲が期待することの相当性を首肯させるものというべきである。

また，⑧と甲との間の銀行取引約定書には，⑧が甲に対する債務を履行しなかった場合には，甲がその占有している⑧の動産，手形その他の有価証券について，必ずしも法定の手続きによらず一般に適当と認められる方法，時期，価格等により，当該動産または有価証券を取立てまたは処分の上，その取得金から諸費用を差し引いた残額を法定の順序にかかわらず⑧の債務の弁済に充当できるとの任意処分に関する規定および甲が，⑧の甲に対する債務と⑧の甲に対する預金その他の債権とをいつでも相殺し，または払戻し，解約，処分のうえ，その取得金をもって債務の弁済に充当することができるとの差引計算に関する規定が存在することが認められる。これらは，直接甲に対する権利でないものであっても，甲が事実上支配管理しているものについては，事実上の担保として取り扱うことを内容とする約定であって，このような約定の存在は，本件契約に基づく投資信託の解約金についても甲の相殺の対象と期待することが自然であることを示しているというべきである。

乙は，破産事件の大半を占める同時廃止事件の場合や法的整理に至らない場合には，破産管財人が選任されない結果，投資信託も解約されず，したがって金融機関は相殺ができないのに，たまたま破産管財人が選任され解約手続きを行ったため，金融機関が相殺できるというのは，不合理な結果を招来するものであって，容認できない旨主張する。しかし，破産者を受益者とする投資信託が存在し，かつ口座管理機関である金融機関が破産者に対して債権を有する場合において，このような破産者が同時廃止となり，自由財産として破産者に管理処分が許される分のほかに，その有する投資信託が換価されずに破産者の下に残ることは，破産者の説明義務や重要財産開示義務，財産隠匿に対する罰則規定等からして，破産制度上容易に考え難いものである。また，投資信託を有する債務者について法的な整理が行われない場合であっても，口座管理機関である金融機関が債務名義を取得して投資信託の受益権を差し押さえ，換価することが考えられるのであって，乙の主張は理由がない。

[コメント]

本件の原審判決は，【56】の最高裁平成18年12月14日判決を引用して，受益者は投資信託の販売会社に対して条件付き解約金支払請求権を有するとした上で，破産後の条件成就について，最高裁平成17年1月17日判決を引用して，破産法67条2項後段の適用を認めました。

これで勝負ありなのですが，破産管財人は，最高裁平成17年判決の「特段の事情がない限り」との記述をとらえて，本件では特段の事情があると1審，控訴審を通してさまざまな主張を展開しました。しかし，「特段の事情」とは権利の濫用ないし信義則に反するような例外的事情でない限りまず認められず，本件ではそのような事情がないとして，破産管財人の主張はいずれも排斥されました。

【59】 銀行が販売した投資信託の受益者が民事再生手続開始となった場合に，その後に受益者の了解を得ずに行った解約について不法行為責任を負うのかな？

（大阪地裁平成23年1月28日判決・金法1923号108頁）

[事案の概要]

本件投資信託受益権は，銀行[甲]がⓈとの間で締結された委託契約に基づき，Ⓢを委託者，信託銀行Ⓣを受託者とする証券投資信託契約に基づき分割された投資信託受益権の販売会社として募集の取扱い，一部解約に関する事務，支払いに関する事務等を行っていました。

[甲]は，平成16年9月にⒷとの間で投資信託受益証券等の預託を受けるためのⒷ名義の保護預り口座を開設し，平成17年3月，Ⓑに対し本件投資信託受益証券約3,202万口を3,000万円で販売し，上記口座簿に記録しました。その後，投資信託振替制度の開始に伴い，[甲]は，平成19年1月にⒷに属する投資

信託受益権等の振替えを行うための本件振替口座を開設し，同口座簿に本件投資信託受益権の権利者である旨を記録しました。⑲は，同年11月に⑱に対し6億円を貸し付けました。

⑱は，平成20年6月に大阪地裁に民事再生手続開始を申し立て，大阪地裁は，同月開始決定とともに管理命令を発令して，⑳を管財人に選任しました。⑲は，平成20年6月，⑳から解約実行請求を受けることなく，⑯に対し，⑱に属する本件投資信託受益権全ての解約を通知し，同年7月，本件振替口座簿から同権利を抹消しました。その後，⑲は，本件投資信託受益権の解約金合計約2,329万円を本件貸付金の弁済に充当しました。

⑳は，⑱の上記行為が不法行為に当たるとして解約金相当額の支払いを求めました。なお，⑳は⑲に対し，これとは別に，⑱の⑲に対する剰余金配当請求権に基づく支払いも求めていますが，信託とは関係ないので，触れません。

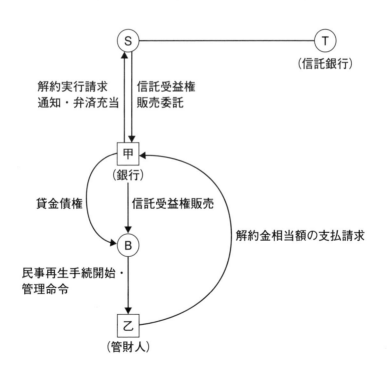

274　第Ⅱ部　信託にかかわる重要裁判例

判決の要旨　　銀行取引約定書第4条（担保）3項「Ⓑが甲に対する債務を履行しなかった場合には，甲はその占有しているⒷの動産，手形その他の有価証券についても前項と同様に取り扱うことができるものとします。」（以下「本件条項」）の合意内容について，本件約定書4条は，「担保」との表題の下，同条1項および2項が「担保」との文言を用いて担保の設定・処分等について定める一方で，同条3項は「担保」との文言を用いていないことや本件条項の定める内容，他の多くの金融機関が用いている同旨の取引約定書の文言・内容等のほか，弁論の全趣旨を総合すると，本件条項は，Ⓑが甲に対する債務の履行をしない場合に，甲に対し，その占有する動産，手形その他の有価証券を，担保目的財産であるかどうかを問わず，必ずしも法定の手続きによることなく一般に適当と認められる方法，時期，価格等により取立てまたは処分する権限（任意処分権）および取立てまたは処分により甲が取得した金員をⒷの債務の弁済に充当する権限（弁済充当権）を授与する旨の定めであると解するのが相当である。

　また，本件条項には，甲に上記権限が授与される時期を限定すると解されるような手がかりとなる記載等がなく，かえって，一般に，Ⓑが法的倒産処理手続きを申し立てるに至ったときは，債権者が債権保全を図るべき最たる局面であり，本件約定書5条においても，Ⓑに法的倒産処理手続きの開始の申立てがあったことがⒷの期限の利益の喪失事由として定められていることなどに照らすと，法律に特別の定めがある場合を除き，Ⓑについて法的倒産処理手続きが開始した前後を問わず，本件条項によりⒷに属する占有財産の任意処分権および弁済充当権が甲に授与されるものと解するのが相当である。本件条項は，甲の「占有しているⒷの動産，手形その他の有価証券」との文言を用いて，本件条項の適用対象となるⒷの財産を表示しているところ，権利とこれを表章する有価証券とが私法秩序全体において区別された財産客体であることは，有価証券表示権利とこれが表章される有価証券を明確に区別している金商法の規定等からも明らかである。しかしながら，そもそも本件条項が定められた趣旨は，Ⓑが債務の履行を怠る事態（期限の利益が喪失した場合が含まれる）が生じたと

第6　受益者がヤバくなったら…　　275

きに，あらかじめ提供されていた担保財産にとどまらず，Ⓑが自ら事実上管理・支配しているあらゆるⒷの財産についても，甲が主導的かつ速やかに取立てまたは処分して上記債務につき優先的な弁済を受けられるようにすることで，甲の優先的な債権回収を図ることにあったものと解される。そのような趣旨に照らすと，甲が物理的に占有しているⒷの有体財産と甲が観念的に準占有しているⒷの無体財産は，いずれも甲が事実上支配・管理しているⒷの財産である点において共通しているものであり，取立てまたは処分の対象となる財産を甲が物理的に占有している有体財産に限ることとする合理的な理由はないものというべきである。他に本件条項の適用対象となるⒷの財産の範囲を限定的に解釈すべき事情もうかがわれないことからすると，甲およびⒷ双方とも，甲の事実上の支配・管理下にある限り，有体財産であると無体財産であるとを問わず，Ⓑのあらゆる財産が本件条項の適用対象に含まれるとの認識を有していたものと認めるのが相当である。

　以上に加えて，投資信託振替制度以前は，Ⓑに属し甲が保護預りしていた本件投資信託受益証券は，甲自身の保管に係る直接占有または受託会社の混蔵保管に係る間接占有により，本件条項の適用対象に含まれていたと認められること，投資信託振替制度の開始前後において，本件投資信託受益権をめぐる甲・Ⓑ間における実際の取扱いにはほとんど変化がなく，双方とも同制度の開始に伴って本件条項の適用対象に変動が生じることを想定していたとは考え難いこと，本件約定書が締結された平成16年5月時点では，まだ各種有価証券の振替制度への移行が順次開始された段階であったから，「動産，手形その他の有価証券」という文言がなお継続的に用いられたことも無理からぬところがあると考えられるところ，本件投資信託受益権が投資信託および投資法人に関する法律および金商法において有価証券とみなされていることなどに照らすと，本件投資信託受益権は，甲による準占有が認められる限り，本件条項が適用ないし準用されるものというべきである。民法205条にいう「財産権の行使」とは，当該財産権がその者の事実的支配内に存すると認められる客観的事情があるかどうかにより判断されるべきものであるところ，甲は，本件解約手続当

時，Ⓢとの募集・販売等に関する契約に基づき，本件投資信託受益権の販売会社として，自己の名において同権利の募集の取扱いおよび販売，一部解約に関する事務ならびに一部解約金・収益分配金および償還金の支払いに関する事務等を行うとともに，Ⓑとの本件管理規定に基づき，本件投資信託受益権の振替機関・口座管理機関として，本件振替口座の振替口座簿の記録を通じて，自己の名において同権利の振替業務等を行っていたのであるから，同権利を自らの事実的支配内に置いていたものであり，上記客観的事情が認められるものというべきである。また，甲は本件投資信託受益権の販売会社として，また，振替機関・口座管理機関として，上記業務を自己の名において独立して行っていたのであるから，上記財産権の行使につき「自己のためにする意思」を有していたものと認められる。したがって，甲は本件解約手続き当時，本件投資信託受益権を準占有していたものと認められる。

　再生手続きにおける本件条項による任意処分権の消長について，本件条項のうち，Ⓑが甲にⒷに属する占有財産の取立て・処分権限を授与する部分は，Ⓑが甲に対しⒷが占有する甲の財産の取立てまたは処分という事務を委任する旨の準委任契約であると解されるところ，破産の場合と異なり，再生手続きの開始は委任契約の当然終了事由ではないから，Ⓑにつき再生手続きが開始した後も，上記準委任契約は終了せず，本件条項部分により甲に授与された任意処分権はなお存続しているものと解される。

　そうすると，甲は，Ⓑについて再生手続きが開始した後もなお，上記条項部分により授与された任意処分権に基づきⒷに属した本件投資信託受益権を一般に適当と認められる方法，時期，価格等により処分することができたというべきである。そして，本件解約手続きは，上記任意処分権に基づく処分として一般に適当と認められる方法，時期，価格等によるものであったと認められる。

　この点，乙は，再生手続開始後におけるⒷによる個別的権利行使を禁止・制限する民事再生法85条1項等の趣旨に照らせば，純然たる債務消滅行為のみならず，その前提となる取立て等の準備行為も当然に禁止・制限されるべきものであり，本件条項に基づく弁済充当権の行使のみならず，本件条項に基づく

第6　受益者がヤバくなったら…　　277

任意処分権の行使も許されないと主張する。

　確かに，本件条項に基づく占有財産の取立てまたは処分とこれによる取得金の弁済充当は，囲が優先的な債権回収を図る目的の下に連続的に行われるものであり，占有財産の取立てまたは処分が，その後の取得金の弁済充当の前提あるいは準備行為であることは明らかである。しかしながら，占有財産の取立てまたは処分とこれによる取得金の弁済充当は，それぞれ異なる権限に基づいて行われ，異なる法的性質を有する行為であって，占有財産の取立てまたは処分のみを行うことも可能であるから，上記のような関係であるからといって，直ちに両者が法律上不可分一体の関係にあるということはできない。

　そして，占有財産の取立てまたは処分は，債務消滅行為そのものではなく，⑧や囚に属する再生財団の管理処分権を不当に制限するものでもないから，同法85条1項等の規定ないしその趣旨に必ずしも反しないというべきである。このように解したとしても，取立てまたは処分に係る取得金が再生手続きの規律に従って適切に処理される限り，看過し得ない不都合があるものとは認められない。また，仮に囲が本件条項に基づく弁済充当権を行使することは認められず，本件弁済充当をすることは許されなかったとしても，これにより先だって上記任意処分権に基づいて行われた本件解約手続きまでもが違法性を帯びるものとは認められない。したがって，囚が主張する囲の責任原因（不法行為）が本件解約手続きに限られる本件では，囲がその後にした本件弁済充当の適否にかかわらず，囲は本件解約手続きを理由とする⑧に対する不法行為責任を負わない。

コメント　　まず，本件の銀行取引約定書4条3項の任意処分権に関する解釈について疑問があります。任意処分権があるということから直ちに，信託受益権を自ら解約手続を行えるということにはならないと思うからです。現に，後述する【61】の最高裁平成26年6月5日判決においては，「債権者代位権に基づき代位して受益権につき解約実行

278　第Ⅱ部　信託にかかわる重要裁判例

請求を行うほかなかった。」と述べています。

　次に，個別的権利行使を禁止・制限する民事再生法85条1項についての本判決の解釈にも無理があると思います。本判決は銀行による債権回収に向けての一連の行為を，任意処分権と弁済充当権の2つに分けて，後者の弁済充当権については同条項に反することを示唆しながらも，両者は法的に不可分一体の関係にはないとか，乙の主張は前者の任意処分権行使である解約手続に限定しているといって，正面から不法行為責任を論じることを避けているからです。任意処分が弁済充当の手段であることから，弁済充当が違法性を帯びれば，その手段としての任意処分が違法性を帯びると考えるのが自然な解釈ではないかと思います。

　また，管財人乙もわざわざ任意処分の違法性だけを主張して，弁済充当の違法性を主張していないということではないと考えます。そこが明確でないと思うのであれば，裁判所は釈明を求めればよかったと思います。もっとも，本判決ではここで触れなかったもう1つの論点では管財人を勝たせているので，裁判所としてのバランスを取ったのかもしれませんが，疑問の残る判決といえます。

【60】　信用金庫が販売した投資信託の受益者が破産した後に破産管財人が解約実行請求した一部解約金が信用金庫の破産者名義の預金口座に入金されたときに，信用金庫は相殺できるのかな？

（大阪地裁平成23年10月7日判決・金法1947号127頁）

事案の概要　　Ⓑは信用金庫甲との間で預金取引をしていましたが，平成15年11月以来，甲投信取引約款に基づき，Ⓑが甲に開設している普通預金口座を投資信託取引により甲が支払うべき金銭の振込口座（指

第6　受益者がヤバくなったら… 279

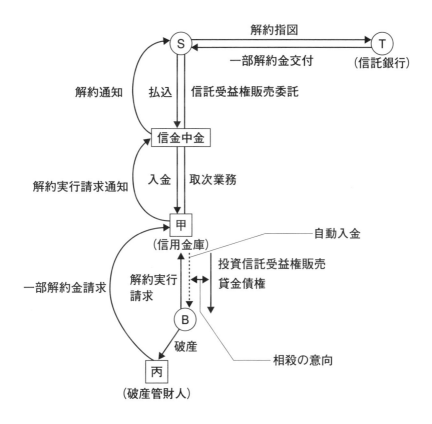

定預金口座）に指定して，「しんきんインデックスファンド225」の投資信託に基づく受益権を，販売会社である甲から購入していました。

　本件投資信託の仕組みは，概ね次のようなものです。委託者Ｓは，受益権の発行・募集・投資信託財産の運用指図等を行い，受託者の信託銀行Ｔは投資信託財産の保管・管理および計算を行い，販売会社は信金中金と甲を含む各信用金庫等です。甲は，信金中金との間で「証券投資信託受益証券の取次業務に関する基本契約」を締結し，これに関連する規程や手続きを定めています。取次会社である甲は，投資信託の取次業務に当たり，乙の提供する投信窓販共同システムを利用しなければならず，信金中金との資金授受は原則として信金中金における甲名義の普通預金口座を通じて行うこととされています。

本件投資信託における受益者が受益権の一部解約をする手続きは，次のとおり行われています。㈠受益者に帰属する受益権についての信託契約の一部解約の実行請求に関する業務は，Ⓢから信金中金に委託され，甲がその取次業務を行っていることから，受益者による一部解約の実行請求は甲に対して行う。㈡甲は，受益者から一部解約の実行請求を受けると，信金中金にその旨の通知をし（受益者の投信取引口座番号も通知する），信金中金は，Ⓢに他の信用金庫分とまとめて一部解約実行請求の通知をし，ⓈはⓉに信託契約の一部解約を指図する。㈢Ⓣは，一部解約金をⓈに交付し，Ⓢはこれを信金中金の預金口座に振り込む。これを受けて，信金中金と甲の間における勘定処理としては，受渡日に信金中金の甲口座に一部解約金が入金され，甲は同日に一部解約金を受益者の指定預金口座に入金する形が取られているが，本件システム上，受渡日前日に投信窓販振込明細データが甲に送信されると，特段の事情がない限り，受渡日に受益者の指定預金口座に一部解約金が自動入金されることになっており，甲がこれを留保することはできない。

Ⓑは，平成21年8月に破産手続開始決定を受け，丙が破産管財人に選任されました。丙は，平成22年3月付書面により，甲に対し本件受益権の解約処理を行い，一部解約金を丙が指定する丙の口座に振込み返金するよう求めました。取引終了時に残っていた本件受益権は約82万口で，その時点の一部解約金額は約60万円でした。甲が上記申し出を受けたことに伴い，同年同月付で本件受益権の解約処理が行われ，Ⓢから信金中金に本件受益権に係る一部解約金約60万円が入金され，Ⓑの指定預金口座である本件預金口座に同額の金員が入金されました。甲は，同年4月差出の書面により，丙に対し，甲がⒷに対して有する連帯保証債務履行請求権と本件解約金の返還債務を相殺する意向を伝えました。

そこで，丙は本件相殺が無効であるとして解約金の支払いを求めたところ，大阪地裁は丙の請求を全額認めました。なお，甲が実際に相殺したのは，裁判の第1回口頭弁論期の平成22年10月です。

[判決の要旨]　本件投資信託の仕組みの概要および解約の手続きを踏まえると，[甲]は，本件取引約款に基づき，受益者であるⒷから解約実行請求を受け，Ⓢから一部解約金の支払いを受けることを条件とする一部解約金の返還債務を負っていたと解するのが相当である（最高裁平成18年12月14日判決）。

しかし，本件においては，平成22年3月に本件解約金が入金されたことにより，本件取引約款に基づく一部解約金返還請求権は消滅し，本件解約金相当額の預金返還債務を負担したと認めることができる。[甲]は，本件システムの仕組みにより，自動的に本件解約金が本件預金口座に振り込まれたことから，同入金後も依然として本件取引約款に基づく一部解約金返還債務を負っていたことに変わりがなく，また，仮に負っていたのが預金返還債務であったとしても，本件取引約款に基づく一部解約金返還債務としての性質に変わりはない旨主張するが，本件システムは[甲]と信金中金との間で設定された仕組みにすぎず，本件預金口座に入金された金員について[甲]が預金返還債務を負うというⒷと[甲]との間の法律関係に影響を及ぼさないし，そうである以上，同返還債務は本件取引約款に基づく一部解約金返還債務とは異なる債務と認めるほかないから，[甲]の上記主張は採用しがたい。

上記を前提とすると，本件相殺は，弁済により既に存在しない債務を受働債権とする相殺として無効であるか，[甲]が破産手続開始後に負担した債務を受働債権とする相殺として破産法71条1項1号により無効であると解するほかない。[甲]は，Ⓑに対する債務が預金返還債務であったとしても，自動的に本件解約金が本件預金口座に振り込まれる本件システムの仕組みに照らせば，振込指定における「強い指定」がある場合と同様，破産手続開始前の原因に基づいて発生した債務というべきであり，本件相殺は破産法71条2項2号によって有効である旨主張する。

しかし，本件預金口座への入金が破産手続開始後のことである以上，[甲]の預金返還債務の負担が破産法71条1項2号ないし4号には該当せず，同項1号に該当することは否定しがたいから，[甲]の上記主張は採用し難い。

282　第Ⅱ部　信託にかかわる重要裁判例

> コメント 「本件解約金が入金されたことにより，本件取引約款に基
> づく一部解約金返還請求権は消滅する。」といえるかどう
> かが勝負の分かれ目だったのかもしれず，これもどちらに転んでもおかし
> くない事案でした。

【61】 民事再生の再生債権と投資信託受益権について債権者代位により解約実行請求されたことにより負担することとなった支払債務との相殺は認められるのかな？

（最高裁平成 26 年 6 月 5 日判決・民集 68 巻 5 号 462 頁，原審名古屋高裁平成 24 年 1 月 31 日判決・判タ 1389 号 358 頁を破棄，1 審名古屋地裁平成 22 年 10 月 29 日判決・金法 1915 号 114 頁）

事案の概要　本件受益権に係る投資信託は，投資信託委託会社である委託者Ⓢと信託会社Ⓣとの間で締結された信託契約に基づき設定されたもので，Ⓢは銀行🄴との間で本件受益権の募集販売委託契約を締結し，🄴はこれに基づき本件受益権の販売等の業務を行っていました。

　Ⓑは🄴との間で投資信託受益権の管理等を委託する旨の管理委託契約を締結した上で，平成 12 年 1 月から平成 19 年 3 月にかけて，🄴から本件受益権を順次購入しました。Ⓑが本件受益権について解約を申し込む場合には，(ｱ)Ⓑは，🄴に対し，本件受益権に係る信託契約の解約の実行の請求をする，(ｲ)🄴は，Ⓢに対し，解約実行請求があった旨を通知する，(ｳ)Ⓢは，信託契約の一部を解約し，Ⓣが🄴に対し，解約金を振り込む，(ｴ)🄴は，Ⓑに対し，解約金を🄴の営業所等において支払う，という手順によることとされていました。

　🄴は，平成 19 年 1 月以降，本件受益権を，社債，株式等の振替に関する法律 121 条の 2 第 1 項に規定する振替投資信託受益権として，口座管理機関であ

る[甲]が備える振替口座簿に開設したⒷの口座に記録する方法で管理していました。管理委託契約において，Ⓑは，本件受益権について，原則として自由に他の振替先口座（他の口座管理機関に開設されたものを含む）への振替をすることができるものとされていました。[甲]は，平成20年11月までに，Ⓑに対する保証債務履行請求権を取得しましたが，その残高は約5,954万円でした。

Ⓑは同年12月に支払いを停止し，同日[甲]はその事実を知りました。[甲]は平成21年3月，本件受益権につき債権者代位に基づいて，Ⓑが[甲]に対して行うものとされている解約実行請求をⒷに代わって行い，Ⓢに対し，解約実行請求があった旨の通知をしました。これにより，本件受益権に係る信託契約の一部が解約され，同年同月Ⓣから[甲]に対し，解約金として約717万円が振り込まれ，[甲]は，本件管理委託契約に基づきⒷに対し本件解約金の支払債務を負担しました。[甲]は，同年同月，Ⓑに対し，保証債務履行請求権を自働債権とし，本件債務に係る債権を受働債権とし，これらを対当額で相殺しました。Ⓑは同年4月に再生手続開始の申立をし，同年5月に再生手続開始決定を受けました。

そこで，Ⓑは，相殺が無効であるとして，[甲]に対する損害賠償請求をしたところ，1審の名古屋地裁はⒷの請求を認めましたが，原審の名古屋高裁は相殺は許されるとしてⒷの請求を棄却しました。Ⓑが上告したところ，最高裁は，原判決を破棄し，[甲]の控訴を棄却しました。

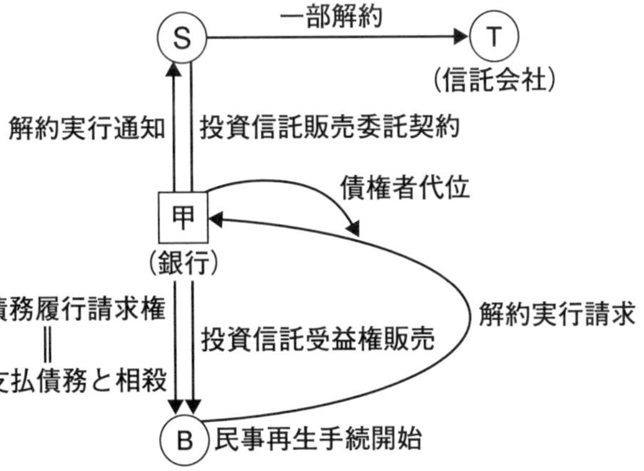

284　第Ⅱ部　信託にかかわる重要裁判例

（判決の要旨）　原審の判断のうち本件債務の負担が民事再生法93条2項2号にいう「支払の停止があったことを再生債権者が知った時より前に生じた原因」に基づく場合に当たるとした部分は是認することができない。その理由は，次のとおりである。

　民事再生法は，再生債権についての債権者間の公平・平等な扱いを基本原則とする再生手続きの趣旨が没却されることのないよう，93条1項3号本文において再生債権者において支払いの停止があったことを知って再生債務者に対して債務を負担した場合にこれを受働債権とする相殺を禁止する一方，同条2項2号において上記債務の負担が「支払の停止があったことを再生債務者が知った時より前に生じた原因」に基づく場合には，相殺の担保的機能に対する再生債権者の期待は合理的なものであって，これを保護することとしても，上記再生手続きの趣旨に反するものではないことから，相殺を禁止しないこととしているものと解される。

　本件債務は，Ⓑの支払いの停止の前に，Ⓑが甲から本件受益権を購入し，本件管理委託契約に基づきその管理を甲に委託したことにより，甲が解約金の交付を受けることを条件としてⒷに対して負担した債務であると解されるが（最高裁平成18年12月14日判決），少なくとも解約実行請求がされるまでは，Ⓑが有していたのはⓈに対する本件受益権であって，これに対しては全ての再生債権者が等しくⒷの責任財産としての期待を有しているといえる。Ⓑは，本件受益権につき解約実行請求がされたことにより，甲に対する本件解約金の支払請求権を取得したものではあるが，同請求権は本件受益権と実質的には同等の価値を有するものとみることができる。その上，上記解約実行請求は甲がⒷの支払停止を知った後にされたものであるから，甲において同請求権を受働債権とする相殺に対する期待があったとしても，それが合理的なものであるとは言い難い。また，Ⓑは，本件管理委託契約に基づき甲が本件受益権を管理している間も，本件受益権につき，原則として自由に他の振替先口座への振替えをすることができたのである。このような振替えがされた場合には，甲がⒷに対して解約金の支払債務を負担することは生じ得ないのであるから，甲がⒷに対して

本件債務を負担することが確実であったということもできない。さらに，本件においては，甲が®に対して負担することとなる本件受益権に係る解約金の支払債務を受働債権とする相殺をするためには，他の債権者と同様に，債権者代位権に基づき，甲に代位して本件受益権につき解約実行請求を行うほかなかったことがうかがわれる。

　そうすると，甲が本件債務をもってする相殺の担保的機能に対して合理的な期待を有していたとはいえず，この相殺を許すことは再生債権についての債権者間の公平・平等な扱いを基本原則とする再生手続きの趣旨に反するものというべきである。したがって，本件債務の負担は，民事再生法93条2項2号にいう「支払の停止があったことを再生債権者が知った時より前に生じた原因」に基づく場合に当たるとはいえず，本件相殺は許されないと解するのが相当である。

コメント　　1審が相殺を否定し，高裁は相殺を認め，最高裁は再び相殺を否定するという，誠に目まぐるしい展開をした事案です。

　結局のところ，本件のような倒産事案では，財団を確保して債権者への配当ないし弁済を多くしたい倒産者側（破産管財人や再生債務者）と，相殺ないし商事留置権等を主張して自己の債権への弁済の正当性を主張する金融機関のどちらを優先させるかという価値判断の問題といえます。

　ここでは，それを「相殺の担保的機能に対する合理的な期待を有していたか否か」という命題で捉えています。そこで，最高裁が重視したのは，本件受益権については，他の振替先口座への振替えをすることができたこと，解約実行請求をするには再生債務者に代位して行うほかなかったことです。その程度の立場にしかない金融機関に相殺の担保的機能に対する合理的な期待を有していたとは認められないと断じたもので，妥当な結論といえます。

286　第Ⅱ部　信託にかかわる重要裁判例

　もっとも，金融機関側としては，この最高裁判決を受けて，銀行取引約定書その他の取引約款等で他の振替先口座への振替えを禁止する等などの対策をとって，「相殺の担保的機能に対する合理的な期待」を裁判所に認めさせようとするかもしれません。

第7　信託と税金の関係は，どうなんだろう？

【62】　信託受益権の時価って何だろう？

（福岡地裁昭和49年10月1日判決・訟務月報20巻13号124頁）

[事案の概要]　Ⓑらの先代Ⓢが，生前に[甲]社の株式をⓉ1ないしⓉ3の3名に信託譲渡し，Ⓣ1らに株式の管理運用を委ねましたが，株式の配当受益権および将来の株式の取戻権を自らに留保し，かつⓈ死亡後5年経過して相続人の全員が同意したときにのみ，信託契約の解除ができる旨の特約が付されていました。その後，Ⓢが死亡し，株式を信託財産とする信託受益権の相続税法上の株式の評価を巡って，Ⓑらが税務署長[乙]に対し行政処分の取消しを求めましたが，福岡地裁はⒷらの請求を棄却しました。

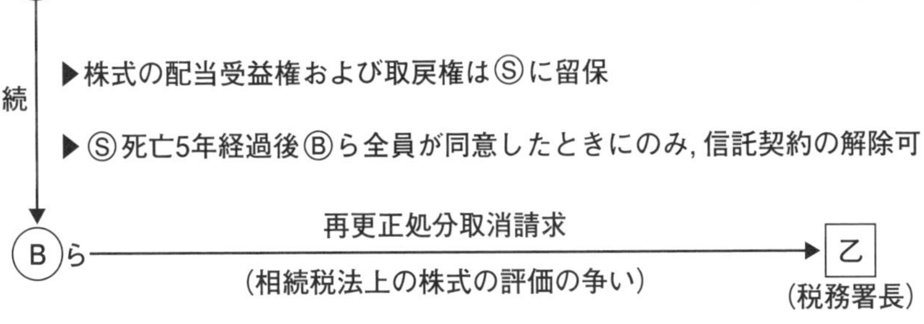

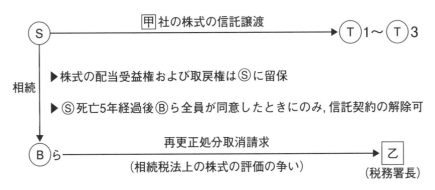

判決の要旨　信託受益権の時価の算定にあたっては，相続税財産評価に関する基本通達202に定めるように，元本および収益の双方とも受益する場合といずれか一方のみを受益する場合とで差等をつけるのはもとより当然である。本件信託受益権の場合は，委託者であるⓈは元本および収益の双方とも受益するのであるから，その相続人であるⒷらも当然その双方を受益する権利を有するのである。そこで，[乙]は，右のような場合には，信託財産の所有権の法形式上の帰属にかかわりなく，信託受益者はその経済的実質において信託財産を所有するのと何ら変わらないから，信託財産の時価をもって信託受益権の時価であると評価すべきだと主張する。たしかに，信託法57条，59条によれば信託契約に別段の定めがないかぎり，委託者が信託利益の全部を享受する場合には委託者またはその相続人はいつでも信託契約を解除することができるのであるから，信託契約の解除について別段の定めのない場合には[乙]の主張が何ら問題なく妥当するといえる。

ところで，本件信託契約には，委託者死亡後は5年を経過した相続人の全員が同意したときにのみこれを解除することができる旨の特約が付されていることが認められる。右事実によると，ⒷらはⓈ死亡後少なくとも5年間本件信託契約を解除することができないともいえる。そこで，このような場合にも[乙]の主張が妥当するか否かが問題である。

そこで考えるに，信託契約の解除につき一定の制限が付されているという事情は，信託受益権それ自体の処分を制限するものではなく，右解除の制限により信託財産の取戻しができずこれが処分を制限されるにすぎないものというべきであるから，右の事情は，信託受益権の時価に直接関連するものではなく，信託受益権の時価の算定の基礎となる信託財産の時価の形成に関連するものと考えられる。そこで，右の事情をも考慮したうえで算定される価額をもって信託財産の「時価」であると定義するならば，信託受益権の時価を算定するに当り改めて右事情を考慮する必要は全くないのである。Ⓑら，[乙]とも信託財産の「時価」の意義を明確にしないまま信託受益権の評価方法を争っているが，信託財産の時価を右のように解するならば，委託者またはその相続人が信託利益

第7　信託と税金の関係は，どうなんだろう？　289

の全部を享受する場合においては，信託契約の解除につき制限が存するときでも，信託財産の時価をもって信託受益権の時価であると評価することについて当事者間に何ら異存はないはずである。

　そうすると，本件の争点は信託財産である本件株式の時価をどのように評価するかの点に帰着する。乙は，甲社の株式1株あたりの時価5,353円を算出したものと推認できるところ，Bらは右の評価額については争わず，本件株式についての処分不可能性をもさらに考慮して，右評価額から5年の期間に応ずる年8分の割合による複利計算の中間利息を差し引くべきだと主張するのである。Bらは，右主張の根拠として本件株式を自由に処分できないから，資金を調達する必要のあるときは借入金によらざるを得ず，その場合は本件株式を処分して資金を調達する場合に比較して支払利息分だけ不利になり，その支払利息こそ右の中間利息に該当すると主張する。

　しかしながら，右資金調達の目的が他に運用する場合であっても，他の債務を弁済する場合であっても，これが借入金によってまかなわれるとき，本件株式は残存しているわけであるから，右元本は5年後に売却できる株式の代金で返済することができ，また支払利息はその間の株式の運用利益（配当）によって支払うことができると一般的に考えることが可能である。Bらの主張は本件株式の自由な処分が一方において右株式の運用利益を失わせる結果となることを忘れている。すなわち，株式を5年間処分できないという事情は，客観的に収益を生じない無利息の金銭債権を有している場合（この場合は正に弁済期までの中間利息を控除する必要がある）と同一に論ずることはできないのである。もっとも，5年後の本件株式の時価，配当額および支払利息の額等は将来の具体的な事情にかかわるものであるから，右のような考え方は単に一般的に妥当するにすぎない。しかしながら，相続税の評価にあたっては，過去の所得を算出する場合と大いに異なり，将来起こり得べき具体的，主観的かつ偶然的な事情を逐一考慮することは不可能であり，前記通達1（評価の原則）の(3)において「財産の評価にあたっては，その財産の価額に影響を及ぼすべきすべての事情を考慮する。」と規定する趣旨は，「一般的で客観的なすべての事情」を考慮

290　第Ⅱ部　信託にかかわる重要裁判例

するとの趣旨であると解すべきものである。そうすると，相続税の財産評価においては，前記のような一般的な考え方が是認されるというべきであり，これによれば，本件株式の処分不可能性は，乙が算出した前記本件株式の価額に影響を及ぼすべき客観的な事情であると認めることができない。その結果，本件株式の前記意義における「時価」は乙が算出した右争いのない価額であるということになる。

　なお，Ⓑらは，本件信託契約の解除制限期間中Ⓑらにおいて本件株式について配当を受ける以外に株主権を行使することができず，本件株式のような中小企業の株式にあっては会社経営に参画できないということは重要な問題であるから，この点は本件信託受益権の換価性に影響を及ぼす事情であると主張する。しかしながら，株主権のうち，利益配当受益権以外の権能は，たとえ中小企業の株式であっても，それ自体固有の財産価値はなく，また会社経営に参画できないため利益配当受益権が害される場合には，信託契約の性質上当然に契約を解除できるわけであるから，Ⓑら主張の右事情は，本件信託受益権の価額に影響を及ぼすべき客観的事情とはいえない。

　コメント　　まず，信託受益権の場合でも，信託受益者がその経済的実質において信託財産を所有するのと変わりないときには，信託財産の時価をもって信託受益権の時価と評価することを認めており，実質主義の立場を明白としています。

　そして，本件信託受益権は，元本および収益の双方とも享受するものであり，信託利益の全部を享受する場合に該当するとして信託契約の解除に制限がない場合は信託財産の時価イコール信託受益権の時価と評価できるとしています。もっとも，この点については，Ⓑらは，中小企業の株主にとって株主総会における議決権の行使等会社経営に参画できないことは信託受益権の時価に影響を及ぼすべき客観的事情であると反論しています。

　本判決では，経営に参画できないため利益配当受益権が害される場合に

は，信託契約の性質上当然に契約を解除できるから，上記客観的事情といえない，としていますが，若干の疑問があります。「経営に参画できないため利益配当受益権が害された」か否かの事実認定は困難であり，実際上それを理由に契約解除は無理と思われますし，利益配当受益権は損なわれなくても，企業買収等の場合に手をこまねいているだけの立場が一般の株主と同様な価値を有しているといえるでしょうか。最後に5年間株式を処分できないことについて，Ⓑらは中間利息の控除を主張しましたが，その間の株式配当があることをもって，本判決は排斥しています。

　Ⓐ社の株式の配当実績がどうであったのかわかりませんが，中小企業において，配当が実施されることはあまりないと思われ，本判決の理由がそれほど説得的であるとは思えません。年8分はともかくとして民法所定の年5分の中間利息の控除を認めてもよかったような気がします。

【63】　不動産信託の受益権譲渡は，不動産の譲渡か金融取引か？

（東京地裁平成25年2月25日判決・判例秘書，東京高裁平成25年7月19日判決・判例秘書）

（事案の概要）　Ⓢは家電製品の販売を目的とする会社で，東証1部上場会社です。上場に先立つ平成14年8月に，資金調達の目的でその所有する2つの土地および建物を，Ⓢ自ら賃借する信託財産として信託銀行Ⓣとの間で信託契約を締結しました。信託期間は20年，当初受益者は⒮で，⒮はⓉとの間で以下の内容の定期建物賃貸借契約を締結しました。A建物について，家電販売店目的で賃料月額2億850万円，敷金25億200万円，B建物について，本社事務所目的で賃料月額1,400万円，敷金1億6,800万円，賃貸借期間は20年間としました。また，本件信託財産について，⒮とⓉは20年間の管理委託契約を締結し，業務対価は毎年1,200万円です。Ⓢは，本件不動産

流動化取引のために設立された$\boxed{X}$との間で290億円で本件信託受益権を譲渡する旨の契約を締結し，$\boxed{T}$はこれを承諾しました。

　$\boxed{X}$は，以下のとおりその資金調達をしました。まず，本件不動産流動化取引のために設立された$\boxed{Y}$から優先ローンとして180億円，銀行から劣後ローンとして30億円，$\boxed{Z}$からいわゆる優先匿名組合出資金として75億5,000万円，$\boxed{S}$との間で$\boxed{X}$を営業者とし，$\boxed{S}$を匿名組合員とする匿名組合契約を締結したことによる$\boxed{S}$からのいわゆる劣後匿名組合出資金は14億5,000万円です。$\boxed{S}$は，平成19年10月に$\boxed{X}$から311億円で本件信託受益権の買戻しをする等して本件各契約が終了しました。

　さて，$\boxed{S}$は，平成14年8月期において，本件信託受益権の譲渡を本件信託不動産の譲渡と取り扱って（売却取引処理），譲渡額290億円から原価額263億9,000万円を控除した26億1,000万円を収益の額に，賃貸借契約に基づく賃借料の額を費用の額に，本件匿名組合契約に係る配当金額を収益の額に，それぞれ計上する会計処理をして，各事業年度でその旨の確定申告をしました。そして，$\boxed{S}$は，平成19年8月から平成20年8月末までの本件事業年度の法人税について，本件買戻契約に基づいて本件信託受益権を取得したことに伴い，これを財務諸表上資産の部に計上する会計処理をするとともに，匿名組合契約終了に係る配当金の額である約34億7,100万円を収益の額に計上する旨の確定申告をしました。

　ところが，証券取引等監視委員会は，平成20年12月，本件信託受益権の譲渡を本件信託不動産の譲渡として取り扱い，本件不動産を資産の部に計上しないとする「売却取引処理」は不適切であり，本件不動産を貸借対照表上の資産の部に計上することという「金融取引処理」が適切であるとの判断をして，その旨の行政指導をしました。$\boxed{S}$は，本件行政指導を踏まえ，$\boxed{Z}$については子会社に認定すべきもので，これを前提とすると，不動産流動化指針による$\boxed{S}$と併せてのリスク負担割合が5％を超過することとなる等として，平成14年8月期に遡って本件不動産流動化取引に係る会計処理を金融取引処理に改めるなどし，平成21年2月，関東財務局長に対し，有価証券報告書の訂正届出書等を

第7　信託と税金の関係は，どうなんだろう？　293

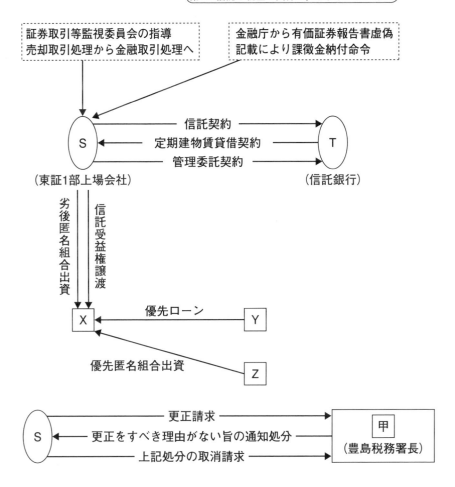

提出し，同年7月金融庁長官から有価証券報告書に虚偽記載があったとして，課徴金2億5,353万円の納付命令を受けました。

そこで，Ⓢは，同年6月，本件事業年度の法人税について，会計処理の訂正に伴い，確定申告書の提出により納付すべき税額が過大になったとして，更正請求をしましたが，豊島税務署長甲から更正をすべき理由がない旨の通知を受けたため，その取消しを求めて東京地裁に提訴しましたが，請求が棄却されました。Ⓢは東京高裁に控訴しましたが，棄却されています。東京高裁は基本的

に東京地裁判決を引用しているので，ここでは地裁判決の要旨を記述します。

判決の要旨

法人税法は，資産または事業から生ずる収益に係る法律関係を基礎に，それが実質的には他の法人等がその収益として享受するものであると認められる場合を除き，当該収益が法律上帰属する主体に着目して，法人税の課税に係る同法の規定の適用の在り方を決するものとするところ，旧法人税法12条1項本文は，信託財産に帰せられる収入および支出について，受益者が特定している場合は，その受益者が当該信託財産を有するものとみなして，法人税法の規定を適用する旨を定めているが，これは，信託が，財産の所有およびその管理等とその利益とを分離して，信託の利益を受益者に享受させるものであることから，このような実質に即し，法人税法上，信託財産に帰せられる収入および支出は受益者に帰属するものとして取り扱うこととしたものと解される。

そして，本件不動産流動化取引の経緯は，平成14年8月期から本件事業年度までの間のⓈの各事業年度において，Ⓢについては，本件信託受益権譲渡契約および本件買戻契約に基づく取引により，それらの取引に関してされた合意により形成された法律関係に従って，本件信託受益権の譲渡の対価その他の各種の収入があったが，それらが実質的には他の法人等がその収益として享受するものであったことや，上記の各合意の内容と取引の実態との間にそごがあったこと等をうかがわせる証拠ないし事情は見当たらない。その上で，Ⓢは，すでに収益として実現済みであるその収入したところを，それらを収入する原因となった法律関係に従って，有償による本件信託受益権の譲渡等の取引に係る各事業年度の収益の額に当るものとして，各金額を当該事業年度の益金の額に算入するなどし，各事業年度の所得の金額を計算して法人税の確定申告をしたものである。

ところで，Ⓢも財務諸表等規則に基づく子会社の認定に誤りがあったとして不動産流動化実務指針に従った内容の金融取引処理を前提とした株式会社年度の会計処理の訂正等をしたものであるところ，法人税の課税基準である各事業

年度の所得の金額の計算について，法人税法 22 条 4 項は，益金の額の算定の基礎である収益の額ならびに損金の額の算定の基礎である原価，費用および損失の額は，「一般に公正妥当と認められる会計処理の基準」（税会計処理基準）に従って計算される旨を定めている。

同定めは，税法といわゆる企業会計原則との調整に関する議論を経て，政府税制調査会が，昭和 41 年 9 月，「税制簡素化についての中間報告」等を受け，昭和 42 年度の税制改正において新設されたものであり，同項の税会計処理基準とは，客観的な規範性を有する公正妥当と認められる会計処理の基準を意味し，企業会計の実務の中に慣習として発達したものの中から一般に公正妥当と認められたところを要約したものとされるいわゆる企業会計原則をいうものではなく，同項は，企業が会計処理において用いている基準ないし慣行のうち，一般に公正妥当と認められないもののみを税法で認めないこととし，原則としては企業の会計処理を認めるという基本方針を示したものである。

このような同項の立法の経緯および趣旨のほか，同項が，「企業会計の基準」等の文言を用いず，「一般に公正妥当と認められる会計処理の基準」と規定していることにも照らせば，同項は，同法における所得の金額の計算に係る規定および制度を簡素なものとすることを旨として設けられた規定であり，現に法人のした収益等の額の計算が，適正な課税および納税義務の履行の確保を目的とする同法の公平な所得計算という要請に反するものでないかぎり，法人税の課税基準である所得の金額の計算上もこれを是認するのが相当であるとの見地から定められたものと解され（最高裁平成 5 年判決参照），法人が収益等の額の計算に当って採った会計処理の基準がそこにいう「一般に公正妥当と認められる会計処理の基準」（税会計処理基準）に該当するといえるか否かについては，上記に述べたところを目的とする同法の独自の観点から判断されるものであって，企業会計上の公正妥当な会計処理の基準（公正会計基準）とされるものと常に一致することを前提とするものではないと解するのが相当である。

そして，不動産流動化実務指針が税会計処理基準に該当するか否かについては，同指針は，㋐特別目的会社を活用した不動産の流動化に係る譲渡人の会計

処理についての取扱いを統一するために取りまとめられたものであり，㋑当該不動産を売却したものとする取扱いをするか否かについては，当該不動産が法的に譲渡されていることおよび資金が譲渡人に流入していることを前提に，「リスク・経済価値アプローチ」によって判断するものとし，㋒具体的には当該不動産が特別目的会社に適正な価額で譲渡されており，かつ当該不動産のリスク（経済環境の変化等の要因によって当該不動産の価値が下落することをいう）およびその経済価値（当該不動産を保有，使用または処分することによって生ずる経済的利益を得る権利に基づく価値をいう）のほとんど全てが譲受人である特別目的会社を通じて他の者に移転していると認められる場合には譲渡人は当該不動産の譲渡を売却取引として会計処理するが，そのように認められない場合には，譲渡人は当該不動産の譲渡を金融取引として会計処理するものとした上で，㋓このリスクおよび経済価値の移転の判断については，譲渡人に残るリスク負担割合がおおむね５％の範囲内であれば，不動産のリスクおよびその経済価値のほとんど全てが他の者に移転しているものとして取り扱い，㋔その際，譲渡人の子会社等が特別目的会社に出資をしていること等により，当該子会社等が当該不動産に関する何らかのリスクを負っている場合には，当該子会社等が負担するリスクを譲渡人が負担するリスクに加えてリスク負担割合を判定するものとする旨を定めている。

　このように，同指針は，その対象と同指針にいう特別目的会社を活用した不動産の流動化がされた場合に限って，当該不動産またはその信託に係る受益権の譲渡人の会計処理についての取扱いを定めたものであり，当該不動産またはその信託に係る受益権の譲渡を当該不動産の売却として取り扱うべきか否かについて，当該不動産等が法的に譲渡され，かつ，その対価を譲渡人が収入しているときであっても，なお，子会社等を含む譲渡人に残された同指針のいう意味での不動産のリスクの程度を考慮して，これを金融取引として取り扱うことがあるとしたものである。

　他方，法人税法は，既に述べたとおり，適正な課税および納税義務の履行を確保することを目的とし，資産または事業から生ずる収益に係る法律関係を基

礎に，それが実質的には他の法人等がその収益として享受するものであると認められる場合を除き，基本的に収入の原因となった法律関係に従って，各事業年度の収益として実現した金額を当該事業年度の益金の額に算入するなどし，当該事業年度の所得の金額を計算すべきものとしていると解されるところ，当該事業年度の収益等の額の計算に当たり，本件におけるように，信託に係る受益権が契約により法的に譲渡され，当該契約に定められた対価を現に収入した場合において，それが実質的には他の法人等がその収益として享受するものであると認められる場合ではなくても，また，同法において他の法人との関係を考慮することができると定められたときにも当たらないにもかかわらず，なお，他の法人との関係をも考慮し，当該収入の原因となった法律関係を離れて，当該譲渡を有償による信託に係る受益権の譲渡とは認識せず，専ら譲渡人について，当該譲渡に係る収益の実現があったとしないものとする取扱いを定めた同指針については，既に述べたところを目的とする同法の公平な所得計算という要請とは別の観点に立って定められたものとして，税会計処理基準に該当するものとは理解し難いといわざるを得ないものである。

　Ⓢは，税会計処理基準と公正会計基準が一致する旨をいうものと解される主張をし，その根拠として，㋐法人税法22条4項を，その文理に従って素直に解釈すれば，税会計処理基準とは公正会計基準をいうものと解されるし，そのように解した場合に生ずる不都合については，同条2項の「別段の定め」で対処すべきであり，同法固有の立場から公正会計基準の一部が税会計処理基準に該当しないとすることは，「別段の定め」を置くことが認められた趣旨を没却するものである，㋑新たな企業会計の基準等が設けられるにせよ，それらは，少なくとも，一定の範囲で，一定の条件の下に，税会計処理基準の内容となりえるものであるから，このことは，企業会計と同法上の税務処理とのかい離を基礎付けるものとはいえない，㋒同条4項の立法の経緯や趣旨は，むしろ，税会計処理基準が公正会計基準と一致すべきものであることを基礎付けるものといえる，㋓Ⓢの主張によれば，税会計処理基準が不確定な概念となることは明らかであり，申告納税方式の下においては，実質的にも，税会計処理基準の解

釈および適用について納税者に不可能を強いることとなるものであって，租税法律主義（課税要件明確主義）に反する旨を，それぞれ主張する。

しかし，Ⓢの上記(ア)および(ウ)の各主張に関する当裁判所の判断はいずれも採用することができないものというべきである。すなわち，(イ)の点については，新たに設けられた会計処理の基準が公正会計基準に適合するものであったとしても，それが税会計処理基準に該当するか否かは法人税法としての観点から検討を要するものであるし，税会計処理基準に該当しない会計処理の基準が生じ得ることは，上記(イ)のⓈの主張に照らし，Ⓢも自認するところであるから，その主張は前提を欠くものというべきである。

また，上記(エ)の点についても，本件不動産流動化取引との関係において不動産流動化実務指針が税会計処理基準に該当するものであるか否かに関して，同法22条4項等の立法の経緯等を踏まえた解釈をすることをもって，課税要件明確主義に反するものとはいえないと解されるし，申告納税制度の下における納税者に極めて困難な判断を求めるものであるとか，予見可能性を害するものであるなどと評価することも困難というべきである。

Ⓢは，不動産流動化実務指針が税会計処理基準に該当するものである旨を主張し，その根拠として，(ア)法人税法が採る実現主義ないし権利確定主義の立場に沿う会計処理基準は複数存在し得るところ，同指針は，実現主義ないし権利確定主義の観点から合理的なものといえる「リスク・経済価値アプローチ」の基準を採用したものであり，実現主義ないし権利確定主義を採る税会計処理基準に該当するといえる，(イ)同指針が子会社等のリスクを考慮してリスク負担割合を判定するものとしていることは，同指針が税会計処理基準に該当しないものであることを基礎付けるものではなく，仮に，子会社等のリスクを考慮することに問題があるとしても，それは同法22条2項の「別段の定め」で対処すべきものであるのにそれがされていないことによる結果である，(ウ)同指針の取扱いを前提とした会計処理をした場合に譲渡人と譲受人との間での税務処理が異なることがあるとしても，そのような事態は同法上しばしば生ずることであり，現に法人税基本通達12-2-3もそのような税務処理を認めている旨をそれ

第7　信託と税金の関係は，どうなんだろう？　　299

ぞれ主張する。

　しかし，Ⓢのこれらの主張はいずれも採用することができない。以上に述べたとおり，本件不動産流動化取引との関係において，不動産流動化実務指針は，法人税法22条4項の税会計処理基準には該当せず，また，当該取引について Ⓢの主張するような取扱いをすべき同条2項の別段の定めは見当たらない。

　コメント　　本件のⓈが，本訴を提起したのもわからないではありません。同じ国の官庁なのに，証券取引等監視委員会では，金融取引を前提とした行政指導を受け，それに基づいて課徴金まで支払ったのに，税務署の方では，不動産売却取引を前提とした税務申告について，金融取引を前提とした更正請求を認めなかったのですから，それはおかしいのでは，という気になったのでしょう。

　そもそもが，不動産を信託財産とする信託受益権の譲渡が，不動産売却取引か金融取引か微妙なところがありますが，税務処理における実質主義からすると，不動産売却取引と考えるのが妥当なところだと思います。それでは，証券等監視委員会がなぜ金融取引と認定したのかですが，これはまた別の要素を考慮したからです。

　つまり，特別目的会社を活用した不動産の流動化スキームについては，本当に不動産の売却がなされたのではなく，譲渡担保のように単なる資金の借入れとして利用されたのではないか，という疑問が付きまとうわけです。特に，信託受益権の買主側に出資等で関与した法人が売主の子会社の場合に，その子会社分を含めて当該不動産に対するリスク負担が5％以上あれば，金融取引として会計処理すべきなのに，そうしなかったというわけです。証券取引等監視委員会の行政指導が，東証1部への上場直後であったことから，それに従わざるを得なかったという事情もあったのでしょう。

300　第Ⅱ部　信託にかかわる重要裁判例

　しかし，そのことで，不動産売却取引処理を前提とした税務処理が違法とはならないということです。この点に関して，本判決は，法人税法上の税会計処理基準と企業会計上の公正会計基準とは必ずしも一致することを前提とするものではない，として排斥したのは，両方の会計が併存する以上，やむを得ない結論といえます。もっとも，だから信託の税務は難しい，ということにはならないと思います。本件の特徴は，子会社の出資を利用したことに，証券取引等監視委員会が異議を唱えたことにあり，信託方式自体の問題ではないからです。

【64】　劣後受益権の収益配当金の会計処理はどうするのかな？

（東京高裁平成 26 年 8 月 29 日判決・ジュリスト 1475 号 8 頁，原審東京地裁平成 24 年 11 月 2 日判決・ジュリスト 1451 号 8 頁）

事案の概要　　　銀行Ⓢが，自身を委託者，信託銀行Ⓣを受託者として，資金調達を行うために，その保有する住宅ローン債権元本総額約 205 億円について，信託契約を締結し，信託受益権として，元本 175 億円の優先受益権と元本約 30 億円の劣後受益権に分けて，優先受益権をⓏに売却し，劣後受益権はⓈが保有しました。

　Ⓢは，劣後受益権の保有について，金融商品会計に関する実務指針（日本公認会計士協会・会計制度委員会報告 14 号）105 項の適用があるとして，劣後債権による収益配当金の一部について，平成 16 年 3 月期，平成 17 年 3 月期，平成 18 年 3 月期に係る法人税の益金ならびに平成 17 年 3 月課税期間および平成 18 年 3 月課税期間の消費税の資産の譲渡等の対価の額に含めずに確定申告をしたところ，日本橋税務署長Ⓚが，劣後受益権の収益配当金はすべて法人税に係る益金および消費税に係る資産の譲渡等の対価の額に含まれるとして，各事業年度の各法人税更正処分および本件各課税期間の各消費税更正処分ならびにこれ

らに伴う過少申告加算税の賦課決定処分をしました。そこで，Ⓢがその取消しを求めて提訴しました。原審の東京地裁はⓈの請求を棄却したため，Ⓢが控訴したところ，東京高裁は原判決を取り消して，Ⓢの請求を認めました。

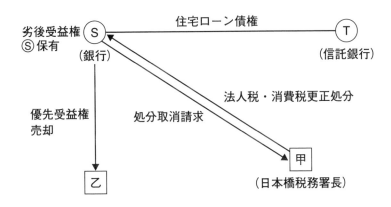

判決の要旨　一般に，金融商品会計実務指針105項の要件に該当する場合において，その債権の取得価額と債権金額の差額について同項所定の償却原価法により会計処理することは，法人税法22条4項にいう「一般に公正妥当と認められる会計処理の基準」に従った適法な処理であると解され，この点について当事者間に争いがない。したがって，金融商品会計実務指針105項が，本件劣後受益権について適用されるかを検討し，適用があるとするなら，これに従った会計処理は，法人税法22条4項にいう「一般に公正妥当と認められる会計処理の基準」に従った適法な処理であることになり，仮に適用がないとした場合においては，これを類推適用して，本件劣後受益権について，金融商品会計実務指針105項と同様の会計処理を行ったことが，一般に公正妥当と認められる会計処理であったかを検討することとなる。

そこで，まず本件劣後受益権について，金融商品会計実務指針105項の適用があるかについて検討する。同項は，「債権の支払日までの金利を反映して債権金額と異なる価額で債権を取得した場合」に，取得価額と債権金額との差額

について償却原価法に基づき処理を行うと定めている。

Ⓢが，本件信託契約によってⓉに譲渡した住宅ローン債権を，Ⓣにおいて，優先と劣後の2つの信託受益権に分け，Ⓢがその劣後受益権を保有するに至った場合，信託受益権の評価方法について定めた金融商品会計実務指針100項⑵は，「信託受益権が優先劣後等のように質的に分割されており，信託受益権の保有者が複数である場合には，信託を一種の事業体とみなして，当該受益権を信託に対する金銭債権の取得又は信託からの有価証券の購入とみなして取り扱う。」としつつ，ただし書きにおいて，「ただし，企業が信託財産構成物である金融資産の委託者である場合で，かつ，信託財産構成物が委託者たる譲渡人にとって金融資産の消滅の認識要件を満たす場合には，譲渡人の保有する信託受益権は新たな金融資産ではなく，譲渡金融資産の残存部分として評価する。」と定めている。そして，ただし書きの背景事情について説明した金融商品会計実務指針291項は，「企業が自ら保有する金融資産を信託するとともに，信託受益権を優先と劣後に分割し，その劣後受益権を自らが保有して優先受益権を第三者に譲渡する場合，自らが保有する劣後受益権は，新たな金融資産の購入としてではなく，信託した金融資産の残存部分として評価する必要がある。」としている。

すなわち，金融商品会計実務指針100項⑵ただし書きおよびこの背景事情について説明した291項によれば，本件のⓈのように，自ら保有する住宅ローン債権という金融資産を信託するとともに，その信託受益権を優先と劣後に分割し，本件劣後受益権を自らが保有して，優先受益権を第三者に譲渡する場合においては，Ⓢの保有する劣後受益権は，新たな金融資産を購入して取得したものではなく，信託した金融資産である住宅ローン債権の残存部分として評価する必要があるとしているのであって，これによれば，Ⓢが本件信託契約によって保有するに至った本件劣後受益権は，第三者からの購入を想定している金融商品会計実務指針105項にいう「債権を取得した場合」には該当しないと解すべきことになる。

したがって，本件劣後受益権について，金融商品会計実務指針105項は，類

推適用の是非は別として，これをそのまま適用することを想定した規定ではないと解すべきことになる。

次に，本件劣後受益権について，金融商品会計実務指針 105 項を類推適用して，同項と同様の会計処理をすることが，公正妥当な会計処理といえるかについて検討するが，その前提として，会計基準である金融商品会計実務指針の類推適用の是非につき検討する。

金融商品会計実務指針のような会計基準の類推適用の是非につき，囲は，租税法規は侵害規範であって，法的安定性の要請が強く働くものであるから，みだりに規定の文言を離れて解釈すべきではなく，また，会計基準の解釈は，必ずしも法的安定性の要請が強いものではないが，安易に会計基準の類推解釈，類推適用を認め，法人税法 22 条 4 項に定める基準を拡大することは，厳正かつ公正に行われるべき課税標準の計算方法の内容をあいまいにするおそれがあり，課税の公平や法的安定性の見地から問題があるから，「一般に公正妥当と認められる会計原則」となり得る会計基準については，類推解釈，類推適用の余地を厳格に解すべきである旨主張するので，まず，この点につき検討する。

収益の計上基準（時期）に関しては，法人税法上，内国法人の各事業年度の所得の金額の計算上当該事業年度の益金の額に算入すべき金額は，別段の定めがあるものを除き，資本等取引以外の取引に係る収益の額をするものとされ（22 条 2 項），当該事業年度の収益の額は，一般に公正妥当と認められる会計処理の基準に従って計算すべきものとされている（同条 4 項）。したがって，ある収益をどの事業年度に計上すべきかは，一般に公正妥当と認められる会計処理の基準に従うべきであり，これによれば，収益は，その実現があったとき，すなわち，その収入すべき権利が確定したときの属する年度の益金に計上すべきものと考えられる。もっとも，法人税法 22 条 4 項は，現に法人の収益計算が法人税法の企図する公平な所得計算という要請に反するものでない限り，課税所得の計算上もこれを是認するのが相当であるとの見地から，収益を一般に公正妥当と認められる会計処理の基準に従って計上すべきものと定めたものと解されるから，右の権利の確定時期に関する会計処理を，法律上どの時点で権

304 第Ⅱ部　信託にかかわる重要裁判例

利の行使が可能となるかという基準を唯一の基準としてしなければならないとするのは相当ではなく，取引の経済的実態からみて合理的なものとみられる収益計上の基準の中から，当該法人が特定の基準を選択し，継続してその基準によって収益を計上している場合には，法人税法上も右会計処理を正当なものとして是認すべきであると解される（最高裁平成5年11月25日判決）。

　そうすると，取引の経済的実態からみて合理的なものと認められる収益計上の基準の中から，特定の基準を選択し，継続してその基準によって収益を計上している場合には，法人税法上もその会計処理を正当なものとして是認すべきであるから，Ⓢが，本件劣後受益権につき，金融商品会計実務指針105項と同様の会計処理をし，継続して同様の処理基準により収益を計上したことが，取引の経済的実態からみて合理的なものである場合には，これにより会計処理をすることも許容される。いいかえれば，金融商品会計実務指針105項を類推適用した場合と同様の会計処理をすることは，法人税法上も正当なものとして是認されるべきであるといえる。

　そこで，本件劣後受益権について，金融商品会計実務指針105項と同様の会計処理を行うことが，取引の経済的実態からみて合理的なものか否か，すなわち，金融商品会計実務指針105項の実質的な類推適用の是非につき検討する。

　金融商品会計実務指針105項は，「債権の支払日までの金利を反映して債権金額と異なる価額で債権を取得した場合には，取得時に取得価額で貸借対照表に計上し，取得価額と債権金額との差額（以下「取得差額」）について償却原価法に基づき処理を行う。」と定め，取引の対象となる債権の支払日までの金利を反映して，弁済期に支払を受け得る元本金額と異なる金額で債権を取得した場合には，債権を取得した時の取得価額で貸借対照表に計上し，取得差額について償却原価法，すなわちその差額を弁済期までの残存期間で按分して当該債権の貸借対照表上の価額を増減させる方法によって処理することとし，また，「この場合，将来キャッシュフローの現在価値が取得価額に一致するような割引率（実効利子率）に基づいて，債務者からの入金額を元本の回収と受取利息とに区分する。」と定め，将来の満期時における当該債権の価値に現実の取得

価額が一致するように引き直した場合にその算定された割引率（実効利子率）を用いて，当該債権の債務者から入金される額を「元本の回収」と「受取利息」に区分して処理することとしている。

このように金融商品会計実務指針105項は，債権の支払日が将来の期日であることから，その間の金利を反映して債権の元本金額よりも高い金額（あるいは低い金額）で取得した場合には，その差額をその支払日までの期間にわたって期間配分するものとして，上記のように割引率（実効利子率）を定め，それに基づいて算定された額をその債権の受取利息とすることが合理的であることから，その方法で算定された受取利息額が，実際に受領した利息額より多いあるいは少ない場合は，その差額分を債権の帳簿価額に加算あるいは減算させることによって，割引率（実効利子率）による利息の計算を会計処理に反映させるように償却原価法による処理を行うこととしたものであると解される。

本件債権についてみれば，Ⓢは，金融商品会計実務指針37項の規定に従い，本件債権の消滅直前の帳簿価額約205億円に消滅した金融資産である本件優先受益権の時価約175億円を乗じ，本件債権の時価約227億円で除した額である約158億円を譲渡原価として，譲渡金額175億円から前記譲渡原価を差し引いた約17億円を譲渡益として計上し，本件劣後受益権の帳簿価額を，本件債権の帳簿価額約205億円から本件優先受益権の譲渡原価を差し引いた額に追加信託の額を加えた約49億円としたものであることが認められる。

さらに，本件信託契約上，本件債権の利息その他信託財産から生じる収益を信託の収益として，本件優先受益権および本件劣後受益権に関する元本の償還は，Ⓣにより受領されたすべての元本回収金の額から行われ，収益の配当は，Ⓣにより受領された全ての利息回収金の額から行われるものとされ，本件劣後受益権に対する収益の配当は，本件債権の利息その他の信託財産から生じる信託の収益から，公租公課，信託報酬等の期中運営コストを差し引いた上，本件優先受益権に対する収益の配当が支払われた後に残余の収益がある場合に行われるという内容となっていることが認められる。

そして，Ⓢの本件各事業年度の収益配当金は，本件優先受益権の収益配当金

を上回る金額となっている。したがって，本件劣後受益権の元本金額と帳簿価額の差額部分は，住宅ローン債権である本件債権が高金利となっていて，その利息部分が本件劣後受益権に帰属したことから生じる差異の部分が含まれているといえる。そうすると，本件劣後受益権については，経済的な実態として金融商品会計実務指針105項の「金利を反映して」債権金額と異なる価額で債権を保有しているということができ，また，この点において同項と類似した利益状況となっているということができると解される。

　なお，Ｓが本件劣後受益権を保有することによっては，金融資産の新たな購入とみることはできず，「債権を取得した」とはいえないから，本件に金融商品会計実務指針105項をそのまま適用することはできないが，本件劣後受益権の内容は，Ｓが保有していた住宅ローン債権とは，元本の償還の時期，利息の利率などを異にし，信託受益権を優先受益権，劣後受益権と質的に異なるものとして分割され，その劣後受益権を保有するに至ったもので，住宅ローン債権の単純な残存部分とはいえないから，住宅ローン債権とは異なる内容の債権を保有するに至ったといえるのであって，この状況は，「債権を取得した」という利益状況に類似しているということができると解される。

　本件劣後受益権の元本の償還は，信託受益者により受領された元本回収金から行われ，本件差額が元本として償還されることはないから，本件劣後受益権の収益配当金を各事業年度の「受取利息」としてその全額を収益として計上すると，取引終了時すなわち信託終了時の事業年度において，本件差額は，損失として計上されることになる。

　以上の状況を前提に，Ｓが，信託終了時の事業年度において，財産の減少がないにもかかわらず，本件差額の部分を損失として計上することは，経済的実態と離齬すると判断して，そのような事態を回避するため，金融商品会計実務指針105項と同様の会計処理をすることを選択し，本件劣後受益権の収益配当金につき，同様の会計処理をすることは，取引の経済的実態からみての合理性を否定されるものとはいえないと解すべきである。

　なお，甲は，本件流動化取引においては，本件劣後受益権のいずれも，信託

開始の時点においては，元本として償還される金額は定まっておらず，これが具体的に確定するのは信託終了日であり，本件劣後受益権は，将来において，その一部を売却することが考えられなくもないから，信託終了前の時点ではⓈが信託終了時まで保有し続け，その時点においては本件差額全額を回収できなくなることが確実であるとはいえず，本件差額は，これが損失として具体的に確定する日，すなわち信託終了日の属する事業年度の損金の額に算入すべきであり，未だ損失として確定しているとはいえない本件各事業年度の損金の額に算入することはできない旨主張する。しかし，金融商品会計実務指針105項の典型的な場合である債権を債権金額とは異なる価額で取得した場合であっても，債権金額をいくら回収できるかは確定しないのであって，当該債権の弁済期日前に当該債権を売却譲渡することもあるから，[甲]の主張を考慮しても，Ⓢがした会計処理に合理性がないものとすることはできない。

また，[甲]は，本件劣後受益権の取得価額は，本件各債権全体の帳簿価額から本件優先債権の譲渡原価額を差し引くという計算をして算出したものであり，本件劣後受益権の帳簿価額と債権金額の差額は，帳簿処理に伴う技術的な理由によって計上されたものにすぎず，金利を反映して定められた金額ではない旨主張する。しかし，本件劣後受益権の取得価額は，金融商品会計実務指針37項を採用して，これに基づき，金融資産の消滅直前の帳簿価額を譲渡した金融資産の本件優先受益権である残存部分の時価で按分し，その結果，残存部分の時価に配分されたものとして算出した金額であり，[甲]自身も，同項の会計処理を合理性のあるものとして，同項に基づき計算した本件優先受益権の売却益の計上を正当なものとして，これを争っていないのであるし，また，本件劣後受益権の元本金額と帳簿価額の差額部分は，住宅ローン債権の約定金利が，本件優先受益権の金利より高金利となっていて，その部分が本件劣後受益権に帰属することとなったことから生じる差異の部分が含まれている。そうすると，この観点において，本件差額を帳簿処理に伴う技術的な理由によって計上されたものということはできず，[甲]の主張を考慮しても，Ⓢがした会計処理が合理性のないものとすることもできない。

308　第Ⅱ部　信託にかかわる重要裁判例

　以上によれば，Ⓢが，本件劣後受益権につき，金融商品会計実務指針105項
と同様の会計処理を選択し，継続して本件各事業年度において，同項と同様の
会計処理によって収益を計上したことは，法人税法上もその会計処理を正当な
ものとして是認すべきであるから，これを一般に公正妥当と認められる会計基
準に適合しないものとした本件更正処分は違法であり，これを前提とした本件
賦課決定処分も違法であるというべきである。

> コメント　　本件の事案は，【63】に似ているともいえます。いずれ
> も，法人税法22条4項の「一般に公正妥当と認められる
> 会計処理の基準」に従った適法な処理であるか否かが争われた事案だから
> です。
> 　もっとも，結論は反対です。【63】では証券取引等監視委員会の指導に
> 基づき不動産流動化実務指針に従った会計処理が法人税法22条4項の
> 「一般に公正妥当と認められる会計処理の基準」とはいえないとされたの
> に対して，本件では金融商品会計実務指針所定の償却原価法に基づく確定
> 申告について，その適法性を認めたからです。しかも，金融商品会計実務
> 指針の直接適用を否定しながら，「類推適用」を肯定したもので，裁判所
> としてもぎりぎりの判断を迫られたといえます。
> 　もっとも，【63】の事案が，さり気なく子会社を使った微妙な事案で，
> 節税の限度を超えたと評価されても仕方がないのと比べ，本件の事案は，
> 正面から金融商品会計実務指針の是非を問うたもので，裁判所としても，
> これにきちんと答えたものといえ，その結論は妥当であると思われます。

第7 信託と税金の関係は，どうなんだろう？ 309

【65】 アメリカ国籍のみを有する者を受益者とする信託と贈与税

（名古屋高裁平成 25 年 4 月 3 日判決・ジュリスト 1460 号 8 頁）

（事案の概要） Ⓑは，日本人の両親の二男として平成 15 年に米国で出生し，米国籍のみを有しています。Ⓑの父方の祖父Ⓢは，平成 16 年 8 月に，米国ニュージャージー州法に準拠して，Ⓢを委託者，Ⓣを受託者，Ⓑを受益者とする信託を設定し，Ⓢがスイスで購入した 500 万ドルの米国債を信託財産としてⓉに引き渡し，Ⓣは同年 9 月にⒷの父を被保険者とする約 6,803 万ドルの生命保険契約を締結し，保険料として 440 万ドルを支払いました。

これに対して，所轄税務署長Ⓐが，本件信託により取得した 500 万ドル相当の約 5 億 4,565 万円についての贈与税額として約 2 億 7,002 万円の決定処分をしました。

Ⓑがその取消しを求めたところ，原審の名古屋地裁はこれを認めました。そこで，Ⓐが控訴したところ，名古屋高裁は原判決を取り消し，Ⓑの請求を棄却しました。

（判決の要旨） 相続税法 4 条 1 項の受益者について，同法同条項は，「信託行為があった場合において，委託者以外の者が信託の利益の全部又は一部についての受益者であるときは，当該信託行為があった時において，当該受益者が，その信託の利益を受ける権利を当該委託者から贈与により取得したものとみなす。」と規定している。そして，同法同条項の「受益者」については，同法にはこれを定義する規定は置かれていないため，信託法における「受益者」を意味すると解すべきである。現信託法 2 条 6 項は，「この法律において，受益者とは，受益権を有する者をいう。」と定義しているところ，本件信託行為時の旧信託法には「受益者」についての定義規定はないものの，上記定義と別異に解すべき根拠はないから，相続税法 4 条 1 項の「受益

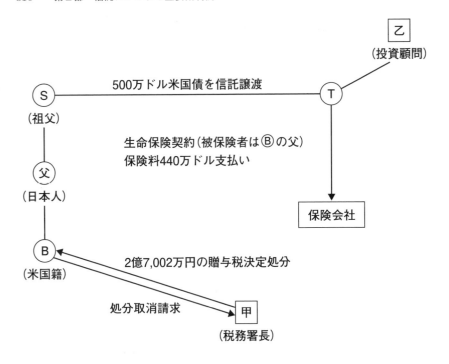

者」とは、「受益権を有する者をいう。」と解するのが相当である。

そして、「受益権」についても、相続税法にはこれを定義する規定が置かれていないため、信託法における「受益権」を意味すると解すべきであるところ、旧信託法には「受益権」についての定義規定はない。そこで検討するに、受益権の本質は、信託財産からの給付を受領する権利（信託受給権）にあるというべきであるが、受益者は、信託財産ないし受益者自身の利益を守るために監督的機能を与えられているのであって、信託受給権に加えてかかる信託監督的権能も受給権の内容を構成するものと解される。このような解釈は、現信託法2条7項の定義にも沿うものということができる。

以上によれば、相続税法4条1項は、いわゆる他益信託の場合において、受益権を有する者に対し、信託行為があったときにおいて、当該受益者が、その受益権を当該委託者から贈与により取得したものとみなして、課税する旨の規

定であると解される。

　Ⓑは，相続税法4条については，1項から3項までを考慮すれば，同法5条ないし9条と同様に，受贈者とされる者が何らかの形で贈与と同様の経済的利益を得ることとなったと認められるときに，当該利益を贈与によって得たものとみなす規定と解するのが相当であるとか，実際に贈与と同一視しうるような状況が発生した場合に，贈与を受けたと同一視できる者に担税力を認め，贈与税を課すことにしたものである旨主張し，相続税法4条1項によって課税の対象となるためには，信託受益権が信託行為の成立と同時に確定的に帰属することが必要である旨を主張する。

　しかしながら，相続税法4条1項の規定は，課税の公平の観点から，相続税および贈与税の回避が行われる事態を防止するために，受託者が他人に信託受益権を与えたときは，現実に信託の利益の配分を受けなくても，そのときにおいて信託受益権を贈与したものとみなして課税をするものと解される。同条項の立法の経緯についても，昭和13年の相続税法の改正の際に，受益時に課税することとされたが，昭和22年の相続税法改正時に信託行為時課税とされ，昭和25年の相続税法改正によってもこれが維持されたものであって，その経緯に照らしても，上記のように解釈するのが相当である。

　なお，相続税法4条2項2号ないし4号は，㋐受益の意思表示がされていないために受益者が確定されていない信託，㋑受益者不特定または不存在の信託，㋒停止条件付で受益権を与えることとされている信託について，これらの信託は，例外的に受益権の帰属が浮動状態にあることから，受益者が確定し㋐，特定または存在し㋑，停止条件が成就したとき㋒に，当該受益者に課税することとした規定であり，受贈者とされる者が贈与と同様の経済的利益を得ることとなったと認められるときに課税するとした規定ではないから，相続税法4条2項2号ないし4号はⒷの上記主張の根拠となるものではない。

　Ⓑが相続税法4条1項にいう「受益者」に当たるか否かについて，Ⓑが相続税法4条1項にいう「受益者」に当たるためには，本件信託の設定時において，Ⓑが信託受給権および信託監督的機能を有していたことが必要となる。本

件信託契約4条1項は，受託者は，自己の裁量により，Ⓑが生存する限りにおいて，Ⓑの教育，生活費，健康，慰安および安寧のために妥当と思われる金額を，元本および収益から支払うとしているのであるから，本件信託の設定時において，Ⓑは信託受益権を有するものとされていたと認められる。

また，同契約5条8項によれば，受託者は，受益者の合理的な要請に対して，本件信託の財産，負債，収入および支出に関する情報等の受益者の利益に関連する本件信託の管理に関する詳細事項を受益者に提供するものとされているほか，受託者は，最低限1年に一度の頻度で会計報告を行うものとされていることなどが認められ，これによって，Ⓑは信託監督的機能を有していたと認められる。したがって，Ⓑは本件信託の設定時において，信託受給権および信託監督的機能を有していたと認められる。

これに対し，Ⓑは，受託者の裁量によって，Ⓑは必ず分配を受けるとは限らないから，本件信託の設定によってⒷに信託受益権が確定的に帰属したとはいえない旨主張するが，相続税法4条1項にいう「受益者」に当たるためには，受益権が確定的に帰属することを要するということはできないから，Ⓑの主張はその前提を欠くものであるし，本件信託の裁量は，受益者そのものを選定する権限ではないから，Ⓑが受益者に該当するとの上記判断を左右するに足りるものではない。

Ⓑは本件信託行為時に信託の全部の利益を享受できる立場になく，本件信託から利益を受けることを期待できる立場にあったにすぎないから受益者には当たらない旨主張するが，Ⓑの主張は採用できない。

受託者Ⓣは，Ⓢが寄託した米国債500万ドル分のうち，440万ドルを一時払保険料として支払って，本件生命保険契約を締結したが，残りの60万ドルについては米国債として運用しているところ，上記の運用益は受託者に対する報酬にあてられるものであって，60万ドルについては本件信託契約により受給者への分配がされていないことが本件信託行為時から確定しているため，Ⓑは，当該受益者に該当しない旨主張する。

しかしながら，受託者に対する報酬の支払義務は受益者にあるから，報酬の

第7 信託と税金の関係は，どうなんだろう？ 313

支払いのために運用されている60万ドル分の米国債の受給権が⑧にあること
は明らかである。また，本件信託契約上，受給者の報酬については，「収益か
ら充当すべき当該報酬は，経常収益または累積利益から支払えるものとする。」
と規定されているにすぎず，上記60万ドル分の米国債から発生する利子から
支払われることが義務付けられているのではないから，受益者への分配がされ
ないことが確定しているということはできない。そして，⑧が60万ドル分の
米国債から生じる利子収入を自身の雑所得として確定申告していることに照ら
しても，⑧は上記利子収入は⑧自身に帰属していることを認識していたという
ことができる。

　したがって，60万ドルの米国債についても，⑧は受益者に該当するものと
認めるのが相当である。以上によれば，⑧は相続税法4条1項にいう「受益
者」に当たると認められる。

　本件信託が生命保険信託に当たるかについて，相続税基本通達（昭和34年1
月28日付直資10。平成19年5月25日課資2-5，課審6-3による改正前のもの）
4-2は，「いわゆる生命保険信託については，その信託に関する権利は信託財
産として取り扱わないで，生命保険契約に関する規定（法第3条又は第5条）
を適用することにより取り扱うものとする。」と規定している。したがって，
本件信託が生命保険信託に当たる場合には，相続税法4条1項の適用はないこ
ととなる。

　生命保険信託の契約方式としては，㋐委託者が，その生命保険契約の保険金
請求権を一定の目的の下に受託会社に信託する原則的方式と，㋑委託者が金銭
または有価証券を信託し，受託者をして，受託者の名において委託者（または
第三者）を被保険者として生命保険契約を締結せしめ，満期または保険事故発
生の場合に受託者が保険金請求権を行使して得た保険金を受益者のために一定
の目的に従って運用する例外的方法の2つが考えられるところ，本件において
は，上記原則的方式に当たらないことは明らかであるため，上記例外的方式に
当たるかが問題となる。

　生命保険信託については，原則的方式であっても例外的方式であっても，受

託者は信託契約に従い受益者のために受領した生命保険金を管理運用するところから，実質的には，受益者がその生命保険金を受け取ったのと異なることがないため，このような生命保険信託に関する権利は，信託財産として取り扱わないで，生命保険契約を締結したのと実質的に同視できることを要するというべきであるから，信託契約において受託者に信託財産の運用方法についての裁量がなく，生命保険契約の締結が義務付けられているか，または委託者の指図に基づいて生命保険契約を締結する場合に限られると解すべきである。

これに対し，Ⓑは，生命保険信託は上記のような硬直的なものではないと主張するが，以上の点に照らせば，Ⓑの主張は採用することができない。

本件信託契約においては，受託者の権限は制限を受けず，受託者の合理的な裁量において行使することができるとされ，受託者は，信託財産の運用に関して広範な権限が認められていたということができる。そして，本件信託契約においては，本件信託の設定者は生命保険証券への投資が目的を満たすための適切な投資戦略であると信ずる旨記載されているにすぎず，受託者は生命保険証券を購入するなどの権限を有するが，これらは指示されるものでも義務でもないと記載されている上，受託者は生命保険契約の解約返戻金を自己の裁量によって運用することができる旨も定められている。

そうすると，本件生命保険契約は，受託者が委託者であるⓈの意思に沿って締結したものではあるが，委託者の指示に基づいて締結したものではないから，信託財産の運用方法の1つとして締結したものであり，したがって，本件信託は，生命保険信託の例外的方法には当たらないものというべきである。これに対し，Ⓑは，受託者には本件信託契約について生命保険に投資する以外の選択の余地はないなどと主張するが，上記のとおり，本件信託契約上，そのように解することはできないから，Ⓑの主張を採用することはできない。

また，Ⓑは，委託者Ⓢは，投資顧問である乙に対して生命保険契約の締結を指示し，乙は丁に対して本件生命保険契約の締結を指示したものであるところ，丁は乙の指示に従う義務があるから，本件信託は生命保険信託である旨主張するが，乙にはⓈの指示に従うべき法的義務はなく，自己の裁量によって投

資先を選択することができるのであるから，[乙]のⓉに対する上記指示がⓈの意向に沿うものであったとしても，Ⓢの指示と同視することはできない。したがって，Ⓑの上記主張は採用できない。

なお，本件信託が生命保険信託に該当するためには，満期または保険事故の発生まで本件生命保険契約を維持する必要があるところ，Ⓢによって本件生命保険契約の解約が禁止されていることを認めるに足りる証拠はない。

Ⓑについては，「贈与により財産を取得した個人で当該財産を取得した時においてこの法律の施行地に住所を有する者」（相続税法1条の4第1号）に当たるか，「贈与によりこの法律の施行地に住所を有しない者」（同条3号。いわゆる制限納税義務者）に当たるか否かによって，贈与税の課税範囲が異なることとなり，Ⓑが本件信託受益権を取得したときに日本に住所を有している者と認められれば，本件信託受益権の全部について贈与税が課されることになる。

そして，住所とは，反対の解釈をすべき特段の事由がない以上，生活の本拠，すなわち，その者の生活に最も関係の深い一般的生活，全生活の中心を指すものであり，一定の場所がある者の住所であるか否かは，客観的に生活の本拠たる実体を具備しているか否かにより決すべきものと解するのが相当である（最高裁平成23年2月18日判決，裁判集民事236号71頁）ところ，本件においては上記の特段の事情は存在しない。

Ⓑの居住関係等については，Ⓑは，本件信託行為当時，生後8か月の乳児であって，両親に養育されていたのであるから，Ⓑの住所を判断するに当たっては，Ⓑの両親の生活の本拠が異ならない限り，その生活の本拠がどこに当たるかを考慮して総合的に判断すべきである。

Ⓑの母が渡米した際には，いずれの時もⒷの父が役員を務める会社所有のコンドミニアムで生活していたのに対し，Ⓑの父は，Ⓑが出生する前から長久手の自宅建築に係る請負契約を締結しており，長久手の自宅の完成後は，Ⓑの両親は，日本にいる際には，ほぼ長久手の自宅において生活を続けており，Ⓑも長久手の自宅で同居していて，上記3名の住所や居住地を長久手の自宅とする各種の登録等をしていたこと，Ⓑの父は，平成15年12月には，日本に本社を

316　第Ⅱ部　信託にかかわる重要裁判例

置く丙社を設立して代表取締役に就任し，本件信託契約締結時にも同社の代表
取締役であったほか，日本国内における複数の法人の取締役等の重要な地位に
就いていたのに対し，米国において取得したビザの就労先である丁において
は，役職もなく，給与も受領しておらず，具体的な就労実態も明らかではない
こと，Ⓑの母はいわゆる専業主婦であって，米国において就労していたもので
はないこと，同女は，長男およびⒷとともに平成16年4月に渡米してから，
同年9月に家族とともに帰国するまでの間以外については，子供の出産にあわ
せて渡米していたものであって，単に子供に米国籍を取得させるために渡米し
ていたにすぎないことなどが認められるところ，Ⓑが本件信託利益を取得した
とき（Ⓢは平成16年8月に本件信託財産として本件米国債を丁に引き渡しており，
遅くともこの時点で本件信託利益を取得したということができる。）におけるⒷの
父の生活の本拠が長久手の自宅にあったことは明らかであり，Ⓑの母について
も，夫と離れて暮らすことは考えていない旨証言していることをも斟酌する
と，米国での生活はいずれも一時的なものであって，居住の継続性，安定性か
らすれば，上記時点における生活の本拠は長久手の自宅にあったものと認める
のが相当である。そうすると，両親に監護養育されていたⒷについても，上記
時点における生活の本拠は長久手の自宅であると認めるのが相当である。

　これに対し，Ⓑは，出生から本件信託行為時までの期間のうち米国に183日
滞在していたのに対し，日本には72日しか滞在していない旨主張する。確か
に，通常であれば，滞在日数は住所を判断するに当たっての重要な要素の一つ
であるが，上記のとおり，本件においては，Ⓑは出生後間もない乳児であると
いう特殊な事情があったから，むしろ両親の生活の本拠を重要な要素として考
慮すべきである上，滞在日数についても，本件信託行為後は，むしろ日本にい
る期間の方が長くなっていることに照らすと，Ⓑの出生から本件信託行為時ま
での米国における滞在日数が日本における滞在日数より長いことは，上記認定
を左右するに足りない。

　また，Ⓑは，母は子供たちを米国で育てるため米国に移住するつもりであ
り，平成16年1月は一時帰国したにすぎない旨主張するが，同主張は採用で

第7　信託と税金の関係は，どうなんだろう？　　317

きない。したがって，Ⓑは，本件信託行為時において，日本に住所を有していたものと認められるから，本件信託財産が我が国に所在するものであるか否かを判断するまでもなく，相続税法上の制限納税義務者には当たらず，相続税法1条の4第1号の適用対象となるというべきである。

本件信託契約においては，本件信託行為時において，Ⓑが本件信託財産から得られる収益および元本の唯一の受益者であり（信託契約4条1項），相続税法4条1項により，本件信託行為時に信託受益権の全部について贈与により取得したものとみなされる。これに対し，Ⓑは，限定的指名権者によってⒷ以外の者を受益者と指名できることや，Ⓣによる分配についてⓉが裁量を有していることに照らすと，本件信託に係る信託受益権について本件信託時における時価を評価することは著しく困難ないし不可能であると主張する。

しかし，相続税法4条1項は，いわゆる他益信託の場合において，受益者に対し，信託行為があったときにおいて当該受益者が，その受益権を当該委託者から贈与により取得したものとみなして課税する旨の規定であって，本件信託行為時における受益者であるⒷが信託受益権の全部について贈与により取得したものとみなされるのであるから，基本通達202の(1)により，本件信託財産（500万ドルの米国債）の価額によって本件信託受益権の本件信託時における時価を評価するのが相当であり，限定的指名権の行使の可能性があることや，Ⓣに裁量があるとすることは上記の判断を左右するものではない。

そうすると，上記の価額の算定は可能であるから，Ⓑの主張は採用できない。また，上記の方法によって算出された本件信託受益権の価額が相続税法22条に反するものということもできない。

したがって，Ⓑにおいては，贈与税の課税要件である課税標準を算定することができるものというべきである。以上によれば，Ⓑの主張はいずれも採用することができない。

| コメント | 本件では，主に 3 つの問題点が議論されています。㈲相続税法における「受益者」の意義，㈹生命保険信託の該当の |

有無，㈦日本国内に住所を有するか否かです。

　㈲について，委託者が受益者ではない他益信託の場合には，信託行為時に贈与があったものとみなされるという原則を適用したものです。本件では，信託財産の大部分が生命保険契約の保険料に転嫁されたこともあり，信託財産からの収益等が直ちに受益者に帰属するわけではないこともあって，少なくとも信託行為時においてみなし贈与があったとはいえないなどと反論していますが，次の㈹の生命保険信託が否定される以上，本判決の結論は相当であると思われます。

　㈹について，生命保険信託に該当するか否かについて，生命保険信託の原則的方法と同視できるような，委託者の受託者に対する解約禁止等の縛りが認定できないことから，これを否定したもので，例外はあくまで例外的にしか認められないように，受益者の主張には無理があると思われます。

　㈦について，本件信託契約時の受益者が乳児であったことから，その両親の生活の本拠が受益者の住所になるというのは当然といえます。日本国内の一定の富裕層が，米国で出生することで米国籍を取得することは知る人ぞ知ることですが，国籍だけでなく税法面での優遇措置も受けるために信託制度を利用しようとしたことが本件の特徴です。しかも，生命保険契約を活用しており，本件の当事者は実に周到な準備をして，贈与税を回避しようとしました。

　これに対して，税務当局としても，国境を跨いだこのようなスキームには，断固たる対処をする必要があるとして，贈与税を課したものです。信託を推奨しようとする立場からみると，税回避手段として信託が利用されたことは残念に思います。

【66】 信託の受託者が所有する信託財産である土地と固有財産の家屋に係る賃料債権に対する滞納処分の差押えは適法なのかな？

（最高裁平成28年3月29日判決・裁判所時報1649号135頁）

事案の概要　亡きⓈとⓉは，平成18年6月に，Ⓢが所有する本件土地をⓉに信託譲渡し，Ⓣにおいて本件土地の管理または処分を行うことを目的とする旨合意し，その旨の登記がされました。Ⓣは，同年7月に本件土地上にある家屋を売買により取得した上，[甲]との間で，本件土地および本件家屋を，使用目的を事務所および駐車場とし，賃料を月額30万円および消費税相当額として賃貸する本件賃貸借契約を締結しました。本件土地と本件家屋の賃料の内訳は定められていません。Ⓣは，本件土地，本件家屋およびその他複数の土地に係る平成18年度分から23年度分までの固定資産税を滞納したことから，彦根市長は，Ⓣに対し，本件賃貸借契約に係る平成24年2月分以降の[甲]の賃料を差押えしました。そこで，ⓈとⓉが差押処分の取消しを求めて提訴したところ，1審継続中にⓈが死亡し，Ⓢ1が本件訴訟を承継しました。1審は請求を棄却したものの，原審の大阪高裁が本件差押えは全体として違法であるとしてこれを取消したため，彦根市が上告したところ，最高裁は原判決を破棄し，控訴を棄却しました。

判決の要旨　本件賃貸借契約においては，賃料のうち本件土地の賃料相当額部分と本件家屋の賃料相当額部分の内訳につき明示の合意はなされていないものの，旧信託法28条が信託契約の受託者は信託財産を固有財産および他の信託財産と分別して管理することを要する旨規定していること，本件土地について信託の登記がされていること，本件土地と本件家屋とは別個の不動産であり，その経済的な価値は別個に観念することが可能であること等に鑑みると，本件賃貸借契約の当事者の意思を合理的に解釈するならば，本件土地および本件家屋の経済的な価値の割合や利用状況等に応じて，本件賃

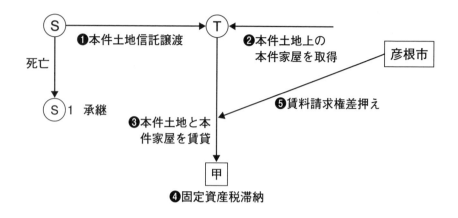

貸借契約に基づく賃料債権につき，本件土地の賃料相当額部分と本件家屋の賃料相当額部分とに区分されるものと解するのが相当である。

そうすると，本件賃料債権についても，本件土地の賃料相当額部分を区分することが可能であると解されるところ，同部分は，Tが，信託財産である本件土地の管理行為として締結した本件賃貸借契約に基づき得たものであるから，旧信託法14条により，信託財産に属するものとなる。

固定資産税の納付義務者が同一の市町村内に複数の不動産を有する場合には，いわゆる名寄せが行われ（地方税法387条），課税技術上，固定資産税は，全ての不動産につき一体として賦課されることとなる。しかし，各不動産に課される固定資産税の課税標準は当該不動産の価格を基準とすること（同法349条）からすると，上記の場合に賦課される固定資産税については，これを各不動産の課税標準で按分することにより，各不動産の固定資産税相当額を算定することができるというべきである。

そうすると，本件差押えについては，本件滞納固定資産税等のうち本件土地以外の不動産の固定資産税相当額に係る部分に基づき，本件賃料債権のうち本件土地の賃料相当額部分を差し押さえることとなる点において旧信託法16条1項との関係で問題があるといわざるを得ないものの，本件滞納固定資産税等のうち本件土地の固定資産税相当額に係る部分に基づき，本件賃料債権のうち

本件建物の賃料相当額部分を差し押さえることは，同項に何ら反するものではないというべきである。

　このように，本件差押えにつき同項との関係で問題となる部分は上記の限度にとどまり，国税徴収法 63 条が，徴収職員が債権を差し押さえるときはその全額を差し押さえなければならないと規定していることなどに照らすと，本件差押えの効力を直ちに否定すべき理由はなく，又，本件差押えを全体として違法とするような特段の事情もうかがわれないから，本件差押えは適法である。

　もとより，旧信託法 16 条 1 項との関係で問題となる部分については，本件賃料債権のうち本件土地の賃料相当額部分をもって本件滞納固定資産税等のうち本件土地以外の不動産の固定資産税相当額に係る部分に充当することはできないから，本件賃料債権が逐次取り立てられて本件滞納固定資産税等に充当された結果，本件滞納固定資産税等のうち本件土地の固定資産税相当額に係る部分が消滅した場合には，彦根市は，それ以降に本件差押えに基づき取り立てた本件賃料債権のうち本件土地の賃料相当額を⑦に交付すべきものであり，交付されない場合には，⑦は彦根市に対し，不当利得の返還を求めることができるというべきである。

　　コメント　　信託の受託者が，信託財産と固有財産の双方を有しており，その双方に係る税金の差押えがなされた場合に，旧信託法 16 条 1 項の趣旨から，原審が全体として無効と判断したのに対して，最高裁は一転して有効としたものです。

　最高裁も，「本件差押えについては，本件滞納固定資産税等のうち本件土地以外の不動産の固定資産税相当額に係る部分に基づき，本件賃料債権のうち本件土地の賃料相当額部分を差押えることとなる点において旧信託法 16 条 1 項との関係で問題があるといわざるを得ないものの」と述べており，旧信託法を無視しているわけではありません。その一方で，国税徴収法 63 条を引いて，債権差押えの場合には全額差押えと規定しているこ

とから，結局本件差押えの効力を認めたものです。

　無論，旧信託法の趣旨から，「本件賃料債権のうち本件土地の賃料相当額部分をもって本件滞納固定資産税等のうち本件土地の賃料相当額部分をもって本件滞納固定資産税等のうち本件土地以外の不動産の固定資産税相当額に係る部分に充当することはできない」としており，それ以上に取り立てた場合には返還義務があることを明示しており，最高裁の判断は，バランスを取ったものといえ，やむを得ないものと思われます。

　ところで，土地，建物を一括して賃貸する場合に，土地の賃料と建物の賃料を区別せずに合計で記載することがありますが，本件のような紛争に鑑みても，好ましくありません。契約書に関与する宅地建物取引士等の専門家は十分気を付ける必要があります。

終わりに代えて

　本書では，「信託のキホン」と「信託の裁判例」を述べてきました。信託については，まだまだ世の中一般に知られているとはいえず，しかも，少し信託をかじっただけでは，何だか難しそうだなと思わせるものがあって，まだそんなに使われていないから当面はいいかなと遠ざかってしまうことが多いようです。

　けれども，超高齢化の進展により，財産の保全および活用のための認知症対策ならびに財産および事業の承継のための相続対策に，信託は重要なツールとなりつつあり，信託を利用せずに，認知症対策も相続対策も語る資格はない時代となってきました。

　その一方で，信託の課題が浮き彫りになりつつあります。

　第1に，信託になじみがないこともあり，信託の専門家が少ないことです。

　第2に，受託者の成り手を探すのが大変だということです。これまで，私が所属する弁護士の業界は，信託業法の規制により法律の専門家である弁護士が受託者になれないのはおかしいので，信託業法を改正すべきであると批判をしてきました。しかし，弁護士を含む専門家の成年後見人の不祥事が頻発するようになって，この声は弱まっているようです。

　私自身は，このような不祥事以上に，認知症対策も相続対策も長期的な問題であることから，生命に限りのある個人の弁護士が受託者になる

ことについては疑問をもっています。むしろ，信託会社が，従来民事信託や家族信託といわれてきた分野にもっと進出して，その業務範囲を拡大すべきと思っています。どうしても信託会社では採算の合わない案件については，信託をアレンジする専門家が委託者や受益者の身内に受託者になってもらうように説得すべきです。それが専門家としての務めともいえます。さらにいえば，当座の措置として，これまで以上に，自己信託の活用を検討してよいと思います。

　第3に，受託者の暴走を防ぐ方策を考えておく必要があります。信託には，かつて悪質信託会社が跋扈したという苦い歴史があります。それを阻止するために，厳しい信託業法があるのですが，信託業法の適用がないいわゆる家族信託では，受託者の暴走をできるだけ防がなければ，成年後見人の不祥事問題と同じような，否それ以上の深刻な問題が起きかねないからです。成年後見人の制度では，任意後見人も含めて，家庭裁判所の関与がありますが，家族信託では，現在の制度上，家庭裁判所の関与が要件となっていません。私個人としては，少なくとも，公正証書を信託契約の成立要件とすることと，契約後直ちに家庭裁判所等の国家機関への届出をすることを義務付けるべきではないかと思っています。

　第4に，税務問題です。本書では，税務に関する5つの裁判例を挙げましたが，税理士でも悩むような多方面あるいは国際的な事例です。ますます税務は難しいと思われたかもしれません。もっとも，一般的な信託の事案，特に家族信託といわれるものについては，当初が自益信託で，相続時に他益信託となる事例がほとんどですから，実質主義の観点に立てば，信託受益権といっても信託財産の相続時における相続税の対策を考えておけばまず問題ないと思われます。つまり，信託の税務問題を必要以上に不安視することはないということです。とはいっても，信

託を組成するに当たっては，公認会計士や税理士等の税務の専門家との間で，あらかじめきちんとした打ち合わせをすることが重要なポイントといえます。

今後，信託の活用が飛躍的に拡大することが予想されます。その中で，本書が少しでも皆様のお役に立つことができれば，本書を執筆したものとしてこれ以上の喜びはありません。

私自身も，これまで以上に信託を広める伝道師として，活動していきたいと思っています。

信託法

大正 11 年 4 月 21 日・法律第 62 号
最終改正：平成 18 年 12 月 15 日・法律第 109 号

第1条　本法ニ於テ信託ト称スルハ財産
権ノ移転其ノ他ノ処分ヲ為シ他人ヲシ
テ一定ノ目的ニ従ヒ財産ノ管理又ハ処
分ヲ為サシムルヲ謂フ

第2条　信託ハ遺言ニ依リテ之ヲ為スコ
トヲ得

第3条　登記又ハ登録スヘキ財産権ニ付
テハ信託ハ其ノ登記又ハ登録ヲ為スニ
非サレハ之ヲ以テ第三者ニ対抗スルコ
トヲ得ス

2　有価証券ニ付テハ信託ハ勅令ノ定ム
ル所ニ依リ証券ニ信託財産ナルコトヲ
表示シ株券及社債券ニ付テハ尚株主名
簿又ハ社債原簿ニ信託財産タル旨ヲ記
載又ハ記録スルニ非サレハ之ヲ以テ第
三者ニ対抗スルコトヲ得ス

3　株券ヲ発行セザル旨ノ定款ノ定アル
会社ノ株式ニ付テハ信託ハ株主名簿ニ
信託財産タル旨ヲ記載又ハ記録スルニ
非ザレバ之ヲ以テ第三者ニ対抗スルコ
トヲ得ズ

第4条　受託者ハ信託行為ノ定ムル所ニ
従ヒ信託財産ノ管理又ハ処分ヲ為スコ
トヲ要ス

第5条　未成年者，成年被後見人，被保
佐人及破産者ハ受託者ト為ルコトヲ得
ス

第6条　信託ノ引受ハ営業トシテ之ヲ為

ストキハ之ヲ商行為トス

第7条　信託行為ニ依リ受益者トシテ指
定セラレタル者ハ当然信託ノ利益ヲ享
受ス但シ信託行為ニ別段ノ定アルトキ
ハ其ノ定ニ従フ

第8条　不特定ノ受益者又ハ未タ存在セ
サル受益者アル場合ニ於テハ裁判所ハ
利害関係人ノ請求ニ因リ又ハ職権ヲ以
テ信託管理人ヲ選任スルコトヲ得但シ
信託行為ヲ以テ信託管理人ヲ指定シタ
ルトキハ此ノ限ニ在ラス

2　信託管理人ハ前項ノ受益者ノ為自己
ノ名ヲ以テ信託ニ関スル裁判上又ハ裁
判外ノ行為ヲ為ス権限ヲ有ス

3　裁判所ハ事情ニ依リ信託財産中ヨリ
相当ノ報酬ヲ信託管理人ニ与フルコト
ヲ得

第9条　受託者ハ共同受益者ノ1人タル
場合ヲ除クノ外何人ノ名義ヲ以テスル
ヲ問ハス信託ノ利益ヲ享受スルコトヲ
得ス

第10条　法令ニ依リ或財産権ヲ享有ス
ルコトヲ得サル者ハ受益者トシテ其ノ
権利ヲ有スルト同一ノ利益ヲ享受スル
コトヲ得ス

第11条　信託ハ訴訟行為ヲ為サシムル
コトヲ主タル目的トシテ之ヲ為スコト
ヲ得ス

第12条　債務者カ其ノ債権者ヲ害スル
　コトヲ知リテ信託ヲ為シタル場合ニ於
　テハ債権者ハ受託者カ善意ナルトキト
　雖民法第424条第1項ニ規定スル取消
　権ヲ行フコトヲ得
2　前項ノ規定ニ依リテ為シタル取消ハ
　受益者カ既ニ受ケタル利益ニ影響ヲ及
　ホサス但シ受益者ノ債権ノ弁済期ニ到
　ラサルトキ又ハ受益者カ其ノ利益ヲ受
　ケタル当時債権者ヲ害スヘキ事実ヲ知
　リタルトキ若ハ重大ナル過失ニ因リテ
　之ヲ知ラサリシトキハ此ノ限ニ在ラス
第13条　受託者ハ信託財産ノ占有ニ付
　委託者ノ占有ノ瑕疵ヲ承継ス
2　前項ノ規定ハ金銭其ノ他ノ物又ハ有
　価証券ノ給付ヲ目的トスル有価証券ニ
　付之ヲ準用ス
第14条　信託財産ノ管理，処分，滅
　失，毀損其ノ他ノ事由ニ因リ受託者ノ
　得タル財産ハ信託財産ニ属ス
第15条　信託財産ハ受託者ノ相続財産
　ニ属セス
第16条　信託財産ニ付信託前ノ原因ニ
　因リテ生シタル権利又ハ信託事務ノ処
　理ニ付生シタル権利ニ基ク場合ヲ除ク
　ノ外信託財産ニ対シ強制執行，仮差押
　若ハ仮処分ヲ為シ又ハ之ヲ競売スルコ
　トヲ得ス
2　前項ノ規定ニ反シテ為シタル強制執
　行，仮差押，仮処分又ハ競売ニ対シテ
　ハ委託者，其ノ相続人，受益者及受託
　者ハ異議ヲ主張スルコトヲ得此ノ場合
　ニ於テハ民事執行法（昭和54年法律
　第4号）第38条及民事保全法（平成
　元年法律第91号）第45条ノ規定ヲ準

用ス
第17条　信託財産ニ属スル債権ト信託
　財産ニ属セサル債務トハ相殺ヲ為スコ
　トヲ得ス
第18条　信託財産カ所有権以外ノ権利
　ナル場合ニ於テハ受託者カ其ノ目的タ
　ル財産ヲ取得スルモ其ノ権利ハ混同ニ
　因リテ消滅スルコトナシ
第19条　受託者カ信託行為ニ因リ受益
　者ニ対シテ負担スル債務ニ付テハ信託
　財産ノ限度ニ於テノミ其ノ履行ノ責ニ
　任ス
第20条　受託者ハ信託ノ本旨ニ従ヒ善
　良ナル管理者ノ注意ヲ以テ信託事務ヲ
　処理スルコトヲ要ス
第21条　信託財産ニ属スル金銭ノ管理
　方法ニ関シテハ勅令ヲ以テ之ヲ定ム
第22条　受託者ハ何人ノ名義ヲ以テス
　ルヲ問ハス信託財産ヲ固有財産ト為シ
　又ハ之ニ付権利ヲ取得スルコトヲ得ス
　但シ已ムコトヲ得サル事由アル場合ニ
　於テ裁判所ノ許可ヲ受ケ信託財産ヲ固
　有財産ト為スハ此ノ限ニ在ラス
2　前項ノ規定ハ受託者カ相続其ノ他包
　括名義ニ因リ信託財産ニ付権利ヲ承継
　スルコトヲ妨ケス此ノ場合ニ於テハ第
　18条ノ規定ヲ準用ス
第23条　信託行為ノ当時予見スルコト
　ヲ得サリシ特別ノ事情ニ因リ信託財産
　ノ管理方法カ受益者ノ利益ニ適セサル
　ニ至リタルトキハ委託者，其ノ相続
　人，受益者又ハ受託者ハ其ノ変更ヲ裁
　判所ニ請求スルコトヲ得
2　前項ノ規定ハ裁判所ノ定メタル管理
　方法ニ付之ヲ準用ス

第24条　受託者数人アルトキハ信託財産ハ其ノ合有トス

2　前項ノ場合ニ於テ信託行為ニ別段ノ定アル場合ヲ除クノ外信託事務ノ処理ハ受託者共同シテ之ヲ為スコトヲ要ス但シ其ノ1人ニ対シテ為シタル意思表示ハ他ノ受託者ニ対シテモ其ノ効力ヲ生ス

第25条　受託者数人アルトキハ信託行為ニ因リ受益者ニ対シテ負担スル債務ハ之ヲ連帯トス信託事務ノ処理ニ付負担スル債務亦同シ

第26条　受託者ハ信託行為ニ別段ノ定アル場合ヲ除クノ外已ムコトヲ得サル事由アル場合ニ限リ他人ヲシテ自己ニ代リテ信託事務ヲ処理セシムルコトヲ得

2　前項ノ場合ニ於テハ受託者ハ選任及監督ニ付テノミ其ノ責ニ任ス信託行為ニ依リ他人ヲシテ信託事務ヲ処理セシメタルトキ亦同シ

3　受託者ニ代リテ信託事務ヲ処理スル者ハ受託者ト同一ノ責任ヲ負フ

第27条　受託者カ管理ノ失当ニ因リテ信託財産ニ損失ヲ生セシメタルトキ又ハ信託ノ本旨ニ反シテ信託財産ヲ処分シタルトキハ委託者，其ノ相続人，受益者及他ノ受託者ハ其ノ受託者ニ対シ損失ノ填補又ハ信託財産ノ復旧ヲ請求スルコトヲ得

第28条　信託財産ハ固有財産及他ノ信託財産ト分別シテ之ヲ管理スルコトヲ要ス但シ信託財産タル金銭ニ付テハ各別ニ其ノ計算ヲ明ニスルヲ以テ足ル

第29条　第27条ノ規定ハ受託者カ前条ノ規定ニ違反シテ信託財産ヲ管理シタル場合ニ之ヲ準用ス

2　前項ノ場合ニ於テ信託財産ニ損失ヲ生シタルトキハ受託者ハ分別シテ管理ヲ為シタル場合ニ於テモ損失ヲ生スヘカリシコトヲ証明スルニ非サレハ不可抗力ヲ理由トシテ其責ヲ免ルルコトヲ得ス

第30条　信託財産ニ付附合，混和又ハ加工アリタル場合ニ於テハ各信託財産及固有財産ハ各別ノ所有者ニ属スルモノト看做シ民法第242条乃至第248条ノ規定ヲ適用ス

第31条　受託者カ信託ノ本旨ニ反シテ信託財産ヲ処分シタルトキハ受益者ハ相手方又ハ転得者ニ対シ其ノ処分ヲ取消スコトヲ得但シ信託ノ登記若ハ登録アリタルトキ又ハ登記若ハ登録スヘカラサル信託財産ニ付テハ相手方及転得者ニ於テ其ノ処分カ信託ノ本旨ニ反スルコトヲ知リタルトキ若ハ重大ナル過失ニ因リテ之ヲ知ラサリシトキニ限ル

第32条　受益者数人アル場合ニ於テ其ノ1人カ前条ノ規定ニ依リテ為シタル取消ハ他ノ受益者ノ為ニ其ノ効力ヲ生ス

第33条　第31条ニ規定スル取消権ハ受益者又ハ信託管理人カ取消ノ原因アルコトヲ知リタル時ヨリ1月内ニ之ヲ行ハサルトキハ消滅ス処分ノ時ヨリ1年ヲ経過シタルトキ亦同シ

第34条　受託者タル法人カ其ノ任務ニ背キタルトキハ之ニ干与シタル理事又ハ之ニ準スヘキ者亦連帯シテ其ノ責ニ任ス

第35条　受託者ハ営業トシテ信託ノ引受ヲ為ス場合ヲ除クノ外特約アルニ非サレハ報酬ヲ受クルコトヲ得ス

第36条　受託者ハ信託財産ニ関シテ負担シタル租税，公課其ノ他ノ費用又ハ信託事務ヲ処理スル為自己ニ過失ナクシテ受ケタル損害ノ補償ニ付テハ信託財産ヲ売却シ他ノ権利者ニ先チテ其ノ権利ヲ行フコトヲ得

2　受託者ハ受益者ニ対シ前項ノ費用又ハ損害ニ付其ノ補償ヲ請求シ又ハ相当ノ担保ヲ供セシムルコトヲ得但シ受益者カ不特定ナルトキ及未タ存在セサルトキハ此ノ限ニ在ラス

3　前項ノ規定ハ受益者カ其ノ権利ヲ抛棄シタル場合ニハ之ヲ適用セス

第37条　前条ノ規定ハ受託者カ信託財産ヨリ報酬ヲ受クヘキ場合ニ其ノ報酬ニ付之ヲ準用ス受託者カ受益者ヨリ報酬ヲ受クヘキ場合亦同シ

第38条　第36条又ハ前条ニ規定スル受託者ノ権利ハ受託者カ第27条又ハ第29条ノ規定ニ依ル損失ノ塡補及信託財産復旧ノ義務ヲ履行シタル後ニ非サレハ之ヲ行フコトヲ得

第39条　受託者ハ帳簿ヲ備ヘ各信託ニ付其ノ事務ノ処理及計算ヲ明ニスルコトヲ要ス

2　受託者ハ信託引受ノ時及毎年1回一定ノ時期ニ於テ各信託ニ付財産目録ヲ作ルコトヲ要ス

第40条　利害関係人ハ何時ニテモ前条ノ書類ノ閲覧ヲ請求スルコトヲ得

2　委託者，其ノ相続人及受益者ハ信託事務ノ処理ニ関スル書類ノ閲覧ヲ請求シ且信託事務ノ処理ニ付説明ヲ求ムルコトヲ得

第41条　信託事務ハ営業トシテ信託ノ引受ヲ為ス場合ヲ除クノ外裁判所ノ監督ニ属ス

2　裁判所ハ利害関係人ノ請求ニ因リ又ハ職権ヲ以テ信託事務ノ処理ニ付検査ヲ為シ且検査役ヲ選任シ其ノ他必要ナル処分ヲ命スルコトヲ得

第42条　受託者カ死亡シタルトキ又ハ破産手続開始ノ決定若ハ後見開始若ハ保佐開始ノ審判ヲ受ケタルトキハ其ノ任務ハ之ニ因リテ終了ス受託者タル法人カ解散シタルトキ亦同シ

2　前項ノ場合ニ於テハ受託者ノ相続人，其ノ法定代理人，破産管財人，後見人，保佐人又ハ清算人ハ新受託者カ信託事務ヲ処理スルコトヲ得ルニ至ル迄信託財産ヲ保管シ且信託事務ノ引継ニ必要ナル行為ヲ為スコトヲ要ス法人合併ノ場合ニ於テ合併ニ因リテ設立シタル法人又ハ合併後存続スル法人亦同シ

第43条　受託者ハ信託行為ニ別段ノ定アル場合ヲ除クノ外受益者及委託者ノ承諾アルニ非サレハ其ノ任務ヲ辞スルコトヲ得

第44条　信託行為ニ依リ特定ノ資格ニ基キ受託者ト為リタル者其ノ資格ヲ喪失シタルトキハ其ノ任務ハ之ニ因リテ終了ス

第45条　第43条又ハ前条ノ規定ニ依リ任務終了シタル者ハ新受託者カ信託事務ヲ処理スルコトヲ得ルニ至ル迄仍受託者ノ権利義務ヲ有ス

信 託 法　　*331*

第46条　已ムコトヲ得サル事由アルト
キハ受託者ハ裁判所ノ許可ヲ受ケ其ノ
任務ヲ辞スルコトヲ得

第47条　受託者カ其ノ任務ニ背キタル
トキ其ノ他重要ナル事由アルトキハ裁
判所ハ委託者，其ノ相続人又ハ受益者
ノ請求ニ因リ受託者ヲ解任スルコトヲ
得

第48条　第46条又ハ前条ノ規定ニ依リ
受託者其ノ任務ヲ辞シ又ハ解任セラレ
タルトキハ裁判所ハ信託財産ノ管理人
ヲ選任シ其ノ他必要ナル処分ヲ命スル
コトヲ得

第49条　受託者ノ任務終了ノ場合ニ於
テハ利害関係人ハ新受託者ノ選任ヲ裁
判所ニ請求スルコトヲ得

2　前項ノ規定ハ遺言ニ依リ受託者トシ
テ指定セラレタル者カ信託ノ引受ヲ為
サス又ハ之ヲ為スコト能ハサル場合ニ
之ヲ準用ス

3　前二項ノ規定ハ信託行為ニ別段ノ定
アルトキハ之ヲ適用セス

4　第8条第3項ノ規定ハ受託者ニ付之
ヲ準用ス

第50条　受託者ノ更迭アリタルトキハ
信託財産ハ前受託者ノ任務終了ノ時ニ
於テ新受託者ニ譲渡サレタルモノト看
做ス

2　受託者数人アル場合ニ於テ其ノ1人
ノ任務終了シタルトキハ信託財産ハ当
然他ノ受託者ニ帰ス

第51条　第27条又ハ第29条ニ規定ス
ル権利ハ新受託者亦之ヲ行フコトヲ得

第52条　受託者ノ更迭アリタルトキハ
新受託者ハ前受託者カ信託行為ニ因リ

受益者ニ対シテ負担シタル債務ヲ承継
ス

2　前項ノ規定ハ第50条第2項ノ場合
ニ之ヲ準用ス

3　信託事務ノ処理ニ付生シタル債権ハ
信託財産ノ限度ニ於テ新受託者ニ対シ
テモ亦之ヲ行フコトヲ得

第53条　信託財産ニ対スル強制執行，
仮差押若ハ仮処分ノ執行又ハ競売手続
ハ新受託者ニ対シテ之ヲ続行スルコト
ヲ得

第54条　前受託者ハ第36条第1項ニ規
定スル費用若ハ損害ノ補償ヲ受クル権
利又ハ第37条ニ規定スル報酬ヲ受ク
ル権利ニ基キ新受託者ニ対シ信託財産
ニ付強制執行，仮差押若ハ仮処分ヲ為
シ又ハ之ヲ競売スルコトヲ得

2　前受託者ハ前項ノ権利ヲ行フ為信託
財産ヲ留置スルコトヲ得

第55条　受託者更迭ノ場合ニ於テハ信
託事務ノ計算ヲ為シ受益者又ハ信託管
理人ノ立会ヲ以テ事務ノ引継ヲ為スコ
トヲ要ス

2　受益者又ハ信託管理人カ前項ノ計算
ヲ承認シタルトキハ前受託者ノ其ノ受
益者ニ対スル引継ニ関スル責任ハ之ニ
因リテ解除セラレタルモノト看做ス但
シ不正ノ行為アリタル場合ハ此ノ限ニ
在ラス

第56条　信託行為ヲ以テ定メタル事由
発生シタルトキ又ハ信託ノ目的ヲ達シ
若ハ達スルコト能ハサルニ至リタルト
キハ信託ハ之ニ因リテ終了ス

第57条　委託者カ信託利益ノ全部ヲ享
受スル場合ニ於テハ委託者又ハ其ノ相

続人ハ何時ニテモ信託ヲ解除スルコトヲ得此ノ場合ニ於テハ民法第651条第2項ノ規定ヲ準用ス

第58条　前条ノ場合ヲ除クノ外受益者カ信託利益ノ全部ヲ享受スル場合ニ於テ信託財産ヲ以テスルニ非サレハ其ノ債務ヲ完済スルコト能ハサルトキ其ノ他已ムコトヲ得サル事由アルトキハ裁判所ハ受益者又ハ利害関係人ノ請求ニ因リ信託ノ解除ヲ命スルコトヲ得

第59条　第57条及前条ノ規定ニ拘ラス信託ノ解除ニ関シ信託行為ニ別段ノ定アルトキハ其ノ定ニ従フ

第60条　信託ノ解除ハ将来ニ向テノミ其ノ効力ヲ生ス

第61条　第57条又ハ第58条ノ規定ニ依リ信託カ解除セラレタルトキハ信託財産ハ受益者ニ帰属ス

第62条　信託終了ノ場合ニ於テ信託行為ニ定メタル信託財産ノ帰属権利者ナキトキハ其ノ信託財産ハ委託者又ハ其ノ相続人ニ帰属ス

第63条　信託終了ノ場合ニ於テ信託財産カ其ノ帰属権利者ニ移転スル迄ハ仍信託ハ存続スルモノト看做ス此ノ場合ニ於テハ帰属権利者ヲ受益者ト看做ス

第64条　第53条及第54条ノ規定ハ信託ノ終了ニ因リ信託財産カ受益者其ノ他ノ者ニ帰属シタル場合ニ之ヲ準用ス

第65条　信託終了ノ場合ニ於テハ受託者ハ信託事務ノ最終ノ計算ヲ為シ受益者ノ承認ヲ得ルコトヲ要ス此ノ場合ニ於テハ第55条第2項ノ規定ヲ準用ス

第66条　祭祀，宗教，慈善，学術，技芸其ノ他公益ヲ目的トスル信託ハ之ヲ公益信託トシ其ノ監督ニ付テハ後六条ノ規定ヲ適用ス

第67条　公益信託ハ主務官庁ノ監督ニ属ス

第68条　公益信託ノ引受ニ付テハ受託者ハ主務官庁ノ許可ヲ受クルコトヲ要ス

第69条　主務官庁ハ何時ニテモ公益信託事務ノ処理ニ付検査ヲ為シ且財産ノ供託其ノ他必要ナル処分ヲ命スルコトヲ得

2　受託者ハ毎年1回一定ノ時期ニ於テ信託事務及財産ノ状況ヲ公告スルコトヲ要ス

第70条　公益信託ニ付信託行為ノ当時予見スルコトヲ得サリシ特別ノ事情ヲ生シタルトキハ主務官庁ハ信託ノ本旨ニ反セサル限リ信託ノ条項ノ変更ヲ為スコトヲ得

第71条　公益信託ノ受託者ハ已ムコトヲ得サル事由アル場合ニ限リ主務官庁ノ許可ヲ受ケ其ノ任務ヲ辞スルコトヲ得

第72条　公益信託ニ付テハ第8条第1項第3項，第22条第1項但書及第47条乃至第49条ニ規定スル裁判所ノ権限ハ主務官庁ニ属ス但シ第47条及第49条ニ規定スル権限ニ付テハ職権ヲ以テ之ヲ行フコトヲ得

第73条　公益信託終了ノ場合ニ於テ信託財産ノ帰属権利者ナキトキハ主務官庁ハ其ノ信託ノ本旨ニ従ヒ類似ノ目的ノ為ニ信託ヲ継続セシムルコトヲ得

第74条　本法ニ規定スル主務官庁ノ権限ハ政令ノ定ムル所ニ依リ其ノ全部又

ハ一部ヲ国ニ所属スル行政庁ニ委任ス
ルコトヲ得

第75条　本法ニ規定スル主務官庁ノ権
限ニ属スル事務ハ政令ノ定ムル所ニ依
リ都道府県ノ知事其ノ他ノ執行機関ニ
於テ其ノ全部又ハ一部ヲ処理スルコト
トスルコトヲ得

2　前項ノ場合ニ於テハ主務官庁ハ都道
府県ノ執行機関ガ其ノ事務ヲ処理スル
ニ当リテ依ルベキ基準ヲ定ムルコトヲ
得

3　主務官庁ガ前項ノ基準ヲ定メタルト
キハ之ヲ告示スルコトヲ要ス

信託法

平成 18 年 12 月 15 日・法律第 108 号
最終改正：平成 26 年 6 月 27 日・法律第 91 号

第1章 総 則

第1条（趣旨） 信託の要件，効力等に
ついては，他の法令に定めるもののほ
か，この法律の定めるところによる。

第2条（定義） この法律において「信
託」とは，次条各号に掲げる方法のい
ずれかにより，特定の者が一定の目的
（専らその者の利益を図る目的を除
く。同条において同じ。）に従い財産
の管理又は処分及びその他の当該目的
の達成のために必要な行為をすべきも
のとすることをいう。

2 この法律において「信託行為」と
は，次の各号に掲げる信託の区分に応
じ，当該各号に定めるものをいう。

一 次条第一号に掲げる方法による信
託 同号の信託契約

二 次条第二号に掲げる方法による信
託 同号の遺言

三 次条第三号に掲げる方法による信
託 同号の書面又は電磁的記録（同
号に規定する電磁的記録をいう。）
によってする意思表示

3 この法律において「信託財産」と
は，受託者に属する財産であって，信
託により管理又は処分をすべき一切の
財産をいう。

4 この法律において「委託者」とは，
次条各号に掲げる方法により信託をす
る者をいう。

5 この法律において「受託者」とは，
信託行為の定めに従い，信託財産に属
する財産の管理又は処分及びその他の
信託の目的の達成のために必要な行為
をすべき義務を負う者をいう。

6 この法律において「受益者」とは，
受益権を有する者をいう。

7 この法律において「受益権」とは，
信託行為に基づいて受託者が受益者に
対し負う債務であって信託財産に属す
る財産の引渡しその他の信託財産に係
る給付をすべきものに係る債権（以下
「受益債権」という。）及びこれを確保
するためにこの法律の規定に基づいて
受託者その他の者に対し一定の行為を
求めることができる権利をいう。

8 この法律において「固有財産」と
は，受託者に属する財産であって，信
託財産に属する財産でない一切の財産
をいう。

9 この法律において「信託財産責任負
担債務」とは，受託者が信託財産に属
する財産をもって履行する責任を負う
債務をいう。

10 この法律において「信託の併合」と

は，受託者を同一とする2以上の信託
の信託財産の全部を1の新たな信託の
信託財産とすることをいう。

11　この法律において「吸収信託分割」
とは，ある信託の信託財産の一部を受
託者を同一とする他の信託の信託財産
として移転することをいい，「新規信
託分割」とは，ある信託の信託財産の
一部を受託者を同一とする新たな信託
の信託財産として移転することをい
い，「信託の分割」とは，吸収信託分
割又は新規信託分割をいう。

12　この法律において「限定責任信託」
とは，受託者が当該信託のすべての信
託財産責任負担債務について信託財産
に属する財産のみをもってその履行の
責任を負う信託をいう。

第3条（信託の方法）　信託は，次に掲
げる方法のいずれかによってする。

　一　特定の者との間で，当該特定の者
に対し財産の譲渡，担保権の設定そ
の他の財産の処分をする旨並びに当
該特定の者が一定の目的に従い財産
の管理又は処分及びその他の当該目
的の達成のために必要な行為をすべ
き旨の契約（以下「信託契約」とい
う。）を締結する方法

　二　特定の者に対し財産の譲渡，担保
権の設定その他の財産の処分をする
旨並びに当該特定の者が一定の目的
に従い財産の管理又は処分及びその
他の当該目的の達成のために必要な
行為をすべき旨の遺言をする方法

　三　特定の者が一定の目的に従い自己
の有する一定の財産の管理又は処分

及びその他の当該目的の達成のため
に必要な行為を自らすべき旨の意思
表示を公正証書その他の書面又は電
磁的記録（電子的方式，磁気的方式
その他人の知覚によっては認識する
ことができない方式で作られる記録
であって，電子計算機による情報処
理の用に供されるものとして法務省
令で定めるものをいう。以下同じ。）
で当該目的，当該財産の特定に必要
な事項その他の法務省令で定める事
項を記載し又は記録したものによっ
てする方法

第4条（信託の効力の発生）　前条第一
号に掲げる方法によってされる信託
は，委託者となるべき者と受託者とな
るべき者との間の信託契約の締結によ
ってその効力を生ずる。

2　前条第二号に掲げる方法によってさ
れる信託は，当該遺言の効力の発生に
よってその効力を生ずる。

3　前条第三号に掲げる方法によってさ
れる信託は，次の各号に掲げる場合の
区分に応じ，当該各号に定めるものに
よってその効力を生ずる。

　一　公正証書又は公証人の認証を受け
た書面若しくは電磁的記録（以下こ
の号及び次号において「公正証書
等」と総称する。）によってされる
場合　当該公正証書等の作成

　二　公正証書等以外の書面又は電磁的
記録によってされる場合　受益者と
なるべき者として指定された第三者
（当該第三者が2人以上ある場合に
あっては，その1人）に対する確定

日付のある証書による当該信託がされた旨及びその内容の通知

4　前三項の規定にかかわらず，信託は，信託行為に停止条件又は始期が付されているときは，当該停止条件の成就又は当該始期の到来によってその効力を生ずる。

第5条（遺言信託における信託の引受けの催告）　第3条第二号に掲げる方法によって信託がされた場合において，当該遺言に受託者となるべき者を指定する定めがあるときは，利害関係人は，受託者となるべき者として指定された者に対し，相当の期間を定めて，その期間内に信託の引受けをするかどうかを確答すべき旨を催告することができる。ただし，当該定めに停止条件又は始期が付されているときは，当該停止条件が成就し，又は当該始期が到来した後に限る。

2　前項の規定による催告があった場合において，受託者となるべき者として指定された者は，同項の期間内に委託者の相続人に対し確答をしないときは，信託の引受けをしなかったものとみなす。

3　委託者の相続人が現に存しない場合における前項の規定の適用については，同項中「委託者の相続人」とあるのは，「受益者（2人以上の受益者が現に存する場合にあってはその1人，信託管理人が現に存する場合にあっては信託管理人）」とする。

第6条（遺言信託における裁判所による受託者の選任）　第3条第二号に掲げ

る方法によって信託がされた場合において，当該遺言に受託者の指定に関する定めがないとき，又は受託者となるべき者として指定された者が信託の引受けをせず，若しくはこれをすることができないときは，裁判所は，利害関係人の申立てにより，受託者を選任することができる。

2　前項の申立てについての裁判には，理由を付さなければならない。

3　第1項の規定による受託者の選任の裁判に対しては，受益者又は既に存する受託者に限り，即時抗告をすることができる。

4　前項の即時抗告は，執行停止の効力を有する。

第7条（受託者の資格）　信託は，未成年者又は成年被後見人若しくは被保佐人を受託者としてすることができない。

第8条（受託者の利益享受の禁止）　受託者は，受益者として信託の利益を享受する場合を除き，何人の名義をもってするかを問わず，信託の利益を享受することができない。

第9条（脱法信託の禁止）　法令によりある財産権を享有することができない者は，その権利を有するのと同一の利益を受益者として享受することができない。

第10条（訴訟信託の禁止）　信託は，訴訟行為をさせることを主たる目的としてすることができない。

第11条（詐害信託の取消し等）　委託者がその債権者を害することを知って信

託をした場合には，受託者が債権者を害すべき事実を知っていたか否かにかかわらず，債権者は，受託者を被告として，民法（明治29年法律第89号）第424条第1項の規定による取消しを裁判所に請求することができる。ただし，受益者が現に存する場合において，その受益者の全部又は一部が，受益者としての指定（信託行為の定めにより又は第89条第1項に規定する受益者指定権等の行使により受益者又は変更後の受益者として指定されることをいう。以下同じ。）を受けたことを知った時又は受益権を譲り受けた時において債権者を害すべき事実を知らなかったときは，この限りでない。

2　前項の規定による請求を認容する判決が確定した場合において，信託財産責任負担債務に係る債権を有する債権者（委託者であるものを除く。）が当該債権を取得した時において債権者を害すべき事実を知らなかったときは，委託者は，当該債権を有する債権者に対し，当該信託財産責任負担債務について弁済の責任を負う。ただし，同項の規定による取消しにより受託者から委託者に移転する財産の価額を限度とする。

3　前項の規定の適用については，第49条第1項（第53条第2項及び第54条第4項において準用する場合を含む。）の規定により受託者が有する権利は，金銭債権とみなす。

4　委託者がその債権者を害することを知って信託をした場合において，受益者が受託者から信託財産に属する財産の給付を受けたときは，債権者は，受益者を被告として，民法第424条第1項の規定による取消しを裁判所に請求することができる。ただし，当該受益者が，受益者としての指定を受けたことを知った時又は受益権を譲り受けた時において債権者を害すべき事実を知らなかったときは，この限りでない。

5　委託者がその債権者を害することを知って信託をした場合には，債権者は，受益者を被告として，その受益権を委託者に譲り渡すことを訴えをもって請求することができる。この場合においては，前項ただし書の規定を準用する。

6　民法第426条の規定は，前項の規定による請求権について準用する。

7　受益者の指定又は受益権の譲渡に当たっては，第1項本文，第4項本文又は第5項前段の規定の適用を不当に免れる目的で，債権者を害すべき事実を知らない者（以下この項において「善意者」という。）を無償（無償と同視すべき有償を含む。以下この項において同じ。）で受益者として指定し，又は善意者に対し無償で受益権を譲り渡してはならない。

8　前項の規定に違反する受益者の指定又は受益権の譲渡により受益者となった者については，第1項ただし書及び第4項ただし書（第5項後段において準用する場合を含む。）の規定は，適用しない。

第12条（詐害信託の否認等）　破産者が

委託者としてした信託における破産法（平成16年法律第75号）第160条第1項の規定の適用については，同項各号中「これによって利益を受けた者」とあるのは，「これによって利益を受けた受益者の全部又は一部」とする。

2　破産者が破産債権者を害することを知って委託者として信託をした場合には，破産管財人は，受益者を被告として，その受益権を破産財団に返還することを訴えをもって請求することができる。この場合においては，前条第4項ただし書の規定を準用する。

3　再生債務者が委託者としてした信託における民事再生法（平成11年法律第225号）第127条第1項の規定の適用については，同項各号中「これによって利益を受けた者」とあるのは，「これによって利益を受けた受益者の全部又は一部」とする。

4　再生債務者が再生債権者を害することを知って委託者として信託をした場合には，否認権限を有する監督委員又は管財人は，受益者を被告として，その受益権を再生債務者財産（民事再生法第12条第1項第一号に規定する再生債務者財産をいう。第25条第4項において同じ。）に返還することを訴えをもって請求することができる。この場合においては，前条第4項ただし書の規定を準用する。

5　前二項の規定は，更生会社（会社更生法（平成14年法律第154号）第2条第7項に規定する更生会社又は金融機関等の更生手続の特例等に関する法律（平成8年法律第95号）第169条第7項に規定する更生会社をいう。）又は更生協同組織金融機関（同法第4条第7項に規定する更生協同組織金融機関をいう。）について準用する。この場合において，第3項中「民事再生法（平成11年法律第225号）第127条第1項」とあるのは「会社更生法（平成14年法律第154号）第86条第1項並びに金融機関等の更生手続の特例等に関する法律（平成8年法律第95号）第57条第1項及び第223条第1項」と，「同項各号」とあるのは「これらの規定」と，前項中「再生債権者」とあるのは「更生債権者又は更生担保権者」と，「否認権限を有する監督委員又は管財人」とあるのは「管財人」と，「再生債務者財産（民事再生法第12条第1項第一号に規定する再生債務者財産をいう。第25条第4項において同じ。）」とあるのは「更生会社財産（会社更生法第2条第14項に規定する更生会社財産又は金融機関等の更生手続の特例等に関する法律第169条第14項に規定する更生会社財産をいう。）又は更生協同組織金融機関財産（同法第4条第14項に規定する更生協同組織金融機関財産をいう。）」と読み替えるものとする。

第13条（会計の原則）　信託の会計は，一般に公正妥当と認められる会計の慣行に従うものとする。

第2章　信託財産等

第14条（信託財産に属する財産の対抗

要件） 登記又は登録をしなければ権利の得喪及び変更を第三者に対抗することができない財産については，信託の登記又は登録をしなければ，当該財産が信託財産に属することを第三者に対抗することができない。

第15条（信託財産に属する財産の占有の瑕疵の承継） 受託者は，信託財産に属する財産の占有について，委託者の占有の瑕疵を承継する。

第16条（信託財産の範囲） 信託行為において信託財産に属すべきものと定められた財産のほか，次に掲げる財産は，信託財産に属する。

一 信託財産に属する財産の管理，処分，滅失，損傷その他の事由により受託者が得た財産

二 次条，第18条，第19条（第84条の規定により読み替えて適用する場合を含む。以下この号において同じ。），第226条第3項，第228条第3項及び第254条第2項の規定により信託財産に属することとなった財産（第18条第1項（同条第3項において準用する場合を含む。）の規定により信託財産に属するものとみなされた共有持分及び第19条の規定による分割によって信託財産に属することとされた財産を含む。）

第17条（信託財産に属する財産の付合等） 信託財産に属する財産と固有財産若しくは他の信託の信託財産に属する財産との付合若しくは混和又はこれらの財産を材料とする加工があった場合には，各信託の信託財産及び固有財

産に属する財産は各別の所有者に属するものとみなして，民法第242条から第248条までの規定を適用する。

第18条 信託財産に属する財産と固有財産に属する財産とを識別することができなくなった場合（前条に規定する場合を除く。）には，各財産の共有持分が信託財産と固有財産とに属するものとみなす。この場合において，その共有持分の割合は，その識別することができなくなった当時における各財産の価格の割合に応ずる。

2 前項の共有持分は，相等しいものと推定する。

3 前二項の規定は，ある信託の受託者が他の信託の受託者を兼ねる場合において，各信託の信託財産に属する財産を識別することができなくなったとき（前条に規定する場合を除く。）について準用する。この場合において，第1項中「信託財産と固有財産と」とあるのは，「各信託の信託財産」と読み替えるものとする。

第19条（信託財産と固有財産等とに属する共有物の分割） 受託者に属する特定の財産について，その共有持分が信託財産と固有財産とに属する場合には，次に掲げる方法により，当該財産の分割をすることができる。

一 信託行為において定めた方法

二 受託者と受益者（信託管理人が現に存する場合にあっては，信託管理人）との協議による方法

三 分割をすることが信託の目的の達成のために合理的に必要と認められ

る場合であって，受益者の利益を害
しないことが明らかであるとき，又
は当該分割の信託財産に与える影
響，当該分割の目的及び態様，受託
者の受益者との実質的な利害関係の
状況その他の事情に照らして正当な
理由があるときは，受託者が決する
方法

2　前項に規定する場合において，同項
第二号の協議が調わないときその他同
項各号に掲げる方法による分割をする
ことができないときは，受託者又は受
益者（信託管理人が現に存する場合に
あっては，信託管理人）は，裁判所に
対し，同項の共有物の分割を請求する
ことができる。

3　受託者に属する特定の財産につい
て，その共有持分が信託財産と他の信
託の信託財産とに属する場合には，次
に掲げる方法により，当該財産の分割
をすることができる。

一　各信託の信託行為において定めた
方法

二　各信託の受益者（信託管理人が現
に存する場合にあっては，信託管理
人）の協議による方法

三　各信託について，分割をすること
が信託の目的の達成のために合理的
に必要と認められる場合であって，
受益者の利益を害しないことが明ら
かであるとき，又は当該分割の信託
財産に与える影響，当該分割の目的
及び態様，受託者の受益者との実質
的な利害関係の状況その他の事情に
照らして正当な理由があるときは，

各信託の受託者が決する方法

4　前項に規定する場合において，同項
第二号の協議が調わないときその他同
項各号に掲げる方法による分割をする
ことができないときは，各信託の受益
者（信託管理人が現に存する場合にあ
っては，信託管理人）は，裁判所に対
し，同項の共有物の分割を請求するこ
とができる。

第20条（信託財産に属する財産につい
ての混同の特例）　同一物について所
有権及び他の物権が信託財産と固有財
産又は他の信託の信託財産とにそれぞ
れ帰属した場合には，民法第179条第
1項本文の規定にかかわらず，当該他
の物権は，消滅しない。

2　所有権以外の物権及びこれを目的と
する他の権利が信託財産と固有財産又
は他の信託の信託財産とにそれぞれ帰
属した場合には，民法第179条第2項
前段の規定にかかわらず，当該他の権
利は，消滅しない。

3　次に掲げる場合には，民法第520条
本文の規定にかかわらず，当該債権
は，消滅しない。

一　信託財産に属する債権に係る債務
が受託者に帰属した場合（信託財産
責任負担債務となった場合を除く。）

二　信託財産責任負担債務に係る債権
が受託者に帰属した場合（当該債権
が信託財産に属することとなった場
合を除く。）

三　固有財産又は他の信託の信託財産
に属する債権に係る債務が受託者に
帰属した場合（信託財産責任負担債

務となった場合に限る。）

四　受託者の債務（信託財産責任負担債務を除く。）に係る債権が受託者に帰属した場合（当該債権が信託財産に属することとなった場合に限る。）

第21条（信託財産責任負担債務の範囲）
次に掲げる権利に係る債務は，信託財産責任負担債務となる。

一　受益債権

二　信託財産に属する財産について信託前の原因によって生じた権利

三　信託前に生じた委託者に対する債権であって，当該債権に係る債務を信託財産責任負担債務とする旨の信託行為の定めがあるもの

四　第103条第1項又は第2項の規定による受益権取得請求権

五　信託財産のためにした行為であって受託者の権限に属するものによって生じた権利

六　信託財産のためにした行為であって受託者の権限に属しないもののうち，次に掲げるものによって生じた権利

　イ　第27条第1項又は第2項（これらの規定を第75条第4項において準用する場合を含む。ロにおいて同じ。）の規定により取り消すことができない行為（当該行為の相手方が，当該行為の当時，当該行為が信託財産のためにされたものであることを知らなかったもの（信託財産に属する財産について権利を設定し又は移転する行為

を除く。）を除く。）

　ロ　第27条第1項又は第2項の規定により取り消すことができる行為であって取り消されていないもの

七　第31条第6項に規定する処分その他の行為又は同条第7項に規定する行為のうち，これらの規定により取り消すことができない行為又はこれらの規定により取り消すことができる行為であって取り消されていないものによって生じた権利

八　受託者が信託事務を処理するについてした不法行為によって生じた権利

九　第五号から前号までに掲げるもののほか，信託事務の処理について生じた権利

2　信託財産責任負担債務のうち次に掲げる権利に係る債務について，受託者は，信託財産に属する財産のみをもってその履行の責任を負う。

一　受益債権

二　信託行為に第216条第1項の定めがあり，かつ，第232条の定めるところにより登記がされた場合における信託債権（信託財産責任負担債務に係る債権であって，受益債権でないものをいう。以下同じ。）

三　前二号に掲げる場合のほか，この法律の規定により信託財産に属する財産のみをもってその履行の責任を負うものとされる場合における信託債権

四　信託債権を有する者（以下「信託

債権者」という。）との間で信託財産に属する財産のみをもってその履行の責任を負う旨の合意がある場合における信託債権

第22条（信託財産に属する債権等についての相殺の制限）　受託者が固有財産又は他の信託の信託財産（第一号において「固有財産等」という。）に属する財産のみをもって履行する責任を負う債務（第一号及び第二号において「固有財産等責任負担債務」という。）に係る債権を有する者は，当該債権をもって信託財産に属する債権に係る債務と相殺をすることができない。ただし，次に掲げる場合は，この限りでない。

一　当該固有財産等責任負担債務に係る債権を有する者が，当該債権を取得した時又は当該信託財産に属する債権に係る債務を負担した時のいずれか遅い時において，当該信託財産に属する債権が固有財産等に属するものでないことを知らず，かつ，知らなかったことにつき過失がなかった場合

二　当該固有財産等責任負担債務に係る債権を有する者が，当該債権を取得した時又は当該信託財産に属する債権に係る債務を負担した時のいずれか遅い時において，当該固有財産等責任負担債務が信託財産責任負担債務でないことを知らず，かつ，知らなかったことにつき過失がなかった場合

2　前項本文の規定は，第31条第2項

各号に掲げる場合において，受託者が前項の相殺を承認したときは，適用しない。

3　信託財産責任負担債務（信託財産に属する財産のみをもってその履行の責任を負うものに限る。）に係る債権を有する者は，当該債権をもって固有財産に属する債権に係る債務と相殺をすることができない。ただし，当該信託財産責任負担債務に係る債権を有する者が，当該債権を取得した時又は当該固有財産に属する債権に係る債務を負担した時のいずれか遅い時において，当該固有財産に属する債権が信託財産に属するものでないことを知らず，かつ，知らなかったことにつき過失がなかった場合は，この限りでない。

4　前項本文の規定は，受託者が同項の相殺を承認したときは，適用しない。

第23条（信託財産に属する財産に対する強制執行等の制限等）　信託財産責任負担債務に係る債権（信託財産に属する財産について生じた権利を含む。次項において同じ。）に基づく場合を除き，信託財産に属する財産に対しては，強制執行，仮差押え，仮処分若しくは担保権の実行若しくは競売（担保権の実行としてのものを除く。以下同じ。）又は国税滞納処分（その例による処分を含む。以下同じ。）をすることができない。

2　第3条第三号に掲げる方法によって信託がされた場合において，委託者がその債権者を害することを知って当該信託をしたときは，前項の規定にかか

わらず，信託財産責任負担債務に係る債権を有する債権者のほか，当該委託者（受託者であるものに限る。）に対する債権で信託前に生じたものを有する者は，信託財産に属する財産に対し，強制執行，仮差押え，仮処分若しくは担保権の実行若しくは競売又は国税滞納処分をすることができる。ただし，受益者が現に存する場合において，その受益者の全部又は一部が，受益者としての指定を受けたことを知った時又は受益権を譲り受けた時において債権者を害すべき事実を知らなかったときは，この限りでない。

3　第11条第7項及び第8項の規定は，前項の規定の適用について準用する。

4　前二項の規定は，第2項の信託がされた時から2年間を経過したときは，適用しない。

5　第1項又は第2項の規定に違反してされた強制執行，仮差押え，仮処分又は担保権の実行若しくは競売に対しては，受託者又は受益者は，異議を主張することができる。この場合においては，民事執行法（昭和54年法律第4号）第38条及び民事保全法（平成元年法律第91号）第45条の規定を準用する。

6　第1項又は第2項の規定に違反してされた国税滞納処分に対しては，受託者又は受益者は，異議を主張することができる。この場合においては，当該異議の主張は，当該国税滞納処分について不服の申立てをする方法である。

第24条（費用又は報酬の支弁等）　前条第5項又は第6項の規定による異議に係る訴えを提起した受益者が勝訴（一部勝訴を含む。）した場合において，当該訴えに係る訴訟に関し，必要な費用（訴訟費用を除く。）を支出したとき又は弁護士，弁護士法人，司法書士若しくは司法書士法人に報酬を支払うべきときは，その費用又は報酬は，その額の範囲内で相当と認められる額を限度として，信託財産から支弁する。

2　前項の訴えを提起した受益者が敗訴した場合であっても，悪意があったときを除き，当該受益者は，受託者に対し，これによって生じた損害を賠償する義務を負わない。

第25条（信託財産と受託者の破産手続等との関係等）　受託者が破産手続開始の決定を受けた場合であっても，信託財産に属する財産は，破産財団に属しない。

2　前項の場合には，受益債権は，破産債権とならない。信託債権であって受託者が信託財産に属する財産のみをもってその履行の責任を負うものも，同様とする。

3　第1項の場合には，破産法第252条第1項の免責許可の決定による信託債権（前項に規定する信託債権を除く。）に係る債務の免責は，信託財産との関係においては，その効力を主張することができない。

4　受託者が再生手続開始の決定を受けた場合であっても，信託財産に属する財産は，再生債務者財産に属しない。

5 前項の場合には，受益債権は，再生債権とならない。信託債権であって受託者が信託財産に属する財産のみをもってその履行の責任を負うものも，同様とする。

6 第4項の場合には，再生計画，再生計画認可の決定又は民事再生法第235条第1項の免責の決定による信託債権（前項に規定する信託債権を除く。）に係る債務の免責又は変更は，信託財産との関係においては，その効力を主張することができない。

7 前三項の規定は，受託者が更生手続開始の決定を受けた場合について準用する。この場合において，第4項中「再生債務者財産」とあるのは「更生会社財産（会社更生法第2条第14項に規定する更生会社財産又は金融機関等の更生手続の特例等に関する法律第169条第14項に規定する更生会社財産をいう。）又は更生協同組織金融機関財産（同法第4条第14項に規定する更生協同組織金融機関財産をいう。）」と，第5項中「再生債権」とあるのは「更生債権又は更生担保権」と，前項中「再生計画，再生計画認可の決定又は民事再生法第235条第1項の免責の決定」とあるのは「更生計画又は更生計画認可の決定」と読み替えるものとする。

第3章 受託者等

第1節 受託者の権限

第26条（受託者の権限の範囲） 受託者は，信託財産に属する財産の管理又は処分及びその他の信託の目的の達成のために必要な行為をする権限を有する。ただし，信託行為によりその権限に制限を加えることを妨げない。

第27条（受託者の権限違反行為の取消し） 受託者が信託財産のためにした行為がその権限に属しない場合において，次のいずれにも該当するときは，受益者は，当該行為を取り消すことができる。

一 当該行為の相手方が，当該行為の当時，当該行為が信託財産のためにされたものであることを知っていたこと。

二 当該行為の相手方が，当該行為の当時，当該行為が受託者の権限に属しないことを知っていたこと又は知らなかったことにつき重大な過失があったこと。

2 前項の規定にかかわらず，受託者が信託財産に属する財産（第14条の信託の登記又は登録をすることができるものに限る。）について権利を設定し又は移転した行為がその権限に属しない場合には，次のいずれにも該当するときに限り，受益者は，当該行為を取り消すことができる。

一 当該行為の当時，当該信託財産に属する財産について第14条の信託の登記又は登録がされていたこと。

二 当該行為の相手方が，当該行為の当時，当該行為が受託者の権限に属しないことを知っていたこと又は知らなかったことにつき重大な過失があったこと。

3 2人以上の受益者のうちの1人が前
　二項の規定による取消権を行使したと
　きは、その取消しは、他の受益者のた
　めにも、その効力を生ずる。
4 第1項又は第2項の規定による取消
　権は、受益者（信託管理人が現に存す
　る場合にあっては、信託管理人）が取
　消しの原因があることを知った時から
　3箇月間行使しないときは、時効によ
　って消滅する。行為の時から1年を経
　過したときも、同様とする。
第28条（信託事務の処理の第三者への
　委託）受託者は、次に掲げる場合に
　は、信託事務の処理を第三者に委託す
　ることができる。
　一 信託行為に信託事務の処理を第三
　　者に委託する旨又は委託することが
　　できる旨の定めがあるとき。
　二 信託行為に信託事務の処理の第三
　　者への委託に関する定めがない場合
　　において、信託事務の処理を第三者
　　に委託することが信託の目的に照ら
　　して相当であると認められるとき。
　三 信託行為に信託事務の処理を第三
　　者に委託してはならない旨の定めが
　　ある場合において、信託事務の処理
　　を第三者に委託することにつき信託
　　の目的に照らしてやむを得ない事由
　　があると認められるとき。

第2節　受託者の義務等

第29条（受託者の注意義務）受託者
　は、信託の本旨に従い、信託事務を処
　理しなければならない。
2 受託者は、信託事務を処理するに当

たっては、善良な管理者の注意をもっ
て、これをしなければならない。ただ
し、信託行為に別段の定めがあるとき
は、その定めるところによる注意をも
って、これをするものとする。
第30条（忠実義務）受託者は、受益者
　のため忠実に信託事務の処理その他の
　行為をしなければならない。
第31条（利益相反行為の制限）受託者
　は、次に掲げる行為をしてはならな
　い。
　一 信託財産に属する財産（当該財産
　　に係る権利を含む。）を固有財産に
　　帰属させ、又は固有財産に属する財
　　産（当該財産に係る権利を含む。）
　　を信託財産に帰属させること。
　二 信託財産に属する財産（当該財産
　　に係る権利を含む。）を他の信託の
　　信託財産に帰属させること。
　三 第三者との間において信託財産の
　　ためにする行為であって、自己が当
　　該第三者の代理人となって行うもの
　四 信託財産に属する財産につき固有
　　財産に属する財産のみをもって履行
　　する責任を負う債務に係る債権を被
　　担保債権とする担保権を設定するこ
　　とその他第三者との間において信託
　　財産のためにする行為であって受託
　　者又はその利害関係人と受益者との
　　利益が相反することとなるもの
2 前項の規定にかかわらず、次のいず
　れかに該当するときは、同項各号に掲
　げる行為をすることができる。ただ
　し、第二号に掲げる事由にあっては、
　同号に該当する場合でも当該行為をす

ることができない旨の信託行為の定め
があるときは，この限りでない。

一　信託行為に当該行為をすることを
　許容する旨の定めがあるとき。

二　受託者が当該行為について重要な
　事実を開示して受益者の承認を得た
　とき。

三　相続その他の包括承継により信託
　財産に属する財産に係る権利が固有
　財産に帰属したとき。

四　受託者が当該行為をすることが信
　託の目的の達成のために合理的に必
　要と認められる場合であって，受益
　者の利益を害しないことが明らかで
　あるとき，又は当該行為の信託財産
　に与える影響，当該行為の目的及び
　態様，受託者の受益者との実質的な
　利害関係の状況その他の事情に照ら
　して正当な理由があるとき。

3　受託者は，第1項各号に掲げる行為
　をしたときは，受益者に対し，当該行
　為についての重要な事実を通知しなけ
　ればならない。ただし，信託行為に別
　段の定めがあるときは，その定めると
　ころによる。

4　第1項及び第2項の規定に違反して
　第1項第一号又は第二号に掲げる行為
　がされた場合には，これらの行為は，
　無効とする。

5　前項の行為は，受益者の追認によ
　り，当該行為の時にさかのぼってその
　効力を生ずる。

6　第4項に規定する場合において，受
　託者が第三者との間において第1項第
　一号又は第二号の財産について処分そ

の他の行為をしたときは，当該第三者
が同項及び第2項の規定に違反して第
1項第一号又は第二号に掲げる行為が
されたことを知っていたとき又は知ら
なかったことにつき重大な過失があっ
たときに限り，受益者は，当該処分そ
の他の行為を取り消すことができる。
この場合においては，第27条第3項
及び第4項の規定を準用する。

7　第1項及び第2項の規定に違反して
　第1項第三号又は第四号に掲げる行為
　がされた場合には，当該第三者がこれ
　を知っていたとき又は知らなかったこ
　とにつき重大な過失があったときに限
　り，受益者は，当該行為を取り消すこ
　とができる。この場合においては，第
　27条第3項及び第4項の規定を準用
　する。

第32条　受託者は，受託者として有す
　る権限に基づいて信託事務の処理とし
　てすることができる行為であってこれ
　をしないことが受益者の利益に反する
　ものについては，これを固有財産又は
　受託者の利害関係人の計算でしてはな
　らない。

2　前項の規定にかかわらず，次のいず
　れかに該当するときは，同項に規定す
　る行為を固有財産又は受託者の利害関
　係人の計算ですることができる。ただ
　し，第二号に掲げる事由にあっては，
　同号に該当する場合でも当該行為を固
　有財産又は受託者の利害関係人の計算
　ですることができない旨の信託行為の
　定めがあるときは，この限りでない。

一　信託行為に当該行為を固有財産又

は受託者の利害関係人の計算でする
ことを許容する旨の定めがあると
き。

二 受託者が当該行為を固有財産又は
受託者の利害関係人の計算でするこ
とについて重要な事実を開示して受
益者の承認を得たとき。

3 受託者は, 第1項に規定する行為を
固有財産又は受託者の利害関係人の計
算でした場合には, 受益者に対し, 当
該行為についての重要な事実を通知し
なければならない。ただし, 信託行為
に別段の定めがあるときは, その定め
るところによる。

4 第1項及び第2項の規定に違反して
受託者が第1項に規定する行為をした
場合には, 受益者は, 当該行為は信託
財産のためにされたものとみなすこと
ができる。ただし, 第三者の権利を害
することはできない。

5 前項の規定による権利は, 当該行為
の時から1年を経過したときは, 消滅
する。

第33条（公平義務） 受益者が2人以上
ある信託においては, 受託者は, 受益
者のために公平にその職務を行わなけ
ればならない。

第34条（分別管理義務） 受託者は, 信
託財産に属する財産と固有財産及び他
の信託の信託財産に属する財産とを,
次の各号に掲げる財産の区分に応じ,
当該各号に定める方法により, 分別し
て管理しなければならない。ただし,
分別して管理する方法について, 信託
行為に別段の定めがあるときは, その

定めるところによる。

一 第14条の信託の登記又は登録を
することができる財産（第三号に掲
げるものを除く。） 当該信託の登記
又は登録

二 第14条の信託の登記又は登録を
することができない財産（次号に掲
げるものを除く。） 次のイ又はロに
掲げる財産の区分に応じ, 当該イ又
はロに定める方法

イ 動産（金銭を除く。） 信託財産
に属する財産と固有財産及び他の
信託の信託財産に属する財産とを
外形上区別することができる状態
で保管する方法

ロ 金銭その他のイに掲げる財産以
外の財産 その計算を明らかにす
る方法

三 法務省令で定める財産 当該財産
を適切に分別して管理する方法とし
て法務省令で定めるもの

2 前項ただし書の規定にかかわらず,
同項第一号に掲げる財産について第
14条の信託の登記又は登録をする義
務は, これを免除することができな
い。

第35条（信託事務の処理の委託におけ
る第三者の選任及び監督に関する義
務） 第28条の規定により信託事務の
処理を第三者に委託するときは, 受託
者は, 信託の目的に照らして適切な者
に委託しなければならない。

2 第28条の規定により信託事務の処
理を第三者に委託したときは, 受託者
は, 当該第三者に対し, 信託の目的の

達成のために必要かつ適切な監督を行わなければならない。

3 受託者が信託事務の処理を次に掲げる第三者に委託したときは，前二項の規定は，適用しない。ただし，受託者は，当該第三者が不適任若しくは不誠実であること又は当該第三者による事務の処理が不適切であることを知ったときは，その旨の受益者に対する通知，当該第三者への委託の解除その他の必要な措置をとらなければならない。

一 信託行為において指名された第三者

二 信託行為において受託者が委託者又は受益者の指名に従い信託事務の処理を第三者に委託する旨の定めがある場合において，当該定めに従い指名された第三者

4 前項ただし書の規定にかかわらず，信託行為に別段の定めがあるときは，その定めるところによる。

第36条（信託事務の処理の状況についての報告義務） 委託者又は受益者は，受託者に対し，信託事務の処理の状況並びに信託財産に属する財産及び信託財産責任負担債務の状況について報告を求めることができる。

第37条（帳簿等の作成等，報告及び保存の義務） 受託者は，信託事務に関する計算並びに信託財産に属する財産及び信託財産責任負担債務の状況を明らかにするため，法務省令で定めるところにより，信託財産に係る帳簿その他の書類又は電磁的記録を作成しなけ

ればならない。

2 受託者は，毎年1回，一定の時期に，法務省令で定めるところにより，貸借対照表，損益計算書その他の法務省令で定める書類又は電磁的記録を作成しなければならない。

3 受託者は，前項の書類又は電磁的記録を作成したときは，その内容について受益者（信託管理人が現に存する場合にあっては，信託管理人）に報告しなければならない。ただし，信託行為に別段の定めがあるときは，その定めるところによる。

4 受託者は，第1項の書類又は電磁的記録を作成した場合には，その作成の日から1年間（当該期間内に信託の清算の結了があったときは，その日までの間。次項において同じ。），当該書類（当該書類に代えて電磁的記録を法務省令で定める方法により作成した場合にあっては，当該電磁的記録）又は電磁的記録（当該電磁的記録に代えて書面を作成した場合にあっては，当該書面）を保存しなければならない。ただし，受益者（2人以上の受益者が現に存する場合にあってはそのすべての受益者，信託管理人が現に存する場合にあっては信託管理人。第6項ただし書において同じ。）に対し，当該書類若しくはその写しを交付し，又は当該電磁的記録に記録された事項を法務省令で定める方法により提供したときは，この限りでない。

5 受託者は，信託財産に属する財産の処分に係る契約書その他の信託事務の

処理に関する書類又は電磁的記録を作成し、又は取得した場合には、その作成又は取得の日から1年間、当該書類（当該書類に代えて電磁的記録を法務省令で定める方法により作成した場合にあっては、当該電磁的記録）又は電磁的記録（当該電磁的記録に代えて書面を作成した場合にあっては、当該書面）を保存しなければならない。この場合においては、前項ただし書の規定を準用する。

6 受託者は、第2項の書類又は電磁的記録を作成した場合には、信託の清算の結了の日までの間、当該書類（当該書類に代えて電磁的記録を法務省令で定める方法により作成した場合にあっては、当該電磁的記録）又は電磁的記録（当該電磁的記録に代えて書面を作成した場合にあっては、当該書面）を保存しなければならない。ただし、その作成の日から1年間を経過した後において、受託者に対し、当該書類若しくはその写しを交付し、又は当該電磁的記録に記録された事項を法務省令で定める方法により提供したときは、この限りでない。

第38条（帳簿等の閲覧等の請求） 受益者は、受託者に対し、次に掲げる請求をすることができる。この場合においては、当該請求の理由を明らかにしてしなければならない。

一 前条第1項又は第5項の書類の閲覧又は謄写の請求

二 前条第1項又は第5項の電磁的記録に記録された事項を法務省令で定

める方法により表示したものの閲覧又は謄写の請求

2 前項の請求があったときは、受託者は、次のいずれかに該当すると認められる場合を除き、これを拒むことができない。

一 当該請求を行う者（以下この項において「請求者」という。）がその権利の確保又は行使に関する調査以外の目的で請求を行ったとき。

二 請求者が不適当な時に請求を行ったとき。

三 請求者が信託事務の処理を妨げ、又は受益者の共同の利益を害する目的で請求を行ったとき。

四 請求者が当該信託に係る業務と実質的に競争関係にある事業を営み、又はこれに従事するものであるとき。

五 請求者が前項の規定による閲覧又は謄写によって知り得た事実を利益を得て第三者に通報するため請求したとき。

六 請求者が、過去2年以内において、前項の規定による閲覧又は謄写によって知り得た事実を利益を得て第三者に通報したことがあるものであるとき。

3 前項（第一号及び第二号を除く。）の規定は、受益者が2人以上ある信託のすべての受益者から第1項の請求があったとき、又は受益者が1人である信託の当該受益者から同項の請求があったときは、適用しない。

4 信託行為において、次に掲げる情報

以外の情報について，受益者が同意を
したときは第1項の規定による閲覧又
は謄写の請求をすることができない旨
の定めがある場合には，当該同意をし
た受益者（その承継人を含む。以下こ
の条において同じ。）は，その同意を
撤回することができない。

　一　前条第2項の書類又は電磁的記録
　　の作成に欠くことのできない情報そ
　　の他の信託に関する重要な情報

　二　当該受益者以外の者の利益を害す
　　るおそれのない情報

5　受託者は，前項の同意をした受益者
　から第1項の規定による閲覧又は謄写
　の請求があったときは，前項各号に掲
　げる情報に該当する部分を除き，これ
　を拒むことができる。

6　利害関係人は，受託者に対し，次に
　掲げる請求をすることができる。

　一　前条第2項の書類の閲覧又は謄写
　　の請求

　二　前条第2項の電磁的記録に記録さ
　　れた事項を法務省令で定める方法に
　　より表示したものの閲覧又は謄写の
　　請求

第39条（他の受益者の氏名等の開示の
　請求）　受益者が2人以上ある信託に
　おいては，受益者は，受託者に対し，
　次に掲げる事項を相当な方法により開
　示することを請求することができる。
　この場合においては，当該請求の理由
　を明らかにしてしなければならない。

　一　他の受益者の氏名又は名称及び住
　　所

　二　他の受益者が有する受益権の内容

2　前項の請求があったときは，受託者
　は，次のいずれかに該当すると認めら
　れる場合を除き，これを拒むことがで
　きない。

　一　当該請求を行う者（以下この項に
　　おいて「請求者」という。）がその
　　権利の確保又は行使に関する調査以
　　外の目的で請求を行ったとき。

　二　請求者が不適当な時に請求を行っ
　　たとき。

　三　請求者が信託事務の処理を妨げ，
　　又は受益者の共同の利益を害する目
　　的で請求を行ったとき。

　四　請求者が前項の規定による開示に
　　よって知り得た事実を利益を得て第
　　三者に通報するため請求を行ったと
　　き。

　五　請求者が，過去2年以内におい
　　て，前項の規定による開示によって
　　知り得た事実を利益を得て第三者に
　　通報したことがあるものであると
　　き。

3　前二項の規定にかかわらず，信託行
　為に別段の定めがあるときは，その定
　めるところによる。

　　　第3節　受託者の責任等

第40条（受託者の損失てん補責任等）
　受託者がその任務を怠ったことによっ
　て次の各号に掲げる場合に該当するに
　至ったときは，受益者は，当該受託者
　に対し，当該各号に定める措置を請求
　することができる。ただし，第二号に
　定める措置にあっては，原状の回復が
　著しく困難であるとき，原状の回復を

するのに過分の費用を要するとき，その他受託者に原状の回復をさせることを不適当とする特別の事情があるときは，この限りでない。

一　信託財産に損失が生じた場合　当該損失のてん補

二　信託財産に変更が生じた場合　原状の回復

2　受託者が第28条の規定に違反して信託事務の処理を第三者に委託した場合において，信託財産に損失又は変更を生じたときは，受託者は，第三者に委託をしなかったとしても損失又は変更が生じたことを証明しなければ，前項の責任を免れることができない。

3　受託者が第30条，第31条第1項及び第2項又は第32条第1項及び第2項の規定に違反する行為をした場合には，受託者は，当該行為によって受託者又はその利害関係人が得た利益の額と同額の損失を信託財産に生じさせたものと推定する。

4　受託者が第34条の規定に違反して信託財産に属する財産を管理した場合において，信託財産に損失又は変更を生じたときは，受託者は，同条の規定に従い分別して管理をしたとしても損失又は変更が生じたことを証明しなければ，第1項の責任を免れることができない。

第41条（法人である受託者の役員の連帯責任）　法人である受託者の理事，取締役若しくは執行役又はこれらに準ずる者は，当該法人が前条の規定による責任を負う場合において，当該法人が行った法令又は信託行為の定めに違反する行為につき悪意又は重大な過失があるときは，受益者に対し，当該法人と連帯して，損失のてん補又は原状の回復をする責任を負う。

第42条（損失てん補責任等の免除）　受益者は，次に掲げる責任を免除することができる。

一　第40条の規定による責任

二　前条の規定による責任

第43条（損失てん補責任等に係る債権の期間の制限）　第40条の規定による責任に係る債権の消滅時効は，債務の不履行によって生じた責任に係る債権の消滅時効の例による。

2　第41条の規定による責任に係る債権は，1年間行使しないときは，時効によって消滅する。

3　第40条又は第41条の規定による責任に係る受益者の債権の消滅時効は，受益者が受益者としての指定を受けたことを知るに至るまでの間（受益者が現に存しない場合にあっては，信託管理人が選任されるまでの間）は，進行しない。

4　前項に規定する債権は，受託者がその任務を怠ったことによって信託財産に損失又は変更が生じた時から20年を経過したときは，消滅する。

第44条（受益者による受託者の行為の差止め）　受託者が法令若しくは信託行為の定めに違反する行為をし，又はこれらの行為をするおそれがある場合において，当該行為によって信託財産に著しい損害が生ずるおそれがあると

きは，受益者は，当該受託者に対し，当該行為をやめることを請求することができる。

2　受託者が第33条の規定に違反する行為をし，又はこれをするおそれがある場合において，当該行為によって一部の受益者に著しい損害が生ずるおそれがあるときは，当該受益者は，当該受託者に対し，当該行為をやめることを請求することができる。

第45条（費用又は報酬の支弁等）　第40条，第41条又は前条の規定による請求に係る訴えを提起した受益者が勝訴（一部勝訴を含む。）した場合において，当該訴えに係る訴訟に関し，必要な費用（訴訟費用を除く。）を支出したとき又は弁護士，弁護士法人，司法書士若しくは司法書士法人に報酬を支払うべきときは，その費用又は報酬は，その額の範囲内で相当と認められる額を限度として，信託財産から支弁する。

2　前項の訴えを提起した受益者が敗訴した場合であっても，悪意があったときを除き，当該受益者は，受託者に対し，これによって生じた損害を賠償する義務を負わない。

第46条（検査役の選任）　受託者の信託事務の処理に関し，不正の行為又は法令若しくは信託行為の定めに違反する重大な事実があることを疑うに足りる事由があるときは，受益者は，信託事務の処理の状況並びに信託財産に属する財産及び信託財産責任負担債務の状況を調査させるため，裁判所に対し，検査役の選任の申立てをすることができる。

2　前項の申立てがあった場合には，裁判所は，これを不適法として却下する場合を除き，検査役を選任しなければならない。

3　第1項の申立てを却下する裁判には，理由を付さなければならない。

4　第1項の規定による検査役の選任の裁判に対しては，不服を申し立てることができない。

5　第2項の検査役は，信託財産から裁判所が定める報酬を受けることができる。

6　前項の規定による検査役の報酬を定める裁判をする場合には，受託者及び第2項の検査役の陳述を聴かなければならない。

7　第5項の規定による検査役の報酬を定める裁判に対しては，受託者及び第2項の検査役に限り，即時抗告をすることができる。

第47条　前条第2項の検査役は，その職務を行うため必要があるときは，受託者に対し，信託事務の処理の状況並びに信託財産に属する財産及び信託財産責任負担債務の状況について報告を求め，又は当該信託に係る帳簿，書類その他の物件を調査することができる。

2　前条第2項の検査役は，必要な調査を行い，当該調査の結果を記載し，又は記録した書面又は電磁的記録（法務省令で定めるものに限る。）を裁判所に提供して報告をしなければならな

い。

3 裁判所は，前項の報告について，その内容を明瞭にし，又はその根拠を確認するため必要があると認めるときは，前条第2項の検査役に対し，更に前項の報告を求めることができる。

4 前条第2項の検査役は，第2項の報告をしたときは，受託者及び同条第1項の申立てをした受益者に対し，第2項の書面の写しを交付し，又は同項の電磁的記録に記録された事項を法務省令で定める方法により提供しなければならない。

5 受託者は，前項の規定による書面の写しの交付又は電磁的記録に記録された事項の法務省令で定める方法による提供があったときは，直ちに，その旨を受益者（前条第1項の申立てをしたものを除く。次項において同じ。）に通知しなければならない。ただし，信託行為に別段の定めがあるときは，その定めるところによる。

6 裁判所は，第2項の報告があった場合において，必要があると認めるときは，受託者に対し，同項の調査の結果を受益者に通知することその他の当該報告の内容を周知するための適切な措置をとるべきことを命じなければならない。

第4節　受託者の費用等及び信託報酬等

第48条（信託財産からの費用等の償還等）　受託者は，信託事務を処理するのに必要と認められる費用を固有財産から支出した場合には，信託財産から当該費用及び支出の日以後におけるその利息（以下「費用等」という。）の償還を受けることができる。ただし，信託行為に別段の定めがあるときは，その定めるところによる。

2 受託者は，信託事務を処理するについて費用を要するときは，信託財産からその前払を受けることができる。ただし，信託行為に別段の定めがあるときは，その定めるところによる。

3 受託者は，前項本文の規定により信託財産から費用の前払を受けるには，受益者に対し，前払を受ける額及びその算定根拠を通知しなければならない。ただし，信託行為に別段の定めがあるときは，その定めるところによる。

4 第1項又は第2項の規定にかかわらず，費用等の償還又は費用の前払は，受託者が第41条の規定による責任を負う場合には，これを履行した後でなければ，受けることができない。ただし，信託行為に別段の定めがあるときは，その定めるところによる。

5 第1項又は第2項の場合には，受託者が受益者との間の合意に基づいて当該受益者から費用等の償還又は費用の前払を受けることを妨げない。

第49条（費用等の償還等の方法）　受託者は，前条第1項又は第2項の規定により信託財産から費用等の償還又は費用の前払を受けることができる場合には，その額の限度で，信託財産に属する金銭を固有財産に帰属させることが

できる。

2　前項に規定する場合において，必要があるときは，受託者は，信託財産に属する財産（当該財産を処分することにより信託の目的を達成することができないこととなるものを除く。）を処分することができる。ただし，信託行為に別段の定めがあるときは，その定めるところによる。

3　第1項に規定する場合において，第31条第2項各号のいずれかに該当するときは，受託者は，第1項の規定により有する権利の行使に代えて，信託財産に属する財産で金銭以外のものを固有財産に帰属させることができる。ただし，信託行為に別段の定めがあるときは，その定めるところによる。

4　第1項の規定により受託者が有する権利は，信託財産に属する財産に対し強制執行又は担保権の実行の手続が開始したときは，これらの手続との関係においては，金銭債権とみなす。

5　前項の場合には，同項に規定する権利の存在を証する文書により当該権利を有することを証明した受託者も，同項の強制執行又は担保権の実行の手続において，配当要求をすることができる。

6　各債権者（信託財産責任負担債務に係る債権を有する債権者に限る。以下この項及び次項において同じ。）の共同の利益のためにされた信託財産に属する財産の保存，清算又は配当に関する費用等について第1項の規定により受託者が有する権利は，第4項の強制執行又は担保権の実行の手続において，他の債権者（当該費用等がすべての債権者に有益でなかった場合にあっては，当該費用等によって利益を受けていないものを除く。）の権利に優先する。この場合においては，その順位は，民法第307条第1項に規定する先取特権と同順位とする。

7　次の各号に該当する費用等について第1項の規定により受託者が有する権利は，当該各号に掲げる区分に応じ，当該各号の財産に係る第4項の強制執行又は担保権の実行の手続において，当該各号に定める金額について，他の債権者の権利に優先する。

一　信託財産に属する財産の保存のために支出した金額その他の当該財産の価値の維持のために必要であると認められるもの　その金額

二　信託財産に属する財産の改良のために支出した金額その他の当該財産の価値の増加に有益であると認められるもの　その金額又は現に存する増価額のいずれか低い金額

第50条（信託財産責任負担債務の弁済による受託者の代位）　受託者は，信託財産責任負担債務を固有財産をもって弁済した場合において，これにより前条第1項の規定による権利を有することとなったときは，当該信託財産責任負担債務に係る債権を有する債権者に代位する。この場合においては，同項の規定により受託者が有する権利は，その代位との関係においては，金銭債権とみなす。

2 前項の規定により受託者が同項の債権者に代位するときは、受託者は、遅滞なく、当該債権者の有する債権が信託財産責任負担債務に係る債権である旨及びこれを固有財産をもって弁済した旨を当該債権者に通知しなければならない。

第51条（費用等の償還等と同時履行） 受託者は、第49条第1項の規定により受託者が有する権利が消滅するまでは、受益者又は第182条第1項第二号に規定する帰属権利者に対する信託財産に係る給付をすべき債務の履行を拒むことができる。ただし、信託行為に別段の定めがあるときは、その定めるところによる。

第52条（信託財産が費用等の償還等に不足している場合の措置） 受託者は、第48条第1項又は第2項の規定により信託財産から費用等の償還又は費用の前払を受けるのに信託財産（第49条第2項の規定により処分することができないものを除く。第一号及び第4項において同じ。）が不足している場合において、委託者及び受益者に対し次に掲げる事項を通知し、第二号の相当の期間を経過しても委託者又は受益者から費用等の償還又は費用の前払を受けなかったときは、信託を終了させることができる。

一 信託財産が不足しているため費用等の償還又は費用の前払を受けることができない旨

二 受託者の定める相当の期間内に委託者又は受益者から費用等の償還又は費用の前払を受けないときは、信託を終了させる旨

2 委託者が現に存しない場合における前項の規定の適用については、同項中「委託者及び受益者」とあり、及び「委託者又は受益者」とあるのは、「受益者」とする。

3 受益者が現に存しない場合における第1項の規定の適用については、同項中「委託者及び受益者」とあり、及び「委託者又は受益者」とあるのは、「委託者」とする。

4 第48条第1項又は第2項の規定により信託財産から費用等の償還又は費用の前払を受けるのに信託財産が不足している場合において、委託者及び受益者が現に存しないときは、受託者は、信託を終了させることができる。

第53条（信託財産からの損害の賠償） 受託者は、次の各号に掲げる場合には、当該各号に定める損害の額について、信託財産からその賠償を受けることができる。ただし、信託行為に別段の定めがあるときは、その定めるところによる。

一 受託者が信託事務を処理するため自己に過失なく損害を受けた場合 当該損害の額

二 受託者が信託事務を処理するため第三者の故意又は過失によって損害を受けた場合（前号に掲げる場合を除く。） 当該第三者に対し賠償を請求することができる額

2 第48条第4項及び第5項、第49条（第6項及び第7項を除く。）並びに前

二条の規定は，前項の規定による信託財産からの損害の賠償について準用する。

第54条（受託者の信託報酬）　受託者は，信託の引受けについて商法（明治32年法律第48号）第512条の規定の適用がある場合のほか，信託行為に受託者が信託財産から信託報酬（信託事務の処理の対価として受託者の受ける財産上の利益をいう。以下同じ。）を受ける旨の定めがある場合に限り，信託財産から信託報酬を受けることができる。

2　前項の場合には，信託報酬の額は，信託行為に信託報酬の額又は算定方法に関する定めがあるときはその定めるところにより，その定めがないときは相当の額とする。

3　前項の定めがないときは，受託者は，信託財産から信託報酬を受けるには，受益者に対し，信託報酬の額及びその算定の根拠を通知しなければならない。

4　第48条第4項及び第5項，第49条（第6項及び第7項を除く。），第51条並びに第52条並びに民法第648条第2項及び第3項の規定は，受託者の信託報酬について準用する。

第55条（受託者による担保権の実行）担保権が信託財産である信託において，信託行為において受益者が当該担保権によって担保される債権に係る債権者とされている場合には，担保権者である受託者は，信託事務として，当該担保権の実行の申立てをし，売却代金の配当又は弁済金の交付を受けることができる。

第5節　受託者の変更等
第1款　受託者の任務の終了

第56条（受託者の任務の終了事由）　受託者の任務は，信託の清算が結了した場合のほか，次に掲げる事由によって終了する。ただし，第三号に掲げる事由による場合にあっては，信託行為に別段の定めがあるときは，その定めるところによる。

一　受託者である個人の死亡

二　受託者である個人が後見開始又は保佐開始の審判を受けたこと。

三　受託者（破産手続開始の決定により解散するものを除く。）が破産手続開始の決定を受けたこと。

四　受託者である法人が合併以外の理由により解散したこと。

五　次条の規定による受託者の辞任

六　第58条の規定による受託者の解任

七　信託行為において定めた事由

2　受託者である法人が合併をした場合における合併後存続する法人又は合併により設立する法人は，受託者の任務を引き継ぐものとする。受託者である法人が分割をした場合における分割により受託者としての権利義務を承継する法人も，同様とする。

3　前項の規定にかかわらず，信託行為に別段の定めがあるときは，その定めるところによる。

4　第1項第三号に掲げる事由が生じた

場合において，同項ただし書の定めにより受託者の任務が終了しないときは，受託者の職務は，破産者が行う。

5　受託者の任務は，受託者が再生手続開始の決定を受けたことによっては，終了しない。ただし，信託行為に別段の定めがあるときは，その定めるところによる。

6　前項本文に規定する場合において，管財人があるときは，受託者の職務の遂行並びに信託財産に属する財産の管理及び処分をする権利は，管財人に専属する。保全管理人があるときも，同様とする。

7　前二項の規定は，受託者が更生手続開始の決定を受けた場合について準用する。この場合において，前項中「管財人があるとき」とあるのは，「管財人があるとき（会社更生法第74条第2項（金融機関等の更生手続の特例等に関する法律第47条及び第213条において準用する場合を含む。）の期間を除く。）」と読み替えるものとする。

第57条（受託者の辞任）　受託者は，委託者及び受益者の同意を得て，辞任することができる。ただし，信託行為に別段の定めがあるときは，その定めるところによる。

2　受託者は，やむを得ない事由があるときは，裁判所の許可を得て，辞任することができる。

3　受託者は，前項の許可の申立てをする場合には，その原因となる事実を疎明しなければならない。

4　第2項の許可の申立てを却下する裁判には，理由を付さなければならない。

5　第2項の規定による辞任の許可の裁判に対しては，不服を申し立てることができない。

6　委託者が現に存しない場合には，第1項本文の規定は，適用しない。

第58条（受託者の解任）　委託者及び受益者は，いつでも，その合意により，受託者を解任することができる。

2　委託者及び受益者が受託者に不利な時期に受託者を解任したときは，委託者及び受益者は，受託者の損害を賠償しなければならない。ただし，やむを得ない事由があったときは，この限りでない。

3　前二項の規定にかかわらず，信託行為に別段の定めがあるときは，その定めるところによる。

4　受託者がその任務に違反して信託財産に著しい損害を与えたことその他重要な事由があるときは，裁判所は，委託者又は受益者の申立てにより，受託者を解任することができる。

5　裁判所は，前項の規定により受託者を解任する場合には，受託者の陳述を聴かなければならない。

6　第4項の申立てについての裁判には，理由を付さなければならない。

7　第4項の規定による解任の裁判に対しては，委託者，受託者又は受益者に限り，即時抗告をすることができる。

8　委託者が現に存しない場合には，第1項及び第2項の規定は，適用しない。

第2款　前受託者の義務等

第59条（前受託者の通知及び保管の義務等）　第56条第1項第三号から第七号までに掲げる事由により受託者の任務が終了した場合には，受託者であった者（以下「前受託者」という。）は，受益者に対し，その旨を通知しなければならない。ただし，信託行為に別段の定めがあるときは，その定めるところによる。

2　第56条第1項第三号に掲げる事由により受託者の任務が終了した場合には，前受託者は，破産管財人に対し，信託財産に属する財産の内容及び所在，信託財産責任負担債務の内容その他の法務省令で定める事項を通知しなければならない。

3　第56条第1項第四号から第七号までに掲げる事由により受託者の任務が終了した場合には，前受託者は，新たな受託者（第64条第1項の規定により信託財産管理者が選任された場合にあっては，信託財産管理者。以下この節において「新受託者等」という。）が信託事務の処理をすることができるに至るまで，引き続き信託財産に属する財産の保管をし，かつ，信託事務の引継ぎに必要な行為をしなければならない。ただし，信託行為に別段の定めがあるときは，その義務を加重することができる。

4　前項の規定にかかわらず，第56条第1項第五号に掲げる事由（第57条第1項の規定によるものに限る。）により受託者の任務が終了した場合に

は，前受託者は，新受託者等が信託事務の処理をすることができるに至るまで，引き続き受託者としての権利義務を有する。ただし，信託行為に別段の定めがあるときは，この限りでない。

5　第3項の場合（前項本文に規定する場合を除く。）において，前受託者が信託財産に属する財産の処分をしようとするときは，受益者は，前受託者に対し，当該財産の処分をやめることを請求することができる。ただし，新受託者等が信託事務の処理をすることができるに至った後は，この限りでない。

第60条（前受託者の相続人等の通知及び保管の義務等）　第56条第1項第一号又は第二号に掲げる事由により受託者の任務が終了した場合において，前受託者の相続人（法定代理人が現に存する場合にあっては，その法定代理人）又は成年後見人若しくは保佐人（以下この節において「前受託者の相続人等」と総称する。）がその事実を知っているときは，前受託者の相続人等は，知れている受益者に対し，これを通知しなければならない。ただし，信託行為に別段の定めがあるときは，その定めるところによる。

2　第56条第1項第一号又は第二号に掲げる事由により受託者の任務が終了した場合には，前受託者の相続人等は，新受託者等又は信託財産法人管理人が信託事務の処理をすることができるに至るまで，信託財産に属する財産の保管をし，かつ，信託事務の引継ぎ

に必要な行為をしなければならない。

3 前項の場合において，前受託者の相続人等が信託財産に属する財産の処分をしようとするときは，受益者は，これらの者に対し，当該財産の処分をやめることを請求することができる。ただし，新受託者等又は信託財産法人管理人が信託事務の処理をすることができるに至った後は，この限りでない。

4 第56条第1項第三号に掲げる事由により受託者の任務が終了した場合には，破産管財人は，新受託者等が信託事務を処理することができるに至るまで，信託財産に属する財産の保管をし，かつ，信託事務の引継ぎに必要な行為をしなければならない。

5 前項の場合において，破産管財人が信託財産に属する財産の処分をしようとするときは，受益者は，破産管財人に対し，当該財産の処分をやめることを請求することができる。ただし，新受託者等が信託事務の処理をすることができるに至った後は，この限りでない。

6 前受託者の相続人等又は破産管財人は，新受託者等又は信託財産法人管理人に対し，第1項，第2項又は第4項の規定による行為をするために支出した費用及び支出の日以後におけるその利息の償還を請求することができる。

7 第49条第6項及び第7項の規定は，前項の規定により前受託者の相続人等又は破産管財人が有する権利について準用する。

第61条（費用又は報酬の支弁等） 第

59条第5項又は前条第3項若しくは第5項の規定による請求に係る訴えを提起した受益者が勝訴（一部勝訴を含む。）した場合において，当該訴えに係る訴訟に関し，必要な費用（訴訟費用を除く。）を支出したとき又は弁護士，弁護士法人，司法書士若しくは司法書士法人に報酬を支払うべきときは，その費用又は報酬は，その額の範囲内で相当と認められる額を限度として，信託財産から支弁する。

2 前項の訴えを提起した受益者が敗訴した場合であっても，悪意があったときを除き，当該受益者は，受託者に対し，これによって生じた損害を賠償する義務を負わない。

第3款 新受託者の選任

第62条 第56条第1項各号に掲げる事由により受託者の任務が終了した場合において，信託行為に新たな受託者（以下「新受託者」という。）に関する定めがないとき，又は信託行為の定めにより新受託者となるべき者として指定された者が信託の引受けをせず，若しくはこれをすることができないときは，委託者及び受益者は，その合意により，新受託者を選任することができる。

2 第56条第1項各号に掲げる事由により受託者の任務が終了した場合において，信託行為に新受託者となるべき者を指定する定めがあるときは，利害関係人は，新受託者となるべき者として指定された者に対し，相当の期間を

定めて，その期間内に就任の承諾をす
るかどうかを確答すべき旨を催告する
ことができる。ただし，当該定めに停
止条件又は始期が付されているとき
は，当該停止条件が成就し，又は当該
始期が到来した後に限る。

3　前項の規定による催告があった場合
において，新受託者となるべき者とし
て指定された者は，同項の期間内に委
託者及び受益者（2人以上の受益者が
現に存する場合にあってはその1人，
信託管理人が現に存する場合にあって
は信託管理人）に対し確答をしないと
きは，就任の承諾をしなかったものと
みなす。

4　第1項の場合において，同項の合意
に係る協議の状況その他の事情に照ら
して必要があると認めるときは，裁判
所は，利害関係人の申立てにより，新
受託者を選任することができる。

5　前項の申立てについての裁判には，
理由を付さなければならない。

6　第4項の規定による新受託者の選任
の裁判に対しては，委託者若しくは受
益者又は現に存する受託者に限り，即
時抗告をすることができる。

7　前項の即時抗告は，執行停止の効力
を有する。

8　委託者が現に存しない場合における
前各項の規定の適用については，第1
項中「委託者及び受益者は，その合意
により」とあるのは「受益者は」と，
第3項中「委託者及び受益者」とある
のは「受益者」と，第4項中「同項の
合意に係る協議の状況」とあるのは

「受益者の状況」とする。

第4款　信託財産管理者等

第63条（信託財産管理命令）　第56条
第1項各号に掲げる事由により受託者
の任務が終了した場合において，新受
託者が選任されておらず，かつ，必要
があると認めるときは，新受託者が選
任されるまでの間，裁判所は，利害関
係人の申立てにより，信託財産管理者
による管理を命ずる処分（以下この款
において「信託財産管理命令」とい
う。）をすることができる。

2　前項の申立てを却下する裁判には，
理由を付さなければならない。

3　裁判所は，信託財産管理命令を変更
し，又は取り消すことができる。

4　信託財産管理命令及び前項の規定に
よる決定に対しては，利害関係人に限
り，即時抗告をすることができる。

第64条（信託財産管理者の選任等）　裁
判所は，信託財産管理命令をする場合
には，当該信託財産管理命令におい
て，信託財産管理者を選任しなければ
ならない。

2　前項の規定による信託財産管理者の
選任の裁判に対しては，不服を申し立
てることができない。

3　裁判所は，第1項の規定による信託
財産管理者の選任の裁判をしたとき
は，直ちに，次に掲げる事項を公告し
なければならない。

一　信託財産管理者を選任した旨

二　信託財産管理者の氏名又は名称

4　前項第二号の規定は，同号に掲げる

事項に変更を生じた場合について準用する。

5　信託財産管理命令があった場合において，信託財産に属する権利で登記又は登録がされたものがあることを知ったときは，裁判所書記官は，職権で，遅滞なく，信託財産管理命令の登記又は登録を嘱託しなければならない。

6　信託財産管理命令を取り消す裁判があったとき，又は信託財産管理命令があった後に新受託者が選任された場合において当該新受託者が信託財産管理命令の登記若しくは登録の抹消の嘱託の申立てをしたときは，裁判所書記官は，職権で，遅滞なく，信託財産管理命令の登記又は登録の抹消を嘱託しなければならない。

第65条（前受託者がした法律行為の効力）　前受託者が前条第1項の規定による信託財産管理者の選任の裁判があった後に信託財産に属する財産に関してした法律行為は，信託財産との関係においては，その効力を主張することができない。

2　前受託者が前条第1項の規定による信託財産管理者の選任の裁判があった日にした法律行為は，当該裁判があった後にしたものと推定する。

第66条（信託財産管理者の権限）　第64条第1項の規定により信託財産管理者が選任された場合には，受託者の職務の遂行並びに信託財産に属する財産の管理及び処分をする権利は，信託財産管理者に専属する。

2　2人以上の信託財産管理者があると

きは，これらの者が共同してその権限に属する行為をしなければならない。ただし，裁判所の許可を得て，それぞれ単独にその職務を行い，又は職務を分掌することができる。

3　2人以上の信託財産管理者があるときは，第三者の意思表示は，その1人に対してすれば足りる。

4　信託財産管理者が次に掲げる行為の範囲を超える行為をするには，裁判所の許可を得なければならない。

一　保存行為

二　信託財産に属する財産の性質を変えない範囲内において，その利用又は改良を目的とする行為

5　前項の規定に違反して行った信託財産管理者の行為は，無効とする。ただし，信託財産管理者は，これをもって善意の第三者に対抗することができない。

6　信託財産管理者は，第2項ただし書又は第4項の許可の申立てをする場合には，その原因となる事実を疎明しなければならない。

7　第2項ただし書又は第4項の許可の申立てを却下する裁判には，理由を付さなければならない。

8　第2項ただし書又は第4項の規定による許可の裁判に対しては，不服を申し立てることができない。

第67条（信託財産に属する財産の管理）　信託財産管理者は，就職の後直ちに信託財産に属する財産の管理に着手しなければならない。

第68条（当事者適格）　信託財産に関す

る訴えについては，信託財産管理者を
原告又は被告とする。

第69条（信託財産管理者の義務等）　信
託財産管理者は，その職務を行うに当
たっては，受託者と同一の義務及び責
任を負う。

第70条（信託財産管理者の辞任及び解
任）　第57条第2項から第5項までの
規定は信託財産管理者の辞任につい
て，第58条第4項から第7項までの
規定は信託財産管理者の解任につい
て，それぞれ準用する。この場合にお
いて，第57条第2項中「やむを得な
い事由」とあるのは，「正当な事由」
と読み替えるものとする。

第71条（信託財産管理者の報酬等）　信
託財産管理者は，信託財産から裁判所
が定める額の費用の前払及び報酬を受
けることができる。

2　前項の規定による費用又は報酬の額
を定める裁判をする場合には，信託財
産管理者の陳述を聴かなければならな
い。

3　第1項の規定による費用又は報酬の
額を定める裁判に対しては，信託財産
管理者に限り，即時抗告をすることが
できる。

第72条（信託財産管理者による新受託
者への信託事務の引継ぎ等）　第77条
の規定は，信託財産管理者の選任後に
新受託者が就任した場合について準用
する。この場合において，同条第1項
中「受益者（2人以上の受益者が現に
存する場合にあってはそのすべての受
益者，信託管理人が現に存する場合に

あっては信託管理人）」とあり，同条
第2項中「受益者（信託管理人が現に
存する場合にあっては，信託管理人。
次項において同じ。）」とあり，及び同
条第3項中「受益者」とあるのは「新
受託者」と，同条第2項中「当該受益
者」とあるのは「当該新受託者」と読
み替えるものとする。

第73条（受託者の職務を代行する者の
権限）　第66条の規定は，受託者の職
務を代行する者を選任する仮処分命令
により選任された受託者の職務を代行
する者について準用する。

第74条（受託者の死亡により任務が終
了した場合の信託財産の帰属等）　第
56条第1項第一号に掲げる事由によ
り受託者の任務が終了した場合には，
信託財産は，法人とする。

2　前項に規定する場合において，必要
があると認めるときは，裁判所は，利
害関係人の申立てにより，信託財産法
人管理人による管理を命ずる処分（第
6項において「信託財産法人管理命令」
という。）をすることができる。

3　第63条第2項から第4項までの規
定は，前項の申立てに係る事件につい
て準用する。

4　新受託者が就任したときは，第1項
の法人は，成立しなかったものとみな
す。ただし，信託財産法人管理人がそ
の権限内でした行為の効力を妨げな
い。

5　信託財産法人管理人の代理権は，新
受託者が信託事務の処理をすることが
できるに至った時に消滅する。

6 第64条の規定は信託財産法人管理命令をする場合について，第66条から第72条までの規定は信託財産法人管理人について，それぞれ準用する。

第5款　受託者の変更に伴う権利義務の承継等

第75条（信託に関する権利義務の承継等）　第56条第1項各号に掲げる事由により受託者の任務が終了した場合において，新受託者が就任したときは，新受託者は，前受託者の任務が終了した時に，その時に存する信託に関する権利義務を前受託者から承継したものとみなす。

2　前項の規定にかかわらず，第56条第1項第五号に掲げる事由（第57条第1項の規定によるものに限る。）により受託者の任務が終了した場合（第59条第4項ただし書の場合を除く。）には，新受託者は，新受託者等が就任した時に，その時に存する信託に関する権利義務を前受託者から承継したものとみなす。

3　前二項の規定は，新受託者が就任するに至るまでの間に前受託者，信託財産管理者又は信託財産法人管理人がその権限内でした行為の効力を妨げない。

4　第27条の規定は，新受託者等が就任するに至るまでの間に前受託者がその権限に属しない行為をした場合について準用する。

5　前受託者（その相続人を含む。以下この条において同じ。）が第40条の規定による責任を負う場合又は法人である前受託者の理事，取締役若しくは執行役若しくはこれらに準ずる者（以下この項において「理事等」と総称する。）が第41条の規定による責任を負う場合には，新受託者等又は信託財産法人管理人は，前受託者又は理事等に対し，第40条又は第41条の規定による請求をすることができる。

6　前受託者が信託財産から費用等の償還若しくは損害の賠償を受けることができ，又は信託報酬を受けることができる場合には，前受託者は，新受託者等又は信託財産法人管理人に対し，費用等の償還若しくは損害の賠償又は信託報酬の支払を請求することができる。ただし，新受託者等又は信託財産法人管理人は，信託財産に属する財産のみをもってこれを履行する責任を負う。

7　第48条第4項並びに第49条第6項及び第7項の規定は，前項の規定により前受託者が有する権利について準用する。

8　新受託者が就任するに至るまでの間に信託財産に属する財産に対し既にされている強制執行，仮差押え若しくは仮処分の執行又は担保権の実行若しくは競売の手続は，新受託者に対し続行することができる。

9　前受託者は，第6項の規定による請求に係る債権の弁済を受けるまで，信託財産に属する財産を留置することができる。

第76条（承継された債務に関する前受

託者及び新受託者の責任）　前条第1
項又は第2項の規定により信託債権に
係る債務が新受託者に承継された場合
にも，前受託者は，自己の固有財産を
もって，その承継された債務を履行す
る責任を負う。ただし，信託財産に属
する財産のみをもって当該債務を履行
する責任を負うときは，この限りでな
い。

2　新受託者は，前項本文に規定する債
務を承継した場合には，信託財産に属
する財産のみをもってこれを履行する
責任を負う。

第77条（前受託者による新受託者等へ
の信託事務の引継ぎ等）　新受託者等
が就任した場合には，前受託者は，遅
滞なく，信託事務に関する計算を行
い，受益者（2人以上の受益者が現に
存する場合にあってはそのすべての受
益者，信託管理人が現に存する場合に
あっては信託管理人）に対しその承認
を求めるとともに，新受託者等が信託
事務の処理を行うのに必要な信託事務
の引継ぎをしなければならない。

2　受益者（信託管理人が現に存する場
合にあっては，信託管理人。次項にお
いて同じ。）が前項の計算を承認した
場合には，同項の規定による当該受益
者に対する信託事務の引継ぎに関する
責任は，免除されたものとみなす。た
だし，前受託者の職務の執行に不正の
行為があったときは，この限りでな
い。

3　受益者が前受託者から第1項の計算
の承認を求められた時から1箇月以内

に異議を述べなかった場合には，当該
受益者は，同項の計算を承認したもの
とみなす。

第78条（前受託者の相続人等又は破産
管財人による新受託者等への信託事務
の引継ぎ等）　前条の規定は，第56条
第1項第一号又は第二号に掲げる事由
により受託者の任務が終了した場合に
おける前受託者の相続人等及び同項第
三号に掲げる事由により受託者の任務
が終了した場合における破産管財人に
ついて準用する。

第6節　受託者が2人以上ある信託 の特例

第79条（信託財産の合有）　受託者が2
人以上ある信託においては，信託財産
は，その合有とする。

第80条（信託事務の処理の方法）　受託
者が2人以上ある信託においては，信
託事務の処理については，受託者の過
半数をもって決する。

2　前項の規定にかかわらず，保存行為
については，各受託者が単独で決する
ことができる。

3　前二項の規定により信託事務の処理
について決定がされた場合には，各受
託者は，当該決定に基づいて信託事務
を執行することができる。

4　前三項の規定にかかわらず，信託行
為に受託者の職務の分掌に関する定め
がある場合には，各受託者は，その定
めに従い，信託事務の処理について決
し，これを執行する。

5　前二項の規定による信託事務の処理

についての決定に基づく信託財産のためにする行為については，各受託者は，他の受託者を代理する権限を有する。

6　前各項の規定にかかわらず，信託行為に別段の定めがあるときは，その定めるところによる。

7　受託者が２人以上ある信託においては，第三者の意思表示は，その１人に対してすれば足りる。ただし，受益者の意思表示については，信託行為に別段の定めがあるときは，その定めるところによる。

第81条（職務分掌者の当事者適格）　前条第４項に規定する場合には，信託財産に関する訴えについて，各受託者は，自己の分掌する職務に関し，他の受託者のために原告又は被告となる。

第82条（信託事務の処理についての決定の他の受託者への委託）　受託者が２人以上ある信託においては，各受託者は，信託行為に別段の定めがある場合又はやむを得ない事由がある場合を除き，他の受託者に対し，信託事務（常務に属するものを除く。）の処理についての決定を委託することができない。

第83条（信託事務の処理に係る債務の負担関係）　受託者が２人以上ある信託において，信託事務を処理するに当たって各受託者が第三者に対し債務を負担した場合には，各受託者は，連帯債務者とする。

2　前項の規定にかかわらず，信託行為に受託者の職務の分掌に関する定めがある場合において，ある受託者がその定めに従い信託事務を処理するに当たって第三者に対し債務を負担したときは，他の受託者は，信託財産に属する財産のみをもってこれを履行する責任を負う。ただし，当該第三者が，その債務の負担の原因である行為の当時，当該行為が信託事務の処理としてされたこと及び受託者が２人以上ある信託であることを知っていた場合であって，信託行為に受託者の職務の分掌に関する定めがあることを知らず，かつ，知らなかったことにつき過失がなかったときは，当該他の受託者は，これをもって当該第三者に対抗することができない。

第84条（信託財産と固有財産等とに属する共有物の分割の特例）　受託者が２人以上ある信託における第19条の規定の適用については，同条第１項中「場合には」とあるのは「場合において，当該信託財産に係る信託に受託者が２人以上あるときは」と，同項第二号中「受託者」とあるのは「固有財産に共有持分が属する受託者」と，同項第三号中「受託者の」とあるのは「固有財産に共有持分が属する受託者の」と，同条第２項中「受託者」とあるのは「固有財産に共有持分が属する受託者」と，同条第３項中「場合には」とあるのは「場合において，当該信託財産に係る信託又は他の信託財産に係る信託に受託者が２人以上あるときは」と，同項第三号中「受託者の」とあるのは「各信託財産の共有持分が属する

受託者の」と，「受託者が決する」と
あるのは「受託者の協議による」と，
同条第4項中「第二号」とあるのは
「第二号又は第三号」とする。

第85条（受託者の責任等の特例）　受託
者が2人以上ある信託において，2人
以上の受託者がその任務に違反する行
為をしたことにより第41条の規定に
よる責任を負う場合には，当該行為を
した各受託者は，連帯債務者とする。

2　受託者が2人以上ある信託における
第40条第1項及び第41条の規定の適
用については，これらの規定中「受益
者」とあるのは，「受益者又は他の受
託者」とする。

3　受託者が2人以上ある信託において
第42条の規定により第40条又は第
41条の規定による責任が免除された
ときは，他の受託者は，これらの規定
によれば当該責任を負うべき者に対
し，当該責任の追及に係る請求をする
ことができない。ただし，信託行為に
別段の定めがあるときは，その定める
ところによる。

4　受託者が2人以上ある信託における
第44条の規定の適用については，同
条第1項中「受益者」とあるのは「受
益者又は他の受託者」と，同条第2項
中「当該受益者」とあるのは「当該受
益者又は他の受託者」とする。

第86条（受託者の変更等の特例）　受託
者が2人以上ある信託における第59
条の規定の適用については，同条第1
項中「受益者」とあるのは「受益者及
び他の受託者」と，同条第3項及び第

4項中「受託者の任務」とあるのは
「すべての受託者の任務」とする。

2　受託者が2人以上ある信託における
第60条の規定の適用については，同
条第1項中「受益者」とあるのは「受
益者及び他の受託者」と，同条第2項
及び第4項中「受託者の任務」とある
のは「すべての受託者の任務」とする。

3　受託者が2人以上ある信託における
第74条第1項の規定の適用について
は，同項中「受託者の任務」とあるの
は，「すべての受託者の任務」とする。

4　受託者が2人以上ある信託において
は，第75条第1項及び第2項の規定
にかかわらず，その1人の任務が第
56条第1項各号に掲げる事由により
終了した場合には，その任務が終了し
た時に存する信託に関する権利義務は
他の受託者が当然に承継し，その任務
は他の受託者が行う。ただし，信託行
為に別段の定めがあるときは，その定
めるところによる。

第87条（信託の終了の特例）　受託者が
2人以上ある信託における第163条第
三号の規定の適用については，同号中
「受託者が欠けた場合」とあるのは，
「すべての受託者が欠けた場合」とす
る。

2　受託者が2人以上ある信託において
は，受託者の一部が欠けた場合であっ
て，前条第4項ただし書の規定により
その任務が他の受託者によって行われ
ず，かつ，新受託者が就任しない状態
が1年間継続したときも，信託は，終
了する。

第4章　受益者等

第1節　受益者の権利の取得及び行使

第88条（受益権の取得）　信託行為の定めにより受益者となるべき者として指定された者（次条第1項に規定する受益者指定権等の行使により受益者又は変更後の受益者として指定された者を含む。）は，当然に受益権を取得する。ただし，信託行為に別段の定めがあるときは，その定めるところによる。

2　受託者は，前項に規定する受益者となるべき者として指定された者が同項の規定により受益権を取得したことを知らないときは，その者に対し，遅滞なく，その旨を通知しなければならない。ただし，信託行為に別段の定めがあるときは，その定めるところによる。

第89条（受益者指定権等）　受益者を指定し，又はこれを変更する権利（以下この条において「受益者指定権等」という。）を有する者の定めのある信託においては，受益者指定権等は，受託者に対する意思表示によって行使する。

2　前項の規定にかかわらず，受益者指定権等は，遺言によって行使することができる。

3　前項の規定により遺言によって受益者指定権等が行使された場合において，受託者がこれを知らないときは，これにより受益者となったことをもって当該受託者に対抗することができない。

4　受託者は，受益者を変更する権利が行使されたことにより受益者であった者がその受益権を失ったときは，その者に対し，遅滞なく，その旨を通知しなければならない。ただし，信託行為に別段の定めがあるときは，その定めるところによる。

5　受益者指定権等は，相続によって承継されない。ただし，信託行為に別段の定めがあるときは，その定めるところによる。

6　受益者指定権等を有する者が受託者である場合における第1項の規定の適用については，同項中「受託者」とあるのは，「受益者となるべき者」とする。

第90条（委託者の死亡の時に受益権を取得する旨の定めのある信託等の特例）　次の各号に掲げる信託においては，当該各号の委託者は，受益者を変更する権利を有する。ただし，信託行為に別段の定めがあるときは，その定めるところによる。

一　委託者の死亡の時に受益者となるべき者として指定された者が受益権を取得する旨の定めのある信託

二　委託者の死亡の時以後に受益者が信託財産に係る給付を受ける旨の定めのある信託

2　前項第二号の受益者は，同号の委託者が死亡するまでは，受益者としての権利を有しない。ただし，信託行為に別段の定めがあるときは，その定めるところによる。

第91条（受益者の死亡により他の者が新たに受益権を取得する旨の定めのある信託の特例）　受益者の死亡により，当該受益者の有する受益権が消滅し，他の者が新たな受益権を取得する旨の定め（受益者の死亡により順次他の者が受益権を取得する旨の定めを含む。）のある信託は，当該信託がされた時から30年を経過した時以後に現に存する受益者が当該定めにより受益権を取得した場合であって当該受益者が死亡するまで又は当該受益権が消滅するまでの間，その効力を有する。

第92条（信託行為の定めによる受益者の権利行使の制限の禁止）　受益者による次に掲げる権利の行使は，信託行為の定めにより制限することができない。

一　この法律の規定による裁判所に対する申立権

二　第5条第1項の規定による催告権

三　第23条第5項又は第6項の規定による異議を主張する権利

四　第24条第1項の規定による支払の請求権

五　第27条第1項又は第2項（これらの規定を第75条第4項において準用する場合を含む。）の規定による取消権

六　第31条第6項又は第7項の規定による取消権

七　第36条の規定による報告を求める権利

八　第38条第1項又は第6項の規定による閲覧又は謄写の請求権

九　第40条の規定による損失のてん補又は原状の回復の請求権

十　第41条の規定による損失のてん補又は原状の回復の請求権

十一　第44条の規定による差止めの請求権

十二　第45条第1項の規定による支払の請求権

十三　第59条第5項の規定による差止めの請求権

十四　第60条第3項又は第5項の規定による差止めの請求権

十五　第61条第1項の規定による支払の請求権

十六　第62条第2項の規定による催告権

十七　第99条第1項の規定による受益権を放棄する権利

十八　第103条第1項又は第2項の規定による受益権取得請求権

十九　第131条第2項の規定による催告権

二十　第138条第2項の規定による催告権

二十一　第187条第1項の規定による交付又は提供の請求権

二十二　第190条第2項の規定による閲覧又は謄写の請求権

二十三　第198条第1項の規定による記載又は記録の請求権

二十四　第226条第1項の規定による金銭のてん補又は支払の請求権

二十五　第228条第1項の規定による金銭のてん補又は支払の請求権

二十六　第254条第1項の規定による

損失のてん補の請求権

第2節　受益権等
第1款　受益権の譲渡等

第93条（受益権の譲渡性）　受益者は，その有する受益権を譲り渡すことができる。ただし，その性質がこれを許さないときは，この限りでない。

2　前項の規定は，信託行為に別段の定めがあるときは，適用しない。ただし，その定めは，善意の第三者に対抗することができない。

第94条（受益権の譲渡の対抗要件）　受益権の譲渡は，譲渡人が受託者に通知をし，又は受託者が承諾をしなければ，受託者その他の第三者に対抗することができない。

2　前項の通知及び承諾は，確定日付のある証書によってしなければ，受託者以外の第三者に対抗することができない。

第95条（受益権の譲渡における受託者の抗弁）　受託者は，前条第1項の通知又は承諾がされるまでに譲渡人に対し生じた事由をもって譲受人に対抗することができる。

第96条（受益権の質入れ）　受益者は，その有する受益権に質権を設定することができる。ただし，その性質がこれを許さないときは，この限りでない。

2　前項の規定は，信託行為に別段の定めがあるときは，適用しない。ただし，その定めは，善意の第三者に対抗することができない。

第97条（受益権の質入れの効果）　受益権を目的とする質権は，次に掲げる金銭等（金銭その他の財産をいう。以下この条及び次条において同じ。）について存在する。

一　当該受益権を有する受益者が受託者から信託財産に係る給付として受けた金銭等

二　第103条第6項に規定する受益権取得請求によって当該受益権を有する受益者が受ける金銭等

三　信託の変更による受益権の併合又は分割によって当該受益権を有する受益者が受ける金銭等

四　信託の併合又は分割（信託の併合又は信託の分割をいう。以下同じ。）によって当該受益権を有する受益者が受ける金銭等

五　前各号に掲げるもののほか，当該受益権を有する受益者が当該受益権に代わるものとして受ける金銭等

第98条　受益権の質権者は，前条の金銭等（金銭に限る。）を受領し，他の債権者に先立って自己の債権の弁済に充てることができる。

2　前項の債権の弁済期が到来していないときは，受益権の質権者は，受託者に同項に規定する金銭等に相当する金額を供託させることができる。この場合において，質権は，その供託金について存在する。

第2款　受益権の放棄

第99条　受益者は，受託者に対し，受益権を放棄する旨の意思表示をすることができる。ただし，受益者が信託行

為の当事者である場合は，この限りで
ない。

2　受益者は，前項の規定による意思表
示をしたときは，当初から受益権を有
していなかったものとみなす。ただ
し，第三者の権利を害することはでき
ない。

第3款　受益債権

第100条（受益債権に係る受託者の責
任）　受益債権に係る債務について
は，受託者は，信託財産に属する財産
のみをもってこれを履行する責任を負
う。

第101条（受益債権と信託債権との関
係）　受益債権は，信託債権に後れる。

第102条（受益債権の期間の制限）　受
益債権の消滅時効は，次項及び第3項
に定める事項を除き，債権の消滅時効
の例による。

2　受益債権の消滅時効は，受益者が受
益者としての指定を受けたことを知る
に至るまでの間（受益者が現に存しな
い場合にあっては，信託管理人が選任
されるまでの間）は，進行しない。

3　受益債権の消滅時効は，次に掲げる
場合に限り，援用することができる。

一　受託者が，消滅時効の期間の経過
後，遅滞なく，受益者に対し受益債
権の存在及びその内容を相当の期間
を定めて通知し，かつ，受益者から
その期間内に履行の請求を受けなか
ったとき。

二　消滅時効の期間の経過時において
受益者の所在が不明であるとき，そ

の他信託行為の定め，受益者の状
況，関係資料の滅失その他の事情に
照らして，受益者に対し前号の規定
による通知をしないことについて正
当な理由があるとき。

4　受益債権は，これを行使することが
できる時から20年を経過したとき
は，消滅する。

第4款　受益権取得請求権

第103条（受益権取得請求）　次に掲げ
る事項に係る信託の変更（第3項にお
いて「重要な信託の変更」という。）
がされる場合には，これにより損害を
受けるおそれのある受益者は，受託者
に対し，自己の有する受益権を公正な
価格で取得することを請求することが
できる。ただし，第一号又は第二号に
掲げる事項に係る信託の変更がされる
場合にあっては，これにより損害を受
けるおそれのあることを要しない。

一　信託の目的の変更

二　受益権の譲渡の制限

三　受託者の義務の全部又は一部の減
免（当該減免について，その範囲及
びその意思決定の方法につき信託行
為に定めがある場合を除く。）

四　受益債権の内容の変更（当該内容
の変更について，その範囲及びその
意思決定の方法につき信託行為に定
めがある場合を除く。）

五　信託行為において定めた事項

2　信託の併合又は分割がされる場合に
は，これらにより損害を受けるおそれ
のある受益者は，受託者に対し，自己

の有する受益権を公正な価格で取得することを請求することができる。ただし，前項第一号又は第二号に掲げる事項に係る変更を伴う信託の併合又は分割がされる場合にあっては，これらにより損害を受けるおそれのあることを要しない。

3　前二項の受益者が，重要な信託の変更又は信託の併合若しくは信託の分割（以下この章において「重要な信託の変更等」という。）の意思決定に関与し，その際に当該重要な信託の変更等に賛成する旨の意思を表示したときは，前二項の規定は，当該受益者については，適用しない。

4　受託者は，重要な信託の変更等の意思決定の日から20日以内に，受益者に対し，次に掲げる事項を通知しなければならない。

一　重要な信託の変更等をする旨

二　重要な信託の変更等がその効力を生ずる日（次条第1項において「効力発生日」という。）

三　重要な信託の変更等の中止に関する条件を定めたときは，その条件

5　前項の規定による通知は，官報による公告をもって代えることができる。

6　第1項又は第2項の規定による請求（以下この款において「受益権取得請求」という。）は，第4項の規定による通知又は前項の規定による公告の日から21日以内に，その受益権取得請求に係る受益権の内容を明らかにしてしなければならない。

7　受益権取得請求をした受益者は，受

託者の承諾を得た場合に限り，その受益権取得請求を撤回することができる。

8　重要な信託の変更等が中止されたときは，受益権取得請求は，その効力を失う。

第104条（受益権の価格の決定等）　受益権取得請求があった場合において，受益権の価格の決定について，受託者と受益者との間に協議が調ったときは，受託者は，受益権取得請求の日から60日を経過する日（その日までに効力発生日が到来していない場合にあっては，効力発生日）までにその支払をしなければならない。

2　受益権の価格の決定について，受益権取得請求の日から30日以内に協議が調わないときは，受託者又は受益者は，その期間の満了の日後30日以内に，裁判所に対し，価格の決定の申立てをすることができる。

3　裁判所は，前項の規定により価格の決定をする場合には，同項の申立てをすることができる者の陳述を聴かなければならない。

4　第2項の申立てについての裁判には，理由を付さなければならない。

5　第2項の規定による価格の決定の裁判に対しては，申立人及び同項の申立てをすることができる者に限り，即時抗告をすることができる。

6　前項の即時抗告は，執行停止の効力を有する。

7　前条第7項の規定にかかわらず，第2項に規定する場合において，受益権

取得請求の日から60日以内に同項の申立てがないときは，その期間の満了後は，受益者は，いつでも，受益権取得請求を撤回することができる。

8　第1項の受託者は，裁判所の決定した価格に対する同項の期間の満了の日後の利息をも支払わなければならない。

9　受託者は，受益権の価格の決定があるまでは，受益者に対し，当該受託者が公正な価格と認める額を支払うことができる。

10　受益権取得請求に係る受託者による受益権の取得は，当該受益権の価格に相当する金銭の支払の時に，その効力を生ずる。

11　受益証券（第185条第1項に規定する受益証券をいう。以下この章において同じ。）が発行されている受益権について受益権取得請求があったときは，当該受益証券と引換えに，その受益権取得請求に係る受益権の価格に相当する金銭を支払わなければならない。

12　受益権取得請求に係る債務については，受託者は，信託財産に属する財産のみをもってこれを履行する責任を負う。ただし，信託行為又は当該重要な信託の変更等の意思決定において別段の定めがされたときは，その定めるところによる。

13　前条第1項又は第2項の規定により受託者が受益権を取得したときは，その受益権は，消滅する。ただし，信託行為又は当該重要な信託の変更等の意思決定において別段の定めがされたときは，その定めるところによる。

第3節　2人以上の受益者による意思決定の方法の特例

第1款　総則

第105条　受益者が2人以上ある信託における受益者の意思決定（第92条各号に掲げる権利の行使に係るものを除く。）は，すべての受益者の一致によってこれを決する。ただし，信託行為に別段の定めがあるときは，その定めるところによる。

2　前項ただし書の場合において，信託行為に受益者集会における多数決による旨の定めがあるときは，次款の定めるところによる。ただし，信託行為に別段の定めがあるときは，その定めるところによる。

3　第1項ただし書又は前項の規定にかかわらず，第42条の規定による責任の免除に係る意思決定の方法についての信託行為の定めは，次款の定めるところによる受益者集会における多数決による旨の定めに限り，その効力を有する。

4　第1項ただし書及び前二項の規定は，次に掲げる責任の免除については，適用しない。

一　第42条の規定による責任の全部の免除

二　第42条第一号の規定による責任（受託者がその任務を行うにつき悪意又は重大な過失があった場合に生じたものに限る。）の一部の免除

三　第42条第二号の規定による責任
　の一部の免除

第2款　受益者集会

第106条（受益者集会の招集）　受益者
　集会は，必要がある場合には，いつで
　も，招集することができる。
2　受益者集会は，受託者（信託監督人
　が現に存する場合にあっては，受託者
　又は信託監督人）が招集する。
第107条（受益者による招集の請求）
　受益者は，受託者（信託監督人が現に
　存する場合にあっては，受託者又は信
　託監督人）に対し，受益者集会の目的
　である事項及び招集の理由を示して，
　受益者集会の招集を請求することがで
　きる。
2　次に掲げる場合において，信託財産
　に著しい損害を生ずるおそれがあると
　きは，前項の規定による請求をした受
　益者は，受益者集会を招集することが
　できる。
　一　前項の規定による請求の後遅滞な
　　く招集の手続が行われない場合
　二　前項の規定による請求があった日
　　から8週間以内の日を受益者集会の
　　日とする受益者集会の招集の通知が
　　発せられない場合
第108条（受益者集会の招集の決定）
　受益者集会を招集する者（以下この款
　において「招集者」という。）は，受
　益者集会を招集する場合には，次に掲
　げる事項を定めなければならない。
　一　受益者集会の日時及び場所
　二　受益者集会の目的である事項があ

るときは，当該事項
　三　受益者集会に出席しない受益者が
　　電磁的方法（電子情報処理組織を使
　　用する方法その他の情報通信の技術
　　を利用する方法であって法務省令で
　　定めるものをいう。以下この款にお
　　いて同じ。）によって議決権を行使
　　することができることとするとき
　　は，その旨
　四　前三号に掲げるもののほか，法務
　　省令で定める事項
第109条（受益者集会の招集の通知）
　受益者集会を招集するには，招集者
　は，受益者集会の日の2週間前まで
　に，知れている受益者及び受託者（信
　託監督人が現に存する場合にあって
　は，知れている受益者，受託者及び信
　託監督人）に対し，書面をもってその
　通知を発しなければならない。
2　招集者は，前項の書面による通知の
　発出に代えて，政令で定めるところに
　より，同項の通知を受けるべき者の承
　諾を得て，電磁的方法により通知を発
　することができる。この場合におい
　て，当該招集者は，同項の書面による
　通知を発したものとみなす。
3　前二項の通知には，前条各号に掲げ
　る事項を記載し，又は記録しなければ
　ならない。
4　無記名式の受益証券が発行されてい
　る場合において，受益者集会を招集す
　るには，招集者は，受益者集会の日の
　3週間前までに，受益者集会を招集す
　る旨及び前条各号に掲げる事項を官報
　により公告しなければならない。

第110条（受益者集会参考書類及び議決権行使書面の交付等）　招集者は，前条第1項の通知に際しては，法務省令で定めるところにより，知れている受益者に対し，議決権の行使について参考となるべき事項を記載した書類（以下この条において「受益者集会参考書類」という。）及び受益者が議決権を行使するための書面（以下この款において「議決権行使書面」という。）を交付しなければならない。

2　招集者は，前条第2項の承諾をした受益者に対し同項の電磁的方法による通知を発するときは，前項の規定による受益者集会参考書類及び議決権行使書面の交付に代えて，これらの書類に記載すべき事項を電磁的方法により提供することができる。ただし，受益者の請求があったときは，これらの書類を当該受益者に交付しなければならない。

3　招集者は，前条第4項の規定による公告をした場合において，受益者集会の日の1週間前までに無記名受益権（無記名式の受益証券が発行されている受益権をいう。第8章において同じ。）の受益者の請求があったときは，直ちに，受益者集会参考書類及び議決権行使書面を当該受益者に交付しなければならない。

4　招集者は，前項の規定による受益者集会参考書類及び議決権行使書面の交付に代えて，政令で定めるところにより，受益者の承諾を得て，これらの書類に記載すべき事項を電磁的方法によ

り提供することができる。この場合において，当該招集者は，同項の規定によるこれらの書類の交付をしたものとみなす。

第111条　招集者は，第108条第三号に掲げる事項を定めた場合には，第109条第2項の承諾をした受益者に対する電磁的方法による通知に際して，法務省令で定めるところにより，受益者に対し，議決権行使書面に記載すべき事項を当該電磁的方法により提供しなければならない。

2　招集者は，第108条第三号に掲げる事項を定めた場合において，第109条第2項の承諾をしていない受益者から受益者集会の日の1週間前までに議決権行使書面に記載すべき事項の電磁的方法による提供の請求があったときは，法務省令で定めるところにより，直ちに，当該受益者に対し，当該事項を電磁的方法により提供しなければならない。

第112条（受益者の議決権）　受益者は，受益者集会において，次の各号に掲げる区分に従い，当該各号に定めるものに応じて，議決権を有する。

一　各受益権の内容が均等である場合　受益権の個数

二　前号に掲げる場合以外の場合　受益者集会の招集の決定の時における受益権の価格

2　前項の規定にかかわらず，受益権が当該受益権に係る信託の信託財産に属するときは，受託者は，当該受益権については，議決権を有しない。

第113条（受益者集会の決議）　受益者
　集会の決議は，議決権を行使すること
　ができる受益者の議決権の過半数を有
　する受益者が出席し，出席した当該受
　益者の議決権の過半数をもって行う。
2　前項の規定にかかわらず，次に掲げ
　る事項に係る受益者集会の決議は，当
　該受益者集会において議決権を行使す
　ることができる受益者の議決権の過半
　数を有する受益者が出席し，出席した
　当該受益者の議決権の3分の2以上に
　当たる多数をもって行わなければなら
　ない。
　一　第42条の規定による責任の免除
　　（第105条第4項各号に掲げるもの
　　を除く。）
　二　第136条第1項第一号に規定する
　　合意
　三　第143条第1項第一号に規定する
　　合意
　四　第149条第1項若しくは第2項第
　　一号に規定する合意又は同条第3項
　　に規定する意思表示
　五　第151条第1項又は第2項第一号
　　に規定する合意
　六　第155条第1項又は第2項第一号
　　に規定する合意
　七　第159条第1項又は第2項第一号
　　に規定する合意
　八　第164条第1項に規定する合意
3　前二項の規定にかかわらず，第103
　条第1項第二号から第四号までに掲げ
　る事項（同号に掲げる事項にあって
　は，受益者間の権衡に変更を及ぼすも
　のを除く。）に係る重要な信託の変更

等に係る受益者集会の決議は，当該受
益者集会において議決権を行使するこ
とができる受益者の半数以上であっ
て，当該受益者の議決権の3分の2以
上に当たる多数をもって行わなければ
ならない。
4　前三項の規定にかかわらず，第103
　条第1項第一号又は第四号に掲げる事
　項（同号に掲げる事項にあっては，受
　益者間の権衡に変更を及ぼすものに限
　る。）に係る重要な信託の変更等に係
　る受益者集会の決議は，総受益者の半
　数以上であって，総受益者の議決権の
　4分の3以上に当たる多数をもって行
　わなければならない。
5　受益者集会は，第108条第二号に掲
　げる事項以外の事項については，決議
　をすることができない。
第114条（議決権の代理行使）　受益者
　は，代理人によってその議決権を行使
　することができる。この場合において
　は，当該受益者又は代理人は，代理権
　を証明する書面を招集者に提出しなけ
　ればならない。
2　前項の代理権の授与は，受益者集会
　ごとにしなければならない。
3　第1項の受益者又は代理人は，代理
　権を証明する書面の提出に代えて，政
　令で定めるところにより，招集者の承
　諾を得て，当該書面に記載すべき事項
　を電磁的方法により提供することがで
　きる。この場合において，当該受益者
　又は代理人は，当該書面を提出したも
　のとみなす。
4　受益者が第109条第2項の承諾をし

た者である場合には，招集者は，正当
な理由がなければ，前項の承諾をする
ことを拒んではならない。

第115条（書面による議決権の行使）
受益者集会に出席しない受益者は，書
面によって議決権を行使することがで
きる。

2　書面による議決権の行使は，議決権
行使書面に必要な事項を記載し，法務
省令で定める時までに当該記載をした
議決権行使書面を招集者に提出して行
う。

3　前項の規定により書面によって行使
した議決権は，出席した議決権者の行
使した議決権とみなす。

第116条（電磁的方法による議決権の行
使）　電磁的方法による議決権の行使
は，政令で定めるところにより，招集
者の承諾を得て，法務省令で定める時
までに議決権行使書面に記載すべき事
項を，電磁的方法により当該招集者に
提供して行う。

2　受益者が第109条第2項の承諾をし
た者である場合には，招集者は，正当
な理由がなければ，前項の承諾をする
ことを拒んではならない。

3　第1項の規定により電磁的方法によ
って行使した議決権は，出席した議決
権者の行使した議決権とみなす。

第117条（議決権の不統一行使）　受益
者は，その有する議決権を統一しない
で行使することができる。この場合に
おいては，受益者集会の日の3日前ま
でに，招集者に対しその旨及びその理
由を通知しなければならない。

2　招集者は，前項の受益者が他人のた
めに受益権を有する者でないときは，
当該受益者が同項の規定によりその有
する議決権を統一しないで行使するこ
とを拒むことができる。

第118条（受託者の出席等）　受託者
（法人である受託者にあっては，その
代表者又は代理人。次項において同
じ。）は，受益者集会に出席し，又は書
面により意見を述べることができる。

2　受益者集会又は招集者は，必要があ
ると認めるときは，受託者に対し，そ
の出席を求めることができる。この場
合において，受益者集会にあっては，
これをする旨の決議を経なければなら
ない。

第119条（延期又は続行の決議）　受益
者集会においてその延期又は続行につ
いて決議があった場合には，第108条
及び第109条の規定は，適用しない。

第120条（議事録）　受益者集会の議事
については，招集者は，法務省令で定
めるところにより，議事録を作成しな
ければならない。

第121条（受益者集会の決議の効力）
受益者集会の決議は，当該信託のすべ
ての受益者に対してその効力を有す
る。

第122条（受益者集会の費用の負担）
受益者集会に関する必要な費用を支出
した者は，受託者に対し，その償還を
請求することができる。

2　前項の規定による請求に係る債務に
ついては，受託者は，信託財産に属す
る財産のみをもってこれを履行する責

信 託 法　　*377*

任を負う。

第4節　信託管理人等
第1款　信託管理人

第123条（信託管理人の選任）　信託行為においては，受益者が現に存しない場合に信託管理人となるべき者を指定する定めを設けることができる。

2　信託行為に信託管理人となるべき者を指定する定めがあるときは，利害関係人は，信託管理人となるべき者として指定された者に対し，相当の期間を定めて，その期間内に就任の承諾をするかどうかを確答すべき旨を催告することができる。ただし，当該定めに停止条件又は始期が付されているときは，当該停止条件が成就し，又は当該始期が到来した後に限る。

3　前項の規定による催告があった場合において，信託管理人となるべき者として指定された者は，同項の期間内に委託者（委託者が現に存しない場合にあっては，受託者）に対し確答をしないときは，就任の承諾をしなかったものとみなす。

4　受益者が現に存しない場合において，信託行為に信託管理人に関する定めがないとき，又は信託行為の定めにより信託管理人となるべき者として指定された者が就任の承諾をせず，若しくはこれをすることができないときは，裁判所は，利害関係人の申立てにより，信託管理人を選任することができる。

5　前項の規定による信託管理人の選任の裁判があったときは，当該信託管理人について信託行為に第1項の定めが設けられたものとみなす。

6　第4項の申立てについての裁判には，理由を付さなければならない。

7　第4項の規定による信託管理人の選任の裁判に対しては，委託者若しくは受益者又は既に存する信託管理人に限り，即時抗告をすることができる。

8　前項の即時抗告は，執行停止の効力を有する。

第124条（信託管理人の資格）　次に掲げる者は，信託管理人となることができない。

一　未成年者又は成年被後見人若しくは被保佐人

二　当該信託の受託者である者

第125条（信託管理人の権限）　信託管理人は，受益者のために自己の名をもって受益者の権利に関する一切の裁判上又は裁判外の行為をする権限を有する。ただし，信託行為に別段の定めがあるときは，その定めるところによる。

2　2人以上の信託管理人があるときは，これらの者が共同してその権限に属する行為をしなければならない。ただし，信託行為に別段の定めがあるときは，その定めるところによる。

3　この法律の規定により受益者に対してすべき通知は，信託管理人があるときは，信託管理人に対してしなければならない。

第126条（信託管理人の義務）　信託管理人は，善良な管理者の注意をもっ

て，前条第1項の権限を行使しなけれ
ばならない。

2　信託管理人は，受益者のために，誠
実かつ公平に前条第1項の権限を行使
しなければならない。

第127条（信託管理人の費用等及び報
酬）　信託管理人は，その事務を処理
するのに必要と認められる費用及び支
出の日以後におけるその利息を受託者
に請求することができる。

2　信託管理人は，次の各号に掲げる場
合には，当該各号に定める損害の額に
ついて，受託者にその賠償を請求する
ことができる。

一　信託管理人がその事務を処理する
ため自己に過失なく損害を受けた場
合　当該損害の額

二　信託管理人がその事務を処理する
ため第三者の故意又は過失によって
損害を受けた場合（前号に掲げる場
合を除く。）　当該第三者に対し賠償
を請求することができる額

3　信託管理人は，商法第512条の規定
の適用がある場合のほか，信託行為に
信託管理人が報酬を受ける旨の定めが
ある場合に限り，受託者に報酬を請求
することができる。

4　前三項の規定による請求に係る債務
については，受託者は，信託財産に属
する財産のみをもってこれを履行する
責任を負う。

5　第3項の場合には，報酬の額は，信
託行為に報酬の額又は算定方法に関す
る定めがあるときはその定めるところ
により，その定めがないときは相当の

額とする。

6　裁判所は，第123条第4項の規定に
より信託管理人を選任した場合には，
信託管理人の報酬を定めることができ
る。

7　前項の規定による信託管理人の報酬
の裁判があったときは，当該信託管理
人について信託行為に第3項の定め及
び第5項の報酬の額に関する定めがあ
ったものとみなす。

8　第6項の規定による信託管理人の報
酬の裁判をする場合には，受託者及び
信託管理人の陳述を聴かなければなら
ない。

9　第6項の規定による信託管理人の報
酬の裁判に対しては，受託者及び信託
管理人に限り，即時抗告をすることが
できる。

第128条（信託管理人の任務の終了）
第56条の規定は，信託管理人の任務
の終了について準用する。この場合に
おいて，同条第1項第五号中「次条」
とあるのは「第128条第2項において
準用する次条」と，同項第六号中「第
58条」とあるのは「第128条第2項
において準用する第58条」と読み替
えるものとする。

2　第57条の規定は信託管理人の辞任
について，第58条の規定は信託管理
人の解任について，それぞれ準用す
る。

第129条（新信託管理人の選任等）　第
62条の規定は，前条第1項において
準用する第56条第1項各号の規定に
より信託管理人の任務が終了した場合

における新たな信託管理人（次項において「新信託管理人」という。）の選任について準用する。

2　新信託管理人が就任した場合には，信託管理人であった者は，遅滞なく，新信託管理人がその事務の処理を行うのに必要な事務の引継ぎをしなければならない。

3　前項の信託管理人であった者は，受益者が存するに至った後においてその受益者となった者を知ったときは，遅滞なく，当該受益者となった者に対しその事務の経過及び結果を報告しなければならない。

第130条（信託管理人による事務の処理の終了等）　信託管理人による事務の処理は，次に掲げる事由により終了する。ただし，第二号に掲げる事由による場合にあっては，信託行為に別段の定めがあるときは，その定めるところによる。

一　受益者が存するに至ったこと。

二　委託者が信託管理人に対し事務の処理を終了する旨の意思表示をしたこと。

三　信託行為において定めた事由

2　前項の規定により信託管理人による事務の処理が終了した場合には，信託管理人であった者は，遅滞なく，受益者に対しその事務の経過及び結果を報告しなければならない。ただし，受益者が存するに至った後においてその受益者となった者を知った場合に限る。

第2款　信託監督人

第131条（信託監督人の選任）　信託行為においては，受益者が現に存する場合に信託監督人となるべき者を指定する定めを設けることができる。

2　信託行為に信託監督人となるべき者を指定する定めがあるときは，利害関係人は，信託監督人となるべき者として指定された者に対し，相当の期間を定めて，その期間内に就任の承諾をするかどうかを確答すべき旨を催告することができる。ただし，当該定めに停止条件又は始期が付されているときは，当該停止条件が成就し，又は当該始期が到来した後に限る。

3　前項の規定による催告があった場合において，信託監督人となるべき者として指定された者は，同項の期間内に委託者（委託者が現に存しない場合にあっては，受託者）に対し確答をしないときは，就任の承諾をしなかったものとみなす。

4　受益者が受託者の監督を適切に行うことができない特別の事情がある場合において，信託行為に信託監督人に関する定めがないとき，又は信託行為の定めにより信託監督人となるべき者として指定された者が就任の承諾をせず，若しくはこれをすることができないときは，裁判所は，利害関係人の申立てにより，信託監督人を選任することができる。

5　前項の規定による信託監督人の選任の裁判があったときは，当該信託監督人について信託行為に第1項の定めが

設けられたものとみなす。

6 第4項の申立てについての裁判に
は，理由を付さなければならない。

7 第4項の規定による信託監督人の選
任の裁判に対しては，委託者，受託者
若しくは受益者又は既に存する信託監
督人に限り，即時抗告をすることがで
きる。

8 前項の即時抗告は，執行停止の効力
を有する。

第132条（信託監督人の権限） 信託監
督人は，受益者のために自己の名をも
って第92条各号（第十七号，第十八
号，第二十一号及び第二十三号を除
く。）に掲げる権利に関する一切の裁
判上又は裁判外の行為をする権限を有
する。ただし，信託行為に別段の定め
があるときは，その定めるところによ
る。

2 2人以上の信託監督人があるとき
は，これらの者が共同してその権限に
属する行為をしなければならない。た
だし，信託行為に別段の定めがあると
きは，その定めるところによる。

第133条（信託監督人の義務） 信託監
督人は，善良な管理者の注意をもっ
て，前条第1項の権限を行使しなけれ
ばならない。

2 信託監督人は，受益者のために，誠
実かつ公平に前条第1項の権限を行使
しなければならない。

第134条（信託監督人の任務の終了）
第56条の規定は，信託監督人の任務
の終了について準用する。この場合に
おいて，同条第1項第五号中「次条」

とあるのは「第134条第2項において
準用する次条」と，同項第六号中「第
58条」とあるのは「第134条第2項
において準用する第58条」と読み替
えるものとする。

2 第57条の規定は信託監督人の辞任
について，第58条の規定は信託監督
人の解任について，それぞれ準用す
る。

第135条（新信託監督人の選任等） 第
62条の規定は，前条第1項において
準用する第56条第1項各号の規定に
より信託監督人の任務が終了した場合
における新たな信託監督人（次項にお
いて「新信託監督人」という。）の選
任について準用する。

2 新信託監督人が就任した場合には，
信託監督人であった者は，遅滞なく，
受益者に対しその事務の経過及び結果
を報告し，新信託監督人がその事務の
処理を行うのに必要な事務の引継ぎを
しなければならない。

第136条（信託監督人による事務の処理
の終了等） 信託監督人による事務の
処理は，信託の清算の結了のほか，次
に掲げる事由により終了する。ただ
し，第一号に掲げる事由による場合に
あっては，信託行為に別段の定めがあ
るときは，その定めるところによる。

一 委託者及び受益者が信託監督人に
よる事務の処理を終了する旨の合意
をしたこと。

二 信託行為において定めた事由

2 前項の規定により信託監督人による
事務の処理が終了した場合には，信託

監督人であった者は，遅滞なく，受益者に対しその事務の経過及び結果を報告しなければならない。

3　委託者が現に存しない場合には，第1項第一号の規定は，適用しない。

第137条（信託管理人に関する規定の準用）　第124条及び第127条の規定は，信託監督人について準用する。この場合において，同条第6項中「第123条第4項」とあるのは，「第131条第4項」と読み替えるものとする。

第3款　受益者代理人

第138条（受益者代理人の選任）　信託行為においては，その代理する受益者を定めて，受益者代理人となるべき者を指定する定めを設けることができる。

2　信託行為に受益者代理人となるべき者を指定する定めがあるときは，利害関係人は，受益者代理人となるべき者として指定された者に対し，相当の期間を定めて，その期間内に就任の承諾をするかどうかを確答すべき旨を催告することができる。ただし，当該定めに停止条件又は始期が付されているときは，当該停止条件が成就し，又は当該始期が到来した後に限る。

3　前項の規定による催告があった場合において，受益者代理人となるべき者として指定された者は，同項の期間内に委託者（委託者が現に存しない場合にあっては，受託者）に対し確答をしないときは，就任の承諾をしなかったものとみなす。

第139条（受益者代理人の権限等）　受益者代理人は，その代理する受益者のために当該受益者の権利（第42条の規定による責任の免除に係るものを除く。）に関する一切の裁判上又は裁判外の行為をする権限を有する。ただし，信託行為に別段の定めがあるときは，その定めるところによる。

2　受益者代理人がその代理する受益者のために裁判上又は裁判外の行為をするときは，その代理する受益者の範囲を示せば足りる。

3　1人の受益者につき2人以上の受益者代理人があるときは，これらの者が共同してその権限に属する行為をしなければならない。ただし，信託行為に別段の定めがあるときは，その定めるところによる。

4　受益者代理人があるときは，当該受益者代理人に代理される受益者は，第92条各号に掲げる権利及び信託行為において定めた権利を除き，その権利を行使することができない。

第140条（受益者代理人の義務）　受益者代理人は，善良な管理者の注意をもって，前条第1項の権限を行使しなければならない。

2　受益者代理人は，その代理する受益者のために，誠実かつ公平に前条第1項の権限を行使しなければならない。

第141条（受益者代理人の任務の終了）　第56条の規定は，受益者代理人の任務の終了について準用する。この場合において，同条第1項第五号中「次条」とあるのは「第141条第2項にお

いて準用する次条」と，同項第六号中
「第58条」とあるのは「第141条第2
項において準用する第58条」と読み
替えるものとする。

2　第57条の規定は受益者代理人の辞
任について，第58条の規定は受益者
代理人の解任について，それぞれ準用
する。

第142条（新受益者代理人の選任等）
第62条の規定は，前条第1項におい
て準用する第56条第1項各号の規定
により受益者代理人の任務が終了した
場合における新たな受益者代理人（次
項において「新受益者代理人」とい
う。）の選任について準用する。この
場合において，第62条第2項及び第
4項中「利害関係人」とあるのは，「委
託者又は受益者代理人に代理される受
益者」と読み替えるものとする。

2　新受益者代理人が就任した場合に
は，受益者代理人であった者は，遅滞
なく，その代理する受益者に対しその
事務の経過及び結果を報告し，新受益
者代理人がその事務の処理を行うのに
必要な事務の引継ぎをしなければなら
ない。

第143条（受益者代理人による事務の処
理の終了等）　受益者代理人による事
務の処理は，信託の清算の結了のほ
か，次に掲げる事由により終了する。
ただし，第一号に掲げる事由による場
合にあっては，信託行為に別段の定め
があるときは，その定めるところによ
る。

一　委託者及び受益者代理人に代理さ

れる受益者が受益者代理人による事
務の処理を終了する旨の合意をした
こと。

二　信託行為において定めた事由

2　前項の規定により受益者代理人によ
る事務の処理が終了した場合には，受
益者代理人であった者は，遅滞なく，
その代理した受益者に対しその事務の
経過及び結果を報告しなければならな
い。

3　委託者が現に存しない場合には，第
1項第一号の規定は，適用しない。

第144条（信託管理人に関する規定の準
用）　第124条及び第127条第1項か
ら第5項までの規定は，受益者代理人
について準用する。

第5章　委託者

第145条（委託者の権利等）　信託行為
においては，委託者がこの法律の規定
によるその権利の全部又は一部を有し
ない旨を定めることができる。

2　信託行為においては，委託者も次に
掲げる権利の全部又は一部を有する旨
を定めることができる。

一　第23条第5項又は第6項の規定
による異議を主張する権利

二　第27条第1項又は第2項（これ
らの規定を第75条第4項において
準用する場合を含む。）の規定によ
る取消権

三　第31条第6項又は第7項の規定
による取消権

四　第32条第4項の規定による権利

五　第38条第1項の規定による閲覧

又は謄写の請求権

六　第39条第1項の規定による開示の請求権

七　第40条の規定による損失のてん補又は原状の回復の請求権

八　第41条の規定による損失のてん補又は原状の回復の請求権

九　第44条の規定による差止めの請求権

十　第46条第1項の規定による検査役の選任の申立権

十一　第59条第5項の規定による差止めの請求権

十二　第60条第3項又は第5項の規定による差止めの請求権

十三　第226条第1項の規定による金銭のてん補又は支払の請求権

十四　第228条第1項の規定による金銭のてん補又は支払の請求権

十五　第254条第1項の規定による損失のてん補の請求権

3　前項第一号，第七号から第九号まで又は第十一号から第十五号までに掲げる権利について同項の信託行為の定めがされた場合における第24条，第45条（第226条第6項，第228条第6項及び第254条第3項において準用する場合を含む。）又は第61条の規定の適用については，これらの規定中「受益者」とあるのは，「委託者又は受益者」とする。

4　信託行為においては，受託者が次に掲げる義務を負う旨を定めることができる。

一　この法律の規定により受託者が受益者（信託管理人が現に存する場合にあっては，信託管理人。次号において同じ。）に対し通知すべき事項を委託者に対しても通知する義務

二　この法律の規定により受託者が受益者に対し報告すべき事項を委託者に対しても報告する義務

三　第77条第1項又は第184条第1項の規定により受託者がする計算の承認を委託者に対しても求める義務

5　委託者が2人以上ある信託における第1項，第2項及び前項の規定の適用については，これらの規定中「委託者」とあるのは，「委託者の全部又は一部」とする。

第146条（委託者の地位の移転）　委託者の地位は，受託者及び受益者の同意を得て，又は信託行為において定めた方法に従い，第三者に移転することができる。

2　委託者が2人以上ある信託における前項の規定の適用については，同項中「受託者及び受益者」とあるのは，「他の委託者，受託者及び受益者」とする。

第147条（遺言信託における委託者の相続人）　第3条第二号に掲げる方法によって信託がされた場合には，委託者の相続人は，委託者の地位を相続により承継しない。ただし，信託行為に別段の定めがあるときは，その定めるところによる。

第148条（委託者の死亡の時に受益権を取得する旨の定めのある信託等の特例）　第90条第1項各号に掲げる信託

において，その信託の受益者が現に存せず，又は同条第2項の規定により受益者としての権利を有しないときは，委託者が第145条第2項各号に掲げる権利を有し，受託者が同条第4項各号に掲げる義務を負う。ただし，信託行為に別段の定めがあるときは，その定めるところによる。

第6章　信託の変更，併合及び分割

第1節　信託の変更

第149条（関係当事者の合意等）　信託の変更は，委託者，受託者及び受益者の合意によってすることができる。この場合においては，変更後の信託行為の内容を明らかにしてしなければならない。

2　前項の規定にかかわらず，信託の変更は，次の各号に掲げる場合には，当該各号に定めるものによりすることができる。この場合において，受託者は，第一号に掲げるときは委託者に対し，第二号に掲げるときは委託者及び受益者に対し，遅滞なく，変更後の信託行為の内容を通知しなければならない。

一　信託の目的に反しないことが明らかであるとき　受託者及び受益者の合意

二　信託の目的に反しないこと及び受益者の利益に適合することが明らかであるとき　受託者の書面又は電磁的記録によってする意思表示

3　前二項の規定にかかわらず，信託の変更は，次の各号に掲げる場合には，当該各号に定める者による受託者に対する意思表示によってすることができる。この場合において，第二号に掲げるときは，受託者は，委託者に対し，遅滞なく，変更後の信託行為の内容を通知しなければならない。

一　受託者の利益を害しないことが明らかであるとき　委託者及び受益者

二　信託の目的に反しないこと及び受託者の利益を害しないことが明らかであるとき　受益者

4　前三項の規定にかかわらず，信託行為に別段の定めがあるときは，その定めるところによる。

5　委託者が現に存しない場合においては，第1項及び第3項第一号の規定は適用せず，第2項中「第一号に掲げるときは委託者に対し，第二号に掲げるときは委託者及び受益者に対し」とあるのは，「第二号に掲げるときは，受益者に対し」とする。

第150条（特別の事情による信託の変更を命ずる裁判）　信託行為の当時予見することのできなかった特別の事情により，信託事務の処理の方法に係る信託行為の定めが信託の目的及び信託財産の状況その他の事情に照らして受益者の利益に適合しなくなるに至ったときは，裁判所は，委託者，受託者又は受益者の申立てにより，信託の変更を命ずることができる。

2　前項の申立ては，当該申立てに係る変更後の信託行為の定めを明らかにしてしなければならない。

信 託 法 385

3 裁判所は，第1項の申立てについて
の裁判をする場合には，受託者の陳述
を聴かなければならない。ただし，不
適法又は理由がないことが明らかであ
るとして申立てを却下する裁判をする
ときは，この限りでない。

4 第1項の申立てについての裁判に
は，理由の要旨を付さなければならな
い。

5 第1項の申立てについての裁判に対
しては，委託者，受託者又は受益者に
限り，即時抗告をすることができる。

6 前項の即時抗告は，執行停止の効力
を有する。

第2節　信託の併合

第151条（関係当事者の合意等）　信託
の併合は，従前の各信託の委託者，受
託者及び受益者の合意によってするこ
とができる。この場合においては，次
に掲げる事項を明らかにしてしなけれ
ばならない。

一　信託の併合後の信託行為の内容

二　信託行為において定める受益権の
内容に変更があるときは，その内容
及び変更の理由

三　信託の併合に際して受益者に対し
金銭その他の財産を交付するとき
は，当該財産の内容及びその価額

四　信託の併合がその効力を生ずる日

五　その他法務省令で定める事項

2 前項の規定にかかわらず，信託の併
合は，次の各号に掲げる場合には，当
該各号に定めるものによってすること
ができる。この場合において，受託者

は，第一号に掲げるときは委託者に対
し，第二号に掲げるときは委託者及び
受益者に対し，遅滞なく，同項各号に
掲げる事項を通知しなければならな
い。

一　信託の目的に反しないことが明ら
かであるとき　受託者及び受益者の
合意

二　信託の目的に反しないこと及び受
益者の利益に適合することが明らか
であるとき　受託者の書面又は電磁
的記録によってする意思表示

3 前二項の規定にかかわらず，各信託
行為に別段の定めがあるときは，その
定めるところによる。

4 委託者が現に存しない場合において
は，第1項の規定は適用せず，第2項
中「第一号に掲げるときは委託者に対
し，第二号に掲げるときは委託者及び
受益者に対し」とあるのは，「第二号
に掲げるときは，受益者に対し」とす
る。

第152条（債権者の異議）　信託の併合
をする場合には，従前の信託の信託財
産責任負担債務に係る債権を有する債
権者は，受託者に対し，信託の併合に
ついて異議を述べることができる。た
だし，信託の併合をしても当該債権者
を害するおそれのないことが明らかで
あるときは，この限りでない。

2 前項の規定により同項の債権者の全
部又は一部が異議を述べることができ
る場合には，受託者は，次に掲げる事
項を官報に公告し，かつ，同項の債権
者で知れているものには，各別にこれ

を催告しなければならない。ただし，第二号の期間は，1箇月を下ることができない。

一　信託の併合をする旨

二　前項の債権者が一定の期間内に異議を述べることができる旨

三　その他法務省令で定める事項

3　前項の規定にかかわらず，法人である受託者は，公告（次に掲げる方法によるものに限る。）をもって同項の規定による各別の催告に代えることができる。

一　時事に関する事項を掲載する日刊新聞紙に掲載する方法

二　電子公告（公告の方法のうち，電磁的方法（会社法（平成17年法律第86号）第2条第三十四号に規定する電磁的方法をいう。）により不特定多数の者が公告すべき内容である情報の提供を受けることができる状態に置く措置であって同号に規定するものをとる方法をいう。次節において同じ。）

4　第1項の債権者が第2項第二号の期間内に異議を述べなかったときは，当該債権者は，当該信託の併合について承認をしたものとみなす。

5　第1項の債権者が第2項第二号の期間内に異議を述べたときは，受託者は，当該債権者に対し，弁済し，若しくは相当の担保を提供し，又は当該債権者に弁済を受けさせることを目的として信託会社等（信託会社及び信託業務を営む金融機関（金融機関の信託業務の兼営等に関する法律（昭和18年法律第43号）第1条第1項の認可を受けた金融機関をいう。）をいう。次節において同じ。）に相当の財産を信託しなければならない。ただし，当該信託の併合をしても当該債権者を害するおそれがないときは，この限りでない。

第153条（信託の併合後の信託の信託財産責任負担債務の範囲等）　信託の併合がされた場合において，従前の信託の信託財産責任負担債務であった債務は，信託の併合後の信託の信託財産責任負担債務となる。

第154条　信託の併合がされた場合において，前条に規定する従前の信託の信託財産責任負担債務のうち信託財産限定責任負担債務（受託者が信託財産に属する財産のみをもって履行する責任を負う信託財産責任負担債務をいう。以下この章において同じ。）であるものは，信託の併合後の信託の信託財産限定責任負担債務となる。

第3節　信託の分割
第1款　吸収信託分割

第155条（関係当事者の合意等）　吸収信託分割は，委託者，受託者及び受益者の合意によってすることができる。この場合においては，次に掲げる事項を明らかにしてしなければならない。

一　吸収信託分割後の信託行為の内容

二　信託行為において定める受益権の内容に変更があるときは，その内容及び変更の理由

三　吸収信託分割に際して受益者に対

し金銭その他の財産を交付するとき
は，当該財産の内容及びその価額

四　吸収信託分割がその効力を生ずる
日

五　移転する財産の内容

六　吸収信託分割によりその信託財産
の一部を他の信託に移転する信託
（以下この款において「分割信託」
という。）の信託財産責任負担債務
でなくなり，分割信託からその信託
財産の一部の移転を受ける信託（以
下「承継信託」という。）の信託財
産責任負担債務となる債務があると
きは，当該債務に係る事項

七　その他法務省令で定める事項

2　前項の規定にかかわらず，吸収信託
分割は，次の各号に掲げる場合には，
当該各号に定めるものによってするこ
とができる。この場合において，受託
者は，第一号に掲げるときは委託者に
対し，第二号に掲げるときは委託者及
び受益者に対し，遅滞なく，同項各号
に掲げる事項を通知しなければならな
い。

一　信託の目的に反しないことが明ら
かであるとき　受託者及び受益者の
合意

二　信託の目的に反しないこと及び受
益者の利益に適合することが明らか
であるとき　受託者の書面又は電磁
的記録によってする意思表示

3　前二項の規定にかかわらず，各信託
行為に別段の定めがあるときは，その
定めるところによる。

4　委託者が現に存しない場合において

は，第1項の規定は適用せず，第2項
中「第一号に掲げるときは委託者に対
し，第二号に掲げるときは委託者及び
受益者に対し」とあるのは，「第二号
に掲げるときは，受益者に対し」とす
る。

第156条（債権者の異議）　吸収信託分
割をする場合には，分割信託又は承継
信託の信託財産責任負担債務に係る債
権を有する債権者は，受託者に対し，
吸収信託分割について異議を述べるこ
とができる。ただし，吸収信託分割を
しても当該債権者を害するおそれのな
いことが明らかであるときは，この限
りでない。

2　前項の規定により同項の債権者の全
部又は一部が異議を述べることができ
る場合には，受託者は，次に掲げる事
項を官報に公告し，かつ，同項の債権
者で知れているものには，各別にこれ
を催告しなければならない。ただし，
第二号の期間は，1箇月を下ることが
できない。

一　吸収信託分割をする旨

二　前項の債権者が一定の期間内に異
議を述べることができる旨

三　その他法務省令で定める事項

3　前項の規定にかかわらず，法人であ
る受託者は，公告（次に掲げる方法に
よるものに限る。）をもって同項の規
定による各別の催告に代えることがで
きる。

一　時事に関する事項を掲載する日刊
新聞紙に掲載する方法

二　電子公告

4 第1項の債権者が第2項第二号の期間内に異議を述べなかったときは，当該債権者は，当該吸収信託分割について承認をしたものとみなす。

5 第1項の債権者が第2項第二号の期間内に異議を述べたときは，受託者は，当該債権者に対し，弁済し，若しくは相当の担保を提供し，又は当該債権者に弁済を受けさせることを目的として信託会社等に相当の財産を信託しなければならない。ただし，当該吸収信託分割をしても当該債権者を害するおそれがないときは，この限りでない。

第157条（吸収信託分割後の分割信託及び承継信託の信託財産責任負担債務の範囲等）　吸収信託分割がされた場合において，第155条第1項第六号の債務は，吸収信託分割後の分割信託の信託財産責任負担債務でなくなり，吸収信託分割後の承継信託の信託財産責任負担債務となる。この場合において，分割信託の信託財産限定責任負担債務であった債務は，承継信託の信託財産限定責任負担債務となる。

第158条　第156条第1項の規定により異議を述べることができる債権者（同条第2項の規定により各別の催告をしなければならないものに限る。）は，同条第2項の催告を受けなかった場合には，吸収信託分割前から有する次の各号に掲げる債権に基づき，受託者に対し，当該各号に定める財産をもって当該債権に係る債務を履行することを請求することもできる。ただし，第一号に定める財産に対しては吸収信託分割がその効力を生ずる日における承継信託の移転を受ける財産の価額を，第二号に定める財産に対しては当該日における分割信託の信託財産の価額を限度とする。

一　分割信託の信託財産責任負担債務に係る債権（第155条第1項第六号の債務に係る債権を除く。）　吸収信託分割後の承継信託の信託財産に属する財産

二　承継信託の信託財産責任負担債務に係る債権（第155条第1項第六号の債務に係る債権に限る。）　吸収信託分割後の分割信託の信託財産に属する財産

第2款　新規信託分割

第159条（関係当事者の合意等）　新規信託分割は，委託者，受託者及び受益者の合意によってすることができる。この場合においては，次に掲げる事項を明らかにしてしなければならない。

一　新規信託分割後の信託行為の内容

二　信託行為において定める受益権の内容に変更があるときは，その内容及び変更の理由

三　新規信託分割に際して受益者に対し金銭その他の財産を交付するときは，当該財産の内容及びその価額

四　新規信託分割がその効力を生ずる日

五　移転する財産の内容

六　新規信託分割により従前の信託の信託財産責任負担債務でなくなり，

新たな信託の信託財産責任負担債務
となる債務があるときは，当該債務
に係る事項

七　その他法務省令で定める事項

2　前項の規定にかかわらず，新規信託
分割は，次の各号に掲げる場合には，
当該各号に定めるものによってするこ
とができる。この場合において，受託
者は，第一号に掲げるときは委託者に
対し，第二号に掲げるときは委託者及
び受益者に対し，遅滞なく，同項各号
に掲げる事項を通知しなければならな
い。

一　信託の目的に反しないことが明ら
かであるとき　委託者及び受益者の
合意

二　信託の目的に反しないこと及び受
益者の利益に適合することが明らか
であるとき　受託者の書面又は電磁
的記録によってする意思表示

3　前二項の規定にかかわらず，各信託
行為に別段の定めがあるときは，その
定めるところによる。

4　委託者が現に存しない場合において
は，第1項の規定は適用せず，第2項
中「第一号に掲げるときは委託者に対
し，第二号に掲げるときは委託者及び
受益者に対し」とあるのは，「第二号
に掲げるときは，受益者に対し」とす
る。

第160条（債権者の異議）　新規信託分
割をする場合には，従前の信託の信託
財産責任負担債務に係る債権を有する
債権者は，受託者に対し，新規信託分
割について異議を述べることができ

る。ただし，新規信託分割をしても当
該債権者を害するおそれのないことが
明らかであるときは，この限りでな
い。

2　前項の規定により同項の債権者の全
部又は一部が異議を述べることができ
る場合には，受託者は，次に掲げる事
項を官報に公告し，かつ，同項の債権
者で知れているものには，各別に催告
しなければならない。ただし，第二号
の期間は，1箇月を下ることができな
い。

一　新規信託分割をする旨

二　前項の債権者が一定の期間内に異
議を述べることができる旨

三　その他法務省令で定める事項

3　前項の規定にかかわらず，法人であ
る受託者は，公告（次に掲げる方法に
よるものに限る。）をもって同項の規
定による各別の催告に代えることがで
きる。

一　時事に関する事項を掲載する日刊
新聞紙に掲載する方法

二　電子公告

4　第1項の債権者が第2項第二号の期
間内に異議を述べなかったときは，当
該債権者は，当該新規信託分割につい
て承認をしたものとみなす。

5　第1項の債権者が第2項第二号の期
間内に異議を述べたときは，受託者
は，当該債権者に対し，弁済し，若し
くは相当の担保を提供し，又は当該債
権者に弁済を受けさせることを目的と
して信託会社等に相当の財産を信託し
なければならない。ただし，当該新規

信託分割をしても当該債権者を害する
おそれがないときは，この限りでな
い。

第161条（新規信託分割後の従前の信託
及び新たな信託の信託財産責任負担債
務の範囲等）　新規信託分割がされた
場合において，第159条第1項第六号
の債務は，新規信託分割後の従前の信
託の信託財産責任負担債務でなくな
り，新規信託分割後の新たな信託の信
託財産責任負担債務となる。この場合
において，従前の信託の信託財産限定
責任負担債務であった債務は，新たな
信託の信託財産限定責任負担債務とな
る。

第162条　第160条第1項の規定により
異議を述べることができる債権者（同
条第2項の規定により各別の催告をし
なければならないものに限る。）は，
同条第2項の催告を受けなかった場合
には，新規信託分割前から有する次の
各号に掲げる債権に基づき，受託者に
対し，当該各号に定める財産をもって
当該債権に係る債務を履行することを
請求することもできる。ただし，第一
号に定める財産に対しては新規信託分
割がその効力を生ずる日における新た
な信託の信託財産の価額を，第二号に
定める財産に対しては当該日における
従前の信託の信託財産の価額を限度と
する。
　一　従前の信託の信託財産責任負担債
　　務に係る債権（第159条第1項第六
　　号の債務に係る債権を除く。）　新規
　　信託分割後の新たな信託の信託財産

に属する財産
　二　新たな信託の信託財産責任負担債
　　務に係る債権となった債権（第159
　　条第1項第六号の債務に係る債権に
　　限る。）　新規信託分割後の従前の信
　　託の信託財産に属する財産

第7章　信託の終了及び清算

第1節　信託の終了

第163条（信託の終了事由）　信託は，
次条の規定によるほか，次に掲げる場
合に終了する。
　一　信託の目的を達成したとき，又は
　　信託の目的を達成することができな
　　くなったとき。
　二　受託者が受益権の全部を固有財産
　　で有する状態が1年間継続したと
　　き。
　三　受託者が欠けた場合であって，新
　　受託者が就任しない状態が1年間継
　　続したとき。
　四　受託者が第52条（第53条第2項
　　及び第54条第4項において準用す
　　る場合を含む。）の規定により信託
　　を終了させたとき。
　五　信託の併合がされたとき。
　六　第165条又は第166条の規定によ
　　り信託の終了を命ずる裁判があった
　　とき。
　七　信託財産についての破産手続開始
　　の決定があったとき。
　八　委託者が破産手続開始の決定，再
　　生手続開始の決定又は更生手続開始
　　の決定を受けた場合において，破産
　　法第53条第1項，民事再生法第49

条第1項又は会社更生法第61条第1項（金融機関等の更生手続の特例等に関する法律第41条第1項及び第206条第1項において準用する場合を含む。）の規定による信託契約の解除がされたとき。

九　信託行為において定めた事由が生じたとき。

第164条（委託者及び受益者の合意等による信託の終了）　委託者及び受益者は、いつでも、その合意により、信託を終了することができる。

2　委託者及び受益者が受託者に不利な時期に信託を終了したときは、委託者及び受益者は、受託者の損害を賠償しなければならない。ただし、やむを得ない事由があったときは、この限りでない。

3　前二項の規定にかかわらず、信託行為に別段の定めがあるときは、その定めるところによる。

4　委託者が現に存しない場合には、第1項及び第2項の規定は、適用しない。

第165条（特別の事情による信託の終了を命ずる裁判）　信託行為の当時予見することのできなかった特別の事情により、信託を終了することが信託の目的及び信託財産の状況その他の事情に照らして受益者の利益に適合するに至ったことが明らかであるときは、裁判所は、委託者、受託者又は受益者の申立てにより、信託の終了を命ずることができる。

2　裁判所は、前項の申立てについての裁判をする場合には、受託者の陳述を聴かなければならない。ただし、不適法又は理由がないことが明らかであるとして申立てを却下する裁判をするときは、この限りでない。

3　第1項の申立てについての裁判には、理由を付さなければならない。

4　第1項の申立てについての裁判に対しては、委託者、受託者又は受益者に限り、即時抗告をすることができる。

5　前項の即時抗告は、執行停止の効力を有する。

第166条（公益の確保のための信託の終了を命ずる裁判）　裁判所は、次に掲げる場合において、公益を確保するため信託の存立を許すことができないと認めるときは、法務大臣又は委託者、受益者、信託債権者その他の利害関係人の申立てにより、信託の終了を命ずることができる。

一　不法な目的に基づいて信託がされたとき。

二　受託者が、法令若しくは信託行為で定めるその権限を逸脱し若しくは濫用する行為又は刑罰法令に触れる行為をした場合において、法務大臣から書面による警告を受けたにもかかわらず、なお継続的に又は反覆して当該行為をしたとき。

2　裁判所は、前項の申立てについての裁判をする場合には、受託者の陳述を聴かなければならない。ただし、不適法又は理由がないことが明らかであるとして申立てを却下する裁判をするときは、この限りでない。

3　第1項の申立てについての裁判に

は，理由を付さなければならない。

4　第1項の申立てについての裁判に対しては，同項の申立てをした者又は委託者，受託者若しくは受益者に限り，即時抗告をすることができる。

5　前項の即時抗告は，執行停止の効力を有する。

6　委託者，受益者，信託債権者その他の利害関係人が第1項の申立てをしたときは，裁判所は，受託者の申立てにより，同項の申立てをした者に対し，相当の担保を立てるべきことを命ずることができる。

7　受託者は，前項の規定による申立てをするには，第1項の申立てが悪意によるものであることを疎明しなければならない。

8　民事訴訟法（平成8年法律第109号）第75条第5項及び第7項並びに第76条から第80条までの規定は，第6項の規定により第1項の申立てについて立てるべき担保について準用する。

第167条（官庁等の法務大臣に対する通知義務）　裁判所その他の官庁，検察官又は吏員は，その職務上前条第1項の申立て又は同項第二号の警告をすべき事由があることを知ったときは，法務大臣にその旨を通知しなければならない。

第168条（法務大臣の関与）　裁判所は，第166条第1項の申立てについての裁判をする場合には，法務大臣に対し，意見を求めなければならない。

2　法務大臣は，裁判所が前項の申立てに係る事件について審問をするときは，当該審問に立ち会うことができる。

3　裁判所は，法務大臣に対し，第1項の申立てに係る事件が係属したこと及び前項の審問の期日を通知しなければならない。

4　第1項の申立てを却下する裁判に対しては，第166条第4項に規定する者のほか，法務大臣も，即時抗告をすることができる。

第169条（信託財産に関する保全処分）　裁判所は，第166条第1項の申立てがあった場合には，法務大臣若しくは委託者，受益者，信託債権者その他の利害関係人の申立てにより又は職権で，同項の申立てにつき決定があるまでの間，信託財産に関し，管理人による管理を命ずる処分（次条において「管理命令」という。）その他の必要な保全処分を命ずることができる。

2　裁判所は，前項の規定による保全処分を変更し，又は取り消すことができる。

3　第1項の規定による保全処分及び前項の規定による決定に対しては，利害関係人に限り，即時抗告をすることができる。

第170条　裁判所は，管理命令をする場合には，当該管理命令において，管理人を選任しなければならない。

2　前項の管理人は，裁判所が監督する。

3　裁判所は，第1項の管理人に対し，信託財産に属する財産及び信託財産責任負担債務の状況の報告をし，かつ，

その管理の計算をすることを命ずることができる。

4　第64条から第72条までの規定は，第1項の管理人について準用する。この場合において，第65条中「前受託者」とあるのは，「受託者」と読み替えるものとする。

5　信託財産に属する権利で登記又は登録がされたものに関し前条第1項の規定による保全処分（管理命令を除く。）があったときは，裁判所書記官は，職権で，遅滞なく，当該保全処分の登記又は登録を嘱託しなければならない。

6　前項の規定は，同項に規定する保全処分の変更若しくは取消しがあった場合又は当該保全処分が効力を失った場合について準用する。

第171条（保全処分に関する費用の負担）　裁判所が第169条第1項の規定による保全処分をした場合には，非訟事件の手続の費用は，受託者の負担とする。当該保全処分について必要な費用も，同様とする。

2　前項の保全処分又は第169条第1項の申立てを却下する裁判に対して即時抗告があった場合において，抗告裁判所が当該即時抗告を理由があると認めて原裁判を取り消したときは，その抗告審における手続に要する裁判費用及び抗告人が負担した前審における手続に要する裁判費用は，受託者の負担とする。

第172条（保全処分に関する資料の閲覧等）　利害関係人は，裁判所書記官に対し，第170条第3項の報告又は計算に関する資料の閲覧を請求することができる。

2　利害関係人は，裁判所書記官に対し，前項の資料の謄写又はその正本，謄本若しくは抄本の交付を請求することができる。

3　前項の規定は，第1項の資料のうち録音テープ又はビデオテープ（これらに準ずる方法により一定の事項を記録した物を含む。）に関しては，適用しない。この場合において，これらの物について利害関係人の請求があるときは，裁判所書記官は，その複製を許さなければならない。

4　法務大臣は，裁判所書記官に対し，第1項の資料の閲覧を請求することができる。

5　民事訴訟法第91条第5項の規定は，第1項の資料について準用する。

第173条（新受託者の選任）　裁判所は，第166条第1項の規定により信託の終了を命じた場合には，法務大臣若しくは委託者，受益者，信託債権者その他の利害関係人の申立てにより又は職権で，当該信託の清算のために新受託者を選任しなければならない。

2　前項の規定による新受託者の選任の裁判に対しては，不服を申し立てることができない。

3　第1項の規定により新受託者が選任されたときは，前受託者の任務は，終了する。

4　第1項の新受託者は，信託財産から裁判所が定める額の費用の前払及び報酬を受けることができる。

5 前項の規定による費用又は報酬の額を定める裁判をする場合には，第1項の新受託者の陳述を聴かなければならない。

6 第4項の規定による費用又は報酬の額を定める裁判に対しては，第1項の新受託者に限り，即時抗告をすることができる。

第174条（終了した信託に係る吸収信託分割の制限） 信託が終了した場合には，当該信託を承継信託とする吸収信託分割は，することができない。

第2節 信託の清算

第175条（清算の開始原因） 信託は，当該信託が終了した場合（第163条第五号に掲げる事由によって終了した場合及び信託財産についての破産手続開始の決定により終了した場合であって当該破産手続が終了していない場合を除く。）には，この節の定めるところにより，清算をしなければならない。

第176条（信託の存続の擬制） 信託は，当該信託が終了した場合においても，清算が結了するまではなお存続するものとみなす。

第177条（清算受託者の職務） 信託が終了した時以後の受託者（以下「清算受託者」という。）は，次に掲げる職務を行う。

一 現務の結了

二 信託財産に属する債権の取立て及び信託債権に係る債務の弁済

三 受益債権（残余財産の給付を内容とするものを除く。）に係る債務の

弁済

四 残余財産の給付

第178条（清算受託者の権限等） 清算受託者は，信託の清算のために必要な一切の行為をする権限を有する。ただし，信託行為に別段の定めがあるときは，その定めるところによる。

2 清算受託者は，次に掲げる場合には，信託財産に属する財産を競売に付することができる。

一 受益者又は第182条第1項第二号に規定する帰属権利者（以下この条において「受益者等」と総称する。）が信託財産に属する財産を受領することを拒み，又はこれを受領することができない場合において，相当の期間を定めてその受領の催告をしたとき。

二 受益者等の所在が不明である場合

3 前項第一号の規定により信託財産に属する財産を競売に付したときは，遅滞なく，受益者等に対しその旨の通知を発しなければならない。

4 損傷その他の事由による価格の低落のおそれがある物は，第2項第一号の催告をしないで競売に付することができる。

第179条（清算中の信託財産についての破産手続の開始） 清算中の信託において，信託財産に属する財産がその債務を完済するのに足りないことが明らかになったときは，清算受託者は，直ちに信託財産についての破産手続開始の申立てをしなければならない。

2 信託財産についての破産手続開始の

決定がされた場合において，清算受託者が既に信託財産責任負担債務に係る債権を有する債権者に支払ったものがあるときは，破産管財人は，これを取り戻すことができる。

第180条（条件付債権等に係る債務の弁済）　清算受託者は，条件付債権，存続期間が不確定な債権その他その額が不確定な債権に係る債務を弁済することができる。この場合においては，これらの債権を評価させるため，裁判所に対し，鑑定人の選任の申立てをしなければならない。

2　前項の場合には，清算受託者は，同項の鑑定人の評価に従い同項の債権に係る債務を弁済しなければならない。

3　第1項の鑑定人の選任の手続に関する費用は，清算受託者の負担とする。当該鑑定人による鑑定のための呼出し及び質問に関する費用についても，同様とする。

4　第1項の申立てを却下する裁判には，理由を付さなければならない。

5　第1項の規定による鑑定人の選任の裁判に対しては，不服を申し立てることができない。

6　前各項の規定は，清算受託者，受益者，信託債権者及び第182条第1項第二号に規定する帰属権利者の間に別段の合意がある場合には，適用しない。

第181条（債務の弁済前における残余財産の給付の制限）　清算受託者は，第177条第二号及び第三号の債務を弁済した後でなければ，信託財産に属する財産を次条第2項に規定する残余財産

受益者等に給付することができない。ただし，当該債務についてその弁済をするために必要と認められる財産を留保した場合は，この限りでない。

第182条（残余財産の帰属）　残余財産は，次に掲げる者に帰属する。

一　信託行為において残余財産の給付を内容とする受益債権に係る受益者（次項において「残余財産受益者」という。）となるべき者として指定された者

二　信託行為において残余財産の帰属すべき者（以下この節において「帰属権利者」という。）となるべき者として指定された者

2　信託行為に残余財産受益者若しくは帰属権利者（以下この項において「残余財産受益者等」と総称する。）の指定に関する定めがない場合又は信託行為の定めにより残余財産受益者等として指定を受けた者のすべてがその権利を放棄した場合には，信託行為に委託者又はその相続人その他の一般承継人を帰属権利者として指定する旨の定めがあったものとみなす。

3　前二項の規定により残余財産の帰属が定まらないときは，残余財産は，清算受託者に帰属する。

第183条（帰属権利者）　信託行為の定めにより帰属権利者となるべき者として指定された者は，当然に残余財産の給付をすべき債務に係る債権を取得する。ただし，信託行為に別段の定めがあるときは，その定めるところによる。

2　第88条第2項の規定は，前項に規定する帰属権利者となるべき者として指定された者について準用する。

3　信託行為の定めにより帰属権利者となった者は，受託者に対し，その権利を放棄する旨の意思表示をすることができる。ただし，信託行為の定めにより帰属権利者となった者が信託行為の当事者である場合は，この限りでない。

4　前項本文に規定する帰属権利者となった者は，同項の規定による意思表示をしたときは，当初から帰属権利者としての権利を取得していなかったものとみなす。ただし，第三者の権利を害することはできない。

5　第100条及び第102条の規定は，帰属権利者が有する債権で残余財産の給付をすべき債務に係るものについて準用する。

6　帰属権利者は，信託の清算中は，受益者とみなす。

第184条（清算受託者の職務の終了等）　清算受託者は，その職務を終了したときは，遅滞なく，信託事務に関する最終の計算を行い，信託が終了した時における受益者（信託管理人が現に存する場合にあっては，信託管理人）及び帰属権利者（以下この条において「受益者等」と総称する。）のすべてに対し，その承認を求めなければならない。

2　受益者等が前項の計算を承認した場合には，当該受益者等に対する清算受託者の責任は，免除されたものとみな

す。ただし，清算受託者の職務の執行に不正の行為があったときは，この限りでない。

3　受益者等が清算受託者から第1項の計算の承認を求められた時から1箇月以内に異議を述べなかった場合には，当該受益者等は，同項の計算を承認したものとみなす。

第8章　受益証券発行信託の特例

第1節　総則

第185条（受益証券の発行に関する信託行為の定め）　信託行為においては，この章の定めるところにより，1又は2以上の受益権を表示する証券（以下「受益証券」という。）を発行する旨を定めることができる。

2　前項の規定は，当該信託行為において特定の内容の受益権については受益証券を発行しない旨を定めることを妨げない。

3　第1項の定めのある信託（以下「受益証券発行信託」という。）においては，信託の変更によって前二項の定めを変更することはできない。

4　第1項の定めのない信託においては，信託の変更によって同項又は第2項の定めを設けることはできない。

第186条（受益権原簿）　受益証券発行信託の受託者は，遅滞なく，受益権原簿を作成し，これに次に掲げる事項（以下この章において「受益権原簿記載事項」という。）を記載し，又は記録しなければならない。

一　各受益権に係る受益債権の内容そ

の他の受益権の内容を特定するものとして法務省令で定める事項

二　各受益権に係る受益証券の番号，発行の日，受益証券が記名式か又は無記名式かの別及び無記名式の受益証券の数

三　各受益権に係る受益者（無記名受益権の受益者を除く。）の氏名又は名称及び住所

四　前号の受益者が各受益権を取得した日

五　前各号に掲げるもののほか，法務省令で定める事項

第187条（受益権原簿記載事項を記載した書面の交付等）　第185条第2項の定めのある受益権の受益者は，受益証券発行信託の受託者に対し，当該受益者についての受益権原簿に記載され，若しくは記録された受益権原簿記載事項を記載した書面の交付又は当該受益権原簿記載事項を記録した電磁的記録の提供を請求することができる。

2　前項の書面には，受益証券発行信託の受託者（法人である受託者にあっては，その代表者。次項において同じ。）が署名し，又は記名押印しなければならない。

3　第1項の電磁的記録には，受益証券発行信託の受託者が法務省令で定める署名又は記名押印に代わる措置をとらなければならない。

4　受益証券発行信託の受託者が2人以上ある場合における前二項の規定の適用については，これらの規定中「受益証券発行信託の受託者」とあるのは，

「受益証券発行信託のすべての受託者」とする。

第188条（受益権原簿管理人）　受益証券発行信託の受託者は，受益権原簿管理人（受益証券発行信託の受託者に代わって受益権原簿の作成及び備置きその他の受益権原簿に関する事務を行う者をいう。以下同じ。）を定め，当該事務を行うことを委託することができる。

第189条（基準日）　受益証券発行信託の受託者は，一定の日（以下この条において「基準日」という。）を定めて，基準日において受益権原簿に記載され，又は記録されている受益者（以下この条において「基準日受益者」という。）をその権利を行使することができる者と定めることができる。

2　前項の規定は，無記名受益権の受益者については，適用しない。

3　基準日を定める場合には，受益証券発行信託の受託者は，基準日受益者が行使することができる権利（基準日から3箇月以内に行使するものに限る。）の内容を定めなければならない。

4　受益証券発行信託の受託者は，基準日を定めたときは，当該基準日の2週間前までに，当該基準日及び前項の規定により定めた事項を官報に公告しなければならない。ただし，信託行為に当該基準日及び基準日受益者が行使することができる権利の内容について定めがあるときは，この限りでない。

5　第1項，第3項及び前項本文の規定にかかわらず，信託行為に別段の定め

があるときは，その定めるところによ
る。

第190条（受益権原簿の備置き及び閲覧
等）　受益証券発行信託の受託者は，
受益権原簿をその住所（当該受託者が
法人である場合（受益権原簿管理人が
現に存する場合を除く。）にあっては
その主たる事務所，受益権原簿管理人
が現に存する場合にあってはその営業
所）に備え置かなければならない。

2　委託者，受益者その他の利害関係人
は，受益証券発行信託の受託者に対
し，次に掲げる請求をすることができ
る。この場合においては，当該請求の
理由を明らかにしてしなければならな
い。

一　受益権原簿が書面をもって作成さ
れているときは，当該書面の閲覧又
は謄写の請求

二　受益権原簿が電磁的記録をもって
作成されているときは，当該電磁的
記録に記録された事項を法務省令で
定める方法により表示したものの閲
覧又は謄写の請求

3　前項の請求があったときは，受益証
券発行信託の受託者は，次のいずれか
に該当すると認められる場合を除き，
これを拒むことができない。

一　当該請求を行う者（以下この項に
おいて「請求者」という。）がその
権利の確保又は行使に関する調査以
外の目的で請求を行ったとき。

二　請求者が不適当な時に請求を行っ
たとき。

三　請求者が信託事務の処理を妨げ，

又は受益者の共同の利益を害する目
的で請求を行ったとき。

四　請求者が前項の規定による閲覧又
は謄写によって知り得た事実を利益
を得て第三者に通報するため請求を
行ったとき。

五　請求者が，過去2年以内におい
て，前項の規定による閲覧又は謄写
によって知り得た事実を利益を得て
第三者に通報したことがあるもので
あるとき。

4　第186条第三号又は第四号に掲げる
事項（第185条第2項の定めのない受
益権に係るものに限る。）について第
2項の請求があった場合において，信
託行為に別段の定めがあるときは，そ
の定めるところによる。

第191条（受益者に対する通知等）　受
益証券発行信託の受託者が受益者に対
してする通知又は催告は，受益権原簿
に記載し，又は記録した当該受益者の
住所（当該受益者が別に通知又は催告
を受ける場所又は連絡先を当該受託者
に通知した場合にあっては，その場所
又は連絡先）にあてて発すれば足り
る。

2　前項の通知又は催告は，その通知又
は催告が通常到達すべきであった時
に，到達したものとみなす。

3　受益証券発行信託の受益権が2人以
上の者の共有に属するときは，共有者
は，受益証券発行信託の受託者が受益
者に対してする通知又は催告を受領す
る者1人を定め，当該受託者に対し，
その者の氏名又は名称を通知しなけれ

ばならない。この場合においては，その者を受益者とみなして，前二項の規定を適用する。

4　前項の規定による共有者の通知がない場合には，受益証券発行信託の受託者が受益権の共有者に対してする通知又は催告は，そのうちの1人に対してすれば足りる。

5　この法律の規定により受益証券発行信託の受託者が無記名受益権の受益者に対してすべき通知は，当該受益者のうち当該受託者に氏名又は名称及び住所の知れている者に対してすれば足りる。この場合においては，当該受託者は，その通知すべき事項を官報に公告しなければならない。

第192条（無記名受益権の受益者による権利の行使）　無記名受益権の受益者は，受益証券発行信託の受託者その他の者に対しその権利を行使しようとするときは，その受益証券を当該受託者その他の者に提示しなければならない。

2　無記名受益権の受益者は，受益者集会において議決権を行使しようとするときは，受益者集会の日の1週間前までに，その受益証券を第108条に規定する招集者に提示しなければならない。

第193条（共有者による権利の行使）　受益証券発行信託の受益権が2人以上の者の共有に属するときは，共有者は，当該受益権についての権利を行使する者1人を定め，受益証券発行信託の受託者に対し，その者の氏名又は名

称を通知しなければ，当該受益権についての権利を行使することができない。ただし，当該受託者が当該権利を行使することに同意した場合は，この限りでない。

第2節　受益権の譲渡等の特例

第194条（受益証券の発行された受益権の譲渡）　受益証券発行信託の受益権（第185条第2項の定めのある受益権を除く。）の譲渡は，当該受益権に係る受益証券を交付しなければ，その効力を生じない。

第195条（受益証券発行信託における受益権の譲渡の対抗要件）　受益証券発行信託の受益権の譲渡は，その受益権を取得した者の氏名又は名称及び住所を受益権原簿に記載し，又は記録しなければ，受益証券発行信託の受託者に対抗することができない。

2　第185条第2項の定めのある受益権に関する前項の規定の適用については，同項中「受託者」とあるのは，「受託者その他の第三者」とする。

3　第1項の規定は，無記名受益権については，適用しない。

第196条（権利の推定等）　受益証券の占有者は，当該受益証券に係る受益権を適法に有するものと推定する。

2　受益証券の交付を受けた者は，当該受益証券に係る受益権についての権利を取得する。ただし，その者に悪意又は重大な過失があるときは，この限りでない。

第197条（受益者の請求によらない受益

権原簿記載事項の記載又は記録）　受益証券発行信託の受託者は，次の各号に掲げる場合には，法務省令で定めるところにより，当該各号の受益権の受益者に係る受益権原簿記載事項を受益権原簿に記載し，又は記録しなければならない。

一　受益証券発行信託の受益権を取得した場合において，当該受益権が消滅しなかったとき。

二　前号の受益証券発行信託の受益権を処分したとき。

2　受益証券発行信託の受託者は，信託の変更によって受益権の併合がされた場合には，併合された受益権について，その受益権の受益者に係る受益権原簿記載事項を受益権原簿に記載し，又は記録しなければならない。

3　受益証券発行信託の受託者は，信託の変更によって受益権の分割がされた場合には，分割された受益権について，その受益権の受益者に係る受益権原簿記載事項を受益権原簿に記載し，又は記録しなければならない。

4　前三項の規定は，無記名受益権については，適用しない。

第198条（受益者の請求による受益権原簿記載事項の記載又は記録）　受益証券発行信託の受益権を受益証券発行信託の受託者以外の者から取得した者（当該受託者を除く。）は，受益証券発行信託の受託者に対し，当該受益権に係る受益権原簿記載事項を受益権原簿に記載し，又は記録することを請求することができる。

2　前項の規定による請求は，利害関係人の利益を害するおそれがないものとして法務省令で定める場合を除き，その取得した受益権の受益者として受益権原簿に記載され，若しくは記録された者又はその相続人その他の一般承継人と共同してしなければならない。

3　前二項の規定は，無記名受益権については，適用しない。

第199条（受益証券の発行された受益権の質入れ）　受益証券発行信託の受益権（第185条第2項の定めのある受益権を除く。）の質入れは，当該受益権に係る受益証券を交付しなければ，その効力を生じない。

第200条（受益証券発行信託における受益権の質入れの対抗要件）　受益証券発行信託の受益権（第185条第2項の定めのある受益権を除く。）の質権者は，継続して当該受益権に係る受益証券を占有しなければ，その質権をもって受益証券発行信託の受託者その他の第三者に対抗することができない。

2　第185条第2項の定めのある受益権の質入れは，その質権者の氏名又は名称及び住所を受益権原簿に記載し，又は記録しなければ，受益証券発行信託の受託者その他の第三者に対抗することができない。

第201条（質権に関する受益権原簿の記載等）　受益証券発行信託の受益権に質権を設定した者は，受益証券発行信託の受託者に対し，次に掲げる事項を受益権原簿に記載し，又は記録することを請求することができる。

一　質権者の氏名又は名称及び住所

二　質権の目的である受益権

2　前項の規定は，無記名受益権については，適用しない。

第202条（質権に関する受益権原簿の記載事項を記載した書面の交付等）　前条第1項各号に掲げる事項が受益権原簿に記載され，又は記録された質権者（以下この節において「登録受益権質権者」という。）は，受益証券発行信託の受託者に対し，当該登録受益権質権者についての受益権原簿に記載され，若しくは記録された同項各号に掲げる事項を記載した書面の交付又は当該事項を記録した電磁的記録の提供を請求することができる。

2　前項の書面には，受益証券発行信託の受託者（法人である受託者にあっては，その代表者。次項において同じ。）が署名し，又は記名押印しなければならない。

3　第1項の電磁的記録には，受益証券発行信託の受託者が法務省令で定める署名又は記名押印に代わる措置をとらなければならない。

4　受益証券発行信託の受託者が2人以上ある場合における前二項の規定の適用については，これらの規定中「受益証券発行信託の受託者」とあるのは，「受益証券発行信託のすべての受託者」とする。

第203条（登録受益権質権者に対する通知等）　受益証券発行信託の受託者が登録受益権質権者に対してする通知又は催告は，受益権原簿に記載し，又は記録した当該登録受益権質権者の住所（当該登録受益権質権者が別に通知又は催告を受ける場所又は連絡先を当該受託者に通知した場合にあっては，その場所又は連絡先）にあてて発すれば足りる。

2　前項の通知又は催告は，その通知又は催告が通常到達すべきであった時に，到達したものとみなす。

第204条（受益権の併合又は分割に係る受益権原簿の記載等）　受益証券発行信託の受託者は，信託の変更によって受益権の併合がされた場合において，当該受益権を目的とする質権の質権者が登録受益権質権者であるときは，併合された受益権について，その質権者の氏名又は名称及び住所を受益権原簿に記載し，又は記録しなければならない。

2　受益証券発行信託の受託者は，信託の変更によって受益権の分割がされた場合において，当該受益権を目的とする質権の質権者が登録受益権質権者であるときは，分割された受益権について，その質権者の氏名又は名称及び住所を受益権原簿に記載し，又は記録しなければならない。

第205条　受益証券発行信託の受託者は，前条第1項に規定する場合には，併合された受益権に係る受益証券を登録受益権質権者に引き渡さなければならない。

2　受益証券発行信託の受託者は，前条第2項に規定する場合には，分割された受益権に係る受益証券を登録受益権

質権者に引き渡さなければならない。

第206条（受益証券の発行されない受益権についての対抗要件等）　第185条第2項の定めのある受益権で他の信託の信託財産に属するものについては，当該受益権が信託財産に属する旨を受益権原簿に記載し，又は記録しなければ，当該受益権が信託財産に属することを受益証券発行信託の受託者その他の第三者に対抗することができない。

2　前項の受益権が属する他の信託の受託者は，受益証券発行信託の受託者に対し，当該受益権が信託財産に属する旨を受益権原簿に記載し，又は記録することを請求することができる。

3　受益権原簿に前項の規定による記載又は記録がされた場合における第187条の規定の適用については，同条第1項中「第185条第2項の定めのある受益権の受益者」とあるのは「第206条第1項の受益権が属する他の信託の受託者」と，「当該受益者」とあるのは「当該受益権」と，「記録された受益権原簿記載事項」とあるのは「記録された受益権原簿記載事項（当該受益権が信託財産に属する旨を含む。）」とする。

第3節　受益証券

第207条（受益証券の発行）　受益証券発行信託の受託者は，信託行為の定めに従い，遅滞なく，当該受益権に係る受益証券を発行しなければならない。

第208条（受益証券不所持の申出）　受益証券発行信託の受託者は，受益証券発行信託の受託者に対し，当該受益者の有する受益権に係る受益証券の所持を希望しない旨を申し出ることができる。ただし，信託行為に別段の定めがあるときは，その定めるところによる。

2　前項の規定による申出は，その申出に係る受益権の内容を明らかにしてしなければならない。この場合において，当該受益権に係る受益証券が発行されているときは，当該受益者は，当該受益証券を受益証券発行信託の受託者に提出しなければならない。

3　第1項の規定による申出を受けた受益証券発行信託の受託者は，遅滞なく，前項前段の受益権に係る受益証券を発行しない旨を受益権原簿に記載し，又は記録しなければならない。

4　受益証券発行信託の受託者は，前項の規定による記載又は記録をしたときは，第2項前段の受益権に係る受益証券を発行することができない。

5　第2項後段の規定により提出された受益証券は，第3項の規定による記載又は記録をした時において，無効となる。

6　第1項の規定による申出をした受益者は，いつでも，受益証券発行信託の受託者に対し，第2項前段の受益権に係る受益証券を発行することを請求することができる。この場合において，同項後段の規定により提出された受益証券があるときは，受益証券の発行に要する費用は，当該受益者の負担とする。

信託法　　*403*

7　前各項の規定は，無記名受益権については，適用しない。

第209条（受益証券の記載事項）　受益証券には，次に掲げる事項及びその番号を記載し，受益証券発行信託の受託者（法人である受託者にあっては，その代表者）がこれに署名し，又は記名押印しなければならない。

一　受益証券発行信託の受益証券である旨

二　当初の委託者及び受益証券発行信託の受託者の氏名又は名称及び住所

三　記名式の受益証券にあっては，受益者の氏名又は名称

四　各受益権に係る受益債権の内容その他の受益権の内容を特定するものとして法務省令で定める事項

五　受益証券発行信託の受託者に対する費用等の償還及び損害の賠償に関する信託行為の定め

六　信託報酬の計算方法並びにその支払の方法及び時期

七　記名式の受益証券をもって表示される受益権について譲渡の制限があるときは，その旨及びその内容

八　受益者の権利の行使に関する信託行為の定め（信託監督人及び受益者代理人に係る事項を含む。）

九　その他法務省令で定める事項

2　受益証券発行信託の受託者が2人以上ある場合における前項の規定の適用については，同項中「受益証券発行信託の受託者」とあるのは，「受益証券発行信託のすべての受託者」とする。

第210条（記名式と無記名式との間の転換）　受益証券が発行されている受益権の受益者は，いつでも，その記名式の受益証券を無記名式とし，又はその無記名式の受益証券を記名式とすることを請求することができる。ただし，信託行為に別段の定めがあるときは，その定めるところによる。

第211条（受益証券の喪失）　受益証券は，非訟事件手続法（平成23年法律第51号）第100条に規定する公示催告手続によって無効とすることができる。

2　受益証券を喪失した者は，非訟事件手続法第106条第1項に規定する除権決定を得た後でなければ，その再発行を請求することができない。

3　受益証券を喪失した者が非訟事件手続法第114条に規定する公示催告の申立てをしたときは，当該受益証券を喪失した者は，相当の担保を供して，受益証券発行信託の受託者に当該受益証券に係る債務を履行させることができる。

第4節　関係当事者の権利義務等の特例

第212条（受益証券発行信託の受託者の義務の特例）　受益証券発行信託においては，第29条第2項ただし書の規定にかかわらず，信託行為の定めにより同項本文の義務を軽減することはできない。

2　受益証券発行信託においては，第35条第4項の規定は，適用しない。

第213条（受益者の権利行使の制限に関する信託行為の定めの特例）　受益証

券発行信託においては，第92条第一号，第五号，第六号及び第八号の規定にかかわらず，次に掲げる権利の全部又は一部について，総受益者の議決権の100分の3（これを下回る割合を信託行為において定めた場合にあっては，その割合。以下この項において同じ。）以上の割合の受益権を有する受益者又は現に存する受益権の総数の100分の3以上の数の受益権を有する受益者に限り当該権利を行使することができる旨の信託行為の定めを設けることができる。

一　第27条第1項又は第2項（これらの規定を第75条第4項において準用する場合を含む。）の規定による取消権

二　第31条第6項又は第7項の規定による取消権

三　第38条第1項の規定による閲覧又は謄写の請求権

四　第46条第1項の規定による検査役の選任の申立権

2　受益証券発行信託においては，第92条第一号の規定にかかわらず，次に掲げる権利の全部又は一部について，総受益者の議決権の10分の1（これを下回る割合を信託行為において定めた場合にあっては，その割合。以下この項において同じ。）以上の割合の受益権を有する受益者又は現に存する受益権の総数の10分の1以上の数の受益権を有する受益者に限り当該権利を行使することができる旨の信託行為の定めを設けることができる。

一　第150条第1項の規定による信託の変更を命ずる裁判の申立権

二　第165条第1項の規定による信託の終了を命ずる裁判の申立権

3　受益証券発行信託において，第39条第1項の規定による開示が同条第3項の信託行為の定めにより制限されているときは，前二項の規定は，適用しない。

4　受益証券発行信託においては，第92条第十一号の規定にかかわらず，6箇月（これを下回る期間を信託行為において定めた場合にあっては，その期間）前から引き続き受益権を有する受益者に限り第44条第1項の規定による差止めの請求権を行使することができる旨の信託行為の定めを設けることができる。

第214条（2人以上の受益者による意思決定の方法の特例）　受益者が2人以上ある受益証券発行信託においては，信託行為に別段の定めがない限り，信託行為に受益者の意思決定（第92条各号に掲げる権利の行使に係るものを除く。）は第4章第3節第2款の定めるところによる受益者集会における多数決による旨の定めがあるものとみなす。

第215条（委託者の権利の特例）　受益証券発行信託においては，この法律の規定による委託者の権利のうち次に掲げる権利は，受益者がこれを行使する。

一　第36条の規定による報告を求める権利

二　第58条第4項（第134条第2項
　　及び第141条第2項において準用す
　　る場合を含む。），第62条第4項
　　（第135条第1項及び第142条第1
　　項において準用する場合を含む。），
　　第63条第1項，第74条第2項，第
　　131条第4項，第150条第1項，第
　　165条第1項，第166条第1項，第
　　169条第1項又は第173条第1項の
　　規定による申立権
三　第62条第2項，第131条第2項
　　又は第138条第2項の規定による催
　　告権
四　第172条第1項，第2項又は第3
　　項後段の規定による閲覧，謄写若し
　　くは交付又は複製の請求権
五　第190条第2項の規定による閲覧
　　又は謄写の請求権

第9章　限定責任信託の特例

第1節　総則

第216条（限定責任信託の要件）　限定
　責任信託は，信託行為においてそのす
　べての信託財産責任負担債務について
　受託者が信託財産に属する財産のみを
　もってその履行の責任を負う旨の定め
　をし，第232条の定めるところにより
　登記をすることによって，限定責任信
　託としての効力を生ずる。
2　前項の信託行為においては，次に掲
　げる事項を定めなければならない。
一　限定責任信託の目的
二　限定責任信託の名称
三　委託者及び受託者の氏名又は名称
　　及び住所

四　限定責任信託の主たる信託事務の
　　処理を行うべき場所（第3節におい
　　て「事務処理地」という。）
五　信託財産に属する財産の管理又は
　　処分の方法
六　その他法務省令で定める事項
第217条（固有財産に属する財産に対す
　る強制執行等の制限）　限定責任信託
　においては，信託財産責任負担債務
　（第21条第1項第八号に掲げる権利に
　係る債務を除く。）に係る債権に基づ
　いて固有財産に属する財産に対し強制
　執行，仮差押え，仮処分若しくは担保
　権の実行若しくは競売又は国税滞納処
　分をすることはできない。
2　前項の規定に違反してされた強制執
　行，仮差押え，仮処分又は担保権の実
　行若しくは競売に対しては，受託者
　は，異議を主張することができる。こ
　の場合においては，民事執行法第38
　条及び民事保全法第45条の規定を準
　用する。
3　第1項の規定に違反してされた国税
　滞納処分に対しては，受託者は，異議
　を主張することができる。この場合に
　おいては，当該異議の主張は，当該国
　税滞納処分について不服の申立てをす
　る方法でする。
第218条（限定責任信託の名称等）　限
　定責任信託には，その名称中に限定責
　任信託という文字を用いなければなら
　ない。
2　何人も，限定責任信託でないものに
　ついて，その名称又は商号中に，限定
　責任信託であると誤認されるおそれの

ある文字を用いてはならない。

3 何人も，不正の目的をもって，他の限定責任信託であると誤認されるおそれのある名称又は商号を使用してはならない。

4 前項の規定に違反する名称又は商号の使用によって事業に係る利益を侵害され，又は侵害されるおそれがある限定責任信託の受託者は，その利益を侵害する者又は侵害するおそれがある者に対し，その侵害の停止又は予防を請求することができる。

第219条（取引の相手方に対する明示義務） 受託者は，限定責任信託の受託者として取引をするに当たっては，その旨を取引の相手方に示さなければ，これを当該取引の相手方に対し主張することができない。

第220条（登記の効力） この章の規定により登記すべき事項は，登記の後でなければ，これをもって善意の第三者に対抗することができない。登記の後であっても，第三者が正当な事由によってその登記があることを知らなかったときは，同様とする。

2 この章の規定により登記すべき事項につき故意又は過失によって不実の事項を登記した者は，その事項が不実であることをもって善意の第三者に対抗することができない。

第221条（限定責任信託の定めを廃止する旨の信託の変更） 第216条第1項の定めを廃止する旨の信託の変更がされ，第235条の終了の登記がされたときは，その変更後の信託については，

この章の規定は，適用しない。

第2節　計算等の特例

第222条（帳簿等の作成等，報告及び保存の義務等の特例） 限定責任信託における帳簿その他の書類又は電磁的記録の作成，内容の報告及び保存並びに閲覧及び謄写については，第37条及び第38条の規定にかかわらず，次項から第9項までに定めるところによる。

2 受託者は，法務省令で定めるところにより，限定責任信託の会計帳簿を作成しなければならない。

3 受託者は，限定責任信託の効力が生じた後速やかに，法務省令で定めるところにより，その効力が生じた日における限定責任信託の貸借対照表を作成しなければならない。

4 受託者は，毎年，法務省令で定める一定の時期において，法務省令で定めるところにより，限定責任信託の貸借対照表及び損益計算書並びにこれらの附属明細書その他の法務省令で定める書類又は電磁的記録を作成しなければならない。

5 受託者は，前項の書類又は電磁的記録を作成したときは，その内容について受益者（信託管理人が現に存する場合にあっては，信託管理人）に報告しなければならない。ただし，信託行為に別段の定めがあるときは，その定めるところによる。

6 受託者は，第2項の会計帳簿を作成した場合には，その作成の日から10年

間（当該期間内に信託の清算の結了が
あったときは、その日までの間。次項
において同じ。）、当該会計帳簿（書面
に代えて電磁的記録を法務省令で定め
る方法により作成した場合にあっては
当該電磁的記録、電磁的記録に代えて
書面を作成した場合にあっては当該書
面）を保存しなければならない。ただ
し、受益者（2人以上の受益者が現に
存する場合にあってはそのすべての受
益者、信託管理人が現に存する場合に
あっては信託管理人。第8項において
同じ。）に対し、当該書類若しくはそ
の写しを交付し、又は当該電磁的記録
に記録された事項を法務省令で定める
方法により提供したときは、この限り
でない。

7 受託者は、信託財産に属する財産の
処分に係る契約書その他の信託事務の
処理に関する書類又は電磁的記録を作
成し、又は取得した場合には、その作
成又は取得の日から10年間、当該書
類又は電磁的記録（書類に代えて電磁
的記録を法務省令で定める方法により
作成した場合にあっては当該電磁的記
録、電磁的記録に代えて書面を作成し
た場合にあっては当該書面）を保存し
なければならない。この場合において
は、前項ただし書の規定を準用する。

8 受託者は、第3項の貸借対照表及び
第4項の書類又は電磁的記録（以下こ
の項及び第224条第2項第一号におい
て「貸借対照表等」という。）を作成
した場合には、信託の清算の結了の日
までの間、当該貸借対照表等（書類に

代えて電磁的記録を法務省令で定める
方法により作成した場合にあっては当
該電磁的記録、電磁的記録に代えて書
面を作成した場合にあっては当該書
面）を保存しなければならない。ただ
し、その作成の日から10年間を経過
した後において、受益者に対し、当該
書類若しくはその写しを交付し、又は
当該電磁的記録に記録された事項を法
務省令で定める方法により提供したと
きは、この限りでない。

9 限定責任信託における第38条の規
定の適用については、同条第1項各号
中「前条第1項又は第5項」とあるの
は「第222条第2項又は第7項」と、
同条第4項第一号及び第6項各号中
「前条第2項」とあるのは「第222条
第3項又は第4項」とする。

第223条（裁判所による提出命令）　裁
判所は、申立てにより又は職権で、訴
訟の当事者に対し、前条第2項から第
4項までの書類の全部又は一部の提出
を命ずることができる。

第224条（受託者の第三者に対する責
任）　限定責任信託において、受託者
が信託事務を行うについて悪意又は重
大な過失があったときは、当該受託者
は、これによって第三者に生じた損害
を賠償する責任を負う。

2 限定責任信託の受託者が、次に掲げ
る行為をしたときも、前項と同様とす
る。ただし、受託者が当該行為をする
ことについて注意を怠らなかったこと
を証明したときは、この限りでない。

一　貸借対照表等に記載し、又は記録

すべき重要な事項についての虚偽の
記載又は記録

二　虚偽の登記

三　虚偽の公告

3　前二項の場合において，当該損害を
賠償する責任を負う他の受託者がある
ときは，これらの者は，連帯債務者と
する。

第225条（受益者に対する信託財産に係
る給付の制限）　限定責任信託におい
ては，受益者に対する信託財産に係る
給付は，その給付可能額（受益者に対
し給付をすることができる額として純
資産額の範囲内において法務省令で定
める方法により算定される額をいう。
以下この節において同じ。）を超えて
することはできない。

第226条（受益者に対する信託財産に係
る給付に関する責任）　受託者が前条
の規定に違反して受益者に対する信託
財産に係る給付をした場合には，次の
各号に掲げる者は，連帯して（第二号
に掲げる受益者にあっては，現に受け
た個別の給付額の限度で連帯して），
当該各号に定める義務を負う。ただ
し，受託者がその職務を行うについて
注意を怠らなかったことを証明した場
合は，この限りでない。

一　受託者　当該給付の帳簿価額（以
下この節において「給付額」とい
う。）に相当する金銭の信託財産に
対するてん補の義務

二　当該給付を受けた受益者　現に受
けた個別の給付額に相当する金銭の
受託者に対する支払の義務

2　受託者が前項第一号に定める義務の
全部又は一部を履行した場合には，同
項第二号に掲げる受益者は，当該履行
された金額に同号の給付額の同項第一
号の給付額に対する割合を乗じて得た
金額の限度で同項第二号に定める義務
を免れ，受益者が同号に定める義務の
全部又は一部を履行した場合には，受
託者は，当該履行された金額の限度で
同項第一号に定める義務を免れる。

3　第1項（第二号に係る部分に限る。）
の規定により受益者から受託者に対し
支払われた金銭は，信託財産に帰属す
る。

4　第1項に規定する義務は，免除する
ことができない。ただし，当該給付を
した日における給付可能額を限度とし
て当該義務を免除することについて総
受益者の同意がある場合は，この限り
でない。

5　第1項本文に規定する場合におい
て，同項第一号の義務を負う他の受託
者があるときは，これらの者は，連帯
債務者とする。

6　第45条の規定は，第1項の規定に
よる請求に係る訴えについて準用す
る。

第227条（受益者に対する求償権の制限
等）　前条第1項本文に規定する場合
において，当該給付を受けた受益者
は，給付額が当該給付をした日におけ
る給付可能額を超えることにつき善意
であるときは，当該給付額について，
受託者からの求償の請求に応ずる義務
を負わない。

2　前条第1項本文に規定する場合には，信託債権者は，当該給付を受けた受益者に対し，給付（当該給付額が当該信託債権者の債権額を超える場合にあっては，当該債権額）に相当する金銭を支払わせることができる。

第228条（欠損が生じた場合の責任）
　受託者が受益者に対する信託財産に係る給付をした場合において，当該給付をした日後最初に到来する第222条第4項の時期に欠損額（貸借対照表上の負債の額が資産の額を上回る場合において，当該負債の額から当該資産の額を控除して得た額をいう。以下この項において同じ。）が生じたときは，次の各号に掲げる者は，連帯して（第二号に掲げる受益者にあっては，現に受けた個別の給付額の限度で連帯して），当該各号に定める義務を負う。ただし，受託者がその職務を行うについて注意を怠らなかったことを証明した場合は，この限りでない。

一　受託者　その欠損額（当該欠損額が給付額を超える場合にあっては，当該給付額）に相当する金銭の信託財産に対するてん補の義務

二　当該給付を受けた受益者　欠損額（当該欠損額が現に受けた個別の給付額を超える場合にあっては，当該給付額）に相当する金銭の受託者に対する支払の義務

2　受託者が前項第一号に定める義務の全部又は一部を履行した場合には，同項第二号に掲げる受益者は，当該履行された金額に同号の給付額の同項第一号の給付額に対する割合を乗じて得た金額の限度で同項第二号に定める義務を免れ，受益者が同号に定める義務の全部又は一部を履行した場合には，受託者は，当該履行された金額の限度で同項第一号に定める義務を免れる。

3　第1項（第二号に係る部分に限る。）の規定により受益者から受託者に対し支払われた金銭は，信託財産に帰属する。

4　第1項に規定する義務は，総受益者の同意がなければ，免除することができない。

5　第1項本文に規定する場合において，同項第一号の義務を負う他の受託者があるときは，これらの者は，連帯債務者とする。

6　第45条の規定は，第1項の規定による請求に係る訴えについて準用する。

第229条（債権者に対する公告）　限定責任信託の清算受託者は，その就任後遅滞なく，信託債権者に対し，一定の期間内にその債権を申し出るべき旨を官報に公告し，かつ，知れている信託債権者には，各別にこれを催告しなければならない。ただし，当該期間は，2箇月を下ることができない。

2　前項の規定による公告には，当該信託債権者が当該期間内に申出をしないときは清算から除斥される旨を付記しなければならない。

第230条（債務の弁済の制限）　限定責任信託の清算受託者は，前条第1項の期間内は，清算中の限定責任信託の債

務の弁済をすることができない。この場合において，清算受託者は，その債務の不履行によって生じた責任を免れることができない。

2 前項の規定にかかわらず，清算受託者は，前条第1項の期間内であっても，裁判所の許可を得て，少額の債権，清算中の限定責任信託の信託財産に属する財産につき存する担保権によって担保される債権その他これを弁済しても他の債権者を害するおそれがない債権に係る債務について，その弁済をすることができる。この場合において，当該許可の申立ては，清算受託者が2人以上あるときは，その全員の同意によってしなければならない。

3 清算受託者は，前項の許可の申立てをする場合には，その原因となる事実を疎明しなければならない。

4 第2項の許可の申立てを却下する裁判には，理由を付さなければならない。

5 第2項の規定による弁済の許可の裁判に対しては，不服を申し立てることができない。

第231条（清算からの除斥） 清算中の限定責任信託の信託債権者（知れているものを除く。）であって第229条第1項の期間内にその債権の申出をしなかったものは，清算から除斥される。

2 前項の規定により清算から除斥された信託債権者は，給付がされていない残余財産に対してのみ，弁済を請求することができる。

3 2人以上の受益者がある場合において，清算中の限定責任信託の残余財産の給付を受益者の一部に対してしたときは，当該受益者の受けた給付と同一の割合の給付を当該受益者以外の受益者に対してするために必要な財産は，前項の残余財産から控除する。

第3節 限定責任信託の登記

第232条（限定責任信託の定めの登記） 信託行為において第216条第1項の定めがされたときは，限定責任信託の定めの登記は，2週間以内に，次に掲げる事項を登記してしなければならない。

一 限定責任信託の目的

二 限定責任信託の名称

三 受託者の氏名又は名称及び住所

四 限定責任信託の事務処理地

五 第64条第1項（第74条第6項において準用する場合を含む。）の規定により信託財産管理者又は信託財産法人管理人が選任されたときは，その氏名又は名称及び住所

六 第163条第九号の規定による信託の終了についての信託行為の定めがあるときは，その定め

七 会計監査人設置信託（第248条第3項に規定する会計監査人設置信託をいう。第240条第三号において同じ。）であるときは，その旨及び会計監査人の氏名又は名称

第233条（変更の登記） 限定責任信託の事務処理地に変更があったときは，2週間以内に，旧事務処理地においてはその変更の登記をし，新事務処理地

においては前条各号に掲げる事項を登記しなければならない。

2　同一の登記所の管轄区域内において限定責任信託の事務処理地に変更があったときは，その変更の登記をすれば足りる。

3　前条各号（第四号を除く。）に掲げる事項に変更があったときは，2週間以内に，その変更の登記をしなければならない。

第234条（職務執行停止の仮処分命令等の登記）　限定責任信託の受託者の職務の執行を停止し，若しくはその職務を代行する者を選任する仮処分命令又はその仮処分命令を変更し，若しくは取り消す決定がされたときは，その事務処理地において，その登記をしなければならない。

第235条（終了の登記）　第163条（第六号及び第七号に係る部分を除く。）若しくは第164条第1項若しくは第3項の規定により限定責任信託が終了したとき，又は第216条第1項の定めを廃止する旨の信託の変更がされたときは，2週間以内に，終了の登記をしなければならない。

第236条（清算受託者の登記）　限定責任信託が終了した場合において，限定責任信託が終了した時における受託者が清算受託者となるときは，終了の日から，2週間以内に，清算受託者の氏名又は名称及び住所を登記しなければならない。

2　信託行為の定め又は第62条第1項若しくは第4項若しくは第173条第1項の規定により清算受託者が選任されたときも，前項と同様とする。

3　第233条第3項の規定は，前二項の規定による登記について準用する。

第237条（清算結了の登記）　限定責任信託の清算が結了したときは，第184条第1項の計算の承認の日から，2週間以内に，清算結了の登記をしなければならない。

第238条（管轄登記所及び登記簿）　限定責任信託の登記に関する事務は，限定責任信託の事務処理地を管轄する法務局若しくは地方法務局若しくはこれらの支局又はこれらの出張所が管轄登記所としてつかさどる。

2　登記所に，限定責任信託登記簿を備える。

第239条（登記の申請）　第232条及び第233条の規定による登記は受託者の申請によって，第235条から第237条までの規定による登記は清算受託者の申請によってする。

2　前項の規定にかかわらず，信託財産管理者又は信託財産法人管理人が選任されている場合には，第232条及び第233条の規定による登記（第246条の規定によるものを除く。）は，信託財産管理者又は信託財産法人管理人の申請によってする。

第240条（限定責任信託の定めの登記の添付書面）　限定責任信託の定めの登記の申請書には，次に掲げる書面を添付しなければならない。

一　限定責任信託の信託行為を証する書面

二 受託者が法人であるときは、当該法人の登記事項証明書。ただし、当該登記所の管轄区域内に当該法人の本店又は主たる事務所がある場合を除く。

三 会計監査人設置信託においては、次に掲げる書面

イ 就任を承諾したことを証する書面

ロ 会計監査人が法人であるときは、当該法人の登記事項証明書。ただし、当該登記所の管轄区域内に当該法人の主たる事務所がある場合を除く。

ハ 会計監査人が法人でないときは、第249条第1項に規定する者であることを証する書面

第241条（変更の登記の添付書面） 事務処理地の変更又は第232条各号（第四号を除く。）に掲げる事項の変更の登記の申請書には、事務処理地の変更又は登記事項の変更を証する書面を添付しなければならない。

2 法人である新受託者の就任による変更の登記の申請書には、前条第二号に掲げる書面を添付しなければならない。

3 会計監査人の就任による変更の登記の申請書には、前条第三号ロ又はハに掲げる書面を添付しなければならない。

第242条（終了の登記の添付書面） 限定責任信託の終了の登記の申請書には、その事由の発生を証する書面を添付しなければならない。

第243条（清算受託者の登記の添付書面） 次の各号に掲げる者が清算受託者となった場合の清算受託者の登記の申請書には、当該各号に定める書面を添付しなければならない。

一 信託行為の定めにより選任された者 次に掲げる書面

イ 当該信託行為の定めがあることを証する書面

ロ 選任された者が就任を承諾したことを証する書面

二 第62条第1項の規定により選任された者 次に掲げる書面

イ 第62条第1項の合意があったことを証する書面

ロ 前号ロに掲げる書面

三 第62条第4項又は第173条第1項の規定により裁判所が選任した者 その選任を証する書面

2 第240条（第二号に係る部分に限る。）の規定は、清算受託者が法人である場合の清算受託者の登記について準用する。

第244条（清算受託者に関する変更の登記の添付書面） 清算受託者の退任による変更の登記の申請書には、退任を証する書面を添付しなければならない。

2 第236条第1項に規定する事項の変更の登記の申請書には、登記事項の変更を証する書面を添付しなければならない。

3 第241条第2項の規定は、法人である清算受託者の就任による変更の登記について準用する。

第245条（清算結了の登記の添付書面）
清算結了の登記の申請書には，第184
条第1項の計算の承認があったことを
証する書面を添付しなければならな
い。

第246条（裁判による登記の嘱託）　次
に掲げる場合には，裁判所書記官は，
職権で，遅滞なく，限定責任信託の事
務処理地を管轄する登記所にその登記
を嘱託しなければならない。

一　次に掲げる裁判があったとき。
　イ　第58条第4項（第70条（第
　　74条第6項において準用する場
　　合を含む。）において準用する場
　　合を含む。）の規定による受託者
　　又は信託財産管理者若しくは信託
　　財産法人管理人の解任の裁判
　ロ　第64条第1項（第74条第6項
　　において準用する場合を含む。）
　　の規定による信託財産管理者又は
　　信託財産法人管理人の選任の裁判
二　次に掲げる裁判が確定したとき。
　イ　前号イに掲げる裁判を取り消す
　　裁判
　ロ　第165条又は第166条の規定に
　　よる信託の終了を命ずる裁判

第247条（商業登記法及び民事保全法の
準用）　限定責任信託の登記について
は，商業登記法（昭和38年法律第
125号）第2条から第5条まで，第7
条から第15条まで，第17条（第3項
を除く。），第18条から第19条の3ま
で，第20条第1項及び第2項，第21
条から第24条まで，第26条，第27
条，第51条から第53条まで，第71

条第1項，第132条から第137条まで
並びに第139条から第148条まで並び
に民事保全法第56条の規定を準用す
る。この場合において，商業登記法第
51条第1項中「本店」とあるのは「事
務処理地（信託法（平成18年法律第
108号）第216条第2項第四号に規定
する事務処理地をいう。以下同じ。）」
と，「移転した」とあるのは「変更し
た」と，同項並びに同法第52条第2
項，第3項及び第5項中「新所在地」
とあるのは「新事務処理地」と，同法
第51条第1項及び第2項並びに第52
条中「旧所在地」とあるのは「旧事務
処理地」と，同法第71条第1項中
「解散」とあるのは「限定責任信託の
終了」と，民事保全法第56条中「法
人を代表する者その他法人の役員」と
あるのは「限定責任信託の受託者又は
清算受託者」と，「法人の本店又は主
たる事務所の所在地（外国法人にあっ
ては，各事務所）の所在地」とあるの
は「限定責任信託の事務処理地（信託
法（平成18年法律第108号）第216
条第2項第四号に規定する事務処理地
をいう。）」と読み替えるものとする。

第10章　受益証券発行限定責任信託の特例

第248条（会計監査人の設置等）　受益
証券発行信託である限定責任信託（以
下「受益証券発行限定責任信託」とい
う。）においては，信託行為の定めに
より，会計監査人を置くことができ
る。

2 受益証券発行限定責任信託であって
最終の貸借対照表（直近の第222条第
4項の時期において作成された貸借対
照表をいう。）の負債の部に計上した
額の合計額が200億円以上であるもの
においては，会計監査人を置かなけれ
ばならない。

3 第1項の信託行為の定めのある信託
及び前項に規定する信託（以下「会計
監査人設置信託」と総称する。）にお
いては，信託行為に会計監査人を指定
する定めを設けなければならない。

第249条（会計監査人の資格等） 会計
監査人は，公認会計士（外国公認会計
士（公認会計士法（昭和23年法律第
103号）第16条の2第5項に規定す
る外国公認会計士をいう。）を含む。
第3項第二号において同じ。）又は監
査法人でなければならない。

2 会計監査人に選任された監査法人
は，その社員の中から会計監査人の職
務を行うべき者を選定し，これを受託
者に通知しなければならない。この場
合においては，次項第二号に掲げる者
を選定することはできない。

3 次に掲げる者は，会計監査人となる
ことができない。

一 公認会計士法の規定により，第
222条第4項に規定する書類又は電
磁的記録について監査をすることが
できない者

二 受託者若しくはその利害関係人か
ら公認会計士若しくは監査法人の業
務以外の業務により継続的な報酬を
受けている者又はその配偶者

三 監査法人でその社員の半数以上が
前号に掲げる者であるもの

第250条（会計監査人が欠けた場合の措
置） 会計監査人設置信託において，
会計監査人が欠けたときは，委託者及
び受益者は，会計監査人が欠けた時か
ら2箇月以内に，その合意により，新
たな会計監査人（以下この条において
「新会計監査人」という。）を選任しな
ければならない。

2 前項に規定する場合において，委託
者が現に存しないとき，又は会計監査
人が欠けた時から2箇月を経過しても
同項の合意が調わないときは，新会計
監査人の選任は，受益者のみでこれを
することができる。

3 前二項に規定する場合において，受
益者が2人以上あるときは，受託者
（信託監督人が現に存する場合にあっ
ては，受託者又は信託監督人）は，前
二項の規定により新会計監査人を選任
するため，遅滞なく，受益者集会を招
集しなければならない。

4 第1項又は第2項の規定により新会
計監査人が選任されたときは，当該新
会計監査人について信託行為に第248
条第3項の定めが設けられたものとみ
なす。

5 会計監査人が欠けた場合には，辞任
により退任した会計監査人は，新会計
監査人が選任されるまで，なお会計監
査人としての権利義務を有する。

第251条（会計監査人の辞任及び解任）
第57条第1項本文の規定は会計監査
人の辞任について，第58条第1項及

び第 2 項の規定は会計監査人の解任に
ついて，それぞれ準用する。

第 252 条（会計監査人の権限等） 会計
監査人は，第 222 条第 4 項の書類又は
電磁的記録を監査する。この場合にお
いて，会計監査人は，法務省令で定め
るところにより，会計監査報告を作成
しなければならない。

2 会計監査人は，いつでも，次に掲げ
るものの閲覧及び謄写をし，又は受託
者に対し，会計に関する報告を求める
ことができる。

一 会計帳簿又はこれに関する資料が
書面をもって作成されているとき
は，当該書面

二 会計帳簿又はこれに関する資料が
電磁的記録をもって作成されている
ときは，当該電磁的記録に記録され
た事項を法務省令で定める方法によ
り表示したもの

3 会計監査人は，その職務を行うに当
たっては，次のいずれかに該当する者
を使用してはならない。

一 第 249 条第 3 項第一号又は第二号
に掲げる者

二 受託者又はその利害関係人

三 受託者又はその利害関係人から公
認会計士又は監査法人の業務以外の
業務により継続的な報酬を受けてい
る者

4 会計監査人設置信託における第 222
条第 4 項，第 5 項及び第 8 項の規定の
適用については，同条第 4 項中「作成
しなければ」とあるのは「作成し，第
252 条第 1 項の会計監査を受けなけれ

ば」と，同条第 5 項中「その内容」と
あるのは「その内容及び会計監査報
告」と，同条第 8 項中「作成した場合
には」とあるのは「作成し，第 252 条
第 1 項の会計監査を受けた場合には」
と，「当該書面）」とあるのは「当該書
面）及び当該会計監査報告」とする。

第 253 条（会計監査人の注意義務） 会
計監査人は，その職務を行うに当たっ
ては，善良な管理者の注意をもって，
これをしなければならない。

第 254 条（会計監査人の損失てん補責任
等） 会計監査人がその任務を怠った
ことによって信託財産に損失が生じた
場合には，受益者は，当該会計監査人
に対し，当該損失のてん補をすること
を請求することができる。

2 前項の規定による損失のてん補とし
て会計監査人が受託者に対し交付した
金銭その他の財産は，信託財産に帰属
する。

3 第 42 条(第一号に係る部分に限る。)
並びに第 105 条第 3 項及び第 4 項（第
三号を除く。）の規定は第 1 項の規定
による責任の免除について，第 43 条
の規定は第 1 項の規定による責任に係
る債権について，第 45 条の規定は第
1 項の規定による請求に係る訴えにつ
いて，それぞれ準用する。この場合に
おいて，第 105 条第 4 項第二号中「受
託者がその任務」とあるのは，「会計
監査人がその職務」と読み替えるもの
とする。

第 255 条（会計監査人の第三者に対する
責任） 会計監査人設置信託におい

て，会計監査人がその職務を行うについて悪意又は重大な過失があったときは，当該会計監査人は，これによって第三者に生じた損害を賠償する責任を負う。

2　会計監査人設置信託の会計監査人が，第252条第1項の会計監査報告に記載し，又は記録すべき重要な事項について虚偽の記載又は記録をしたときも，前項と同様とする。ただし，会計監査人が当該行為をすることについて注意を怠らなかったことを証明したときは，この限りでない。

3　前二項の場合において，当該損害を賠償する責任を負う他の会計監査人があるときは，これらの者は，連帯債務者とする。

第256条（会計監査人の費用等及び報酬）　第127条第1項から第5項までの規定は，会計監査人の費用及び支出の日以後におけるその利息，損害の賠償並びに報酬について準用する。

第257条（受益者集会の特例）　会計監査人設置信託に係る信託行為に第214条の別段の定めがない場合における第118条の規定の適用については，同条第1項中「同じ。）」とあるのは「同じ。）及び会計監査人」と，同条第2項中「受託者」とあるのは「受託者又は会計監査人」とする。

第11章　受益者の定めのない信託の特例

第258条（受益者の定めのない信託の要件）　受益者の定め（受益者を定める方法の定めを含む。以下同じ。）のない信託は，第3条第一号又は第二号に掲げる方法によってすることができる。

2　受益者の定めのない信託においては，信託の変更によって受益者の定めを設けることはできない。

3　受益者の定めのある信託においては，信託の変更によって受益者の定めを廃止することはできない。

4　第3条第二号に掲げる方法によって受益者の定めのない信託をするときは，信託管理人を指定する定めを設けなければならない。この場合においては，信託管理人の権限のうち第145条第2項各号（第六号を除く。）に掲げるものを行使する権限を制限する定めを設けることはできない。

5　第3条第二号に掲げる方法によってされた受益者の定めのない信託において信託管理人を指定する定めがない場合において，遺言執行者の定めがあるときは，当該遺言執行者は，信託管理人を選任しなければならない。この場合において，当該遺言執行者が信託管理人を選任したときは，当該信託管理人について信託行為に前項前段の定めが設けられたものとみなす。

6　第3条第二号に掲げる方法によってされた受益者の定めのない信託において信託管理人を指定する定めがない場合において，遺言執行者の定めがないとき，又は遺言執行者となるべき者として指定された者が信託管理人の選任をせず，若しくはこれをすることがで

きないときは，裁判所は，利害関係人の申立てにより，信託管理人を選任することができる。この場合において，信託管理人の選任の裁判があったときは，当該信託管理人について信託行為に第4項前段の定めが設けられたものとみなす。

7　第123条第6項から第8項までの規定は，前項の申立てについての裁判について準用する。

8　第3条第二号に掲げる方法によってされた受益者の定めのない信託において，信託管理人が欠けた場合であって，信託管理人が就任しない状態が1年間継続したときは，当該信託は，終了する。

第259条（受益者の定めのない信託の存続期間）　受益者の定めのない信託の存続期間は，20年を超えることができない。

第260条（受益者の定めのない信託における委託者の権利）　第3条第一号に掲げる方法によってされた受益者の定めのない信託においては，委託者（委託者が2人以上ある場合にあっては，そのすべての委託者）が第145条第2項各号（第六号を除く。）に掲げる権利を有する旨及び受託者が同条第4項各号に掲げる義務を負う旨の定めが設けられたものとみなす。この場合においては，信託の変更によってこれを変更することはできない。

2　第3条第二号に掲げる方法によってされた受益者の定めのない信託であって，第258条第5項後段又は第6項後段の規定により同条第4項前段の定めが設けられたものとみなされるものにおいては，信託の変更によって信託管理人の権限のうち第145条第2項各号（第六号を除く。）に掲げるものを行使する権限を制限することはできない。

第261条（この法律の適用関係）　受益者の定めのない信託に関する次の表の上欄に掲げるこの法律の規定の適用については，これらの規定中同表の中欄に掲げる字句は，同表の下欄に掲げる字句とする。

第19条第1項第三号及び第3項第三号	受益者の利益を害しない	信託の目的の達成の支障とならない
	受益者との	信託の目的に関して有する
第19条第3項第二号	各信託の受益者（信託管理人が現に存する場合にあっては，信託管理人）の協議	受益者の定めのない信託の信託管理人と他の信託の受益者（信託管理人が現に存する場合にあっては，信託管理人）との協議又は受益者の定めのない各信託の信託管理人の協議

第 30 条	受益者	信託の目的の達成
第 31 条第 1 項第四号	受託者又はその利害関係人と受益者との利益が相反する	受託者又はその利害関係人の利益となり，かつ，信託の目的の達成の支障となる
第 31 条第 2 項第四号	受益者の利益を害しない	信託の目的の達成の支障とならない
	受益者との	信託の目的に関して有する
第 32 条第 1 項	受益者の利益に反する	信託の目的の達成の支障となる
第 37 条第 4 項ただし書	受益者	委託者
	信託管理人。	信託管理人又は委託者。
第 37 条第 6 項ただし書	受益者	委託者
第 38 条第 2 項第三号	受益者の共同の利益を害する	信託の目的の達成を妨げる
第 57 条第 1 項	委託者及び受益者	委託者（信託管理人が現に存する場合にあっては，委託者及び信託管理人）
第 58 条第 1 項	委託者及び受益者は，いつでも，その合意により	委託者は，いつでも（信託管理人が現に存する場合にあっては，委託者及び信託管理人は，いつでも，その合意により）
第 58 条第 2 項	委託者及び受益者が	委託者（信託管理人が現に存する場合にあっては，委託者及び信託管理人）が
	委託者及び受益者は	委託者は
第 62 条第 1 項	委託者及び受益者は，その合意により	委託者は（信託管理人が現に存する場合にあっては，委託者及び信託管理人は，その合意により）
第 62 条第 3 項	委託者及び受益者（2 人以上の受益者が現に存する場合にあってはその 1 人，信託管理人が現に存する場合にあっては信託管理人）	委託者（信託管理人が現に存する場合にあっては，委託者及び信託管理人）
第 62 条第 4 項	同項の合意に係る協議の状況	委託者の状況（信託管理人が現に存する場合にあっては，同項の合意に係る協議の状況）

信 託 法　　*419*

第62条第8項	「受益者は」	「信託管理人は」
	「受益者」	「信託管理人」
	「受益者の状況」	「信託管理人の状況」
第125条第1項	受益者のために	信託の目的の達成のために
第126条第2項	受益者	信託の目的の達成
第146条第1項	受託者及び受益者	受託者
第146条第2項	他の委託者，受託者及び受益者	他の委託者及び受託者
第149条第1項	委託者，受託者及び受益者	委託者及び受託者（信託管理人が現に存する場合にあっては，委託者，受託者及び信託管理人）
第149条第2項（第一号を除く。）	委託者及び受益者	委託者（信託管理人が現に存する場合にあっては，委託者及び信託管理人）
	信託の目的に反しないこと及び受益者の利益に適合すること	信託の目的の達成のために必要であること
第149条第3項第一号	委託者及び受益者	委託者（信託管理人が現に存する場合にあっては，委託者及び信託管理人）
第149条第5項	，受益者に対し	，信託管理人に対し
第150条第1項	受益者の利益に適合しなくなる	信託の目的の達成の支障となる
第151条第1項	委託者，受託者及び受益者	委託者及び受託者（信託管理人が現に存する場合にあっては，委託者，受託者及び信託管理人）
第151条第2項（第一号を除く。）	委託者及び受益者	委託者（信託管理人が現に存する場合にあっては，委託者及び信託管理人）
	信託の目的に反しないこと及び受益者の利益に適合すること	信託の目的の達成のために必要であること
第151条第4項	，受益者に対し	，信託管理人に対し
第155条第1項	委託者，受託者及び受益者	委託者及び受託者（信託管理人が現に存する場合にあっては，委託者，受託者及び信託管理人）

第155条第2項（第一号を除く。）	委託者及び受益者	委託者（信託管理人が現に存する場合にあっては，委託者及び信託管理人）
	信託の目的に反しないこと及び受益者の利益に適合すること	信託の目的の達成のために必要であること
第155条第4項	，受益者に対し	，信託管理人に対し
第159条第1項	委託者，受託者及び受益者	委託者及び受益者（信託管理人が現に存する場合にあっては，委託者，受託者及び信託管理人）
第159条第2項（第一号を除く。）	委託者及び受益者	委託者（信託管理人が現に存する場合にあっては，委託者及び信託管理人）
	信託の目的に反しないこと及び受益者の利益に適合すること	信託の目的の達成のために必要であること
第159条第4項	，受益者に対し	，信託管理人に対し
第164条第1項	委託者及び受益者は，いつでも，その合意により	委託者は，いつでも（信託管理人が現に存する場合にあっては，委託者及び信託管理人は，いつでも，その合意により）
第164条第2項	委託者及び受益者が	委託者（信託管理人が現に存する場合にあっては，委託者及び信託管理人）が
	委託者及び受益者は	委託者は
第165条第1項	受益者の利益に適合する	相当となる
第222条第6項ただし書	受益者	委託者
	信託管理人。	信託管理人又は委託者。
第222条第8項ただし書	受益者	委託者
第243条第1項第二号イ	合意	委託者の意思表示（信託管理人が現に存する場合にあっては，委託者及び信託管理人の合意）

信託法　*421*

2　受益者の定めのない信託に係る受託者の費用等，損害の賠償及び信託報酬については，第48条第5項（第53条第2項及び第54条第4項において準用する場合を含む。）の規定は，適用しない。

3　受益者の定めのない信託に係る信託の変更については，第149条第2項第一号及び第3項第二号の規定は，適用しない。

4　受益者の定めのない信託に係る信託の併合については，第151条第2項第一号の規定は，適用しない。

5　受益者の定めのない信託に係る信託の分割については，第155条第2項第一号及び第159条第2項第一号の規定は，適用しない。

第12章　雑則

第1節　非訟

第262条（信託に関する非訟事件の管轄）　この法律の規定による非訟事件は，この条に特別の定めがある場合を除き，受託者の住所地を管轄する地方裁判所の管轄に属する。

2　受託者が2人以上ある場合における前項の規定の適用については，同項中「住所地」とあるのは，「いずれかの住所地」とする。

3　受託者の任務の終了後新受託者の就任前におけるこの法律の規定による裁判所に対する申立てに係る事件は，前受託者の住所地を管轄する地方裁判所の管轄に属する。

4　受託者が2人以上ある場合における前項の規定の適用については，同項中「受託者の任務」とあるのは，「すべての受託者の任務」とし，前受託者が2人以上ある場合における同項の規定の適用については，同項中「住所地」とあるのは，「いずれかの住所地」とする。

5　第6条第1項又は第258条第6項の申立てに係る事件は，遺言者の最後の住所地を管轄する地方裁判所の管轄に属する。

第263条（信託に関する非訟事件の手続の特例）　この法律の規定による非訟事件については，非訟事件手続法第40条及び第57条第2項第二号の規定は，適用しない。

第264条（最高裁判所規則）　この法律に定めるもののほか，この法律の規定による非訟事件の手続に関し必要な事項は，最高裁判所規則で定める。

第2節　公告等

第265条（法人である受託者についての公告の方法）　この法律の規定（第152条第2項，第156条第2項，第160条第2項及び第229条第1項を除く。）による公告は，受託者（受託者の任務の終了後新受託者の就任前にあっては，前受託者）が法人である場合には，当該法人における公告の方法（公告の期間を含む。）によりしなければならない。

第266条（法人である受託者の合併等についての公告の手続等の特例）　会社法その他の法律の規定によりある法人

が組織変更，合併その他の行為をする
ときは当該法人の債権者が当該行為に
ついて公告，催告その他の手続を経て
異議を述べることができることとされ
ている場合において，法人である受託
者が当該行為をしようとするときは，
受託者が信託財産に属する財産のみを
もって履行する責任を負う信託財産責
任負担債務に係る債権を有する債権者
は，当該行為についてこれらの手続を
経て異議を述べることができる債権者
に含まれないものとする。

2　会社法その他の法律の規定による法
人の事業の譲渡に関する規定の適用に
ついては，第3条第三号に掲げる方法
によってする信託は，その適用の対象
となる行為に含まれるものとする。た
だし，当該法律に別段の定めがあると
きは，この限りでない。

第13章　罰則

第267条（受益証券発行限定責任信託の
受託者等の贈収賄罪）　次に掲げる者
が，その職務に関して，賄賂を収受
し，又はその要求若しくは約束をした
ときは，3年以下の懲役又は300万円
以下の罰金に処する。これによって不
正の行為をし，又は相当の行為をしな
いときは，5年以下の懲役又は500万
円以下の罰金に処する。

一　受益証券発行限定責任信託の受託
者（前受託者又は清算受託者を含
む。以下同じ。）

二　受益証券発行限定責任信託の信託
財産管理者

三　受益証券発行限定責任信託の民事
保全法第56条に規定する仮処分命
令により選任された受託者の職務を
代行する者

四　受益証券発行限定責任信託の信託
財産法人管理人

五　受益証券発行限定責任信託の信託
管理人

六　受益証券発行限定責任信託の信託
監督人

七　受益証券発行限定責任信託の受益
者代理人

八　受益証券発行限定責任信託の検査
役

九　会計監査人

2　前項に規定する賄賂を供与し，又は
その申込み若しくは約束をした者は，
3年以下の懲役又は300万円以下の罰
金に処する。

3　第1項の場合において，犯人の収受
した賄賂は，没収する。その全部又は
一部を没収することができないとき
は，その価額を追徴する。

第268条（国外犯）　前条第1項の罪
は，日本国外においてこれらの罪を犯
した者にも適用する。

2　前条第2項の罪は，刑法（明治40
年法律第45号）第2条の例に従う。

第269条（法人における罰則の適用）
第267条第1項に規定する者が法人で
あるときは，同項の規定は，その行為
をした取締役，執行役その他業務を執
行する役員又は支配人に対してそれぞ
れ適用する。

第270条（過料に処すべき行為）　受託

者，第60条第1項に規定する前受託者の相続人等，信託財産管理者，民事保全法第56条に規定する仮処分命令により選任された受託者の職務を代行する者，信託財産法人管理人，信託管理人，信託監督人，受益者代理人又は検査役は，次のいずれかに該当する場合には，100万円以下の過料に処する。ただし，その行為について刑を科すべきときは，この限りでない。

一　この法律の規定による公告若しくは通知をすることを怠ったとき，又は不正の公告若しくは通知をしたとき。

二　この法律の規定による開示をすることを怠ったとき。

三　この法律の規定に違反して，正当な理由がないのに，書類又は電磁的記録に記録された事項を法務省令で定める方法により表示したものの閲覧又は謄写を拒んだとき。

四　この法律の規定による報告をせず，又は虚偽の報告をしたとき。

五　この法律の規定による調査を妨げたとき。

六　第37条第1項，第2項若しくは第5項の書類若しくは電磁的記録又は第120条の議事録（信託行為に第4章第3節第2款の定めるところによる受益者集会における多数決による旨の定めがある場合に限る。）を作成せず，若しくは保存せず，又はこれらに記載し，若しくは記録すべき事項を記載せず，若しくは記録せず，若しくは虚偽の記載若しくは記

録をしたとき。

七　第152条第2項若しくは第5項，第156条第2項若しくは第5項又は第160条第2項若しくは第5項の規定に違反して，信託の併合又は分割をしたとき。

八　第179条第1項の規定に違反して，破産手続開始の申立てをすることを怠ったとき。

九　第181条の規定に違反して，清算中の信託財産に属する財産の給付をしたとき。

2　受益証券発行信託の受託者，信託財産管理者，民事保全法第56条に規定する仮処分命令により選任された受託者の職務を代行する者，信託財産法人管理人，信託監督人又は受益権原簿管理人は，次のいずれかに該当する場合には，100万円以下の過料に処する。ただし，その行為について刑を科すべきときは，この限りでない。

一　第120条の議事録（信託行為に第214条の別段の定めがない場合に限る。）又は第186条の受益権原簿を作成せず，若しくは保存せず，又はこれらに記載し，若しくは記録すべき事項を記載せず，若しくは記録せず，若しくは虚偽の記載若しくは記録をしたとき。

二　第187条第1項又は第202条第1項の規定に違反して，書面の交付又は電磁的記録の提供を拒んだとき。

三　第190条第1項の規定に違反して，第186条の受益権原簿を備え置かなかったとき。

四　第207条の規定に違反して，遅滞
　なく，受益証券を発行しなかったと
　き。

五　第209条の規定に違反して，受益
　証券に記載すべき事項を記載せず，
　又は虚偽の記載をしたとき。

3　限定責任信託の受託者，信託財産管
　理者，民事保全法第56条に規定する
　仮処分命令により選任された受託者の
　職務を代行する者又は信託財産法人管
　理人は，次のいずれかに該当する場合
　には，100万円以下の過料に処する。
　ただし，その行為について刑を科すべ
　きときは，この限りでない。

一　第9章第3節の規定による登記を
　することを怠ったとき。

二　第222条第2項の会計帳簿，同条
　第3項の貸借対照表又は同条第4項
　若しくは第7項の書類若しくは電磁
　的記録を作成せず，若しくは保存せ
　ず，又はこれらに記載し，若しくは
　記録すべき事項を記載せず，若しく
　は記録せず，若しくは虚偽の記載若
　しくは記録をしたとき。

三　清算の結了を遅延させる目的で，
　第229条第1項の期間を不当に定め
　たとき。

四　第230条第1項の規定に違反し
　て，債務の弁済をしたとき。

4　会計監査人設置信託の受託者，信託
　財産管理者，民事保全法第56条に規
　定する仮処分命令により選任された受
　託者の職務を代行する者，信託財産法
　人管理人又は信託監督人は，第250条
　第3項の規定に違反して，会計監査人

の選任の手続をすることを怠ったとき
は，100万円以下の過料に処する。た
だし，その行為について刑を科すべき
ときは，この限りでない。

第271条　次のいずれかに該当する者
は，100万円以下の過料に処する。

一　第218条第1項の規定に違反し
　て，限定責任信託の名称中に限定責
　任信託という文字を用いなかった者

二　第218条第2項の規定に違反し
　て，限定責任信託であると誤認され
　るおそれのある文字をその名称又は
　商号中に使用した者

三　第218条第3項の規定に違反し
　て，他の限定責任信託であると誤認
　されるおそれのある名称又は商号を
　使用した者

　　附　　則
（施行期日）

1　この法律は，公布の日から起算して
　1年6月を超えない範囲内において政
　令で定める日から施行する。
（自己信託に関する経過措置）

2　第3条第三号の規定は，この法律の
　施行の日から起算して1年を経過する
　日までの間は，適用しない。
（受益者の定めのない信託に関する経
過措置）

3　受益者の定めのない信託（学術，技
　芸，慈善，祭祀，宗教その他公益を目
　的とするものを除く。）は，別に法律
　で定める日までの間，当該信託に関す
　る信託事務を適正に処理するに足りる
　財産的基礎及び人的構成を有する者と

信 託 法 *425*

して政令で定める法人以外の者を受託
者としてすることができない。
4　前項の別に法律で定める日について
は，受益者の定めのない信託のうち学
術，技芸，慈善，祭祀，宗教その他公
益を目的とする信託に係る見直しの状
況その他の事情を踏まえて検討するも
のとし，その結果に基づいて定めるも
のとする。

　　附　則　（平成23年5月25日法律
　　　　　　第53号）

この法律は，新非訟事件手続法の施
行の日から施行する。

　　附　則　（平成25年5月31日法律
　　　　　　第28号）（抄）
この法律は，番号利用法の施行の日
から施行する。

　　附　則　（平成26年6月27日法律
　　　　　　第91号）（抄）
この法律は，会社法の一部を改正す
る法律の施行の日から施行する。

信託業法

平成 16 年 12 月 3 日・法律第 154 号
最終改正：平成 28 年 6 月 3 日・法律第 62 号

信託業法（大正 11 年法律第 65 号）の全部を改正する。

第 1 章 総 則

第 1 条（目的） この法律は，信託業を営む者等に関し必要な事項を定め，信託に関する引受けその他の取引の公正を確保することにより，信託の委託者及び受益者の保護を図り，もって国民経済の健全な発展に資することを目的とする。

第 2 条（定義） この法律において「信託業」とは，信託の引受け（他の取引に係る費用に充てるべき金銭の預託を受けるものその他他の取引に付随して行われるものであって，その内容等を勘案し，委託者及び受益者の保護のため支障を生ずることがないと認められるものとして政令で定めるものを除く。以下同じ。）を行う営業をいう。

2 この法律において「信託会社」とは，第 3 条の内閣総理大臣の免許又は第 7 条第 1 項の内閣総理大臣の登録を受けた者をいう。

3 この法律において「管理型信託業」とは，次の各号のいずれかに該当する信託のみの引受けを行う営業をいう。

一 委託者又は委託者から指図の権限の委託を受けた者（委託者又は委託者から指図の権限の委託を受けた者が株式の所有関係又は人的関係において受託者と密接な関係を有する者として政令で定める者以外の者である場合に限る。）のみの指図により信託財産の管理又は処分（当該信託の目的の達成のために必要な行為を含む。以下同じ。）が行われる信託

二 信託財産につき保存行為又は財産の性質を変えない範囲内の利用行為若しくは改良行為のみが行われる信託

4 この法律において「管理型信託会社」とは，第 7 条第 1 項の内閣総理大臣の登録を受けた者をいう。

5 この法律において「外国信託業者」とは，外国の法令に準拠して外国において信託業を営む者（信託会社を除く。）をいう。

6 この法律において「外国信託会社」とは，第 53 条第 1 項の内閣総理大臣の免許又は第 54 条第 1 項の内閣総理大臣の登録を受けた者をいう。

7 この法律において「管理型外国信託会社」とは，第 54 条第 1 項の内閣総理大臣の登録を受けた者をいう。

8 この法律において「信託契約代理

業」とは，信託契約（当該信託契約に基づく信託の受託者が当該信託の受益権（当該受益権を表示する証券又は証書を含む。）の発行者（金融商品取引法（昭和23年法律第25号）第2条第5項に規定する発行者をいう。）とされる場合を除く。）の締結の代理（信託会社又は外国信託会社を代理する場合に限る。）又は媒介を行う営業をいう。

9　この法律において「信託契約代理店」とは，第67条第1項の内閣総理大臣の登録を受けた者をいう。

10　この法律において「指定紛争解決機関」とは，第85条の2第1項の規定による指定を受けた者をいう。

11　この法律において「手続対象信託業務」とは，次に掲げるものをいう。

一　信託会社及び外国信託会社が営む信託業並びにこれらの者が第21条第1項（第63条第2項において準用する場合を含む。）の規定により営む業務並びに当該信託会社及び外国信託会社のために信託契約代理店が営む信託契約代理業

二　第52条第1項の登録を受けた者が営む信託業及び当該登録を受けた者が第21条第1項の規定により営む業務

三　第50条の2第1項の登録を受けた者が行う信託法（平成18年法律第108号）第3条第三号に掲げる方法によってする信託に係る事務及び当該登録を受けた者が営む信託受益権売買等業務（金融商品取引法第65条の5第1項に規定する信託受益権の売買等を行う業務をいう。以下同じ。）

12　この法律において「苦情処理手続」とは，手続対象信託業務関連苦情（手続対象信託業務に関する苦情をいう。第85条の7，第85条の8及び第85条の12において同じ。）を処理する手続をいう。

13　この法律において「紛争解決手続」とは，手続対象信託業務関連紛争（手続対象信託業務に関する紛争で当事者が和解をすることができるものをいう。第85条の7，第85条の8及び第85条の13から第85条の15までにおいて同じ。）について訴訟手続によらずに解決を図る手続をいう。

14　この法律において「紛争解決等業務」とは，苦情処理手続及び紛争解決手続に係る業務並びにこれに付随する業務をいう。

15　この法律において「手続実施基本契約」とは，紛争解決等業務の実施に関し指定紛争解決機関と信託会社等（信託会社，外国信託会社，第50条の2第1項の登録を受けた者及び第52条第1項の登録を受けた者をいう。第5章の2において同じ。）との間で締結される契約をいう。

第2章　信託会社

第1節　総則

第3条（免許）　信託業は，内閣総理大臣の免許を受けた者でなければ，営むことができない。

第4条（免許の申請） 前条の免許を受けようとする者は，次に掲げる事項を記載した申請書を内閣総理大臣に提出しなければならない。

一　商号

二　資本金の額

三　取締役及び監査役（監査等委員会設置会社にあっては取締役，指名委員会等設置会社にあっては取締役及び執行役。第8条第1項において同じ。）の氏名

四　会計参与設置会社にあっては，会計参与の氏名又は名称

五　信託業務以外の業務を営むときは，その業務の種類

六　本店その他の営業所の名称及び所在地

2　前項の申請書には，次に掲げる書類を添付しなければならない。

一　定款

二　会社の登記事項証明書

三　業務方法書

四　貸借対照表

五　収支の見込みを記載した書類

六　その他内閣府令で定める書類

3　前項第三号の業務方法書には，次に掲げる事項を記載しなければならない。

一　引受けを行う信託財産の種類

二　信託財産の管理又は処分の方法

三　信託財産の分別管理の方法

四　信託業務の実施体制

五　信託業務の一部を第三者に委託する場合には，委託する信託業務の内容並びに委託先の選定に係る基準及び手続（第22条第3項各号に掲げる業務を委託する場合を除く。）

六　信託受益権売買等業務を営む場合には，当該業務の実施体制

七　その他内閣府令で定める事項

第5条（免許の基準） 内閣総理大臣は，第3条の免許の申請があった場合においては，当該申請を行う者（次項において「申請者」という。）が次に掲げる基準に適合するかどうかを審査しなければならない。

一　定款及び業務方法書の規定が法令に適合し，かつ，信託業務を適正に遂行するために十分なものであること。

二　信託業務を健全に遂行するに足りる財産的基礎を有していること。

三　人的構成に照らして，信託業務を的確に遂行することができる知識及び経験を有し，かつ，十分な社会的信用を有していること。

2　内閣総理大臣は，申請者が次の各号のいずれかに該当するとき，又は前条第1項の申請書若しくは同条第2項各号に掲げる添付書類のうちに虚偽の記載があり，若しくは重要な事実の記載が欠けているときは，免許を与えてはならない。

一　株式会社（次に掲げる機関を置くものに限る。）でない者

イ　取締役会

ロ　監査役，監査等委員会又は指名委員会等（会社法（平成17年法律第86号）第2条第十二号に規定する指名委員会等をいう。）

二　資本金の額が委託者又は受益者の
　保護のため必要かつ適当なものとし
　て政令で定める金額に満たない株式
　会社

三　純資産額が前号に規定する金額に
　満たない株式会社

四　他の信託会社が現に用いている商
　号と同一の商号又は他の信託会社と
　誤認されるおそれのある商号を用い
　ようとする株式会社

五　第10条第1項の規定により第7
　条第3項の登録の更新を拒否され，
　第44条第1項の規定により第3条
　の免許を取り消され，第45条第1
　項の規定により第7条第1項の登
　録，第50条の2第1項の登録若し
　くは第52条第1項の登録を取り消
　され，第50条の2第6項の規定に
　より同条第2項において準用する第
　7条第3項の登録の更新を拒否さ
　れ，第82条第1項の規定により第
　67条第1項の登録を取り消され，
　担保付社債信託法（明治38年法律
　第52号）第12条の規定により同法
　第3条の免許を取り消され，若しく
　は金融機関の信託業務の兼営等に関
　する法律（昭和18年法律第43号）
　第10条の規定により同法第1条第
　1項の認可を取り消され，又はこの
　法律，担保付社債信託法若しくは金
　融機関の信託業務の兼営等に関する
　法律に相当する外国の法令の規定に
　より当該外国において受けている同
　種類の免許，登録若しくは認可（当
　該免許，登録又は認可に類する許可

　その他の行政処分を含む。以下この
　号，第八号ニ及び第十号イにおいて
　同じ。）を取り消され，若しくは当
　該免許，登録若しくは認可の更新を
　拒否され，その取消しの日（更新の
　拒否の場合にあっては，当該更新の
　拒否の処分がなされた日。第八号
　ニ，ホ及びヘ並びに第十号イにおい
　て同じ。）から5年を経過しない株
　式会社

六　この法律，信託法，担保付社債信
　託法，金融機関の信託業務の兼営等
　に関する法律，金融商品取引法，投
　資信託及び投資法人に関する法律
　（昭和26年法律第198号），商品投
　資に係る事業の規制に関する法律
　（平成3年法律第66号），資産の流
　動化に関する法律（平成10年法律
　第105号）若しくは著作権等管理事
　業法（平成12年法律第131号）そ
　の他政令で定める法律又はこれらに
　相当する外国の法令の規定に違反
　し，罰金の刑（これに相当する外国
　の法令による刑を含む。）に処せら
　れ，その刑の執行を終わり，又はそ
　の刑の執行を受けることがなくなっ
　た日から5年を経過しない株式会社

七　他に営む業務がその信託業務に関
　連しない業務である株式会社又は当
　該他に営む業務を営むことがその信
　託業務を適正かつ確実に営むことに
　つき支障を及ぼすおそれがあると認
　められる株式会社

八　取締役若しくは執行役（相談役，
　顧問その他いかなる名称を有する者

であるかを問わず，会社に対し取締
役又は執行役と同等以上の支配力を
有するものと認められる者を含む。
以下この号，第44条第2項，第45
条第2項及び第50条の2第6項第
八号において同じ。），会計参与又は
監査役のうちに次のいずれかに該当
する者のある株式会社

イ　成年被後見人若しくは被保佐人
　　又は外国の法令上これらと同様に
　　取り扱われている者
ロ　破産者で復権を得ないもの又は
　　外国の法令上これと同様に取り扱
　　われている者
ハ　禁錮以上の刑（これに相当する
　　外国の法令による刑を含む。）に
　　処せられ，その刑の執行を終わ
　　り，又はその刑の執行を受けるこ
　　とがなくなった日から5年を経過
　　しない者
ニ　第10条第1項の規定により第
　　7条第3項の登録の更新を拒否さ
　　れ，第44条第1項の規定により
　　第3条の免許を取り消され，第
　　45条第1項の規定により第7条
　　第1項の登録，第50条の2第1
　　項の登録若しくは第52条第1項
　　の登録を取り消され，第50条の
　　2第6項の規定により同条第2項
　　において準用する第7条第3項の
　　登録の更新を拒否され，第54条
　　第6項の規定により同条第2項に
　　おいて準用する第7条第3項の登
　　録の更新を拒否され，第59条第
　　1項の規定により第53条第1項

の免許を取り消され，第60条第
1項の規定により第54条第1項
の登録を取り消され，若しくは第
82条第1項の規定により第67条
第1項の登録を取り消された場
合，担保付社債信託法第12条の
規定により同法第3条の免許を取
り消された場合，若しくは金融機
関の信託業務の兼営等に関する法
律第10条の規定により同法第1
条第1項の認可を取り消された場
合又はこの法律，担保付社債信託
法若しくは金融機関の信託業務の
兼営等に関する法律に相当する外
国の法令の規定により当該外国に
おいて受けている同種類の免許，
登録若しくは認可を取り消された
場合，若しくは当該免許，登録若
しくは認可の更新を拒否された場
合において，その取消しの日前
30日以内にその法人の取締役若
しくは執行役，会計参与若しくは
これらに準ずる者又は国内におけ
る代表者（第53条第2項に規定
する国内における代表者をいう。）
であった者でその取消しの日から
5年を経過しない者
ホ　第82条第1項の規定により第
　　67条第1項の登録を取り消され
　　た場合において，その取消しの日
　　から5年を経過しない者
ヘ　この法律に相当する外国の法令
　　の規定により当該外国において受
　　けている第67条第1項と同種類
　　の登録を取り消され，又は当該登

信 託 業 法 *431*

録の更新を拒否された場合におい
て，その取消しの日から5年を経
過しない者

ト　第44条第2項若しくは第45条
第2項の規定により解任を命ぜら
れた取締役若しくは執行役，会計
参与若しくは監査役，第59条第
2項若しくは第60条第2項の規
定により解任を命ぜられた国内に
おける代表者若しくは支店に駐在
する役員若しくは第82条第2項
の規定により解任を命ぜられた役
員又はこの法律に相当する外国の
法令の規定により解任を命ぜられ
た取締役若しくは執行役，会計参
与若しくは監査役若しくはこれら
に準ずる者でその処分を受けた日
から5年を経過しない者

チ　第六号に規定する法律，会社法
若しくはこれらに相当する外国の
法令の規定に違反し，又は刑法
（明治40年法律第45号）第204
条，第206条，第208条，第208
条の2，第222条若しくは第247
条の罪，暴力行為等処罰に関する
法律（大正15年法律第60号）の
罪若しくは暴力団員による不当な
行為の防止等に関する法律（平成
3年法律第77号）第46条から第
49条まで，第50条（第一号に係
る部分に限る。）若しくは第51条
の罪を犯し，罰金の刑（これに相
当する外国の法令による刑を含
む。）に処せられ，その刑の執行
を終わり，又はその刑の執行を受

けることがなくなった日から5年
を経過しない者

九　個人である主要株主（申請者が持
株会社（私的独占の禁止及び公正取
引の確保に関する法律（昭和22年
法律第54号）第9条第4項第一号
に規定する持株会社をいう。以下同
じ。）の子会社であるときは，当該
持株会社の主要株主を含む。次号に
おいて同じ。）のうちに次のいずれ
かに該当する者のある株式会社

イ　成年被後見人若しくは被保佐人
又は外国の法令上これらと同様に
取り扱われている者であって，そ
の法定代理人が前号イからチまで
のいずれかに該当するもの

ロ　前号ロからチまでのいずれかに
該当する者

十　法人である主要株主のうちに次の
いずれかに該当する者のある株式会
社

イ　第10条第1項の規定により第
7条第3項の登録の更新を拒否さ
れ，第44条第1項の規定により
第3条の免許を取り消され，第
45条第1項の規定により第7条
第1項，第50条の2第1項若し
くは第52条第1項の登録を取り
消され，第50条の2第6項の規
定により同条第2項において準用
する第7条第3項の登録の更新を
拒否され，第54条第6項の規定
により同条第2項において準用す
る第7条第3項の登録の更新を拒
否され，第59条第1項の規定に

より第53条第1項の免許を取り消され，第60条第1項の規定により第54条第1項の登録を取り消され，第82条第1項の規定により第67条第1項の登録を取り消され，担保付社債信託法第12条の規定により同法第3条の免許を取り消され，若しくは金融機関の信託業務の兼営等に関する法律第10条の規定により同法第1条第1項の認可を取り消され，又はこの法律，担保付社債信託法若しくは金融機関の信託業務の兼営等に関する法律に相当する外国の法令の規定により当該外国において受けている同種類の免許，登録若しくは認可を取り消され，その取消しの日から5年を経過しない者

ロ　第六号に規定する法律の規定又はこれらに相当する外国の法令の規定に違反し，罰金の刑（これに相当する外国の法令による刑を含む。）に処せられ，その刑の執行を終わり，又はその刑の執行を受けることがなくなった日から5年を経過しない者

ハ　法人を代表する取締役若しくは執行役，会計参与若しくは監査役又はこれらに準ずる者のうちに第八号イからチまでのいずれかに該当する者のある者

3　前項第二号の政令で定める金額は，1億円を下回ってはならない。

4　第2項第三号の純資産額は，内閣府令で定めるところにより計算するものとする。

5　第2項第九号及び第十号の「主要株主」とは，会社の総株主又は総出資者の議決権（株式会社にあっては，株主総会において決議をすることができる事項の全部につき議決権を行使することができない株式についての議決権を除き，会社法第879条第3項の規定により議決権を有するものとみなされる株式についての議決権を含む。以下同じ。）の100分の20（会社の財務及び営業の方針の決定に対して重要な影響を与えることが推測される事実として内閣府令で定める事実がある場合には，100分の15）以上の数の議決権（社債，株式等の振替に関する法律（平成13年法律第75号）第147条第1項又は第148条第1項の規定により発行者に対抗することができない株式に係る議決権を含み，保有の態様その他の事情を勘案して内閣府令で定めるものを除く。以下この条及び第17条第1項において「対象議決権」という。）を保有している者をいう。

6　第2項第九号の「子会社」とは，会社がその総株主の議決権の過半数を保有する他の会社をいう。この場合において，会社及びその1若しくは2以上の子会社又は当該会社の1若しくは2以上の子会社がその総株主の議決権の過半数を保有する他の会社は，当該会社の子会社とみなす。

7　次の各号に掲げる場合における第5項の規定の適用については，当該各号に定める対象議決権は，これを保有し

ているものとみなす。

一　信託契約その他の契約又は法律の規定に基づき，会社の対象議決権を行使することができる権限又は当該対象議決権の行使について指図を行うことができる権限を有する場合　当該対象議決権

二　株式の所有関係，親族関係その他の政令で定める特別の関係にある者が会社の対象議決権を保有する場合　当該特別の関係にある者が保有する当該対象議決権

8　内閣総理大臣は，第1項の規定による審査の基準に照らし必要があると認めるときは，その必要の限度において，第3条の免許に条件を付し，及びこれを変更することができる。

第6条（資本金の額の減少）　信託会社（管理型信託会社を除く。）は，その資本金の額を減少しようとするときは，内閣総理大臣の認可を受けなければならない。

第7条（登録）　第3条の規定にかかわらず，内閣総理大臣の登録を受けた者は，管理型信託業を営むことができる。

2　前項の登録の有効期間は，登録の日から起算して3年とする。

3　有効期間の満了後引き続き管理型信託業を営もうとする者は，政令で定める期間内に，登録の更新の申請をしなければならない。

4　前項の登録の更新がされたときは，その登録の有効期間は，従前の登録の有効期間の満了の日の翌日から起算し

て3年とする。

5　第3項の登録の更新を受けようとする者は，政令で定めるところにより，手数料を納めなければならない。

6　第3項の登録の更新の申請があった場合において，その登録の有効期間の満了の日までにその申請について処分がされないときは，従前の登録は，その有効期間の満了後もその処分がされるまでの間は，なお効力を有する。

第8条（登録の申請）　前条第1項の登録（同条第3項の登録の更新を含む。第10条第1項，第45条第1項第三号及び第91条第三号において同じ。）を受けようとする者（第10条第1項において「申請者」という。）は，次に掲げる事項を記載した申請書を内閣総理大臣に提出しなければならない。

一　商号

二　資本金の額

三　取締役及び監査役の氏名

四　会計参与設置会社にあっては，会計参与の氏名又は名称

五　信託業務以外の業務を営むときは，その業務の種類

六　本店その他の営業所の名称及び所在地

2　前項の申請書には，次に掲げる書類を添付しなければならない。

一　定款

二　会社の登記事項証明書

三　業務方法書

四　貸借対照表

五　その他内閣府令で定める書類

3　前項第三号の業務方法書には，次に

掲げる事項を記載しなければならない。

一　引受けを行う信託財産の種類

二　信託財産の管理又は処分の方法

三　信託財産の分別管理の方法

四　信託業務の実施体制

五　信託業務の一部を第三者に委託する場合には，委託する信託業務の内容並びに委託先の選定に係る基準及び手続（第22条第3項各号に掲げる業務を委託する場合を除く。）

6　その他内閣府令で定める事項

第9条（登録簿への登録）　内閣総理大臣は，第7条第1項の登録の申請があった場合においては，次条第1項の規定により登録を拒否する場合を除くほか，次に掲げる事項を管理型信託会社登録簿に登録しなければならない。

一　前条第1項各号に掲げる事項

二　登録年月日及び登録番号

2　内閣総理大臣は，管理型信託会社登録簿を公衆の縦覧に供しなければならない。

第10条（登録の拒否）　内閣総理大臣は，申請者が次の各号のいずれかに該当するとき，又は第8条第1項の申請書若しくは同条第2項各号に掲げる添付書類のうちに虚偽の記載があり，若しくは重要な事実の記載が欠けているときは，その登録を拒否しなければならない。

一　第5条第2項各号（第二号及び第三号を除く。）のいずれかに該当する者

二　資本金の額が委託者又は受益者の保護のため必要かつ適当なものとして政令で定める金額に満たない株式会社

三　純資産額が前号に規定する金額に満たない株式会社

四　定款又は業務方法書の規定が法令に適合せず，又は管理型信託業務を適正に遂行するために十分なものでない株式会社

五　人的構成に照らして，管理型信託業務を的確に遂行することができる知識及び経験を有すると認められない株式会社

2　前項第三号の純資産額は，内閣府令で定めるところにより計算するものとする。

第11条（営業保証金）　信託会社は，営業保証金を本店の最寄りの供託所に供託しなければならない。

2　前項の営業保証金の額は，信託業務の内容及び受益者の保護の必要性を考慮して政令で定める金額とする。

3　信託会社は，政令で定めるところにより，当該信託会社のために所要の営業保証金が内閣総理大臣の命令に応じて供託される旨の契約を締結し，その旨を内閣総理大臣に届け出たときは，当該契約の効力の存する間，当該契約において供託されることとなっている金額（以下この条において「契約金額」という。）につき第1項の営業保証金の全部又は一部の供託をしないことができる。

4　内閣総理大臣は，受益者の保護のため必要があると認めるときは，信託会

社と前項の契約を締結した者又は当該信託会社に対し，契約金額の全部又は一部を供託すべき旨を命ずることができる。

5　信託会社は，第1項の営業保証金につき供託（第3項の契約の締結を含む。）を行い，その旨を内閣総理大臣に届け出た後でなければ，信託業務を開始してはならない。

6　信託の受益者は，当該信託に関して生じた債権に関し，当該信託の受託者たる信託会社に係る営業保証金について，他の債権者に先立ち弁済を受ける権利を有する。

7　前項の権利の実行に関し必要な事項は，政令で定める。

8　信託会社は，営業保証金の額（契約金額を含む。第10項において同じ。）が第2項の政令で定める金額に不足することとなったときは，内閣府令で定める日から3週間以内にその不足額につき供託（第3項の契約の締結を含む。）を行い，遅滞なく，その旨を内閣総理大臣に届け出なければならない。

9　第1項又は前項の規定により供託する営業保証金は，国債証券，地方債証券その他の内閣府令で定める有価証券（社債，株式等の振替に関する法律第278条第1項に規定する振替債を含む。）をもってこれに充てることができる。

10　第1項，第4項又は第8項の規定により供託した営業保証金は，第7条第3項の登録の更新がされなかった場

合，第44条第1項の規定により第3条の免許が取り消された場合，第45条第1項の規定により第7条第1項の登録が取り消された場合若しくは第46条第1項の規定により第3条の免許若しくは第7条第1項の登録がその効力を失った場合において信託財産の新受託者への譲渡若しくは帰属権利者への移転が終了したとき，又は営業保証金の額が第2項の政令で定める金額を超えることとなったときは，政令で定めるところにより，その全部又は一部を取り戻すことができる。

11　前各項に規定するもののほか，営業保証金に関し必要な事項は，内閣府令・法務省令で定める。

第12条（変更の届出）　信託会社（管理型信託会社を除く。）は，第4条第1項各号に掲げる事項に変更があったときは，その日から2週間以内に，その旨を内閣総理大臣に届け出なければならない。

2　管理型信託会社は，第8条第1項各号に掲げる事項に変更があったときは，その日から2週間以内に，その旨を内閣総理大臣に届け出なければならない。

3　内閣総理大臣は，前項の届出を受理したときは，その旨を管理型信託会社登録簿に登録しなければならない。

第13条（業務方法書の変更）　信託会社（管理型信託会社を除く。）は，業務方法書を変更しようとするときは，内閣総理大臣の認可を受けなければならない。

2 管理型信託会社は，業務方法書を変更しようとするときは，あらかじめ，その旨を内閣総理大臣に届け出なければならない。

第14条（商号） 信託会社は，その商号中に信託という文字を用いなければならない。

2 信託会社でない者は，その名称又は商号のうちに信託会社であると誤認されるおそれのある文字を用いてはならない。ただし，担保付社債信託法第3条の免許又は金融機関の信託業務の兼営等に関する法律第1条第1項の認可を受けた者については，この限りでない。

第15条（名義貸しの禁止） 信託会社は，自己の名義をもって，他人に信託業を営ませてはならない。

第16条（取締役の兼職の制限等） 信託会社の常務に従事する取締役（指名委員会等設置会社にあっては，執行役）は，他の会社の常務に従事し，又は事業を営む場合には，内閣総理大臣の承認を受けなければならない。

2 会社法第331条第2項ただし書（同法第335条第1項において準用する場合を含む。），第332条第2項（同法第334条第1項において準用する場合を含む。），第336条第2項及び第402条第5項ただし書の規定は，信託会社については，適用しない。

第2節 主要株主

第17条（主要株主の届出） 信託会社の主要株主（第5条第5項に規定する主要株主をいう。以下同じ。）となった者は，対象議決権保有割合（対象議決権の保有者の保有する当該対象議決権の数を当該信託会社の総株主の議決権の数で除して得た割合をいう。），保有の目的その他内閣府令で定める事項を記載した対象議決権保有届出書を，遅滞なく，内閣総理大臣に提出しなければならない。

2 前項の対象議決権保有届出書には，第5条第2項第九号及び第十号に該当しないことを誓約する書面その他内閣府令で定める書類を添付しなければならない。

第18条（措置命令） 内閣総理大臣は，信託会社の主要株主が第5条第2項第九号イ若しくはロ又は第十号イからハまでのいずれかに該当する場合には，当該主要株主に対し3月以内の期間を定めて当該信託会社の主要株主でなくなるための措置その他必要な措置をとることを命ずることができる。

第19条（主要株主でなくなった旨の届出） 信託会社の主要株主は，当該信託会社の主要株主でなくなったときは，遅滞なく，その旨を内閣総理大臣に届け出なければならない。

第20条（信託会社を子会社とする持株会社に対する適用） 前三条の規定は，信託会社を子会社（第5条第6項に規定する子会社をいう。第51条を除き，以下同じ。）とする持株会社の株主又は出資者について準用する。

第3節　業務

第21条（業務の範囲）　信託会社は，信託業のほか，信託契約代理業，信託受益権売買等業務及び財産の管理業務（当該信託会社の業務方法書（第4条第2項第三号又は第8条第2項第三号の業務方法書をいう。）において記載されている信託財産と同じ種類の財産につき，当該信託財産の管理の方法と同じ方法により管理を行うものに限る。）を営むことができる。

2　信託会社は，前項の規定により営む業務のほか，内閣総理大臣の承認を受けて，その信託業務を適正かつ確実に営むことにつき支障を及ぼすおそれがない業務であって，当該信託業務に関連するものを営むことができる。

3　信託会社は，前項の承認を受けようとするときは，営む業務の内容及び方法並びに当該業務を営む理由を記載した書類を添付して，申請書を内閣総理大臣に提出しなければならない。

4　信託会社は，第2項の規定により営む業務の内容又は方法を変更しようとするときは，内閣総理大臣の承認を受けなければならない。

5　信託会社は，第1項及び第2項の規定により営む業務のほか，他の業務を営むことができない。

6　第3条の免許又は第7条第1項の登録の申請書に申請者が第1項の規定により営む業務以外の業務を営む旨の記載がある場合において，当該申請者が当該免許又は登録を受けたときには，当該業務を営むことにつき第2項の承認を受けたものとみなす。

第22条（信託業務の委託）　信託会社は，次に掲げるすべての要件を満たす場合に限り，その受託する信託財産について，信託業務の一部を第三者に委託することができる。

一　信託業務の一部を委託すること及びその信託業務の委託先（委託先が確定していない場合は，委託先の選定に係る基準及び手続）が信託行為において明らかにされていること。

二　委託先が委託された信託業務を的確に遂行することができる者であること。

2　信託会社が信託業務を委託した場合における第28条及び第29条（第3項を除く。）の規定並びにこれらの規定に係る第7章の規定の適用については，これらの規定中「信託会社」とあるのは，「信託会社（当該信託会社から委託を受けた者を含む。）」とする。

3　前二項の規定（第1項第二号を除く。）は，次に掲げる業務を委託する場合には，適用しない。

一　信託財産の保存行為に係る業務

二　信託財産の性質を変えない範囲内において，その利用又は改良を目的とする業務

三　前二号のいずれにも該当しない業務であって，受益者の保護に支障を生ずることがないと認められるものとして内閣府令で定めるもの

第23条（信託業務の委託に係る信託会社の責任）　信託会社は，信託業務の委託先が委託を受けて行う業務につき

受益者に加えた損害を賠償する責めに任ずる。ただし，信託会社が委託先の選任につき相当の注意をし，かつ，委託先が委託を受けて行う業務につき受益者に加えた損害の発生の防止に努めたときは，この限りでない。

2　信託会社が信託業務を次に掲げる第三者（第一号又は第二号にあっては，株式の所有関係又は人的関係において，委託者と密接な関係を有する者として政令で定める者に該当し，かつ，受託者と密接な関係を有する者として政令で定める者に該当しない者に限る。）に委託したときは，前項の規定は，適用しない。ただし，信託会社が，当該委託先が不適任若しくは不誠実であること又は当該委託先が委託された信託業務を的確に遂行していないことを知りながら，その旨の受益者（信託管理人又は受益者代理人が現に存する場合にあっては，当該信託管理人又は受益者代理人を含む。第三号，第29条の3及び第51条第1項第五号において同じ。）に対する通知，当該委託先への委託の解除その他の必要な措置をとることを怠ったときは，この限りでない。

一　信託行為において指名された第三者

二　信託行為において信託会社が委託者の指名に従い信託業務を第三者に委託する旨の定めがある場合において，当該定めに従い指名された第三者

三　信託行為において信託会社が受益者の指名に従い信託業務を第三者に委託する旨の定めがある場合において，当該定めに従い指名された第三者

第23条の2（指定紛争解決機関との契約締結義務等）　信託会社は，次の各号に掲げる場合の区分に応じ，当該各号に定める措置を講じなければならない。

一　指定紛争解決機関が存在する場合　一の指定紛争解決機関との間で手続実施基本契約を締結する措置

二　指定紛争解決機関が存在しない場合　手続対象信託業務に関する苦情処理措置（顧客からの苦情の処理の業務に従事する使用人その他の従業者に対する助言若しくは指導を第85条の13第3項第三号に掲げる者に行わせること又はこれに準ずるものとして内閣府令で定める措置をいう。）及び紛争解決措置（顧客との紛争の解決を認証紛争解決手続（裁判外紛争解決手続の利用の促進に関する法律（平成16年法律第151号）第2条第三号に規定する認証紛争解決手続をいう。）により図ること又はこれに準ずるものとして内閣府令で定める措置をいう。）

2　信託会社は，前項の規定により手続実施基本契約を締結する措置を講じた場合には，当該手続実施基本契約の相手方である指定紛争解決機関の商号又は名称を公表しなければならない。

3　第1項の規定は，次の各号に掲げる場合の区分に応じ，当該各号に定める

期間においては，適用しない。

一　第1項第一号に掲げる場合に該当
していた場合において，同項第二号
に掲げる場合に該当することとなっ
たとき　第85条の23第1項の規定
による紛争解決等業務の廃止の認可
又は第85条の24第1項の規定によ
る指定の取消しの時に，同号に定め
る措置を講ずるために必要な期間と
して内閣総理大臣が定める期間

二　第1項第一号に掲げる場合に該当
していた場合において，同号の一の
指定紛争解決機関の紛争解決等業務
の廃止が第85条の23第1項の規定
により認可されたとき，又は同号の
一の指定紛争解決機関の第85条の
2第1項の規定による指定が第85
条の24第1項の規定により取り消
されたとき（前号に掲げる場合を除
く。）　その認可又は取消しの時に，
第1項第一号に定める措置を講ずる
ために必要な期間として内閣総理大
臣が定める期間

三　第1項第二号に掲げる場合に該当
していた場合において，同項第一号
に掲げる場合に該当することとなっ
たとき　第85条の2第1項の規定
による指定の時に，同号に定める措
置を講ずるために必要な期間として
内閣総理大臣が定める期間

第24条（信託の引受けに係る行為準則）
信託会社は，信託の引受けに関して，
次に掲げる行為（次条に規定する特定
信託契約による信託の引受けにあって
は，第五号に掲げる行為を除く。）を

してはならない。

一　委託者に対し虚偽のことを告げる
行為

二　委託者に対し，不確実な事項につ
いて断定的判断を提供し，又は確実
であると誤解させるおそれのあるこ
とを告げる行為

三　委託者若しくは受益者又は第三者
に対し，特別の利益の提供を約し，
又はこれを提供する行為（第三者を
して特別の利益の提供を約させ，又
はこれを提供させる行為を含む。）

四　委託者若しくは受益者又は第三者
に対し，信託の受益権について損失
を生じた場合にこれを補てんし，若
しくはあらかじめ一定額の利益を得
なかった場合にこれを補足すること
を約し，又は信託の受益権について
損失を生じた場合にこれを補てん
し，若しくはあらかじめ一定額の利
益を得なかった場合にこれを補足す
る行為（第三者をして当該行為を約
させ，又は行わせる行為を含み，自
己の責めに帰すべき事故による損失
を補てんする場合を除く。）

五　その他委託者の保護に欠けるもの
として内閣府令で定める行為

2　信託会社は，委託者の知識，経験，
財産の状況及び信託契約を締結する目
的に照らして適切な信託の引受けを行
い，委託者の保護に欠けることのない
ように業務を営まなければならない。

第24条の2（金融商品取引法の準用）
金融商品取引法第3章第1節第5款
（第34条の2第6項から第8項まで

（特定投資家が特定投資家以外の顧客とみなされる場合）並びに第34条の3第5項及び第6項（特定投資家以外の顧客である法人が特定投資家とみなされる場合）を除く。）（特定投資家），同章第2節第1款（第35条から第36条の4まで（第1種金融商品取引業又は投資運用業を行う者の業務の範囲，第2種金融商品取引業又は投資助言・代理業のみを行う者の兼業の範囲，業務管理体制の整備，顧客に対する誠実義務，標識の掲示，名義貸しの禁止，社債の管理の禁止等），第37条第1項第二号（広告等の規制），第37条の2（取引態様の事前明示義務），第37条の3第1項第二号から第四号まで及び第六号並びに第3項（契約締結前の書面の交付），第37条の4（契約締結時等の書面の交付），第37条の5（保証金の受領に係る書面の交付），第37条の7（指定紛争解決機関との契約締結義務等），第38条第一号，第二号及び第七号並びに第38条の2（禁止行為），第39条第1項，第2項第二号，第3項及び第5項（損失補てん等の禁止），第40条第一号（適合性の原則等）並びに第40条の2から第40条の7まで（最良執行方針等，分別管理が確保されていない場合の売買等の禁止，金銭の流用が行われている場合の募集等の禁止，特定投資家向け有価証券の売買等の制限，特定投資家向け有価証券に関する告知義務，のみ行為の禁止，店頭デリバティブ取引に関する電子情報処理組織の使用義務等）を除

く。）（通則）及び第45条（第三号及び第四号を除く。）（雑則）の規定は，信託会社が行う信託契約（金利，通貨の価格，金融商品市場（同法第2条第14項に規定する金融商品市場をいう。）における相場その他の指標に係る変動により信託の元本について損失が生ずるおそれがある信託契約として内閣府令で定めるものをいう。以下「特定信託契約」という。）による信託の引受けについて準用する。この場合において，これらの規定中「金融商品取引契約」とあるのは「特定信託契約」と，「金融商品取引業」とあるのは「特定信託契約の締結の業務」と，これらの規定（同法第34条の規定を除く。）中「金融商品取引行為」とあるのは「特定信託契約の締結」と，同法第34条中「顧客を相手方とし，又は顧客のために金融商品取引行為（第2条第8項各号に掲げる行為をいう。以下同じ。）を行うことを内容とする契約」とあるのは「信託業法第24条の2に規定する特定信託契約」と，同法第37条の3第1項第一号中「商号，名称又は氏名及び住所」とあるのは「住所」と，同法第37条の6第1項中「第37条の4第1項」とあるのは「信託業法第26条第1項」と，同法第39条第2項第一号中「有価証券売買取引等」とあるのは「特定信託契約の締結」と，「前項第一号」とあるのは「損失補てん等（信託業法第24条第1項第四号の損失の補てん又は利益の補足をいう。第三号において同

じ。）」と，同項第三号中「有価証券売
買取引等」とあるのは「特定信託契約
の締結」と，「前項第三号の提供」と
あるのは「損失補てん等」と，同条第
4項中「事故」とあるのは「信託会社
の責めに帰すべき事故」と読み替える
ものとするほか，必要な技術的読替え
は，政令で定める。

第25条（信託契約の内容の説明） 信託
会社は，信託契約による信託の引受け
を行うときは，あらかじめ，委託者に
対し当該信託会社の商号及び次条第1
項第三号から第十六号までに掲げる事
項（特定信託契約による信託の引受け
を行うときは，同号に掲げる事項を除
く。）を説明しなければならない。た
だし，委託者の保護に支障を生ずるこ
とがない場合として内閣府令で定める
場合は，この限りでない。

第26条（信託契約締結時の書面交付）
信託会社は，信託契約による信託の引
受けを行ったときは，遅滞なく，委託
者に対し次に掲げる事項を明らかにし
た書面を交付しなければならない。た
だし，当該書面を委託者に交付しなく
ても委託者の保護に支障を生ずること
がない場合として内閣府令で定める場
合は，この限りでない。
一 信託契約の締結年月日
二 委託者の氏名又は名称及び受託者
の商号
三 信託の目的
四 信託財産に関する事項
五 信託契約の期間に関する事項
六 信託財産の管理又は処分の方法に

関する事項（第2条第3項各号のい
ずれにも該当しない信託にあって
は，信託財産の管理又は処分の方針
を含む。）
七 信託業務を委託する場合（第22
条第3項各号に掲げる業務を委託す
る場合を除く。）には，委託する信
託業務の内容並びにその業務の委託
先の氏名又は名称及び住所又は所在
地（委託先が確定していない場合
は，委託先の選定に係る基準及び手
続）
八 第29条第2項各号に掲げる取引
を行う場合には，その旨及び当該取
引の概要
九 受益者に関する事項
十 信託財産の交付に関する事項
十一 信託報酬に関する事項
十二 信託財産に関する租税その他の
費用に関する事項
十三 信託財産の計算期間に関する事
項
十四 信託財産の管理又は処分の状況
の報告に関する事項
十五 信託契約の合意による終了に関
する事項
十六 その他内閣府令で定める事項
2 信託会社は，前項の書面の交付に代
えて，政令で定めるところにより，委
託者の承諾を得て，当該書面に記載す
べき事項を電磁的方法（電子情報処理
組織を使用する方法その他の情報通信
の技術を利用する方法であって内閣府
令で定めるものをいう。以下同じ。）
により提供することができる。この場

合において，当該信託会社は，当該書面を交付したものとみなす。

3　第1項第十三号の信託財産の計算期間は，内閣府令で定める場合を除き，1年を超えることができない。

第27条（信託財産状況報告書の交付）　信託会社は，その受託する信託財産について，当該信託財産の計算期間（信託行為においてこれより短い期間の定めがある場合その他の信託の目的に照らして受益者の利益に適合することが明らかな場合として内閣府令で定める場合には，計算期間より短い期間で内閣府令で定める期間）ごとに，信託財産状況報告書を作成し，当該信託財産に係る受益者に対し交付しなければならない。ただし，信託財産状況報告書を受益者に交付しなくても受益者の保護に支障を生ずることがない場合として内閣府令で定める場合は，この限りでない。

2　前条第2項の規定は，受益者に対する前項の信託財産状況報告書の交付について準用する。

第28条（信託会社の忠実義務等）　信託会社は，信託の本旨に従い，受益者のため忠実に信託業務その他の業務を行わなければならない。

2　信託会社は，信託の本旨に従い，善良な管理者の注意をもって，信託業務を行わなければならない。

3　信託会社は，内閣府令で定めるところにより，信託法第34条の規定に基づき信託財産に属する財産と固有財産及び他の信託の信託財産に属する財産とを分別して管理するための体制その他信託財産に損害を生じさせ，又は信託業の信用を失墜させることのない体制を整備しなければならない。

第29条（信託財産に係る行為準則）　信託会社は，その受託する信託財産について，次に掲げる行為をしてはならない。

一　通常の取引の条件と異なる条件で，かつ，当該条件での取引が信託財産に損害を与えることとなる条件での取引を行うこと。

二　信託の目的，信託財産の状況又は信託財産の管理若しくは処分の方針に照らして不必要な取引を行うこと。

三　信託財産に関する情報を利用して自己又は当該信託財産に係る受益者以外の者の利益を図る目的をもって取引（内閣府令で定めるものを除く。）を行うこと。

四　その他信託財産に損害を与え，又は信託業の信用を失墜させるおそれがある行為として内閣府令で定める行為

2　信託会社は，信託行為において次に掲げる取引を行う旨及び当該取引の概要について定めがあり，又は当該取引に関する重要な事実を開示してあらかじめ書面若しくは電磁的方法による受益者（信託管理人又は受益者代理人が現に存する場合にあっては，当該信託管理人又は受益者代理人を含む。）の承認を得た場合（当該取引をすることができない旨の信託行為の定めがある

場合を除く。）であり，かつ，受益者の保護に支障を生ずることがない場合として内閣府令で定める場合を除き，次に掲げる取引をしてはならない。

一　自己又はその利害関係人（株式の所有関係又は人的関係において密接な関係を有する者として政令で定める者をいう。）と信託財産との間における取引

二　一の信託の信託財産と他の信託の信託財産との間の取引

三　第三者との間において信託財産のためにする取引であって，自己が当該第三者の代理人となって行うもの

3　信託会社は，前項各号の取引をした場合には，信託財産の計算期間ごとに，当該期間における当該取引の状況を記載した書面を作成し，当該信託財産に係る受益者に対し交付しなければならない。ただし，当該書面を受益者に対し交付しなくても受益者の保護に支障を生ずることがない場合として内閣府令で定める場合は，この限りでない。

4　第26条第2項の規定は，受益者に対する前項の書面の交付について準用する。

第29条の2（重要な信託の変更等） 信託会社は，重要な信託の変更（信託法第103条第1項各号に掲げる事項に係る信託の変更をいう。）又は信託の併合若しくは信託の分割（以下この条において「重要な信託の変更等」という。）をしようとする場合には，これらが当該信託の目的に反しないこと及び受益者の利益に適合することが明らかである場合その他内閣府令で定める場合を除き，次に掲げる事項を，内閣府令で定めるところにより公告し，又は受益者（信託管理人又は受益者代理人が現に存する場合にあっては，当該信託管理人又は受益者代理人を含む。以下この条において同じ。）に各別に催告しなければならない。

一　重要な信託の変更等をしようとする旨

二　重要な信託の変更等に異議のある受益者は一定の期間内に異議を述べるべき旨

三　その他内閣府令で定める事項

2　前項第二号の期間は，1月を下ることができない。

3　第1項第二号の期間内に異議を述べた受益者の当該信託の受益権の個数が当該信託の受益権の総個数の2分の1を超えるとき（各受益権の内容が均等でない場合にあっては，当該信託の受益権の価格の額が同項の規定による公告又は催告の時における当該信託の受益権の価格の総額の2分の1を超えるときその他内閣府令で定めるとき）は，同項の重要な信託の変更等をしてはならない。

4　前三項の規定は，次の各号のいずれかに該当するときは，適用しない。

一　信託行為に受益者集会における多数決による旨の定めがあるとき。

二　前号に定める方法以外の方法により当該信託の受益権の総個数（各受益権の内容が均等でない場合にあっ

ては，当該信託の受益権の価格の総
額その他内閣府令で定めるもの）の
2分の1を超える受益権を有する受
益者の承認を得たとき。

三　前二号に掲げる場合のほか，これ
らの場合に準ずる場合として内閣府
令で定める場合に該当するとき。

5　一個の信託約款に基づいて，信託会
社が多数の委託者との間に締結する信
託契約にあっては，当該信託契約の定
めにより当該信託約款に係る信託を一
の信託とみなして，前各項の規定を適
用する。

第29条の3（費用等の償還又は前払の
範囲等の説明）　信託会社は，受益者
との間において，信託法第48条第5
項（同法第54条第4項において準用
する場合を含む。）に規定する合意を
行おうとするときは，当該合意に基づ
いて費用等（同法第48条第1項に規
定する費用等をいう。）若しくは信託
報酬の償還又は費用若しくは信託報酬
の前払を受けることができる範囲その
他の内閣府令で定める事項を説明しな
ければならない。

第30条（信託の公示の特例）　信託会社
が信託財産として所有する登録国債
（国債に関する法律（明治39年法律第
34号）第2条第2項の規定により登
録をした国債をいう。）について同法
第3条の移転の登録その他内閣府令・
財務省令で定める登録を内閣府令・財
務省令で定めるところにより信託財産
である旨を明示してする場合は，信託
法第14条の規定の適用については，

これらの登録を信託の登録とみなす。

第31条（信託財産に係る債務の相殺）
信託会社は，信託財産に属する債権で
清算機関（金融商品取引法第2条第
29項に規定する金融商品取引清算機
関又は外国金融商品取引清算機関をい
う。以下この項において同じ。）を債
務者とするもの（清算機関が債務引受
け等（同法第156条の3第1項第六号
に規定する金融商品債務引受業等とし
て，引受け，更改その他の方法により
債務を負担することをいう。以下この
項において同じ。）により債務者とな
った場合に限る。）については，他の
信託財産に属する債務（清算機関によ
る債務引受け等の対価として負担した
ものに限る。）と相殺をすることがで
きる。ただし，信託行為に別段の定め
がある場合は，この限りでない。

2　前項の規定により相殺を行う信託会
社は，当該相殺により信託財産に損害
を生じさせたときは，その損害を賠償
する責めに任ずる。

第4節　経理

第32条（事業年度）　信託会社の事業年
度は，4月1日から翌年3月31日ま
でとする。

第33条（事業報告書）　信託会社は，事
業年度ごとに，事業報告書を作成し，
毎事業年度経過後3月以内に内閣総理
大臣に提出しなければならない。

第34条（業務及び財産の状況に関する
説明書類の縦覧）　信託会社は，事業
年度ごとに，業務及び財産の状況に関

信 託 業 法　445

する事項として内閣府令で定めるもの
を記載した説明書類を作成し，毎事業
年度終了の日以後内閣府令で定める期
間を経過した日から1年間，すべての
営業所に備え置き，公衆の縦覧に供し
なければならない。

2　前項に規定する説明書類は，電磁的
記録（電子的方式，磁気的方式その他
人の知覚によっては認識することがで
きない方式で作られる記録であって，
電子計算機による情報処理の用に供さ
れるもので内閣府令で定めるものをい
う。以下同じ。）をもって作成するこ
とができる。

3　第1項に規定する説明書類が電磁的
記録をもって作成されているときは，
信託会社の営業所において当該説明書
類の内容である情報を電磁的方法によ
り不特定多数の者が提供を受けること
ができる状態に置く措置として内閣府
令で定めるものをとることができる。
この場合においては，同項に規定する
説明書類を公衆の縦覧に供したものと
みなす。

第35条（株主の帳簿閲覧権の否認）　会
社法第433条の規定は，信託会社（管
理型信託会社を除く。以下第39条ま
でにおいて同じ。）の会計帳簿及びこ
れに関する資料（信託財産に係るもの
に限る。）については，適用しない。

第5節　監督

第36条（合併の認可）　信託会社を全部
又は一部の当事者とする合併は，内閣
総理大臣の認可を受けなければ，その

効力を生じない。

2　前項の認可を受けようとする信託会
社は，合併後存続する株式会社又は合
併により設立する株式会社（第4項に
おいて「合併後の信託会社」という。）
について第4条第1項各号に掲げる事
項を記載した申請書を内閣総理大臣に
提出しなければならない。

3　前項の申請書には，合併契約書その
他内閣府令で定める書類を添付しなけ
ればならない。

4　内閣総理大臣は，第1項の認可の申
請があった場合においては，合併後の
信託会社が第5条第1項各号に掲げる
基準に適合するかどうかを審査しなけ
ればならない。この場合において，内
閣総理大臣は，合併後の信託会社が第
5条第2項各号に掲げる要件のいずれ
かに該当するとき，又は第2項の申請
書若しくは前項の添付書類のうちに虚
偽の記載があり，若しくは重要な事実
の記載が欠けているときは，認可を与
えてはならない。

5　第1項の認可を受けて合併により設
立する株式会社は，その成立の時に，
第3条の内閣総理大臣の免許を受けた
ものとみなす。

第37条（新設分割の認可）　信託会社が
新たに設立する株式会社に信託業の全
部の承継をさせるために行う新設分割
（次項及び第5項において「新設分割」
という。）は，内閣総理大臣の認可を
受けなければ，その効力を生じない。

2　前項の認可を受けようとする信託会
社は，新設分割により設立する株式会

社（第4項において「設立会社」という。）について第4条第1項各号に掲げる事項を記載した申請書を内閣総理大臣に提出しなければならない。

3　前項の申請書には，分割計画その他内閣府令で定める書類を添付しなければならない。

4　内閣総理大臣は，第1項の認可の申請があった場合においては，設立会社が第5条第1項各号に掲げる基準に適合するかどうかを審査しなければならない。この場合において，内閣総理大臣は，設立会社が第5条第2項各号に掲げる要件のいずれかに該当するとき，又は第2項の申請書若しくは前項の添付書類のうちに虚偽の記載があり，若しくは重要な事実の記載が欠けているときは，認可を与えてはならない。

5　第1項の認可を受けて新設分割により設立する株式会社は，その成立の時に，第3条の内閣総理大臣の免許を受けたものとみなす。

第38条（吸収分割の認可）　信託会社が他の株式会社に信託業の全部又は一部の承継をさせるために行う吸収分割（次項及び第5項において「吸収分割」という。）は，内閣総理大臣の認可を受けなければ，その効力を生じない。ただし，管理型信託業のみの承継をさせる吸収分割については，この限りでない。

2　前項の認可を受けようとする信託会社は，吸収分割により信託業の全部又は一部の承継をする株式会社（以下この

の条において「承継会社」という。）について次に掲げる事項を記載した申請書を内閣総理大臣に提出しなければならない。

一　第4条第1項各号に掲げる事項

二　承継会社が承継する信託業の内容

3　前項の申請書には，分割計画その他内閣府令で定める書類を添付しなければならない。

4　内閣総理大臣は，第1項の認可の申請があった場合においては，承継会社が第5条第1項各号に掲げる基準に適合するかどうかを審査しなければならない。この場合において，内閣総理大臣は，承継会社が第5条第2項各号に掲げる要件のいずれかに該当するとき，又は第2項の申請書若しくは前項の添付書類のうちに虚偽の記載があり，若しくは重要な事実の記載が欠けているときは，認可を与えてはならない。

5　第1項の認可を受けて吸収分割により信託業の全部の承継をする株式会社は，当該承継の時に，第3条の内閣総理大臣の免許を受けたものとみなす。

第39条（事業譲渡の認可）　信託会社が他の信託会社に行う信託業の全部又は一部の譲渡（次項において「事業譲渡」という。）は，内閣総理大臣の認可を受けなければ，その効力を生じない。ただし，管理型信託業のみの譲渡をする事業譲渡については，この限りでない。

2　前項の認可を受けようとする信託会社は，事業譲渡により信託業の全部又

信 託 業 法　447

は一部の譲受けをする信託会社（以下
この条において「譲受会社」という。）
について次に掲げる事項を記載した申
請書を内閣総理大臣に提出しなければ
ならない。
　一　第4条第1項各号に掲げる事項
　二　譲受会社が承継する信託業の内容
3　前項の申請書には，譲渡契約書その
他内閣府令で定める書類を添付しなけ
ればならない。
4　内閣総理大臣は，第1項の認可の申
請があった場合においては，譲受会社
が第5条第1項各号に掲げる基準に適
合するかどうかを審査しなければなら
ない。この場合において，内閣総理大

臣は，譲受会社が第5条第2項各号に
掲げる要件のいずれかに該当すると
き，又は第2項の申請書若しくは前項
の添付書類のうちに虚偽の記載があ
り，若しくは重要な事実の記載が欠け
ているときは，認可を与えてはならな
い。
5　前各項の規定は，信託会社が他の外
国信託会社に行う信託業の全部又は一
部の譲渡について準用する。この場合
において，次の表の上欄に掲げる規定
中同表の中欄に掲げる字句は，同表の
下欄に掲げる字句と読み替えるものと
する。

第2項第一号	第4条第1項各号	第53条第2項各号
第4項	第5条第1項各号	第53条第5項各号
	第5条第2項各号	第53条第6項各号

第40条（権利義務の承継）　合併後存続
する信託会社又は合併により設立する
信託会社は，合併により消滅する信託
会社の業務に関し，当該信託会社が内
閣総理大臣による認可その他の処分に
基づいて有していた権利義務を承継す
る。
2　前項の規定は，会社分割により信託
業の全部の承継をする信託会社につい
て準用する。
第41条（届出等）　信託会社は，次の各
号のいずれかに該当することとなった
ときは，遅滞なく，その旨を内閣総理
大臣に届け出なければならない。
　一　破産手続開始，再生手続開始又は

更生手続開始の申立てを行ったと
き。
　二　合併（当該信託会社が合併により
消滅した場合を除く。）をし，会社
分割により信託業の一部の承継をさ
せ，又は信託業の一部の譲渡をした
とき。
　三　その他内閣府令で定める場合に該
当するとき。
2　信託会社が次の各号のいずれかに該
当することとなったときは，当該各号
に定める者は，遅滞なく，その旨を内
閣総理大臣に届け出なければならな
い。
　一　信託業を廃止したとき（会社分割

により信託業の全部の承継をさせた
とき，及び信託業の全部の譲渡をし
たときを含む。）。　その会社

二　合併により消滅したとき。　その
会社を代表する取締役若しくは執行
役又は監査役であった者

三　破産手続開始の決定により解散し
たとき。　その破産管財人

四　合併及び破産手続開始の決定以外
の理由により解散したとき。　その
清算人

3　信託会社は，信託業の廃止をし，合
併（当該信託会社が合併により消滅す
るものに限る。）をし，合併及び破産
手続開始の決定以外の理由による解散
をし，会社分割による信託業の全部若
しくは一部の承継をさせ，又は信託業
の全部又は一部の譲渡をしようとする
ときは，その日の30日前までに，内
閣府令で定めるところにより，その旨
を公告するとともに，すべての営業所
の公衆の目につきやすい場所に掲示し
なければならない。

4　信託会社は，前項の公告をしたとき
は，直ちに，その旨を内閣総理大臣に
届け出なければならない。

5　信託会社（管理型信託会社を除く。
以下この項において同じ。）が第7条
第1項若しくは第52条第1項の登録
を受けたとき，又は管理型信託会社が
第52条第1項の登録を受けたとき
は，当該信託会社又は当該管理型信託
会社は，遅滞なく，内閣府令で定める
ところにより，その旨を公告するとと
もに，すべての営業所の公衆の目につ

きやすい場所に掲示しなければならな
い。

6　会社法第940条第1項（第二号を除
く。）及び第3項（電子公告の公告期
間等）の規定は，信託会社が電子公告
によりこの法律又は他の法律の規定に
よる公告（会社法の規定による公告を
除く。）をする場合について準用す
る。この場合において，必要な技術的
読替えは，政令で定める。

第42条（立入検査等）　内閣総理大臣
は，信託会社の信託業務の健全かつ適
切な運営を確保するため必要があると
認めるときは，当該信託会社，当該信
託会社とその業務に関して取引する者
若しくは当該信託会社を子会社とする
持株会社に対し当該信託会社の業務若
しくは財産に関し参考となるべき報告
若しくは資料の提出を命じ，又は当該
職員に当該信託会社の営業所その他の
施設若しくは当該信託会社を子会社と
する持株会社の営業所若しくは事務所
に立ち入らせ，これらの業務若しくは
財産の状況に関して質問させ，若しく
は帳簿書類その他の物件を検査させる
ことができる。

2　内閣総理大臣は，信託会社の信託業
務の健全かつ適切な運営を確保するた
め特に必要があると認めるときは，そ
の必要の限度において，当該信託会社
の主要株主若しくは当該信託会社を子
会社とする持株会社の主要株主に対し
第17条から第19条までの届出若しく
は措置若しくは当該信託会社の業務若
しくは財産に関し参考となるべき報告

若しくは資料の提出を命じ，又は当該職員にこれらの主要株主の営業所若しくは事務所に立ち入らせ，第17条から第19条までの届出若しくは措置若しくは当該信託会社の業務若しくは財産の状況に関して質問させ，若しくは当該主要株主の書類その他の物件を検査させることができる。

3　内閣総理大臣は，信託会社の信託業務の健全かつ適切な運営を確保するため特に必要があると認めるときは，その必要の限度において，当該信託会社から業務の委託を受けた者（その者から委託（2以上の段階にわたる委託を含む。）を受けた者を含む。以下この項及び次項において同じ。）に対し当該信託会社の業務若しくは財産に関し参考となるべき報告若しくは資料の提出を命じ，又は当該職員に当該信託会社から業務の委託を受けた者の施設に立ち入らせ，当該信託会社の業務若しくは財産の状況に関して質問させ，若しくは帳簿書類その他の物件を検査させることができる。

4　前項の信託会社から業務の委託を受けた者は，正当な理由があるときは，同項の規定による報告若しくは資料の提出又は質問若しくは検査を拒むことができる。

5　第1項から第3項までの規定により立入検査をする職員は，その身分を示す証明書を携帯し，関係者に提示しなければならない。

6　第1項から第3項までの規定による立入検査の権限は，犯罪捜査のために認められたものと解してはならない。

第43条（業務改善命令） 内閣総理大臣は，信託会社の業務又は財産の状況に照らして，当該信託会社の信託業務の健全かつ適切な運営を確保するため必要があると認めるときは，当該信託会社に対し，その必要の限度において，業務方法書の変更，財産の供託その他業務の運営又は財産の状況の改善に必要な措置を命ずることができる。

第44条（運用型信託会社に対する監督上の処分） 内閣総理大臣は，信託会社（管理型信託会社を除く。以下この条において同じ。）が次の各号のいずれかに該当する場合においては，当該信託会社の第3条の免許を取り消し，又は6月以内の期間を定めて業務の全部若しくは一部の停止を命ずることができる。

一　第5条第2項第一号から第六号までに該当することとなったとき。

二　第3条の免許を受けた当時に第5条第2項各号のいずれかに該当していたことが判明したとき。

三　信託業務を的確に遂行するに足りる人的構成を有しないこととなったとき。

四　不正の手段により第3条の免許を受けたことが判明したとき。

五　第3条の免許に付した条件に違反したとき。

六　法令又は法令に基づく内閣総理大臣の処分に違反したとき。

七　公益を害する行為をしたとき。

2　内閣総理大臣は，信託会社の取締役

若しくは執行役，会計参与又は監査役
が，第5条第2項第八号イからチまで
のいずれかに該当することとなったと
き，又は前項第五号若しくは第六号に
該当する行為をしたときは，当該信託
会社に対し当該取締役若しくは執行
役，会計参与又は監査役の解任を命ず
ることができる。

第45条（管理型信託会社に対する監督
上の処分）　内閣総理大臣は，管理型
信託会社が次の各号のいずれかに該当
する場合においては，当該管理型信託
会社の第7条第1項の登録を取り消
し，又は6月以内の期間を定めて業務
の全部若しくは一部の停止を命ずるこ
とができる。

一　第5条第2項第一号又は第四号か
ら第六号までに該当することとなっ
たとき。

二　第10条第1項第二号から第五号
までに該当することとなったとき。

三　不正の手段により第7条第1項の
登録を受けたことが判明したとき。

四　法令又は法令に基づく内閣総理大
臣の処分に違反したとき。

五　公益を害する行為をしたとき。

2　内閣総理大臣は，管理型信託会社の
取締役若しくは執行役，会計参与又は
監査役が，第5条第2項第八号イから
チまでのいずれかに該当することとな
ったとき，又は前項第四号に該当する
行為をしたときは，当該管理型信託会
社に対し当該取締役若しくは執行役，
会計参与又は監査役の解任を命ずるこ
とができる。

第46条（免許又は登録の失効）　信託会
社が第41条第2項各号のいずれかに
該当することとなったときは，当該信
託会社の第3条の免許又は第7条第1
項の登録は，その効力を失う。

2　信託会社（管理型信託会社を除く。）
が第7条第1項又は第52条第1項の
登録を受けたときは，当該信託会社の
第3条の免許は，その効力を失う。

3　管理型信託会社が第3条の免許又は
第52条第1項の登録を受けたとき
は，当該管理型信託会社の第7条第1
項の登録は，その効力を失う。

第47条（登録の抹消）　内閣総理大臣
は，第7条第3項の登録の更新をしな
かったとき，第45条第1項の規定に
より第7条第1項の登録を取り消した
とき，又は前条第1項若しくは第3項
の規定により第7条第1項の登録がそ
の効力を失ったときは，当該登録を抹
消しなければならない。

第48条（監督処分の公告）　内閣総理大
臣は，第44条第1項の規定により第
3条の免許を取り消したとき，第45
条第1項の規定により第7条第1項の
登録を取り消したとき，又は第44条
第1項若しくは第45条第1項の規定
により業務の全部若しくは一部の停止
を命じたときは，その旨を公告しなけ
ればならない。

（免許等の取消し等の場合の解任手続）

第49条　内閣総理大臣が，第7条第3
項の登録の更新をしなかった場合，第
44条第1項の規定により第3条の免
許を取り消した場合又は第45条第1

項の規定により第7条第1項の登録を
取り消した場合における信託法第58
条第4項(同法第70条において準用
する場合を含む。)の適用について
は,同項中「委託者又は受益者」とあ
るのは,「委託者,受益者又は内閣総
理大臣」とする。

2　前項の場合における信託法第62条
第2項及び第4項並びに第63条第1
項の適用については,これらの規定中
「利害関係人」とあるのは,「利害関係
人又は内閣総理大臣」とする。

3　第1項の場合において,裁判所が信
託会社であった受託者を解任するまで
の間は,当該信託会社であった受託者
は,なお信託会社とみなす。

第50条(清算手続等における内閣総理
大臣の意見等)　裁判所は,信託会社
の清算手続,破産手続,再生手続,更
生手続又は承認援助手続において,内
閣総理大臣に対し,意見を求め,又は
検査若しくは調査を依頼することがで
きる。

2　内閣総理大臣は,前項に規定する手
続において,必要があると認めるとき
は,裁判所に対し,意見を述べること
ができる。

3　第42条第1項,第5項及び第6項
の規定は,第1項の規定により内閣総
理大臣が裁判所から検査又は調査の依
頼を受けた場合について準用する。

第6節　特定の信託についての特例

第50条の2(信託法第3条第三号に掲
げる方法によってする信託についての
特例)　信託法第3条第三号に掲げる
方法によって信託をしようとする者
は,当該信託の受益権を多数の者(政
令で定める人数以上の者をいう。第10
項において同じ。)が取得することが
できる場合として政令で定める場合に
は,内閣総理大臣の登録を受けなけれ
ばならない。ただし,当該信託の受益
者の保護のため支障を生ずることがな
いと認められる場合として政令で定め
る場合は,この限りでない。

2　第7条第2項から第6項までの規定
は,前項の登録について準用する。

3　第1項の登録(前項において準用す
る第7条第3項の登録の更新を含む。
第6項並びに第12項の規定により読
み替えて適用する第45条第1項第三
号及び第91条第三号において同じ。)
を受けようとする者(第6項において
「申請者」という。)は,次に掲げる事
項を記載した申請書を内閣総理大臣に
提出しなければならない。

一　商号

二　資本金の額

三　取締役及び監査役(監査等委員会
設置会社にあっては取締役,指名委
員会等設置会社にあっては取締役及
び執行役,持分会社にあっては業務
を執行する社員)の氏名

四　会計参与設置会社にあっては,会
計参与の氏名又は名称

五　信託法第3条第三号に掲げる方法
によってする信託に係る事務に関す
る業務の種類

六　前号の業務以外の業務を営むとき
は，その業務の種類
七　信託法第3条第三号に掲げる方法
によってする信託に係る事務を行う
営業所の名称及び所在地
4　前項の申請書には，次に掲げる書類
を添付しなければならない。
一　定款
二　会社（会社法第2条第一号に規定
する会社をいう。第6項において同
じ。）の登記事項証明書
三　信託法第3条第三号に掲げる方法
によってする信託に係る事務の内容
及び方法を記載した書類
四　貸借対照表
五　その他内閣府令で定める書類
5　前項第三号の書類には，次に掲げる
事項を記載しなければならない。
一　信託法第3条第三号に掲げる方法
によってする信託の信託財産の種類
二　信託財産の管理又は処分の方法
三　信託財産の分別管理の方法
四　信託法第3条第三号に掲げる方法
によってする信託に係る事務の実施
体制
五　信託法第3条第三号に掲げる方法
によってする信託に係る事務の一部
を第三者に委託する場合には，委託
する事務の内容並びに委託先の選定
に係る基準及び手続（第22条第3
項各号に該当する事務を委託する場
合を除く。）
六　信託受益権売買等業務を営む場合
には，当該業務の実施体制
七　その他内閣府令で定める事項

6　内閣総理大臣は，申請者が次の各号
のいずれかに該当するとき，又は第3
項の申請書若しくは第4項各号に掲げ
る添付書類のうちに虚偽の記載があ
り，若しくは重要な事実の記載が欠け
ているときは，その登録を拒否しなけ
ればならない。
一　会社でない者
二　資本金の額が受益者の保護のため
必要かつ適当なものとして政令で定
める金額に満たない会社
三　純資産額が前号に規定する金額に
満たない会社
四　定款若しくは第4項第三号に掲げ
る書類の規定が，法令に適合せず，
又は信託法第3条第三号に掲げる方
法によってする信託に係る事務を適
正に遂行するために十分なものでな
い会社
五　人的構成に照らして，信託法第3
条第三号に掲げる方法によってする
信託に係る事務を的確に遂行するこ
とができる知識及び経験を有すると
認められない会社
六　第5条第2項第五号又は第六号に
該当する会社
七　他に営む業務が公益に反すると認
められ，又は当該他に営む業務を営
むことがその信託に係る事務を適正
かつ確実に行うことにつき支障を及
ぼすおそれがあると認められる会社
八　取締役若しくは執行役，会計参与
又は監査役のうちに第5条第2項第
八号イからチまでのいずれかに該当
する者のある会社

信 託 業 法　453

7　前項第三号の純資産額は，内閣府令
　で定めるところにより計算するものと
　する。
8　内閣総理大臣は，第1項の登録の申
　請があった場合においては，第6項の
　規定により登録を拒否する場合を除く
　ほか，次に掲げる事項を自己信託登録
　簿に登録しなければならない。
　一　第3項各号に掲げる事項
　二　登録年月日及び登録番号
9　内閣総理大臣は，自己信託登録簿を
　公衆の縦覧に供しなければならない。
10　第1項の登録を受けた者が信託法第
　3条第三号に掲げる方法によって信託
　をしたとき（当該信託の受益権を多数
　の者が取得することができる場合とし
　て政令で定めるときに限る。）は，当
　該登録を受けた者以外の者であって政
　令で定めるものに，内閣府令で定める
　ところにより，当該信託財産に属する
　財産の状況その他の当該財産に関する
　事項を調査させなければならない。
11　第1項の登録を受けた者は，内閣府
　令で定めるところにより，他に営む業
　務を営むことが同項の信託に係る事務
　を適正かつ確実に行うことにつき支障
　を及ぼすことのないようにしなければ
　ならない。
12　第1項の登録を受けて同項の信託を
　する場合には，当該登録を受けた者を
　信託会社（第12条第2項及び第3

項，第13条第2項，第45条並びに第
47条にあっては，管理型信託会社）
とみなして，第11条（第10項の免許
の取消し及び失効に係る部分を除
く。），第12条第2項及び第3項，第
13条第2項，第15条，第22条から
第23条の2まで，第24条第1項（第
三号及び第四号（これらの規定中委託
者に係る部分を除く。）に係る部分に
限る。），第27条から第29条まで，第
29条の2（第5項を除く。），第29条
の3から第31条まで，第33条，第
34条，第40条，第41条（第5項を
除く。），第42条，第43条，第45条
（第1項第二号を除く。），第46条第1
項（免許の失効に係る部分を除く。），
第47条，第48条（免許の取消しに係
る部分を除く。），第49条（免許の取
消しに係る部分を除く。）並びに前条
並びにこれらの規定に係る第7章の規
定を適用する。この場合において，こ
れらの規定中「信託業務」とあり，及
び「信託業」とあるのは「信託法第3
条第三号に掲げる方法によってする信
託に係る事務」と，「第7条第1項の
登録」とあるのは「第50条の2第1
項の登録」とするほか，次の表の上欄
に掲げる規定中同表の中欄に掲げる字
句は，同表の下欄に掲げる字句とす
る。

| 第11条第10項 | 第7条第3項の登録の更新 | 第50条の2第2項において準用する第7条第3項の登録の更新 |
| 第12条第2項 | 第8条第1項各号 | 第50条の2第3項各号 |

第12条第3項	管理型信託会社登録簿	自己信託登録簿
第13条第2項	業務方法書	信託法第3条第三号に掲げる方法によってする信託に係る事務の内容及び方法を記載した書類
第22条第3項	業務	信託法第3条第三号に掲げる方法によってする信託に係る事務
第28条第1項	その他の業務	その他の事務
第33条	事業報告書	自己信託報告書
第34条第1項	業務	信託法第3条第三号に掲げる方法によってする信託に係る事務
	すべての営業所	同号に掲げる方法によってする信託に係る事務を行うすべての営業所
第40条第1項	業務	信託法第3条第三号に掲げる方法によってする信託に係る事務
第41条第2項第二号	又は監査役	若しくは監査役又は業務を執行する社員
第41条第3項	すべての営業所	同号に掲げる方法によってする信託に係る事務を行うすべての営業所
第42条第1項	その業務	その事務
	当該信託会社の業務	その事務
	これらの業務	これらの事務
第42条第2項	第17条から第19条までの届出若しくは措置若しくは当該信託会社の業務	その事務
第42条第3項	から業務	から事務
	の業務	の事務
第42条第4項	業務	事務
第43条	の業務	の信託法第3条第三号に掲げる方法によってする信託に係る事務
	業務方法書	同号に掲げる方法によってする信託に係る事務の内容及び方法を記載した書類
	その他業務	その他当該事務
第45条第1項	業務	信託法第3条第三号に掲げる方法によってする信託に係る事務

第45条第1項第一号	第5条第2項第一号又は第四号から第六号まで	第50条の2第6項第一号から第七号まで
第45条第2項	又は監査役	若しくは監査役又は業務を執行する社員
第47条	第7条第3項の登録の更新	第50条の2第2項において準用する第7条第3項の登録の更新
	前条第1項若しくは第3項	前条第1項
第48条	第44条第1項若しくは第45条第1項	第45条第1項
	業務	信託法第3条第三号に掲げる方法によってする信託に係る事務
第49条第1項	第7条第3項の登録の更新	第50条の2第2項において準用する第7条第3項の登録の更新

第51条（同一の会社集団に属する者の間における信託についての特例）　次に掲げる要件のいずれにも該当する信託の引受けについては，第3条及び前条の規定は，適用しない。

一　委託者，受託者及び受益者が同一の会社の集団（一の会社（外国会社を含む。以下この号及び第10項において同じ。）及び当該会社の子会社の集団をいう。以下この条において「会社集団」という。）に属する会社であること。

二　特定目的会社（資産の流動化に関する法律第2条第3項に規定する特定目的会社をいう。）が受益者である場合には，その発行する資産対応証券（同条第11項に規定する資産対応証券をいう。第8項第二号において同じ。）を受託者と同一の会社集団に属さない者が取得していないこと。

三　信託の受益権に対する投資事業に係る匿名組合契約（商法（明治32年法律第48号）第535条に規定する匿名組合契約をいう。第8項第三号において同じ。）が受託者と同一の会社集団に属さない者との間で締結されていないこと。

四　前二号に準ずるものとして内閣府令で定める要件

五　信託が前各号に掲げる要件のいずれかを満たさなくなった場合には，委託者及び受益者の同意なく，受託者がその任務を辞することができる旨の条件が信託契約において付されていること。

2　前項の信託の引受けを行う者は，あらかじめ，その旨を内閣総理大臣に届け出なければならない。

3　前項の届出には，当該信託に係る信託契約書のほか，当該信託が第1項各号に掲げる要件のいずれにも該当することを証する書類として内閣府令で定める書類を添付しなければならない。

4 内閣総理大臣は，第1項の信託が同
項各号に掲げる要件のいずれかに該当
しないこととなったときは，同項の信
託の受託者に対し3月以内の期間を定
めて受託者でなくなるための措置その
他必要な措置をとることを命ずること
ができる。

5 第1項の信託の受託者は，同項の信
託の受託者でなくなったとき，又は同
項の信託が同項各号に掲げる要件のい
ずれかに該当しなくなったことを知っ
たときは，遅滞なく，その旨を内閣総
理大臣に届け出なければならない。

6 内閣総理大臣は，第1項の信託に係
る状況を確認するため特に必要がある
と認めるときは，その必要の限度にお
いて，同項の信託の委託者，受託者若
しくは受益者に対し第2項若しくは前
項の届出若しくは第4項の措置に関し
参考となるべき報告若しくは資料の提
出を命じ，又は当該職員に受託者の営
業所，事務所その他の施設に立ち入ら
せ，第2項若しくは前項の届出若しく
は第4項の措置に関して質問させ，若
しくは受託者の書類その他の物件を検
査（第2項若しくは前項の届出又は第
4項の措置に関し必要なものに限る。）
させることができる。

7 第42条第5項及び第6項の規定
は，前項の規定による立入検査につい
て準用する。

8 第1項の信託の受益者は，次に掲げ
る行為をしてはならない。

一 当該信託の受益権を受託者と同一
の会社集団に属さない者に取得させ

ること。

二 当該信託の受益権に係る資産対応
証券を受託者と同一の会社集団に属
さない者に取得させること。

三 当該信託の受益権に対する投資事
業に係る匿名組合契約を受託者と同
一の会社集団に属さない者との間で
締結すること。

四 その他前二号に準ずるものとして
内閣府令で定める行為

9 金融商品取引業者（金融商品取引法
第2条第9項に規定する金融商品取引
業者をいい，同法第65条の5第2項
の規定により金融商品取引業者とみな
される者を含む。）又は登録金融機関
（同法第2条第11項に規定する登録金
融機関をいい，金融機関の信託業務の
兼営等に関する法律第2条第4項の規
定により登録金融機関とみなされる者
を含む。）は，第1項の信託の受益権
について，受託者と同一の会社集団に
属さない者に対する販売並びにその代
理及び媒介をしてはならない。

10 第1項第一号の「子会社」とは，会
社がその総株主又は総出資者の議決権
の過半数を保有する他の会社をいう。
この場合において，会社及びその一若
しくは二以上の子会社又は当該会社の
一若しくは二以上の子会社がその総株
主又は総出資者の議決権の過半数を保
有する他の会社は，当該会社の子会社
とみなす。

**第52条（特定大学技術移転事業に係る
信託についての特例）** 大学等におけ
る技術に関する研究成果の民間事業者

への移転の促進に関する法律（平成10年法律第52号）第4条第1項の規定により特定大学技術移転事業（同法第2条第1項に規定する特定大学技術移転事業をいう。以下この条において同じ。）の実施に関する計画についての文部科学大臣及び経済産業大臣の承認を受けた者（第3項において「承認事業者」という。）が，内閣総理大臣の登録を受けて，特定大学技術移転事業として行う信託の引受け（以下この条において「特定大学技術移転事業に該当する信託の引受け」という。）については，第3条の規定は，適用しない。

2　第8条（第1項第四号を除く。），第9条及び第10条（第1項第二号を除く。）の規定は，前項の登録について準用する。この場合において，次の表の上欄に掲げる規定中同表の中欄に掲げる字句は，同表の下欄に掲げる字句と読み替えるものとする。

第8条第1項第一号	商号	商号又は名称
第8条第1項第二号	資本金	資本又は出資
第8条第1項第三号	取締役及び監査役	役員
第8条第1項第五号	信託業務	信託業務（特定大学技術移転事業に該当するものに限る。）
第8条第1項第六号	本店その他の営業所	主たる営業所又は事務所その他の営業所又は事務所
第8条第2項第一号	定款	定款又は寄附行為
第8条第2項第二号	会社の登記事項証明書	登記事項証明書
第9条第1項及び第2項	管理型信託会社登録簿	特定大学技術移転事業承認事業者登録簿
第10条第1項第一号	第二号及び第三号	第一号から第四号まで
第10条第1項第三号	前号に規定する金額に満たない株式会社	資本金又は出資の額に満たない法人
第10条第1項第四号	定款	定款若しくは寄附行為
	管理型信託業務	特定大学技術移転事業に該当する信託の引受け
	株式会社	法人
第10条第1項第五号	管理型信託業務	特定大学技術移転事業に該当する信託の引受け
	株式会社	法人

3 承認事業者が第1項の登録を受けて信託の引受けを行う場合には，当該承認事業者を信託会社（第12条第2項及び第3項，第13条第2項，第45条，第46条第3項並びに第47条にあっては，管理型信託会社）とみなして，第11条（第10項の登録の未更新並びに免許の取消し及び失効に係る部分を除く。），第12条第2項及び第3項，第13条第2項，第21条から第24条まで，第25条から第29条の3まで，第33条，第34条，第41条（第5項を除く。），第42条（第2項を除く。），第43条，第45条，第46条（免許の失効に係る部分を除く。），第47条（登録の未更新に係る部分を除く。），第48条（免許の取消しに係る部分を除く。），第49条（登録の未更新及び免許の取消しに係る部分を除く。）並びに第50条並びにこれらの規定に係る第7章の規定を適用する。この場合において，次の表の上欄に掲げる規定中同表の中欄に掲げる字句は，同表の下欄に掲げる字句とする。

第11条第1項	本店	主たる営業所又は事務所
第11条第10項	第7条第1項の登録	第52条第1項の登録
第12条第3項	管理型信託会社登録簿	特定大学技術移転事業承認事業者登録簿
第21条第1項	信託業のほか，信託契約代理業，信託受益権売買等業務及び財産の管理業務	信託業（特定大学技術移転事業に該当するものに限る。以下同じ。）及び特定大学技術移転事業（信託業に該当するものを除く。）のほか，特定大学技術移転事業に係る信託契約代理業，信託受益権売買等業務及び財産の管理業務
	第4条第2項第三号又は第8条第2項第三号	第52条第2項において準用する第8条第2項第三号
第21条第6項	第3条の免許又は第7条第1項の登録	第52条第1項の登録
	免許又は登録	登録
第24条第1項	次に掲げる行為（次条に規定する特定信託契約による信託の引受けにあっては，第五号に掲げる行為を除く。）	次に掲げる行為
第25条	商号	商号又は名称
	事項（特定信託契約による信託の引受けを行うときは，同号に掲げる事項を除く。）	事項

第 26 条第 1 項第二号	商号	商号又は名称
第 34 条第 1 項及び第 3 項	営業所	営業所又は事務所
第 41 条第 2 項第一号	信託業を廃止したとき（会社分割により信託業の全部の承継をさせたとき，及び信託業の全部の譲渡をしたときを含む。）	信託業を廃止したとき（会社分割により信託業の全部の承継をさせたとき，及び信託業の全部の譲渡をしたときを含む。）又は大学等における技術に関する研究成果の民間事業者への移転の促進に関する法律第 5 条第 2 項の規定により同法第 4 条第 1 項の承認が取り消されたとき
	会社	事業者
第 41 条第 2 項第二号	会社	事業者
	取締役若しくは執行役又は監査役	役員
第 41 条第 3 項	営業所	営業所又は事務所
第 42 条第 1 項	当該信託会社の営業所その他の施設	当該承認事業者の営業所，事務所その他の施設
第 45 条第 1 項	第 7 条第 1 項の登録	第 52 条第 1 項の登録
第 45 条第 1 項第一号	第 5 条第 2 項第一号又は第四号から第六号まで	第 5 条第 2 項第五号又は第六号
第 45 条第 1 項第二号	第 10 条第 1 項第二号から第五号までに該当することとなったとき	第 52 条第 2 項において準用する第 10 条第 1 項第三号から第五号までに該当することとなったとき
第 45 条第 1 項第三号	第 7 条第 1 項の登録	第 52 条第 1 項の登録
第 45 条第 2 項	取締役若しくは執行役，会計参与又は監査役	役員
第 46 条第 1 項	第 7 条第 1 項の登録	第 52 条第 1 項の登録
第 46 条第 3 項	第 3 条の免許又は第 52 条第 1 項の登録	第 3 条若しくは第 53 条第 1 項の免許又は第 7 条第 1 項若しくは第 54 条第 1 項の登録
第 47 条	第 7 条第 1 項の登録	第 52 条第 1 項の登録

第48条	第7条第1項の登録	第52条第1項の登録
	第44条第1項若しくは第45条第1項	第45条第1項
第49条第1項	第7条第1項の登録	第52条第1項の登録

第3章　外国信託業者

第53条（免許）　第3条の規定にかかわらず，外国信託業者は，当該外国信託業者が国内における信託業の本拠として設ける一の支店（以下「主たる支店」という。）について内閣総理大臣の免許を受けた場合に限り，当該主たる支店及び当該外国信託業者が国内において設ける他の支店において信託業を営むことができる。

2　前項の免許を受けようとする者（第5項及び第6項において「申請者」という。）は，信託業務を営むすべての支店の業務を担当する代表者（以下「国内における代表者」という。）を定め，次に掲げる事項を記載した申請書を内閣総理大臣に提出しなければならない。

一　商号及び本店の所在地

二　資本金の額

三　役員（取締役及び執行役，会計参与並びに監査役又はこれらに準ずる者をいう。以下同じ。）の氏名

四　信託業務以外の業務をいずれかの支店において営むときは，その業務の種類

五　主たる支店その他の支店の名称及び所在地

六　国内における代表者の氏名及び国内の住所

3　前項の申請書には，次に掲げる書類を添付しなければならない。

一　定款及び会社の登記事項証明書（これらに準ずるものを含む。）

二　業務方法書

三　貸借対照表

四　収支の見込みを記載した書類

五　その他内閣府令で定める書類

4　第4条第3項の規定は，前項第二号の業務方法書について準用する。

5　内閣総理大臣は，第1項の申請があった場合においては，申請者が次に掲げる基準に適合するかどうかを審査しなければならない。

一　定款（これに準ずるものを含む。）及び業務方法書の規定が法令に適合し，かつ，信託業務を適正に遂行するために十分なものであること。

二　信託業務を健全に遂行するに足りる財産的基礎を有していること。

三　各支店の人的構成に照らして，信託業務を的確に遂行することができる知識及び経験を有し，かつ，十分な社会的信用を有していること。

6　内閣総理大臣は，申請者が次の各号のいずれかに該当するとき，又は第2項の申請書若しくは第3項各号に掲げる添付書類のうちに虚偽の記載があり，若しくは重要な事実の記載が欠け

ているときは，免許を与えてはならない。

一　株式会社と同種類の法人でない者

二　第2項第二号の資本金の額が委託者又は受益者の保護のため必要かつ適当なものとして政令で定める金額に満たない法人

三　純資産額が前号に規定する金額に満たない法人

四　いずれかの支店において他の信託会社若しくは外国信託会社が現に用いている商号若しくは名称と同一の名称又は他の信託会社若しくは外国信託会社と誤認されるおそれのある名称を用いようとする法人

五　次条第6項の規定により同条第2項において準用する第7条第3項の登録の更新を拒否され，第59条第1項の規定により第1項の免許を取り消され，第60条第1項の規定により次条第1項の登録を取り消され，第82条第1項の規定により第67条第1項の登録を取り消され，担保付社債信託法第12条の規定により同法第3条の免許を取り消され，若しくは金融機関の信託業務の兼営等に関する法律第10条の規定により同法第1条第1項の認可を取り消され，又はその本店の所在する国において受けている同種類の免許，登録若しくは認可（当該免許，登録若しくは認可に類する許可その他の行政処分を含む。）をこの法律，担保付社債信託法若しくは金融機関の信託業務の兼営等に関する

法律に相当する当該国の法令の規定により取り消され，若しくは当該免許，登録若しくは認可の更新を拒否され，その取消しの日（更新の拒否の場合にあっては，当該更新の拒否の処分がなされた日）から5年を経過しない法人

六　第5条第2項第六号に規定する法律の規定又はこれらに相当する外国の法令の規定に違反し，罰金の刑（これに相当する外国の法令による刑を含む。）に処せられ，その刑の執行を終わり，又はその刑の執行を受けることがなくなった日から5年を経過しない法人

七　いずれかの支店において他に営む業務がその信託業務に関連しない業務である法人又は当該他に営む業務を営むことがその信託業務を適正かつ確実に営むことにつき支障を及ぼすおそれがあると認められる法人

八　役員（いかなる名称を有する者であるかを問わず，当該法人に対し役員と同等以上の支配力を有するものと認められる者を含む。第59条第2項及び第60条第2項において同じ。）及び国内における代表者のうちに第5条第2項第八号イからチまでのいずれかに該当する者のある法人

九　主要株主（これに準ずるものを含む。）が信託業務の健全かつ適切な運営に支障を及ぼすおそれがない者であることについて，外国の信託業に係る規制当局による確認が行われ

ていない法人

7　第2項第二号の資本金の額は，内閣府令で定めるところにより計算するものとする。

8　第6項第三号の純資産額は，内閣府令で定めるところにより計算するものとする。

9　内閣総理大臣は，第5項の規定による審査の基準に照らし必要があると認めるときは，その必要の限度において，第1項の免許に条件を付し，及びこれを変更することができる。

第54条（登録）　第3条，第7条第1項及び前条第1項の規定にかかわらず，外国信託業者は，その主たる支店について内閣総理大臣の登録を受けた場合には，当該主たる支店及び当該外国信託業者が国内において設ける他の支店において管理型信託業を営むことができる。

2　第7条第2項から第6項までの規定は，前項の登録について準用する。

3　第1項の登録（前項において準用する第7条第3項の登録の更新を含む。第6項，第60条第1項第三号及び第91条第三号において同じ。）を受けようとする者（第6項において「申請者」という。）は，国内における代表者を定め，次に掲げる事項を記載した申請書を内閣総理大臣に提出しなければならない。

一　商号及び本店の所在地

二　資本金の額

三　役員の氏名

四　信託業務以外の業務をいずれかの支店において営むときは，その業務の種類

五　主たる支店その他の支店の名称及び所在地

六　国内における代表者の氏名及び国内の住所

4　前項の申請書には，次に掲げる書類を添付しなければならない。

一　定款及び会社の登記事項証明書（これらに準ずるものを含む。）

二　業務方法書

三　貸借対照表

四　その他内閣府令で定める書類

5　第8条第3項の規定は，前項第二号の業務方法書について準用する。

6　内閣総理大臣は，申請者が次の各号のいずれかに該当するとき，又は第3項の申請書若しくは第4項各号に掲げる添付書類のうちに虚偽の記載があり，若しくは重要な事実の記載が欠けているときは，その登録を拒否しなければならない。

一　前条第6項各号（第二号及び第三号を除く。）のいずれかに該当する者

二　第3項第二号の資本金の額が委託者又は受益者の保護のため必要かつ適当なものとして政令で定める金額に満たない法人

三　純資産額が前号に規定する金額に満たない法人

四　定款（これに準ずるものを含む。）又は業務方法書の規定が法令に適合せず，又は管理型信託業務を適正に遂行するために十分なものでない法

人

五　いずれかの支店において，人的構成に照らして，管理型信託業務を的確に遂行することができる知識及び経験を有すると認められない法人

7　第3項第二号の資本金の額は，内閣府令で定めるところにより計算するものとする。

8　第6項第三号の純資産額は，内閣府令で定めるところにより計算するものとする。

9　内閣総理大臣は，第1項の登録の申請があった場合においては，第6項の規定により登録を拒否する場合を除くほか，次に掲げる事項を管理型外国信託会社登録簿に登録しなければならない。

一　第3項各号に掲げる事項

二　登録年月日及び登録番号

10　内閣総理大臣は，管理型外国信託会社登録簿を公衆の縦覧に供しなければならない。

第55条（損失準備金等）　外国信託会社（管理型外国信託会社を除く。）は，第53条第6項第二号の政令で定める金額に達するまでは，毎決算期において，すべての支店の営業に係る利益の額に10分の1を超えない範囲内で内閣府令で定める率を乗じた額以上の額を，損失準備金として主たる支店において計上しなければならない。

2　前項の規定は，管理型外国信託会社について準用する。この場合において，同項中「第53条第6項第二号」とあるのは，「第54条第6項第二号」

と読み替えるものとする。

3　前二項の規定により計上された損失準備金は，内閣総理大臣の承認を受けて各決算期におけるすべての支店の営業に係る純損失の補てんに充てる場合のほか，使用してはならない。

4　外国信託会社は，第1項又は第2項の規定により計上された損失準備金の額，営業保証金の額として内閣府令で定めるものの額及びすべての支店の計算に属する負債のうち内閣府令で定めるものの額を合計した金額に相当する資産を，内閣府令で定めるところにより，国内において保有しなければならない。

第56条（申請書記載事項の変更の届出）　外国信託会社（管理型外国信託会社を除く。）は，第53条第2項各号に掲げる事項に変更があったときは，その日から2週間以内に，その旨を内閣総理大臣に届け出なければならない。

2　管理型外国信託会社は，第54条第3項各号に掲げる事項に変更があったときは，その日から2週間以内に，その旨を内閣総理大臣に届け出なければならない。

3　内閣総理大臣は，前項の届出を受理したときは，その旨を管理型外国信託会社登録簿に登録しなければならない。

第57条（届出等）　外国信託会社は，次の各号のいずれかに該当することとなったときは，遅滞なく，その旨を内閣総理大臣に届け出なければならない。

一　国内において破産手続開始，再生

手続開始若しくは更生手続開始の申立てを行ったとき，又は本店の所在する国において当該国の法令に基づき同種類の申立てを行ったとき。

二　合併（当該外国信託会社が合併により消滅した場合を除く。）をし，信託業の一部の承継をさせ，若しくは信託業の全部若しくは一部の承継をし，又は信託業の一部の譲渡若しくは信託業の全部若しくは一部の譲受けをしたとき。

三　その他内閣府令で定める場合に該当するとき。

2　外国信託会社が次の各号のいずれかに該当することとなったときは，当該各号に定める者は，遅滞なく，その旨を内閣総理大臣に届け出なければならない。

一　すべての支店における信託業務を廃止したとき（外国において信託業のすべてを廃止したとき，外国における信託業の全部の承継をさせたとき，外国における信託業の全部の譲渡をしたとき，支店における信託業の全部の承継をさせたとき及び支店における信託業の全部の譲渡をしたときを含む。）。　その外国信託業者又はその外国信託業者であった者

二　合併により消滅したとき。　その外国信託業者の役員であった者

三　破産手続開始の決定を受けたとき，又は本店の所在する国において当該国の法令に基づき破産手続と同種類の手続を開始したとき。　その破産管財人又は当該国において破産

管財人に相当する者

四　合併及び破産手続開始の決定以外の理由により解散したとき（支店の清算を開始したときを含む。）。　その清算人又は本店の所在する国において清算人に相当する者

3　外国信託会社は，すべての支店における信託業の廃止（外国における信託業のすべての廃止を含む。）をし，合併（当該外国信託会社が合併により消滅するものに限る。）をし，合併及び破産手続開始の決定以外の理由による解散をし，支店における信託業の全部の承継（外国における信託業の全部の承継を含む。）若しくは一部の承継をさせ，又は支店における信託業の全部の譲渡（外国における信託業の全部の譲渡を含む。）若しくは一部の譲渡をしようとするときは，その日の30日前までに，内閣府令で定めるところにより，その旨を公告するとともに，すべての支店の公衆の目につきやすい場所に掲示しなければならない。

4　外国信託会社は，前項の公告をしたときは，直ちに，その旨を内閣総理大臣に届け出なければならない。

5　外国信託会社（管理型外国信託会社を除く。以下この項において同じ。）が第52条第1項若しくは第54条第1項の登録を受けたとき，又は管理型外国信託会社が第52条第1項の登録を受けたときは，当該外国信託会社又は当該管理型外国信託会社は，遅滞なく，内閣府令で定めるところにより，その旨を公告するとともに，すべての

支店の公衆の目につきやすい場所に掲
示しなければならない。

6　会社法第940条第1項（第二号を除
く。）及び第3項（電子公告の公告期
間等），第941条（電子公告調査），第
946条（調査の義務等），第947条（電
子公告調査を行うことができない場
合），第951条第2項（財務諸表等の
備置き及び閲覧等），第953条（改善
命令）並びに第955条（調査記録簿等
の記載等）の規定は，外国信託会社が
電子公告（同法第2条第三十四号（定
義）に規定する電子公告をいう。）に
よりこの法律又は他の法律の規定によ
る公告（会社法 の規定による公告を
除く。）をする場合について準用す
る。この場合において，同法第940条
第3項 中「前二項」とあるのは「第
1項」と読み替えるものとするほか，
必要な技術的読替えは，政令で定め
る。

第58条（立入検査等）　内閣総理大臣
は，外国信託会社の信託業務の健全か
つ適切な運営を確保するため必要があ
ると認めるときは，当該外国信託会社
若しくは当該外国信託会社の支店とそ
の業務に関して取引する者に対し当該
支店の業務若しくは財産に関し参考と
なるべき報告若しくは資料の提出を命
じ，又は当該職員に当該支店その他の
施設に立ち入らせ，その業務若しくは
財産の状況に関して質問させ，若しく
は帳簿書類その他の物件を検査させる
ことができる。

2　内閣総理大臣は，外国信託会社の信
託業務の健全かつ適切な運営を確保す
るため特に必要があると認めるとき
は，その必要の限度において，当該外
国信託会社から業務の委託を受けた者
（その者から委託（二以上の段階にわ
たる委託を含む。）を受けた者を含
む。以下この項及び次項において同
じ。）に対し当該外国信託会社の業務
若しくは財産に関し参考となるべき報
告若しくは資料の提出を命じ，又は当
該職員に当該外国信託会社から業務の
委託を受けた者の施設に立ち入らせ，
当該外国信託会社の業務若しくは財産
の状況に関して質問させ，若しくは帳
簿書類その他の物件を検査させること
ができる。

3　前項の外国信託会社から業務の委託
を受けた者は，正当な理由があるとき
は，同項の規定による報告若しくは資
料の提出又は質問若しくは検査を拒む
ことができる。

4　第1項又は第2項の規定により立入
検査をする職員は，その身分を示す証
明書を携帯し，関係者に提示しなけれ
ばならない。

5　第1項及び第2項の規定による立入
検査の権限は，犯罪捜査のために認め
られたものと解してはならない。

第59条（運用型外国信託会社に対する
監督上の処分）　内閣総理大臣は，外
国信託会社（管理型外国信託会社を除
く。以下この条において同じ。）が次
の各号のいずれかに該当する場合にお
いては，当該外国信託会社の第53条
第1項の免許を取り消し，又は6月以

内の期間を定めて支店の業務の全部若しくは一部の停止を命ずることができる。

一　第53条第6項第一号から第六号までに該当することとなったとき。

二　第53条第1項の免許を受けた当時に同条第6項各号のいずれかに該当していたことが判明したとき。

三　いずれかの支店において信託業務を的確に遂行するに足りる人的構成を有しないこととなったとき。

四　不正の手段により第53条第1項の免許を受けたことが判明したとき。

五　第53条第1項の免許に付した条件に違反したとき。

六　法令又は法令に基づく内閣総理大臣の処分に違反したとき。

七　公益を害する行為をしたとき。

2　内閣総理大臣は，外国信託会社の国内における代表者又は支店に駐在する役員が第5条第2項第八号イからチまでのいずれかに該当することとなったとき，又は前項第五号若しくは第六号に該当する行為をしたときは，当該外国信託会社に対し当該代表者又は当該役員の解任を命ずることができる。

第60条（管理型外国信託会社に対する監督上の処分）　内閣総理大臣は，管理型外国信託会社が次の各号のいずれかに該当する場合においては，当該管理型外国信託会社の第54条第1項の登録を取り消し，又は6月以内の期間を定めて支店の業務の全部若しくは一部の停止を命ずることができる。

一　第53条第6項第一号又は第四号から第六号までに該当することとなったとき。

二　第54条第6項第二号から第五号までに該当することとなったとき。

三　不正の手段により第54条第1項の登録を受けたことが判明したとき。

四　法令又は法令に基づく内閣総理大臣の処分に違反したとき。

五　公益を害する行為をしたとき。

2　内閣総理大臣は，管理型外国信託会社の国内における代表者又は支店に駐在する役員が第5条第2項第八号イからチまでのいずれかに該当することとなったとき，又は前項第四号に該当する行為をしたときは，当該管理型外国信託会社に対し当該代表者又は当該役員の解任を命ずることができる。

第61条（免許等の取消し等の場合の解任手続の規定の準用）　第49条の規定は，内閣総理大臣が第54条第2項において準用する第7条第3項の登録の更新をしなかった場合，第59条第1項の規定により第53条第1項の免許を取り消した場合又は前条第1項の規定により第54条第1項の登録を取り消した場合について準用する。

第62条（清算手続等における内閣総理大臣の意見等）　裁判所は，外国信託会社の国内における清算手続，破産手続，再生手続，更生手続又は承認援助手続において，内閣総理大臣に対し，意見を求め，又は検査若しくは調査を依頼することができる。

2 第50条第2項及び第3項の規定は，前項の場合について準用する。

第63条（この法律の適用関係） 外国信託会社については信託会社とみなし，管理型外国信託会社については管理型信託会社とみなし，外国信託会社の国内における代表者及び支店に駐在する役員（監査役又はこれに準ずる者を除く。）については信託会社の取締役とみなして，前章の規定（第3条から第10条まで，第12条，第14条第2項，第17条から第21条まで，第32条，第35条から第42条まで，第44条，第45条及び第49条から第52条までの規定を除く。）並びにこれらの規定に係る第7章及び第8章の規定を適用する。この場合において，次の表の上欄に掲げる規定中同表の中欄に掲げる字句は，同表の下欄に掲げる字句とする。

第11条第1項	本店	主たる支店
第11条第10項	第7条第3項の登録の更新	第54条第2項において準用する第7条第3項の登録の更新
	第44条第1項	第59条第1項
	第3条の免許	第53条第1項の免許
	第45条第1項	第60条第1項
	第7条第1項の登録	第54条第1項の登録
第14条第1項，第25条及び第26条第1項第二号	商号	支店の名称
第24条の2	「住所	「支店の所在地
	第26条第1項」と	第26条第1項」と，同法第38条中「役員」とあるのは「役員（国内における代表者を含む。）」と
第33条	事業年度ごとに	毎年4月から翌年3月までの期間ごとに
	毎事業年度	当該期間
第34条	事業年度ごとに	毎年4月から翌年3月までの期間ごとに
	毎事業年度	当該期間
	営業所	支店
第46条第1項	第41条第2項	第57条第2項
	第3条の免許	第53条第1項の免許
	第7条第1項の登録	第54条第1項の登録
第46条第2項	第7条第1項又は第52条第1項の登録	第52条第1項又は第54条第1項の登録

	第3条の免許	第53条第1項の免許
第46条第3項	第3条の免許又は第52条第1項の登録	第52条第1項の登録又は第53条第1項の免許
	第7条第1項の登録	第54条第1項の登録
第47条	第7条第3項の登録の更新	第54条第2項において準用する第7条第3項の登録の更新
	第45条第1項	第60条第1項
	第7条第1項の登録	第54条第1項の登録
第48条	第44条第1項	第59条第1項
	第3条の免許	第53条第1項の免許
	第45条第1項	第60条第1項
	第7条第1項の登録	第54条第1項の登録

2　第21条の規定は外国信託会社がその支店において行う業務について，第39条の規定は外国信託会社がその支店における信託業の譲渡を行う場合について，それぞれ準用する。この場合において，次の表の上欄に掲げる規定中同表の中欄に掲げる字句は，同表の下欄に掲げる字句と読み替えるものとする。

第21条第1項	第4条第2項第三号	第53条第3項第二号
	第8条第2項第三号	第54条第4項第二号
第21条第6項	第3条の免許	第53条第1項の免許
	第7条第1項の登録	第54条第1項の登録

第64条（外国信託業者の駐在員事務所の設置の届出等） 外国信託業者は，次に掲げる業務を行うため，国内において駐在員事務所その他の施設を設置しようとする場合（他の目的をもって設置している施設において当該業務を行おうとする場合を含む。）には，あらかじめ，当該業務の内容，当該施設の所在地その他内閣府令で定める事項を内閣総理大臣に届け出なければならない。

一　信託業に関する情報の収集又は提供

二　その他信託業に関連を有する業務

2　内閣総理大臣は，必要があると認めるときは，外国信託業者に対し前項の施設において行う同項各号に掲げる業務に関し報告又は資料の提出を求める

ことができる。

3 外国信託業者は，第1項の施設を廃止したとき，当該施設において行う同項各号に掲げる業務を廃止したときその他同項の規定により届け出た事項を変更したときは，遅滞なく，その旨を内閣総理大臣に届け出なければならない。

第4章　指図権者

第65条（指図権者の忠実義務）　信託財産の管理又は処分の方法について指図を行う業を営む者（次条において「指図権者」という。）は，信託の本旨に従い，受益者のため忠実に当該信託財産の管理又は処分に係る指図を行わなければならない。

第66条（指図権者の行為準則）　指図権者は，その指図を行う信託財産について，次に掲げる行為をしてはならない。

　一　通常の取引の条件と異なる条件で，かつ，当該条件での取引が信託財産に損害を与えることとなる条件での取引を行うことを受託者に指図すること。

　二　信託の目的，信託財産の状況又は信託財産の管理若しくは処分の方針に照らして不必要な取引を行うことを受託者に指図すること。

　三　信託財産に関する情報を利用して自己又は当該信託財産に係る受益者以外の者の利益を図る目的をもって取引（内閣府令で定めるものを除く。）を行うことを受託者に指図す

ること。

　四　その他信託財産に損害を与えるおそれがある行為として内閣府令で定める行為

第5章　信託契約代理店

第1節　総則

第67条（登録）　信託契約代理業は，内閣総理大臣の登録を受けた者でなければ，営むことができない。

2 信託契約代理業を営む者は，信託会社又は外国信託会社から委託を受けてその信託会社又は外国信託会社（以下「所属信託会社」という。）のために信託契約代理業を営まなければならない。

第68条（登録の申請）　前条第1項の登録を受けようとする者（第70条において「申請者」という。）は，次に掲げる事項を記載した申請書を内閣総理大臣に提出しなければならない。

　一　商号，名称又は氏名

　二　法人であるときは，その役員の氏名

　三　信託契約代理業を営む営業所又は事務所の名称及び所在地

　四　所属信託会社の商号

　五　他に業務を営むときは，その業務の種類

　六　その他内閣府令で定める事項

2 前項の申請書には，次に掲げる書類を添付しなければならない。

　一　第70条第一号又は第二号に該当しないことを誓約する書面

　二　業務方法書

三 法人であるときは，定款及び会社の登記事項証明書（これらに準ずるものを含む。）

四 その他内閣府令で定める書類

3 前項第二号の業務方法書に記載すべき事項は，内閣府令で定める。

第69条（登録簿への登録） 内閣総理大臣は，第67条第1項の登録の申請があった場合においては，次条の規定により登録を拒否する場合を除くほか，次に掲げる事項を信託契約代理店登録簿に登録しなければならない。

一 前条第1項各号に掲げる事項

二 登録年月日及び登録番号

2 内閣総理大臣は，信託契約代理店登録簿を公衆の縦覧に供しなければならない。

第70条（登録の拒否） 内閣総理大臣は，申請者が次の各号のいずれかに該当するとき，又は第68条第1項の申請書若しくは同条第2項各号に掲げる添付書類のうちに虚偽の記載があり，若しくは重要な事実の記載が欠けているときは，その登録を拒否しなければならない。

一 申請者が個人であるときは，第5条第2項第八号イからチまでのいずれかに該当する者

二 申請者が法人であるときは，次のいずれかに該当する者

イ 第5条第2項第十号イ又はロに該当する者

ロ 役員のうちに第5条第2項第八号イからチまでのいずれかに該当する者のある者

三 信託契約代理業務を的確に遂行するための必要な体制が整備されていると認められない者

四 他に営む業務が公益に反すると認められる者

第71条（変更の届出） 信託契約代理店は，第68条第1項各号に掲げる事項に変更があったときは，その日から30日以内に，その旨を内閣総理大臣に届け出なければならない。

2 内閣総理大臣は，前項の届出を受理したときは，その旨を信託契約代理店登録簿に登録しなければならない。

3 信託契約代理店は，第68条第2項第二号の業務方法書を変更したときは，遅滞なく，その旨を内閣総理大臣に届け出なければならない。

第72条（標識の掲示） 信託契約代理店は，信託契約代理業を営む営業所又は事務所ごとに，公衆の見やすい場所に，内閣府令で定める様式の標識を掲示しなければならない。

2 信託契約代理店以外の者は，前項の標識又はこれに類似する標識を掲示してはならない。

第73条（名義貸しの禁止） 信託契約代理店は，自己の名義をもって，他人に信託契約代理業を営ませてはならない。

第2節 業務

第74条（顧客に対する説明） 信託契約代理店は，信託契約の締結の代理（信託会社又は外国信託会社を代理する場合に限る。以下この章において同じ。）

又は媒介を行うときは，あらかじめ，顧客に対し次に掲げる事項を明らかにしなければならない。

一　所属信託会社の商号

二　信託契約の締結を代理するか媒介するかの別

三　その他内閣府令で定める事項

第75条（分別管理）　信託契約代理店は，信託契約の締結の代理又は媒介に関して顧客から財産の預託を受けた場合には，当該財産を自己の固有財産及び他の信託契約の締結に関して預託を受けた財産と分別して管理しなければならない。

第76条（準用）　第24条及び第25条の規定は，信託契約代理店が行う信託契約の締結の代理又は媒介について準用する。この場合において，第24条第1項中「次に掲げる行為（次条に規定する特定信託契約による信託の引受けにあっては，第五号に掲げる行為を除く。）」とあるのは「次に掲げる行為」と，第25条中「事項（特定信託契約による信託の引受けを行うときは，同号に掲げる事項を除く。）」とあるのは「事項」と，「当該信託会社」とあるのは「受託者」と読み替えるものとする。

第3節　経理

第77条（信託契約代理業務に関する報告書）　信託契約代理店は，事業年度ごとに，信託契約代理業務に関する報告書を作成し，毎事業年度経過後3月以内に内閣総理大臣に提出しなければ

ならない。

2　内閣総理大臣は，前項の信託契約代理業務に関する報告書を，委託者若しくは受益者の秘密を害するおそれのある事項又は当該信託契約代理店の業務の遂行上不当な不利益を与えるおそれのある事項を除き，公衆の縦覧に供しなければならない。

第78条（所属信託会社の説明書類の縦覧）　信託契約代理店は，所属信託会社の事業年度ごとに，第34条第1項の規定により当該所属信託会社が作成する説明書類を信託契約代理業を営むすべての営業所又は事務所に備え置き，公衆の縦覧に供しなければならない。

2　前項に規定する説明書類が電磁的記録をもって作成されているときは，信託契約代理業を営むすべての営業所又は事務所において当該説明書類の内容である情報を電磁的方法により不特定多数の者が提供を受けることができる状態に置く措置として内閣府令で定めるものをとることができる。この場合においては，同項に規定する説明書類を公衆の縦覧に供したものとみなす。

第4節　監督

第79条（廃業等の届出）　信託契約代理店が次の各号のいずれかに該当することとなったときは，当該各号に定める者は，その日から30日以内に，その旨を内閣総理大臣に届け出なければならない。

一　信託契約代理業を廃止したとき

（会社分割により信託契約代理業の全部の承継をさせたとき，又は信託契約代理業の全部の譲渡をしたときを含む。）　その個人又は法人

二　信託契約代理店である個人が死亡したとき。　その相続人

三　信託契約代理店である法人が合併により消滅したとき。　その法人を代表する役員であった者

四　信託契約代理店である法人が破産手続開始の決定により解散したとき。　その破産管財人

五　信託契約代理店である法人が合併及び破産手続開始の決定以外の理由により解散したとき。　その清算人

第80条（立入検査等）　内閣総理大臣は，信託契約代理店の信託契約代理業務の健全かつ適切な運営を確保するため必要があると認めるときは，当該信託契約代理店若しくは当該信託契約代理店とその業務に関して取引する者に対し当該信託契約代理店の業務に関し参考となるべき報告若しくは資料の提出を命じ，又は当該職員に当該信託契約代理店の営業所若しくは事務所に立ち入らせ，その業務の状況に関して質問させ，若しくは書類その他の物件を検査させることができる。

2　前項の規定により立入検査をする職員は，その身分を示す証明書を携帯し，関係者に提示しなければならない。

3　第1項の規定による立入検査の権限は，犯罪捜査のために認められたものと解してはならない。

第81条（業務改善命令）　内閣総理大臣は，信託契約代理店の業務の状況に照らして，当該信託契約代理店の信託契約代理業務の健全かつ適切な運営を確保するため必要があると認めるときは，当該信託契約代理店に対し，その必要の限度において，業務方法書の変更その他業務の運営の改善に必要な措置を命ずることができる。

第82条（監督上の処分）　内閣総理大臣は，信託契約代理店が次の各号のいずれかに該当する場合においては，当該信託契約代理店の第67条第1項の登録を取り消し，又は6月以内の期間を定めて業務の全部若しくは一部の停止を命ずることができる。

一　第70条各号（第二号ロを除く。）に該当することとなったとき。

二　不正の手段により第67条第1項の登録を受けたことが判明したとき。

三　法令又は法令に基づく内閣総理大臣の処分に違反したとき。

四　公益を害する行為をしたとき。

2　内閣総理大臣は，信託契約代理店の役員が，第5条第2項第八号イからチまでのいずれかに該当することとなったとき，又は前項第三号に該当する行為をしたときは，当該信託契約代理店に対し当該役員の解任を命ずることができる。

第83条（登録の失効）　信託契約代理店が第79条各号のいずれかに該当することとなったとき，又はそのすべての所属信託会社との委託契約が終了した

ときは，当該信託契約代理店の第67条第1項の登録は，その効力を失う。

第84条（登録の抹消） 内閣総理大臣は，第82条第1項の規定により第67条第1項の登録を取り消したとき，又は前条の規定により同項の登録がその効力を失ったときは，当該登録を抹消しなければならない。

第5節　雑則

第85条（所属信託会社の損害賠償責任） 信託契約代理店の所属信託会社は，信託契約代理店が行った信託契約の締結の代理又は媒介につき顧客に加えた損害を賠償する責めに任ずる。ただし，所属信託会社が信託契約代理店への委託につき相当の注意をし，かつ，信託契約代理店が行う信託契約の締結の代理又は媒介につき顧客に加えた損害の発生の防止に努めたときは，この限りでない。

第5章の2　指定紛争解決機関

第1節　総則

第85条の2（紛争解決等業務を行う者の指定） 内閣総理大臣は，次に掲げる要件を備える者を，その申請により，紛争解決等業務を行う者として，指定することができる。

一　法人（人格のない社団又は財団で代表者又は管理人の定めのあるものを含み，外国の法令に準拠して設立された法人その他の外国の団体を除く。第四号ニにおいて同じ。）であること。

二　第85条の24第1項の規定によりこの項の規定による指定を取り消され，その取消しの日から5年を経過しない者又は他の法律の規定による指定であって紛争解決等業務に相当する業務に係るものとして政令で定めるものを取り消され，その取消しの日から5年を経過しない者でないこと。

三　この法律若しくは弁護士法（昭和24年法律第205号）又はこれらに相当する外国の法令の規定に違反し，罰金の刑（これに相当する外国の法令による刑を含む。）に処せられ，その刑の執行を終わり，又はその刑の執行を受けることがなくなった日から5年を経過しない者でないこと。

四　役員のうちに，次のいずれかに該当する者がないこと。

イ　成年被後見人若しくは被保佐人又は外国の法令上これらと同様に取り扱われている者

ロ　破産者で復権を得ないもの又は外国の法令上これと同様に取り扱われている者

ハ　禁錮以上の刑（これに相当する外国の法令による刑を含む。）に処せられ，その刑の執行を終わり，又はその刑の執行を受けることがなくなった日から5年を経過しない者

ニ　第85条の24第1項の規定によりこの項の規定による指定を取り消された場合若しくはこの法律に

相当する外国の法令の規定により
当該外国において受けている当該
指定に類する行政処分を取り消さ
れた場合において，その取消しの
日前1月以内にその法人の役員
（外国の法令上これと同様に取り
扱われている者を含む。ニにおい
て同じ。）であった者でその取消
しの日から5年を経過しない者又
は他の法律の規定による指定であ
って紛争解決等業務に相当する業
務に係るものとして政令で定める
もの若しくは当該他の法律に相当
する外国の法令の規定により当該
外国において受けている当該政令
で定める指定に類する行政処分を
取り消された場合において，その
取消しの日前1月以内にその法人
の役員であった者でその取消しの
日から5年を経過しない者

ホ　この法律若しくは弁護士法又は
これらに相当する外国の法令の規
定に違反し，罰金の刑（これに相
当する外国の法令による刑を含
む。）に処せられ，その刑の執行
を終わり，又はその刑の執行を受
けることがなくなった日から5年
を経過しない者

五　紛争解決等業務を的確に実施する
に足りる経理的及び技術的な基礎を
有すること。

六　役員又は職員の構成が紛争解決等
業務の公正な実施に支障を及ぼすお
それがないものであること。

七　紛争解決等業務の実施に関する規

程（以下「業務規程」という。）が
法令に適合し，かつ，この法律の定
めるところにより紛争解決等業務を
公正かつ的確に実施するために十分
であると認められること。

八　次項の規定により意見を聴取した
結果，手続実施基本契約の解除に関
する事項その他の手続実施基本契約
の内容（第85条の7第2項各号に
掲げる事項を除く。）その他の業務
規程の内容（同条第3項の規定によ
りその内容とするものでなければな
らないこととされる事項並びに同条
第4項各号及び第5項第一号に掲げ
る基準に適合するために必要な事項
を除く。）について異議（合理的な
理由が付されたものに限る。）を述
べた信託会社等の数の信託会社等の
総数に占める割合が政令で定める割
合以下の割合となったこと。

2　前項の申請をしようとする者は，あ
らかじめ，内閣府令で定めるところに
より，信託会社等に対し，業務規程の
内容を説明し，これについて異議がな
いかどうかの意見（異議がある場合に
は，その理由を含む。）を聴取し，及
びその結果を記載した書類を作成しな
ければならない。

3　内閣総理大臣は，第1項の規定によ
る指定をしようとするときは，同項第
五号から第七号までに掲げる要件（紛
争解決手続の業務に係る部分に限り，
同号に掲げる要件にあっては，第85
条の7第4項各号及び第5項各号に掲
げる基準に係るものに限る。）に該当

信 託 業 法　　*475*

していることについて，あらかじめ，法務大臣に協議しなければならない。

4　内閣総理大臣は，第1項の規定による指定をしたときは，指定紛争解決機関の商号又は名称及び主たる営業所又は事務所の所在地並びに当該指定をした日を公告しなければならない。

第85条の3（指定の申請）　前条第1項の規定による指定を受けようとする者は，次に掲げる事項を記載した指定申請書を内閣総理大臣に提出しなければならない。

一　商号又は名称

二　主たる営業所又は事務所その他紛争解決等業務を行う営業所又は事務所の名称及び所在地

三　役員の氏名又は商号若しくは名称

2　前項の指定申請書には，次に掲げる書類を添付しなければならない。

一　前条第1項第三号及び第四号に掲げる要件に該当することを誓約する書面

二　定款及び法人の登記事項証明書（これらに準ずるものを含む。）

三　業務規程

四　組織に関する事項を記載した書類

五　財産目録，貸借対照表その他の紛争解決等業務を行うために必要な経理的な基礎を有することを明らかにする書類であって内閣府令で定める書類

六　前条第2項に規定する書類その他同条第1項第八号に掲げる要件に該当することを証する書類として内閣府令で定める書類

七　その他内閣府令で定める書類

3　前項の場合において，定款，財産目録又は貸借対照表が電磁的記録で作成されているときは，書類に代えて当該電磁的記録を添付することができる。

第85条の4（秘密保持義務等）　指定紛争解決機関の紛争解決委員（第85条の13第2項の規定により選任された紛争解決委員をいう。次項，次条第2項並びに第85条の7第2項及び第4項において同じ。）若しくは役員若しくは職員又はこれらの職にあった者は，紛争解決等業務に関して知り得た秘密を漏らし，又は自己の利益のために使用してはならない。

2　指定紛争解決機関の紛争解決委員又は役員若しくは職員で紛争解決等業務に従事する者は，刑法その他の罰則の適用については，法令により公務に従事する職員とみなす。

第2節　業務

第85条の5（指定紛争解決機関の業務）　指定紛争解決機関は，この法律及び業務規程の定めるところにより，紛争解決等業務を行うものとする。

2　指定紛争解決機関（紛争解決委員を含む。）は，当事者である加入信託会社等（手続実施基本契約を締結した相手方である信託会社等をいう。以下この章において同じ。）若しくはその顧客（以下この章において単に「当事者」という。）又は当事者以外の者との手続実施基本契約その他の契約で定めるところにより，紛争解決等業務を

行うことに関し，負担金又は料金その他の報酬を受けることができる。

第85条の6（苦情処理手続又は紛争解決手続の業務の委託）　指定紛争解決機関は，他の指定紛争解決機関又は他の法律の規定による指定であって紛争解決等業務に相当する業務に係るものとして政令で定めるものを受けた者（第85条の13第4項及び第5項において「受託紛争解決機関」という。）以外の者に対して，苦情処理手続又は紛争解決手続の業務を委託してはならない。

第85条の7（業務規程）　指定紛争解決機関は，次に掲げる事項に関する業務規程を定めなければならない。

一　手続実施基本契約の内容に関する事項

二　手続実施基本契約の締結に関する事項

三　紛争解決等業務の実施に関する事項

四　紛争解決等業務に要する費用について加入信託会社等が負担する負担金に関する事項

五　当事者から紛争解決等業務の実施に関する料金を徴収する場合にあっては，当該料金に関する事項

六　他の指定紛争解決機関その他相談，苦情の処理又は紛争の解決を実施する国の機関，地方公共団体，民間事業者その他の者との連携に関する事項

七　紛争解決等業務に関する苦情の処理に関する事項

八　前各号に掲げるもののほか，紛争解決等業務の実施に必要な事項として内閣府令で定めるもの

2　前項第一号の手続実施基本契約は，次に掲げる事項を内容とするものでなければならない。

一　指定紛争解決機関は，加入信託会社等の顧客からの手続対象信託業務関連苦情の解決の申立て又は当事者からの紛争解決手続の申立てに基づき苦情処理手続又は紛争解決手続を開始すること。

二　指定紛争解決機関又は紛争解決委員は，苦情処理手続を開始し，又は加入信託会社等の顧客からの申立てに基づき紛争解決手続を開始した場合において，加入信託会社等にこれらの手続に応じるよう求めることができ，当該加入信託会社等は，その求めがあったときは，正当な理由なくこれを拒んではならないこと。

三　指定紛争解決機関又は紛争解決委員は，苦情処理手続又は紛争解決手続において，加入信託会社等に対し，報告又は帳簿書類その他の物件の提出を求めることができ，当該加入信託会社等は，その求めがあったときは，正当な理由なくこれを拒んではならないこと。

四　紛争解決委員は，紛争解決手続において，手続対象信託業務関連紛争の解決に必要な和解案を作成し，当事者に対し，その受諾を勧告することができること。

五　紛争解決委員は，紛争解決手続に

おいて，前号の和解案の受諾の勧告によっては当事者間に和解が成立する見込みがない場合において，事案の性質，当事者の意向，当事者の手続追行の状況その他の事情に照らして相当であると認めるときは，手続対象信託業務関連紛争の解決のために必要な特別調停案を作成し，理由を付して当事者に提示することができること。

六　加入信託会社等は，訴訟が係属している請求を目的とする紛争解決手続が開始された場合には，当該訴訟が係属している旨，当該訴訟における請求の理由及び当該訴訟の程度を指定紛争解決機関に報告しなければならないこと。

七　加入信託会社等は，紛争解決手続の目的となった請求に係る訴訟が提起された場合には，当該訴訟が提起された旨及び当該訴訟における請求の理由を指定紛争解決機関に報告しなければならないこと。

八　前二号に規定する場合のほか，加入信託会社等は，紛争解決手続の目的となった請求に係る訴訟に関し，当該訴訟の程度その他の事項の報告を求められた場合には，当該事項を指定紛争解決機関に報告しなければならないこと。

九　加入信託会社等は，第六号若しくは第七号の訴訟が裁判所に係属しなくなった場合又はその訴訟について裁判が確定した場合には，その旨及びその内容を指定紛争解決機関に報告しなければならないこと。

十　加入信託会社等は，その顧客に対し指定紛争解決機関による紛争解決等業務の実施について周知するため，必要な情報の提供その他の措置を講じなければならないこと。

十一　前各号に掲げるもののほか，手続対象信託業務関連苦情の処理又は手続対象信託業務関連紛争の解決の促進のために必要であるものとして内閣府令で定める事項

3　第1項第二号の手続実施基本契約の締結に関する事項に関する業務規程は，信託会社等から手続実施基本契約の締結の申込みがあった場合には，当該信託会社等が手続実施基本契約に係る債務その他の紛争解決等業務の実施に関する義務を履行することが確実でないと見込まれるときを除き，これを拒否してはならないことを内容とするものでなければならない。

4　第1項第三号に掲げる事項に関する業務規程は，次に掲げる基準に適合するものでなければならない。

一　苦情処理手続と紛争解決手続との連携を確保するための措置が講じられていること。

二　紛争解決委員の選任の方法及び紛争解決委員が手続対象信託業務関連紛争の当事者と利害関係を有することその他の紛争解決手続の公正な実施を妨げるおそれがある事由がある場合において，当該紛争解決委員を排除するための方法を定めていること。

三 指定紛争解決機関の実質的支配者
等（指定紛争解決機関の株式の所
有，指定紛争解決機関に対する融資
その他の事由を通じて指定紛争解決
機関の事業を実質的に支配し，又は
その事業に重要な影響を与える関係
にあるものとして内閣府令で定める
者をいう。）又は指定紛争解決機関
の子会社等（指定紛争解決機関が株
式の所有その他の事由を通じてその
事業を実質的に支配する関係にある
ものとして内閣府令で定める者をい
う。）を手続対象信託業務関連紛争
の当事者とする手続対象信託業務関
連紛争について紛争解決手続の業務
を行うこととしている指定紛争解決
機関にあっては，当該実質的支配者
等若しくは当該子会社等又は指定紛
争解決機関が紛争解決委員に対して
不当な影響を及ぼすことを排除する
ための措置が講じられていること。

四 紛争解決委員が弁護士でない場合
（司法書士法（昭和25年法律第197
号）第3条第1項第七号に規定する
紛争について行う紛争解決手続にお
いて，紛争解決委員が同条第2項に
規定する司法書士である場合を除
く。）において，紛争解決手続の実
施に当たり法令の解釈適用に関し専
門的知識を必要とするときに，弁護
士の助言を受けることができるよう
にするための措置を定めていること。

五 紛争解決手続の実施に際して行う
通知について相当な方法を定めてい

ること。

六 紛争解決手続の開始から終了に至
るまでの標準的な手続の進行につい
て定めていること。

七 加入信託会社等の顧客が指定紛争
解決機関に対し手続対象信託業務関
連苦情の解決の申立てをする場合又
は手続対象信託業務関連紛争の当事
者が指定紛争解決機関に対し紛争解
決手続の申立てをする場合の要件及
び方式を定めていること。

八 指定紛争解決機関が加入信託会社
等から紛争解決手続の申立てを受け
た場合において，手続対象信託業務
関連紛争の他方の当事者となる当該
加入信託会社等の顧客に対し，速や
かにその旨を通知するとともに，当
該顧客がこれに応じて紛争解決手続
の実施を依頼するか否かを確認する
ための手続を定めていること。

九 指定紛争解決機関が加入信託会社
等の顧客から第七号の紛争解決手続
の申立てを受けた場合において，手
続対象信託業務関連紛争の他方の当
事者となる当該加入信託会社等に対
し，速やかにその旨を通知する手続
を定めていること。

十 紛争解決手続において提出された
帳簿書類その他の物件の保管，返還
その他の取扱いの方法を定めている
こと。

十一 紛争解決手続において陳述され
る意見又は提出され，若しくは提示
される帳簿書類その他の物件に含ま
れる手続対象信託業務関連紛争の当

事者又は第三者の秘密について，当該秘密の性質に応じてこれを適切に保持するための取扱いの方法を定めていること。第85条の13第9項に規定する手続実施記録に記載されているこれらの秘密についても，同様とする。

十二　手続対象信託業務関連紛争の当事者が紛争解決手続を終了させるための要件及び方式を定めていること。

十三　紛争解決委員が紛争解決手続によっては手続対象信託業務関連紛争の当事者間に和解が成立する見込みがないと判断したときは，速やかに当該紛争解決手続を終了し，その旨を手続対象信託業務関連紛争の当事者に通知することを定めていること。

十四　指定紛争解決機関の紛争解決委員，役員及び職員について，これらの者が紛争解決等業務に関して知り得た秘密を確実に保持するための措置を定めていること。

5　第1項第四号及び第五号に掲げる事項に関する業務規程は，次に掲げる基準に適合するものでなければならない。

一　第1項第四号に規定する負担金及び同項第五号に規定する料金の額又は算定方法及び支払方法（次号において「負担金額等」という。）を定めていること。

二　負担金額等が著しく不当なものでないこと。

6　第2項第五号の「特別調停案」とは，和解案であって，次に掲げる場合を除き，加入信託会社等が受諾しなければならないものをいう。

一　当事者である加入信託会社等の顧客（以下この項において単に「顧客」という。）が当該和解案を受諾しないとき。

二　当該和解案の提示の時において当該紛争解決手続の目的となった請求に係る訴訟が提起されていない場合において，顧客が当該和解案を受諾したことを加入信託会社等が知った日から1月を経過する日までに当該請求に係る訴訟が提起され，かつ，同日までに当該訴訟が取り下げられないとき。

三　当該和解案の提示の時において当該紛争解決手続の目的となった請求に係る訴訟が提起されている場合において，顧客が当該和解案を受諾したことを加入信託会社等が知った日から1月を経過する日までに当該訴訟が取り下げられないとき。

四　顧客が当該和解案を受諾したことを加入信託会社等が知った日から1月を経過する日までに，当該紛争解決手続が行われている手続対象信託業務関連紛争について，当事者間において仲裁法（平成15年法律第138号）第2条第1項に規定する仲裁合意がされ，又は当該和解案によらずに和解若しくは調停が成立したとき。

7　業務規程の変更は，内閣総理大臣の

認可を受けなければ，その効力を生じない。

8　内閣総理大臣は，前項の規定による認可をしようとするときは，当該認可に係る業務規程が第4項各号及び第5項各号に掲げる基準（紛争解決手続の業務に係る部分に限る。）に適合していることについて，あらかじめ，法務大臣に協議しなければならない。

第85条の8（手続実施基本契約の不履行の事実の公表等）　指定紛争解決機関は，手続実施基本契約により加入信託会社等が負担する義務の不履行が生じた場合において，当該加入信託会社等の意見を聴き，当該不履行につき正当な理由がないと認めるときは，遅滞なく，当該加入信託会社等の商号又は名称及び当該不履行の事実を公表するとともに，内閣総理大臣に報告しなければならない。

2　指定紛争解決機関は，手続対象信託業務関連苦情及び手続対象信託業務関連紛争を未然に防止し，並びに手続対象信託業務関連苦情の処理及び手続対象信託業務関連紛争の解決を促進するため，加入信託会社等その他の者に対し，情報の提供，相談その他の援助を行うよう努めなければならない。

第85条の9（暴力団員等の使用の禁止）　指定紛争解決機関は，暴力団員等（暴力団員による不当な行為の防止等に関する法律第2条第六号に規定する暴力団員（以下この条において「暴力団員」という。）又は暴力団員でなくなった日から5年を経過しない者をい

う。）を紛争解決等業務に従事させ，又は紛争解決等業務の補助者として使用してはならない。

第85条の10（差別的取扱いの禁止）　指定紛争解決機関は，特定の加入信託会社等に対し不当な差別的取扱いをしてはならない。

第85条の11（記録の保存）　指定紛争解決機関は，第85条の13第9項の規定によるもののほか，内閣府令で定めるところにより，紛争解決等業務に関する記録を作成し，これを保存しなければならない。

第85条の12（指定紛争解決機関による苦情処理手続）　指定紛争解決機関は，加入信託会社等の顧客から手続対象信託業務関連苦情について解決の申立てがあったときは，その相談に応じ，当該顧客に必要な助言をし，当該手続対象信託業務関連苦情に係る事情を調査するとともに，当該加入信託会社等に対し，当該手続対象信託業務関連苦情の内容を通知してその迅速な処理を求めなければならない。

第85条の13（指定紛争解決機関による紛争解決手続）　加入信託会社等に係る手続対象信託業務関連紛争の解決を図るため，当事者は，当該加入信託会社等が手続実施基本契約を締結した指定紛争解決機関に対し，紛争解決手続の申立てをすることができる。

2　指定紛争解決機関は，前項の申立てを受けたときは，紛争解決委員を選任するものとする。

3　紛争解決委員は，人格が高潔で識見

信 託 業 法 　　*481*

の高い者であって，次の各号のいずれ
かに該当する者（第1項の申立てに係
る当事者と利害関係を有する者を除
く。）のうちから選任されるものとす
る。この場合において，紛争解決委員
のうち少なくとも1人は，第一号又は
第三号（当該申立てが司法書士法第3
条第1項第7号に規定する紛争に係る
ものである場合にあっては，第一号，
第三号又は第四号）のいずれかに該当
する者でなければならない。

一　弁護士であってその職務に従事し
　　た期間が通算して5年以上である者
二　手続対象信託業務に従事した期間
　　が通算して10年以上である者
三　消費生活に関する消費者と事業者
　　との間に生じた苦情に係る相談その
　　他の消費生活に関する事項について
　　専門的な知識経験を有する者として
　　内閣府令で定める者
四　当該申立てが司法書士法第3条第
　　1項第七号に規定する紛争に係るも
　　のである場合にあっては，同条第2
　　項に規定する司法書士であって同項
　　に規定する簡裁訴訟代理等関係業務
　　に従事した期間が通算して5年以上
　　である者
五　前各号に掲げる者に準ずる者とし
　　て内閣府令で定める者

4　指定紛争解決機関は，第1項の申立
　てを第2項の規定により選任した紛争
　解決委員（以下この条及び次条第1項
　において単に「紛争解決委員」とい
　う。）による紛争解決手続に付するも
　のとする。ただし，紛争解決委員は，

当該申立てに係る当事者である加入信
託会社等の顧客が当該手続対象信託業
務関連紛争を適切に解決するに足りる
能力を有する者であると認められるこ
とその他の事由により紛争解決手続を
行うのに適当でないと認めるとき，又
は当事者が不当な目的でみだりに第1
項の申立てをしたと認めるときは，紛
争解決手続を実施しないものとし，紛
争解決委員が当該申立てを受託紛争解
決機関における紛争解決手続に相当す
る手続に付することが適当と認めると
きは，指定紛争解決機関は，受託紛争
解決機関に紛争解決手続の業務を委託
するものとする。

5　前項ただし書の規定により紛争解決
　委員が紛争解決手続を実施しないこと
　としたとき，又は受託紛争解決機関に
　業務を委託することとしたときは，指
　定紛争解決機関は，第1項の申立てを
　した者に対し，その旨を理由を付して
　通知するものとする。

6　紛争解決委員は，当事者若しくは参
　考人から意見を聴取し，若しくは報告
　書の提出を求め，又は当事者から参考
　となるべき帳簿書類その他の物件の提
　出を求め，和解案を作成して，その受
　諾を勧告し，又は特別調停（第85条
　の7第6項に規定する特別調停案を提
　示することをいう。）をすることがで
　きる。

7　紛争解決手続は，公開しない。ただ
　し，紛争解決委員は，当事者の同意を
　得て，相当と認める者の傍聴を許すこ
　とができる。

8 指定紛争解決機関は，紛争解決手続の開始に先立ち，当事者である加入信託会社等の顧客に対し，内閣府令で定めるところにより，次に掲げる事項について，これを記載した書面を交付し，又はこれを記録した電磁的記録を提供して説明をしなければならない。

一 当該顧客が支払う料金に関する事項

二 第85条の7第4項第六号に規定する紛争解決手続の開始から終了に至るまでの標準的な手続の進行

三 その他内閣府令で定める事項

9 指定紛争解決機関は，内閣府令で定めるところにより，その実施した紛争解決手続に関し，次に掲げる事項を記載した手続実施記録を作成し，保存しなければならない。

一 手続対象信託業務関連紛争の当事者が紛争解決手続の申立てをした年月日

二 手続対象信託業務関連紛争の当事者及びその代理人の氏名，商号又は名称

三 紛争解決委員の氏名

四 紛争解決手続の実施の経緯

五 紛争解決手続の結果（紛争解決手続の終了の理由及びその年月日を含む。）

六 前各号に掲げるもののほか，実施した紛争解決手続の内容を明らかにするために必要な事項であって内閣府令で定めるもの

第85条の14（時効の中断） 紛争解決手続によっては手続対象信託業務関連紛争の当事者間に和解が成立する見込みがないことを理由に紛争解決委員が当該紛争解決手続を終了した場合において，当該紛争解決手続の申立てをした当該手続対象信託業務関連紛争の当事者がその旨の通知を受けた日から1月以内に当該紛争解決手続の目的となった請求について訴えを提起したときは，時効の中断に関しては，当該紛争解決手続における請求の時に，訴えの提起があったものとみなす。

2 指定紛争解決機関の紛争解決等業務の廃止が第85条の23第1項の規定により認可され，又は第85条の2第1項の規定による指定が第85条の24第1項の規定により取り消され，かつ，その認可又は取消しの日に紛争解決手続が実施されていた手続対象信託業務関連紛争がある場合において，当該紛争解決手続の申立てをした当該手続対象信託業務関連紛争の当事者が第85条の23第3項若しくは第85条の24第3項の規定による通知を受けた日又は当該認可若しくは取消しを知った日のいずれか早い日から1月以内に当該紛争解決手続の目的となった請求について訴えを提起したときも，前項と同様とする。

第85条の15（訴訟手続の中止） 手続対象信託業務関連紛争について当該手続対象信託業務関連紛争の当事者間に訴訟が係属する場合において，次の各号のいずれかに掲げる事由があり，かつ，当該手続対象信託業務関連紛争の当事者の共同の申立てがあるときは，

受訴裁判所は，4月以内の期間を定め
て訴訟手続を中止する旨の決定をする
ことができる。

一　当該手続対象信託業務関連紛争に
ついて，当該手続対象信託業務関連
紛争の当事者間において紛争解決手
続が実施されていること。

二　前号の場合のほか，当該手続対象
信託業務関連紛争の当事者間に紛争
解決手続によって当該手続対象信託
業務関連紛争の解決を図る旨の合意
があること。

2　受訴裁判所は，いつでも前項の決定
を取り消すことができる。

3　第1項の申立てを却下する決定及び
前項の規定により第1項の決定を取り
消す決定に対しては，不服を申し立て
ることができない。

第85条の16（加入信託会社等の名簿の
縦覧）　指定紛争解決機関は，加入信
託会社等の名簿を公衆の縦覧に供しな
ければならない。

第85条の17（名称の使用制限）　指定
紛争解決機関でない者（金融商品取引
法第156条の39第1項の規定による
指定を受けた者その他これに類する者
として政令で定めるものを除く。）
は，その名称又は商号のうちに指定紛
争解決機関であると誤認されるおそれ
のある文字を用いてはならない。

第3節　監督

第85条の18（変更の届出）　指定紛争
解決機関は，第85条の3第1項各号
に掲げる事項に変更があったときは，

その旨を内閣総理大臣に届け出なけれ
ばならない。

2　内閣総理大臣は，前項の規定により
指定紛争解決機関の商号若しくは名称
又は主たる営業所若しくは事務所の所
在地の変更の届出があったときは，そ
の旨を公告しなければならない。

第85条の19（手続実施基本契約の締結
等の届出）　指定紛争解決機関は，次
の各号のいずれかに該当するときは，
内閣府令で定めるところにより，その
旨を内閣総理大臣に届け出なければな
らない。

一　信託会社等と手続実施基本契約を
締結したとき，又は当該手続実施基
本契約を終了したとき。

二　その他内閣府令で定める場合に該
当するとき。

第85条の20（業務に関する報告書の提
出）　指定紛争解決機関は，事業年度
ごとに，当該事業年度に係る紛争解決
等業務に関する報告書を作成し，内閣
総理大臣に提出しなければならない。

2　前項の報告書に関する記載事項，提
出期日その他必要な事項は，内閣府令
で定める。

第85条の21（報告徴収及び立入検査）
内閣総理大臣は，紛争解決等業務の公
正かつ的確な遂行のため必要があると
認めるときは，指定紛争解決機関に対
し，その業務に関し報告若しくは資料
の提出を命じ，又は当該職員に，指定
紛争解決機関の営業所若しくは事務所
その他の施設に立ち入らせ，当該指定
紛争解決機関の業務の状況に関して質

問させ，若しくは帳簿書類その他の物件を検査させることができる。

2 内閣総理大臣は，紛争解決等業務の公正かつ的確な遂行のため特に必要があると認めるときは，その必要の限度において，指定紛争解決機関の加入信託会社等若しくは当該指定紛争解決機関から業務の委託を受けた者に対し，当該指定紛争解決機関の業務に関し参考となるべき報告若しくは資料の提出を命じ，又は当該職員に，これらの者の営業所若しくは事務所その他の施設に立ち入らせ，当該指定紛争解決機関の業務の状況に関して質問させ，若しくはこれらの者の帳簿書類その他の物件を検査させることができる。

3 前二項の規定により立入検査をする職員は，その身分を示す証明書を携帯し，関係者に提示しなければならない。

4 第1項及び第2項の規定による立入検査の権限は，犯罪捜査のために認められたものと解してはならない。

第85条の22（業務改善命令） 内閣総理大臣は，指定紛争解決機関の紛争解決等業務の運営に関し，紛争解決等業務の公正かつ的確な遂行を確保するため必要があると認めるときは，当該指定紛争解決機関に対し，その必要の限度において，業務の運営の改善に必要な措置を命ずることができる。

2 内閣総理大臣は，指定紛争解決機関が次の各号のいずれかに該当する場合において，前項の規定による命令をしようとするときは，あらかじめ，法務大臣に協議しなければならない。

一 第85条の2第1項第五号から第七号までに掲げる要件（紛争解決手続の業務に係る部分に限り，同号に掲げる要件にあっては，第85条の7第4項各号及び第5項各号に掲げる基準に係るものに限る。以下この号において同じ。）に該当しないこととなった場合又は第85条の2第1項第五号から第七号までに掲げる要件に該当しないこととなるおそれがあると認められる場合

二 第85条の5，第85条の6，第85条の9又は第85条の13の規定に違反した場合（その違反行為が紛争解決手続の業務に係るものである場合に限る。）

第85条の23（紛争解決等業務の休廃止） 指定紛争解決機関は，紛争解決等業務の全部若しくは一部の休止（次項に規定する理由によるものを除く。）をし，又は廃止をしようとするときは，内閣総理大臣の認可を受けなければならない。

2 指定紛争解決機関が，天災その他のやむを得ない理由により紛争解決等業務の全部又は一部の休止をした場合には，直ちにその旨を，理由を付して内閣総理大臣に届け出なければならない。指定紛争解決機関が当該休止をした当該紛争解決等業務の全部又は一部を再開するときも，同様とする。

3 第1項の規定による休止若しくは廃止の認可を受け，又は前項の休止をした指定紛争解決機関は，当該休止又は

信 託 業 法　　*485*

廃止の日から2週間以内に，当該休止
又は廃止の日に苦情処理手続又は紛争
解決手続（他の指定紛争解決機関又は
他の法律の規定による指定であって紛
争解決等業務に相当する業務に係るも
のとして政令で定めるものを受けた者
（以下この項において「委託紛争解決
機関」という。）から業務の委託を受
けている場合における当該委託に係る
当該委託紛争解決機関の苦情を処理す
る手続又は紛争の解決を図る手続を含
む。次条第3項において同じ。）が実
施されていた当事者，当該当事者以外
の加入信託会社等及び他の指定紛争解
決機関に当該休止又は廃止をした旨を
通知しなければならない。指定紛争解
決機関が当該休止をした当該紛争解決
等業務の全部又は一部を再開するとき
も，同様とする。

第85条の24（指定の取消し等）　内閣
総理大臣は，指定紛争解決機関が次の
各号のいずれかに該当するときは，第
85条の2第1項の規定による指定を
取り消し，又は6月以内の期間を定め
て，その業務の全部若しくは一部の停
止を命ずることができる。

一　第85条の2第1項第二号から第
七号までに掲げる要件に該当しない
こととなったとき，又は指定を受け
た時点において同項各号のいずれか
に該当していなかったことが判明し
たとき。

二　不正の手段により第85条の2第
1項の規定による指定を受けたとき。

三　法令又は法令に基づく処分に違反

したとき。

2　内閣総理大臣は，指定紛争解決機関
が次の各号のいずれかに該当する場合
において，前項の規定による処分又は
命令をしようとするときは，あらかじ
め，法務大臣に協議しなければならな
い。

一　第85条の2第1項第五号から第
七号までに掲げる要件（紛争解決手
続の業務に係る部分に限り，同号に
掲げる要件にあっては，第85条の
7第4項各号及び第5項各号に掲げ
る基準に係るものに限る。以下この
号において同じ。）に該当しないこ
ととなった場合又は第85条の2第
1項の規定による指定を受けた時点
において同項第五号から第七号まで
に掲げる要件に該当していなかった
ことが判明した場合

二　第85条の5，第85条の6，第85
条の9又は第85条の13の規定に違
反した場合（その違反行為が紛争解
決手続の業務に係るものである場合
に限る。）

3　第1項の規定により第85条の2第
1項の規定による指定の取消しの処分
を受け，又はその業務の全部若しくは
一部の停止の命令を受けた者は，当該
処分又は命令の日から2週間以内に，
当該処分又は命令の日に苦情処理手続
又は紛争解決手続が実施されていた当
事者，当該当事者以外の加入信託会社
等及び他の指定紛争解決機関に当該処
分又は命令を受けた旨を通知しなけれ
ばならない。

4 内閣総理大臣は，第1項の規定により第85条の2第1項の規定による指定を取り消したときは，その旨を公告しなければならない。

第6章　雑則

第86条（財務大臣への資料提出等）　財務大臣は，その所掌に係る金融破綻処理制度及び金融危機管理に関し，信託業に係る制度の企画又は立案をするため必要があると認めるときは，内閣総理大臣に対し，必要な資料の提出及び説明を求めることができる。

2　財務大臣は，その所掌に係る金融破綻処理制度及び金融危機管理に関し，信託業に係る制度の企画又は立案をするため特に必要があると認めるときは，その必要の限度において，信託会社，外国信託会社又は信託契約代理店に対し，資料の提出，説明その他の協力を求めることができる。

第87条（権限の委任）　内閣総理大臣は，この法律による権限（政令で定めるものを除く。）を金融庁長官に委任する。

2　金融庁長官は，政令で定めるところにより，前項の規定により委任された権限の一部を財務局長又は財務支局長に委任することができる。

第88条（適用関係）　この法律及びこれに基づく命令以外の法令において「信託会社」とあるのは，別段の定めがない限り，外国信託会社を含むものとする。

第89条（内閣府令への委任）　この法律に定めるもののほか，この法律の規定による免許，登録，認可，承認及び指定に関する申請の手続，書類の提出の手続，記載事項及び保存期間その他この法律を実施するため必要な事項は，内閣府令で定める。

第90条（経過措置）　この法律の規定に基づき命令を制定し，又は改廃する場合においては，その命令で，その制定又は改廃に伴い合理的に必要とされる範囲内において，所要の経過措置（罰則に関する経過措置を含む。）を定めることができる。

第7章　罰則

第91条　次の各号のいずれかに該当する者は，3年以下の懲役若しくは300万円以下の罰金に処し，又はこれを併科する。

一　第3条の規定に違反して，免許を受けないで信託業を営んだ者

二　不正の手段により第3条又は第53条第1項の免許を受けた者

三　不正の手段により第7条第1項，第50条の2第1項，第52条第1項又は第54条第1項の登録を受けた者

四　第15条の規定に違反して，他人に信託業を営ませた者

五　第24条第1項第一号（第76条において準用する場合を含む。以下この号において同じ。）の規定に違反して，同項第一号に掲げる行為（第2条第3項各号に掲げる信託の引受けに係るものを除く。）をした者

六　第27条第1項の規定による報告書（第2条第3項各号に掲げる信託の引受けに係るものを除く。以下この号において同じ。）を交付せず，又は虚偽の記載をした報告書を交付した者

七　第50条の2第1項の規定に違反して，登録を受けないで信託法第3条第三号に掲げる方法による信託をした者

八　第67条第1項の規定に違反して，登録を受けないで信託契約代理業を営んだ者

九　不正の手段により第67条第1項の登録を受けた者

十　第73条の規定に違反して，他人に信託契約代理業を営ませた者

第92条　次の各号のいずれかに該当する者は，2年以下の懲役若しくは300万円以下の罰金に処し，又はこれを併科する。

一　第5条第8項又は第53条第9項の規定により付した条件に違反した者

二　第44条第1項又は第45条第1項の規定による業務の停止の命令に違反した者

三　第59条第1項又は第60条第1項の規定による業務の停止の命令に違反した者

四　第82条第1項の規定による業務の停止の命令に違反した者

第93条　次の各号のいずれかに該当する者は，1年以下の懲役若しくは300万円以下の罰金に処し，又はこれを併科する。

一　第4条第1項の規定による申請書又は同条第2項の規定によりこれに添付すべき書類に虚偽の記載をして提出した者

二　第8条第1項（第52条第2項において準用する場合を含む。）若しくは第50条の2第3項の規定による申請書又は第8条第2項（第52条第2項において準用する場合を含む。）若しくは第50条の2第4項の規定によりこれに添付すべき書類に虚偽の記載をして提出した者

三　第21条第2項（第63条第2項において準用する場合を含む。）の規定に違反して，承認を受けないで信託業，信託契約代理業，信託受益権売買等業務及び財産の管理業務以外の業務を営んだ者

四　第24条第1項第一号（第76条において準用する場合を含む。以下この号において同じ。）の規定に違反して，同項第一号に掲げる行為（第2条第3項各号に掲げる信託の引受けに係るものに限る。）をした者又は第24条第1項第三号若しくは第四号（これらの規定を第76条において準用する場合を含む。）の規定に違反して，これらの規定に掲げる行為をした者

五　第27条第1項の規定による報告書（第2条第3項各号に掲げる信託の引受けに係るものに限る。以下この号において同じ。）を交付せず，又は虚偽の記載をした報告書を交付

した者

六　第29条第2項の規定に違反した者

七　第33条の規定による報告書を提出せず，又は虚偽の報告書を提出した者

八　第34条第1項の規定による説明書類を公衆の縦覧に供せず，若しくは同条第3項の規定による電磁的記録に記録された情報を電磁的方法により不特定多数の者が提供を受けることができる状態に置く措置として内閣府令で定めるものをとらず，又は虚偽の記載をした説明書類を公衆の縦覧に供し，若しくは虚偽の記録をした電磁的記録に記録された情報を電磁的方法により不特定多数の者が提供を受けることができる状態に置く措置をとった者

九　第36条第2項の規定による申請書又は同条第3項の規定によりこれに添付すべき書類に虚偽の記載をして提出した者

十　第37条第2項の規定による申請書又は同条第3項の規定によりこれに添付すべき書類に虚偽の記載をして提出した者

十一　第38条第2項の規定による申請書又は同条第3項の規定によりこれに添付すべき書類に虚偽の記載をして提出した者

十二　第39条第2項（同条第5項（第63条第2項において準用する場合を含む。）及び第63条第2項において準用する場合を含む。）の規定

による申請書又は第39条第3項（同条第5項（第63条第2項において準用する場合を含む。）及び第63条第2項において準用する場合を含む。）の規定によりこれに添付すべき書類に虚偽の記載をして提出した者

十三　第41条第3項又は第5項の規定による公告をせず，又は虚偽の公告をした者

十四　第42条第1項（第50条第3項（第62条第2項において準用する場合を含む。）において準用する場合を含む。）若しくは第42条第2項若しくは第3項の規定による報告若しくは資料の提出をせず，又は虚偽の報告若しくは資料の提出をした者

十五　第42条第1項（第50条第3項（第62条第2項において準用する場合を含む。）において準用する場合を含む。）若しくは第42条第2項若しくは第3項の規定による当該職員の質問に対して答弁をせず，若しくは虚偽の答弁をし，又はこれらの規定による検査を拒み，妨げ，若しくは忌避した者

十六　第51条第2項の規定による届出をせず，又は同項の届出書若しくは同条第3項の規定によりこれに添付すべき書類に虚偽の記載をして提出した者

十七　第51条第4項の規定による命令に違反した者

十八　第51条第5項の規定による届出をせず，又は虚偽の届出をした者

十九　第51条第6項の規定による報告若しくは資料の提出をせず，又は虚偽の報告若しくは資料の提出をした者

二十　第51条第6項の規定による当該職員の質問に対して答弁をせず，若しくは虚偽の答弁をし，又はこの規定による検査を拒み，妨げ，若しくは忌避した者

二十一　第51条第8項又は第9項の規定に違反した者

二十二　第53条第2項の規定による申請書又は同条第3項の規定によりこれに添付すべき書類に虚偽の記載をして提出した者

二十三　第54条第3項の規定による申請書又は同条第4項の規定によりこれに添付すべき書類に虚偽の記載をして提出した者

二十四　第57条第3項又は第5項の規定による公告をせず，又は虚偽の公告をした者

二十五　第58条第1項若しくは第2項の規定による報告若しくは資料の提出をせず，又は虚偽の報告若しくは資料の提出をした者

二十六　第58条第1項若しくは第2項の規定による当該職員の質問に対して答弁をせず，若しくは虚偽の答弁をし，又はこの規定による検査を拒み，妨げ，若しくは忌避した者

二十七　第68条第1項の規定による申請書又は同条第2項の規定によりこれに添付すべき書類に虚偽の記載をして提出した者

二十八　第77条第1項の規定による報告書を提出せず，又は虚偽の報告書を提出した者

二十九　第78条第1項の規定による説明書類を公衆の縦覧に供せず，若しくは同条第2項の規定による電磁的記録に記録された情報を電磁的方法により不特定多数の者が提供を受けることができる状態に置く措置として内閣府令で定めるものをとらず，又は虚偽の記載をした説明書類を公衆の縦覧に供し，若しくは虚偽の記録をした電磁的記録に記録された情報を電磁的方法により不特定多数の者が提供を受けることができる状態に置く措置をとった者

三十　第80条第1項の規定による報告若しくは資料の提出をせず，又は虚偽の報告若しくは資料の提出をした者

三十一　第80条第1項の規定による当該職員の質問に対して答弁をせず，若しくは虚偽の答弁をし，又はこの規定による検査を拒み，妨げ，若しくは忌避した者

三十二　第85条の3第1項の規定による指定申請書又は同条第2項の規定によりこれに添付すべき書類若しくは電磁的記録に虚偽の記載又は記録をしてこれらを提出した者

三十三　第85条の9の規定に違反した者

三十四　第85条の20第1項の規定による報告書を提出せず，又は虚偽の記載をした報告書を提出した者

三十五 第85条の21第1項若しくは第2項の規定による報告若しくは資料の提出をせず，若しくは虚偽の報告若しくは資料の提出をし，又はこれらの規定による当該職員の質問に対して答弁をせず，若しくは虚偽の答弁をし，若しくはこれらの規定による検査を拒み，妨げ，若しくは忌避した者

三十六 第85条の22第1項の規定による命令に違反した者

第94条 次の各号のいずれかに該当する者は，1年以下の懲役若しくは100万円以下の罰金に処し，又はこれを併科する。

一 第6条の規定に違反して，認可を受けないで資本金の額を減少した者

二 第11条第5項の規定に違反して，信託業務を開始した者

三 第13条第1項の規定に違反して，認可を受けないで業務方法書を変更した者

四 第16条第1項の規定に違反して，承認を受けないで他の会社の常務に従事し，又は事業を営んだ者

五 第18条（第20条において準用する場合を含む。）の規定による命令に違反した者

六 第21条第4項（第63条第2項において準用する場合を含む。）の規定に違反して，承認を受けないで業務の内容又は方法を変更した者

七 第24条の2において準用する金融商品取引法（以下「準用金融商品取引法」という。）第39条第2項（第二号を除く。）の規定に違反した者

八 第85条の4第1項の規定に違反して，その職務に関して知り得た秘密を漏らし，又は自己の利益のために使用した者

第95条 前条第七号の場合において，犯人又は情を知った第三者が受けた財産上の利益は，没収する。その全部又は一部を没収することができないときは，その価額を追徴する。

2 金融商品取引法第209条の2（混和した財産の没収等）及び第209条の3第2項（没収の要件等）の規定は，前項の規定による没収について準用する。この場合において，同法第209条の2第1項中「第198条の2第1項又は第200条の2」とあるのは「信託業法第95条第1項」と，「この条，次条第1項及び第209条の4第1項」とあるのは「この項」と，「次項及び次条第1項」とあるのは「次項」と，同条第2項中「混和財産（第200条の2の規定に係る不法財産が混和したものに限る。）」とあるのは「混和財産」と，同法第209条の3第2項中「第198条の2第1項又は第200条の2」とあるのは「信託業法第95条第1項」と読み替えるものとする。

第96条 次の各号のいずれかに該当する者は，6月以下の懲役若しくは50万円以下の罰金に処し，又はこれを併科する。

一 第11条第8項の規定に違反して，供託を行わなかった者

信託業法　*491*

二　第17条第1項（第20条において
準用する場合を含む。）の規定によ
る届出書若しくは第17条第2項
（第20条において準用する場合を含
む。）の規定によりこれに添付すべ
き書類を提出せず，又は虚偽の届出
書若しくはこれに添付すべき書類を
提出した者

三　第21条第3項（第63条第2項に
おいて準用する場合を含む。）の規
定による申請書又はこれに添付すべ
き書類に虚偽の記載をして提出した
者

四　準用金融商品取引法第37条第1
項（第二号を除く。）に規定する事
項を表示せず，又は虚偽の表示をし
た者

五　準用金融商品取引法第37条第2
項の規定に違反した者

六　準用金融商品取引法第37条の3
第1項（第二号から第四号まで及び
第六号を除く。）の規定に違反し
て，書面を交付せず，若しくは同項
に規定する事項を記載しない書面若
しくは虚偽の記載をした書面を交付
した者又は同条第2項において準用
する金融商品取引法第34条の2第
4項に規定する方法により当該事項
を欠いた提供若しくは虚偽の事項の
提供をした者

七　第26条第1項の書面若しくは同
条第2項の電磁的方法が行われる場
合に当該方法により作られる電磁的
記録を交付せず，若しくは提供せ
ず，又は虚偽の書面若しくは電磁的

記録を交付し，若しくは提供した者

八　第29条第3項の規定による書面
を交付せず，又は虚偽の書面を交付
した者

第96条の2　第85条の11若しくは第
85条の13第9項の規定による記録の
作成若しくは保存をせず，又は虚偽の
記録を作成した者は，100万円以下の
罰金に処する。

第96条の3　第85条の23第1項の認
可を受けないで紛争解決等業務の全部
若しくは一部の休止又は廃止をした者
は，50万円以下の罰金に処する。

第97条　次の各号のいずれかに該当す
る者は，30万円以下の罰金に処する。

一　第12条第1項又は第2項の規定
による届出をせず，又は虚偽の届出
をした者

二　第13条第2項の規定による届出
をせず，又は虚偽の届出をした者

三　第14条第2項の規定に違反した
者

四　第19条（第20条において準用す
る場合を含む。）の規定による届出
をせず，又は虚偽の届出をした者

五　第41条第1項，第2項又は第4
項の規定による届出をせず，又は虚
偽の届出をした者

六　第56条第1項又は第2項の規定
による届出をせず，又は虚偽の届出
をした者

七　第57条第1項，第2項又は第4
項の規定による届出をせず，又は虚
偽の届出をした者

八　第57条第6項において準用する

会社法第955条第1項（調査記録簿等の記載等）の規定に違反して，調査記録簿等（同項に規定する調査記録簿等をいう。以下この号において同じ。）に同項に規定する電子公告調査に関し法務省令で定めるものを記載せず，若しくは記録せず，若しくは虚偽の記載若しくは記録をし，又は同項の規定に違反して調査記録簿等を保存しなかった者

九　第71条第1項又は第3項の規定による届出をせず，又は虚偽の届出をした者

十　第72条第1項の規定に違反した者

十一　第72条第2項の規定に違反して，同条第1項の標識又はこれに類似する標識を掲示した者

十二　第79条の規定による届出をせず，又は虚偽の届出をした者

十三　第85条の8第1項の規定による報告をせず，又は虚偽の報告をした者

十四　第85条の18第1項の規定による届出をせず，又は虚偽の届出をした者

十五　第85条の19の規定による届出をせず，又は虚偽の届出をした者

十六　第85条の23第2項の規定による届出をせず，又は虚偽の届出をした者

十七　第85条の23第3項の規定による通知をせず，又は虚偽の通知をした者

十八　第85条の24第3項の規定による通知をせず，又は虚偽の通知をした者

第98条　法人（法人でない団体で代表者又は管理人の定めのあるものを含む。以下この項において同じ。）の代表者又は法人若しくは人の代理人，使用人その他の従業者が，その法人又は人の業務又は財産に関し，次の各号に掲げる規定の違反行為をしたときは，行為者を罰するほか，その法人に対して当該各号に定める罰金刑を，その人に対して各本条の罰金刑を科する。

一　第91条第五号若しくは第六号又は第92条　3億円以下の罰金刑

二　第93条（第三号，第十三号，第二十四号及び第三十三号を除く。）2億円以下の罰金刑

三　第94条第五号又は第七号　1億円以下の罰金刑

四　第91条（第五号及び第六号を除く。），第93条第三号，第十三号，第二十四号若しくは第三十三号，第94条（第五号及び第七号を除く。）又は第96条から前条まで　各本条の罰金刑

2　前項の規定により法人でない団体を処罰する場合には，その代表者又は管理人がその訴訟行為につきその団体を代表するほか，法人を被告人又は被疑者とする場合の刑事訴訟に関する法律の規定を準用する。

第99条　次の各号のいずれかに該当する場合には，信託会社の役員若しくは清算人，外国信託会社の国内における代表者若しくは清算人又は信託契約代

理店（当該信託契約代理店が法人であるときは，その役員又は清算人）は，100万円以下の過料に処する。

一　第43条の規定による命令に違反したとき。

二　第55条第1項（第2項において準用する場合を含む。）又は第3項の規定に違反して，準備金を計上せず，又はこれを使用したとき。

三　第55条第4項の規定に違反して，資産を国内において保有しないとき。

四　第57条第6項において準用する会社法第941条（電子公告調査）の規定に違反して，同条の調査を求めなかったとき。

五　第75条の規定により行うべき財産の管理を行わないとき。

六　第81条の規定による命令に違反したとき。

七　信託法第34条の規定により行うべき信託財産の管理を行わないとき。

第100条　次の各号のいずれかに該当する者は，100万円以下の過料に処する。

一　第11条第4項の規定による命令に違反して，供託を行わなかった者

二　第29条の2の規定に違反して，重要な信託の変更又は信託の併合若しくは信託の分割を行った者

三　第50条の2第10項の規定に違反して，調査をさせなかった者

四　第57条第6項において準用する会社法第946条第3項（調査の義務等）の規定に違反して，報告をせ

ず，又は虚偽の報告をした者

五　正当な理由がないのに，第57条第6項において準用する会社法第951条第2項各号（財務諸表等の備置き及び閲覧等）又は第955条第2項各号（調査記録簿等の記載等）に掲げる請求を拒んだ者

六　第64条第1項又は第3項の規定による届出をせず，又は虚偽の届出をした者

七　第64条第2項の規定による報告若しくは資料の提出をせず，又は虚偽の報告若しくは資料の提出をした者

八　第66条の規定に違反した者

九　第85条の16の規定に違反した者

第101条　第85条の17の規定に違反した者は，10万円以下の過料に処する。

第8章　没収に関する手続等の特例

第102条（第三者の財産の没収手続等）　第95条第1項の規定により没収すべき財産である債権等（不動産及び動産以外の財産をいう。次条及び第104条において同じ。）が被告人以外の者（以下この条において「第三者」という。）に帰属する場合において，当該第三者が被告事件の手続への参加を許されていないときは，没収の裁判をすることができない。

2　第95条第1項の規定により，地上権，抵当権その他の第三者の権利がその上に存在する財産を没収しようとする場合において，当該第三者が被告事

件の手続への参加を許されていないときも，前項と同様とする。

3　金融商品取引法第209条の4第3項から第5項まで（第三者の財産の没収手続等）の規定は，地上権，抵当権その他の第三者の権利がその上に存在する財産を没収する場合において，第95条第2項において準用する同法第209条の3第2項（没収の要件等）の規定により当該権利を存続させるべきときについて準用する。この場合において，同法第209条の4第3項及び第4項中「前条第2項」とあるのは，「信託業法第95条第2項において準用する前条第2項」と読み替えるものとする。

4　第1項及び第2項に規定する財産の没収に関する手続については，この法律に特別の定めがあるもののほか，刑事事件における第三者所有物の没収手続に関する応急措置法（昭和38年法律第138号）の規定を準用する。

第103条（没収された債権等の処分等）　金融商品取引法第209条の5第1項（没収された債権等の処分等）の規定は第94条第七号の罪に関し没収された債権等について，同法第209条の5第2項の規定は同号の罪に関し没収すべき債権の没収の裁判が確定したときについて，同法第209条の6（没収の裁判に基づく登記等）の規定は権利の移転について登記又は登録を要する財産を同号の罪に関し没収する裁判に基づき権利の移転の登記又は登録を関係機関に嘱託する場合について，それぞ

れ準用する。

第104条（刑事補償の特例）　第94条第七号の罪に関し没収すべき債権等の没収の執行に対する刑事補償法（昭和25年法律第1号）による補償の内容については，同法第4条第6項（補償の内容）の規定を準用する。

　　附　則（抄）

第1条（施行期日）　この法律は，公布の日から起算して6月を超えない範囲内において政令で定める日（以下「施行日」という。）から施行する。ただし，附則第9条の規定は，公布の日から起算して3月を超えない範囲内において政令で定める日から施行する。

第2条（特定債権等に係る事業の規制に関する法律の廃止）　特定債権等に係る事業の規制に関する法律（平成4年法律第77号）は，廃止する。

第3条（特定債権の譲渡の公告等に係る経過措置）　この法律の施行前に前条の規定による廃止前の特定債権等に係る事業の規制に関する法律（以下「旧特定債権法」という。）第2条第3項に規定する特定事業者（以下この条において「特定事業者」という。）が旧特定債権法第6条（旧特定債権法第11条第1項において準用する場合及び旧特定債権法第11条の2の規定により適用する場合を含む。第4項及び第5項において同じ。）の規定により確認を受けた旧特定債権法第2条第1項に規定する特定債権（以下この条において「特定債権」という。）の譲渡

に係る計画（第4項の規定による特定債権の譲渡の総額の変更の確認を受けたときは，その変更後のもの）に従って，この法律の施行後に特定債権を譲渡した場合におけるその旨の公告については，旧特定債権法第7条及び第8条（これらの規定を旧特定債権法第11条第1項において準用する場合及び旧特定債権法第11条の2の規定により適用する場合を含む。次項及び第3項において同じ。）の規定は，この法律の施行後においても，なおその効力を有する。

2　この法律の施行前にした旧特定債権法第7条第1項の規定による公告については，旧特定債権法第8条第2項から第4項までの規定は，この法律の施行後においても，なおその効力を有する。

3　この法律の施行前に旧特定債権法第7条第1項の規定によりした公告又はこの法律の施行後に第1項の規定によりなお効力を有することとされた旧特定債権法第7条第1項の規定によりした公告により特定債権の譲渡について対抗要件が備えられたときは，旧特定債権法第9条（旧特定債権法第11条第1項において準用する場合及び旧特定債権法第11条の2の規定により適用する場合を含む。）の規定は，この法律の施行後においても，なおその効力を有する。

4　この法律の施行前に旧特定債権法第6条の規定により確認を受けた特定事業者は，当該確認を受けた特定債権の譲渡の総額の変更（特定債権の譲渡の総額の増加に係るものに限る。）をしようとするときは，この法律の施行後においても，当該変更後の特定債権の譲渡に係る計画を経済産業大臣に提出して，その計画が旧特定債権法第6条各号に適合する旨の確認を受けることができる。

5　この法律の施行前に特定事業者が旧特定債権法第6条の規定により確認を受けた特定債権の譲渡に係る計画（この法律の施行後に前項の規定による特定債権の譲渡の総額の変更の確認を受けたものを含む。）については，旧特定債権法第10条（旧特定債権法第11条第1項において準用する場合及び旧特定債権法第11条の2の規定により適用する場合を含む。）の規定は，この法律の施行後においても，なおその効力を有する。

第4条（指定調査機関の役員又は職員であった者に係る経過措置）　旧特定債権法第12条第1項に規定する調査業務に従事する同項に規定する指定調査機関の役員又は職員であった者に係る当該調査業務に関して知り得た秘密を漏らしてはならない義務については，この法律の施行後も，なお従前の例による。

第5条（特定債権等譲受業者に係る経過措置）　旧特定債権法第3条の規定により届け出た計画に従ってこの法律の施行前に旧特定債権法第2条第2項に規定する特定債権等（以下この条において「特定債権等」という。）を譲り

受けた旧特定債権法第2条第5項に規定する特定債権等譲受業者（旧特定債権法第66条の規定により特定債権等譲受業者とみなされた者を含む。）については，旧特定債権法第36条から第39条まで，第41条，第43条から第49条まで，第67条，第70条及び第72条から第74条までの規定は，当該特定債権等に係る旧特定債権法第2条第6項に規定する小口債権についての債務の弁済が完了するまでの間は，なおその効力を有する。

第6条（小口債権販売業者に係る経過措置）　この法律の施行の際に旧特定債権法第52条の規定による許可を受けている者は，この法律の施行の日から起算して6月を経過する日又は当該者が同条の許可（その更新を含む。）を受けた直近の日から起算して6年を経過した日のいずれか早い日までの間は，この法律による改正後の信託業法（以下「新信託業法」という。）第86条第1項の登録を受けないで，信託受益権販売業（当該許可を受けた小口債権販売業に該当する部分に限る。）を従前の例により引き続き営むことができる。その者がその期間内に同項の登録の申請をした場合において，その期間を経過したときは，その申請について登録又は登録の拒否の処分があるまでの間も，同様とする。

2　前項に規定する期間は，同項の規定により従前の例によることとされる旧特定債権法第65条において準用する旧特定債権法第50条の規定により同

項に規定する許可を受けている者の当該許可が取り消された場合又はその業務の停止が命じられた場合には，当該処分があった日までの間とする。

第7条（信託業法に関する適用関係）　新信託業法第22条及び第23条（これらの規定を附則第15条の規定による改正後の金融機関の信託業務の兼営等に関する法律（以下「新兼営法」という。）第2条第1項及び附則第80条の規定による改正後の保険業法（平成7年法律第105号。以下「新保険業法」という。）第99条第8項において準用する場合を含む。）の規定は，施行日以後に行われる信託業務の委託について適用する。

2　新信託業法第24条から第26条まで，第28条及び第29条（これらの規定を新兼営法第2条第1項及び新保険業法第99条第8項において準用する場合を含む。）の規定は，施行日以後に行われる信託の引受けについて適用する。

3　新信託業法第27条（新兼営法第2条第1項及び新保険業法第99条第8項において準用する場合を含む。）の規定は，施行日以後に計算期間を開始する信託財産について適用する。

4　新信託業法第65条及び第66条の規定は，施行日以後に引き受けられる信託に係る信託財産について適用する。

5　新信託業法第74条及び第75条（これらの規定を新兼営法第2条第2項及び新保険業法第99条第9項の規定により適用する場合を含む。）の規定，

第76条（新兼営法第2条第2項及び新保険業法第99条第9項の規定により適用する場合を含む。）において準用する第24条及び第25条の規定並びに第85条（新兼営法第2条第2項及び新保険業法第99条第9項の規定により適用する場合を含む。）の規定は，施行日以後に行われる信託契約の締結の代理（信託会社又は外国信託会社を代理する場合に限る。）又は媒介について適用する。

6　新信託業法第94条及び第95条（これらの規定を新信託業法第105条第2項（新兼営法第2条第3項において準用する場合を含む。）の規定により適用する場合を含む。）の規定並びに第96条（新信託業法第105条第2項（新兼営法第2条第3項において準用する場合を含む。）の規定により適用する場合を含む。）において準用する第24条の規定は，施行日以後に行われる新信託業法第91条第6項に規定する信託受益権の販売等について適用する。

第8条（供託に関する経過措置）　この法律の施行の際現にこの法律による改正前の信託業法（次項において「旧信託業法」という。）第7条（附則第15条の規定による改正前の金融機関の信託業務の兼営等に関する法律（以下「旧兼営法」という。）第4条及び附則第80条の規定による改正前の保険業法（次項において「旧保険業法」という。）第99条第8項において準用する場合を含む。）の規定により供託されている供託物は，新信託業法第11条第1項（新兼営法第4条第1項及び新保険業法第99条第8項において準用する場合を含む。）の規定により供託された営業保証金とみなす。

2　前項の場合において，この法律の施行の際現に旧信託業法第8条（旧兼営法第4条及び旧保険業法第99条第8項において準用する場合を含む。）の規定による供託物の上に存する受益者の優先権は，新信託業法第11条第6項（新兼営法第4条第1項及び新保険業法第99条第8項において準用する場合を含む。）に規定する権利とみなす。

第9条（準備行為）　新信託業法第3条若しくは第53条第1項の免許又は新信託業法第7条第1項，第52条第1項，第54条第1項，第67条第1項若しくは第86条第1項の登録を受けようとする者は，この法律の施行前においても，新信託業法第4条，第8条（第52条第2項において準用する場合を含む。），第53条，第54条，第68条又は第87条の規定の例により，その申請を行うことができる。

2　前項の規定による申請に係る申請書又はこれに添付すべき書類に虚偽の記載をして提出した者は，1年以下の懲役若しくは300万円以下の罰金に処し，又はこれを併科する。

3　法人（法人でない団体で代表者又は管理人の定めのあるものを含む。以下この項において同じ。）の代表者又は法人若しくは人の代理人，使用人その他の従業者が，その法人又は人の業務

に関し，前項の違反行為をしたとき
は，行為者を罰するほか，その法人に
対して2億円以下の罰金刑を，その人
に対して同項の罰金刑を科する。

4　前項の規定により法人でない団体を
処罰する場合には，その代表者又は管
理人がその訴訟行為につきその団体を
代表するほか，法人を被告人又は被疑
者とする場合の刑事訴訟に関する法律
の規定を準用する。

第121条（処分等の効力）　この法律の
施行前のそれぞれの法律（これに基づ
く命令を含む。以下この条において同
じ。）の規定によってした処分，手続
その他の行為であって，改正後のそれ
ぞれの法律の規定に相当の規定がある
ものは，この附則に別段の定めがある
ものを除き，改正後のそれぞれの法律
の相当の規定によってしたものとみな
す。

第122条（罰則に関する経過措置）　こ
の法律の施行前にした行為並びにこの
附則の規定によりなお従前の例による
こととされる場合及びこの附則の規定
によりなおその効力を有することとさ
れる場合におけるこの法律の施行後に
した行為に対する罰則の適用について
は，なお従前の例による。

第123条（その他の経過措置の政令への
委任）　この附則に規定するもののほ
か，この法律の施行に伴い必要な経過
措置は，政令で定める。

第124条（検討）　政府は，この法律の
施行後3年以内に，この法律の施行の
状況について検討を加え，必要がある

と認めるときは，その結果に基づいて
所要の措置を講ずるものとする。

　　　附　則（平成14年6月12日法律第
　　　　　　65号）（抄）

第1条（施行期日）　この法律は，平成
15年1月6日から施行する。ただし，
次の各号に掲げる規定は，当該各号に
定める日から施行する。

2　第3条並びに附則第3条，第58条
から第78条まで及び第82条の規定
この法律の施行の日（以下「施行日」
という。）から起算して5年を超えな
い範囲内において政令で定める日

第59条（信託業法の一部改正に伴う経
過措置）　附則第3条の規定によりな
おその効力を有するものとされる旧社
債等登録法の規定による登録社債等に
ついては，前条の規定による改正前の
信託業法第30条第1項の規定は，な
おその効力を有する。

第84条（罰則の適用に関する経過措置）
この法律（附則第1条各号に掲げる規
定にあっては，当該規定。以下この条
において同じ。）の施行前にした行為
及びこの附則の規定によりなお従前の
例によることとされる場合におけるこ
の法律の施行後にした行為に対する罰
則の適用については，なお従前の例に
よる。

第85条（その他の経過措置の政令への
委任）　この附則に規定するもののほ
か，この法律の施行に関し必要な経過
措置は，政令で定める。

第86条（検討）　政府は，この法律の施

信 託 業 法 　*499*

行後5年を経過した場合において新社債等振替法，金融商品取引法の施行状況，社会経済情勢の変化等を勘案し，新社債等振替法第2条第11項に規定する加入者保護信託，金融商品取引法第2条第29項に規定する金融商品取引清算機関に係る制度について検討を加え，必要があると認めるときは，その結果に基づいて所要の措置を講ずるものとする。

　　附　則（平成16年6月2日法律第76号）（抄）

第1条（施行期日）　この法律は，破産法（平成16年法律第75号。次条第8項並びに附則第3条第8項，第5条第8項，第16項及び第21項，第8条第3項並びに第13条において「新破産法」という。）の施行の日から施行する。

　　附　則（平成16年6月9日法律第88号）（抄）

第1条（施行期日）　この法律は，公布の日から起算して5年を超えない範囲内において政令で定める日（以下「施行日」という。）から施行する。

第135条（罰則の適用に関する経過措置）　この法律の施行前にした行為並びにこの附則の規定によりなお従前の例によることとされる場合及びなおその効力を有することとされる場合におけるこの法律の施行後にした行為に対する罰則の適用については，なお従前の例による。

第136条（その他の経過措置の政令への委任）　この附則に規定するもののほか，この法律の施行に関し必要な経過措置は，政令で定める。

第137条（検討）　政府は，この法律の施行後5年を経過した場合において，この法律による改正後の規定の実施状況，社会経済情勢の変化等を勘案し，この法律による改正後の株式等の取引に係る決済制度について検討を加え，必要があると認めるときは，その結果に基づいて所要の措置を講ずるものとする。

　　附　則（平成16年6月18日法律第124号）（抄）

第1条（施行期日）　この法律は，新不動産登記法の施行の日から施行する。

第2条（経過措置）　この法律の施行の日が行政機関の保有する個人情報の保護に関する法律の施行の日後である場合には，第52条のうち商業登記法第114条の3及び第117条から第119条までの改正規定中「第114条の3」とあるのは，「第114条の4」とする。

　　附　則（平成17年7月6日法律第82号）（抄）

第1条（施行期日）　この法律は，平成19年4月1日から施行する。

　　附　則（平成17年7月26日法律第87号）（抄）

この法律は，会社法の施行の日から施行する。

附　則（平成 17 年 10 月 21 日法律
　　　　第 102 号）（抄）

第 1 条（施行期日）　この法律は，郵政
　民営化法の施行の日から施行する。た
　だし，第 62 条中租税特別措置法第 84
　条の 5 の見出しの改正規定及び同条に
　一項を加える改正規定，第 124 条中証
　券決済制度等の改革による証券市場の
　整備のための関係法律の整備等に関す
　る法律附則第 1 条第二号の改正規定及
　び同法附則第 85 条を同法附則第 86 条
　とし，同法附則第 82 条から第 84 条ま
　でを一条ずつ繰り下げ，同法附則第
　81 条の次に一条を加える改正規定並
　びに附則第 30 条，第 31 条，第 34
　条，第 60 条第 12 項，第 66 条第 1
　項，第 67 条及び第 93 条第 2 項の規定
　は，郵政民営化法附則第 1 条第一号に
　掲げる規定の施行の日から施行する。
第 117 条（罰則に関する経過措置）　こ
　の法律の施行前にした行為，この附則
　の規定によりなお従前の例によること
　とされる場合におけるこの法律の施行
　後にした行為，この法律の施行後附則
　第 9 条第 1 項の規定によりなおその効
　力を有するものとされる旧郵便為替法
　第 38 条の 8（第二号及び第三号に係
　る部分に限る。）の規定の失効前にし
　た行為，この法律の施行後附則第 13
　条第 1 項の規定によりなおその効力を
　有するものとされる旧郵便振替法第
　70 条（第二号及び第三号に係る部分
　に限る。）の規定の失効前にした行
　為，この法律の施行後附則第 27 条第
　1 項の規定によりなおその効力を有す

　るものとされる旧郵便振替預り金寄附
　委託法第 8 条（第二号に係る部分に限
　る。）の規定の失効前にした行為，こ
　の法律の施行後附則第 39 条第 2 項の
　規定によりなおその効力を有するもの
　とされる旧公社法第 70 条（第二号に
　係る部分に限る。）の規定の失効前に
　した行為，この法律の施行後附則第
　42 条第 1 項の規定によりなおその効
　力を有するものとされる旧公社法第
　71 条及び第 72 条（第十五号に係る部
　分に限る。）の規定の失効前にした行
　為並びに附則第 2 条第 2 項の規定の適
　用がある場合における郵政民営化法第
　104 条に規定する郵便貯金銀行に係る
　特定日前にした行為に対する罰則の適
　用については，なお従前の例による。

　　附　則（平成 18 年 6 月 14 日法律第
　　　　　　65 号）（抄）

第 1 条（施行期日）　この法律は，公布
　の日から起算して 1 年 6 月を超えない
　範囲内において政令で定める日（以下
　「施行日」という。）から施行する。た
　だし，次の各号に掲げる規定は，当該
　各号に定める日から施行する。
　一　第 1 条の規定，第 8 条中農業協同
　　組合法第 30 条の 4 第 2 項第二号の
　　改正規定（「第 197 条第 1 項第一号
　　から第四号まで若しくは第七号若し
　　くは第 2 項，第 198 条第一号から第
　　十号まで，第十八号若しくは第十九
　　号」を「第 197 条，第 197 条の 2 第
　　一号から第十号まで若しくは第十三
　　号，第 198 条第八号」に改める部分

に限る。），第9条中水産業協同組合法第34条の4第2項第二号の改正規定（「第197条第1項第一号から第四号まで若しくは第七号若しくは第2項，第198条第一号から第十号まで，第十八号若しくは第十九号」を「第197条，第197条の2第一号から第十号まで若しくは第十三号，第198条第八号」に改める部分に限る。），第11条中協同組合による金融事業に関する法律第5条の4第四号の改正規定（「第197条第1項第一号から第四号まで若しくは第七号若しくは第2項」を「第197条」に，「第198条第一号から第十号まで，第十八号若しくは第十九号（有価証券の無届募集等の罪）」を「第197条の2第一号から第十号まで若しくは第十三号（有価証券の無届募集等の罪），第198条第八号（裁判所の禁止又は停止命令違反の罪）」に改める部分に限る。），第13条中信用金庫法第34条第四号の改正規定（「第197条第1項第一号から第四号まで若しくは第七号若しくは第2項」を「第197条」に，「第198条第一号から第十号まで，第十八号若しくは第十九号（有価証券の無届募集等の罪）」を「第197条の2第一号から第十号まで若しくは第十三号（有価証券の無届募集等の罪），第198条第八号（裁判所の禁止又は停止命令違反の罪）」に改める部分に限る。），第15条中労働金庫法第34条第四号の改正規定（「第197条

第1項第一号から第四号まで若しくは第七号若しくは第2項」を「第197条」に，「第198条第一号から第十号まで，第十八号若しくは第十九号（有価証券の無届募集等の罪）」を「第197条の2第一号から第十号まで若しくは第十三号（有価証券の無届募集等の罪），第198条第八号（裁判所の禁止又は停止命令違反の罪）」に改める部分に限る。），第18条中保険業法第53条の2第1項第三号の改正規定（「第197条第1項第一号から第四号まで若しくは第七号若しくは第2項」を「第197条」に，「第198条第一号から第十号まで，第十八号若しくは第十九号（有価証券の無届募集等の罪）」を「第197条の2第一号から第十号まで若しくは第十三号（有価証券の無届募集等の罪），第198条第八号（裁判所の禁止又は停止命令違反の罪）」に改める部分に限る。），第19条中農林中央金庫法第24条の4第四号の改正規定（「第197条第1項第一号から第四号まで若しくは第七号若しくは第2項，第198条第一号から第十号まで，第十八号若しくは第十九号」を「第197条，第197条の2第一号から第十号まで若しくは第十三号，第198条第八号」に改める部分に限る。）並びに附則第2条，第4条，第182条第1項，第184条第1項，第187条第1項，第190条第1項，第193条第1項，第196条第1項及び第198条第1項の規定　公布

の日から起算して 20 日を経過した日

二　附則第 3 条の規定　犯罪の国際化及び組織化並びに情報処理の高度化に対処するための刑法等の一部を改正する法律（平成 18 年法律第 109 号）の施行の日又は前号に掲げる規定の施行の日のいずれか遅い日

三　第 2 条の規定（証券取引法第 27 条の 23 の改正規定（「第 27 条の 25 第 1 項」の下に「及び第 27 条の 26」を加える部分を除く。），同法第 27 条の 24 の改正規定，同法第 27 条の 25 の改正規定，同法第 27 条の 26 の改正規定（「株券等の発行者である会社の事業活動を支配する」を「株券等の発行者の事業活動に重大な変更を加え，又は重大な影響を及ぼす行為として政令で定めるもの（第 4 項及び第 5 項において「重要提案行為等」という。）を行う」に改める部分及び同条に三項を加える部分を除く。），同法第 27 条の 27 の改正規定及び同法第 27 条の 30 の 2 の改正規定（「第 27 条の 10 第 2 項」を「第 27 条の 10 第 8 項及び第 12 項」に改める部分及び「第 27 条の 10 第 1 項」の下に「若しくは第 11 項」を加える部分を除く。）並びに附則第 7 条，第 8 条及び第 12 条の規定　公布の日から起算して 6 月を超えない範囲内において政令で定める日

四　第 2 条中証券取引法第 27 条の 23 の改正規定（「第 27 条の 25 第 1 項」の下に「及び第 27 条の 26」を加える部分を除く。），同法第 27 条の 24 の改正規定，同法第 27 条の 25 の改正規定，同法第 27 条の 26 の改正規定（「株券等の発行者である会社の事業活動を支配する」を「株券等の発行者の事業活動に重大な変更を加え，又は重大な影響を及ぼす行為として政令で定めるもの（第 4 項及び第 5 項において「重要提案行為等」という。）を行う」に改める部分及び同条に三項を加える部分を除く。），同法第 27 条の 27 の改正規定及び同法第 27 条の 30 の 2 の改正規定（「第 27 条の 10 第 2 項」を「第 27 条の 10 第 8 項及び第 12 項」に改める部分及び「第 27 条の 10 第 1 項」の下に「若しくは第 11 項」を加える部分を除く。）並びに附則第 9 条から第 11 条まで及び第 13 条の規定　公布の日から起算して 1 年を超えない範囲内において政令で定める日

五　第 4 条の規定　一般社団法人及び一般財団法人に関する法律（平成 18 年法律第 48 号）の施行の日

第 200 条（信託業法の一部改正に伴う経過措置）　この法律の施行の際現に旧信託業法第 86 条第 1 項の登録を受けている者（銀行，協同組織金融機関その他政令で定める金融機関を除く。）は，施行日において新金融商品取引法第 29 条の登録（当該登録を受けたものとみなされる金融商品取引業者が第 2 種金融商品取引業を行うものに限

る。）を受けたものとみなす。この場合において，新金融商品取引法第57条第3項及び第194条の4第1項の規定は，適用しない。

2　前項の規定により新金融商品取引法第29条の登録を受けたものとみなされる者（以下「みなし登録第2種業者」という。）は，施行日から起算して3月以内に新金融商品取引法第29条の2第1項各号に掲げる事項を記載した書類及び同条第2項各号に掲げる書類を内閣総理大臣に提出しなければならない。

3　内閣総理大臣は，前項の規定による書類の提出があったときは，当該書類に記載された新金融商品取引法第29条の2第1項各号に掲げる事項及び新金融商品取引法第29条の3第1項第二号に掲げる事項を金融商品取引業者登録簿に登録するものとする。

第201条　この法律の施行の際現に旧信託業法第86条第1項の登録を受けている者（銀行，協同組織金融機関その他政令で定める金融機関に限る。）は，施行日において新金融商品取引法第33条の2の登録を受けたものとみなす。この場合において，新金融商品取引法第57条第3項及び第194条の4第1項の規定は，適用しない。

2　前項の規定により新金融商品取引法第33条の2の登録を受けたものとみなされる者は，施行日から起算して3月以内に新金融商品取引法第33条の3第1項各号に掲げる事項を記載した書類及び同条第2項各号に掲げる書類

を内閣総理大臣に提出しなければならない。

3　内閣総理大臣は，前項の規定による書類の提出があったときは，当該書類に記載された新金融商品取引法第33条の3第1項各号に掲げる事項及び新金融商品取引法第33条の4第1項第二号に掲げる事項を金融機関登録簿に登録するものとする。

第202条　旧信託業法第102条第1項又は第2項の規定により登録を取り消され，又は解任を命ぜられた者（銀行，協同組織金融機関その他政令で定める金融機関又はその役員を除く。）は，その処分を受けた日において，新金融商品取引法第52条第1項又は第2項の規定により登録を取り消され，又は解任を命ぜられたものとみなす。

2　旧信託業法第102条第1項又は第2項（これらの規定を旧信託業法第105条第2項の規定により適用する場合を含む。）の規定により登録を取り消され，又は解任を命ぜられた者（銀行，協同組織金融機関その他政令で定める金融機関又はその役員に限る。）は，その処分を受けた日において，新金融商品取引法第52条の2第1項又は第2項の規定により登録を取り消され，又は解任を命ぜられたものとみなす。

第203条　新金融商品取引法第29条の4第1項（第四号に係る部分に限る。）及び第52条第1項（第二号に係る部分に限る。）の規定は，みなし登録第2種業者については，施行日から起算して6月を経過する日までの間は，適

用しない。

2 この法律の施行の際現に旧信託業法第91条第1項の規定により営業保証金を供託しているみなし登録第2種業者は，施行日において新金融商品取引法第31条の2第1項の規定により営業保証金を供託したものとみなす。

3 前項の規定により営業保証金の供託をしたものとみなされる者は，同項の規定にかかわらず，政令で定めるところにより，当該供託に係る営業保証金を取り戻すことができる。

4 前項の営業保証金の取戻しは，施行日前に当該営業保証金につき旧信託業法第91条第6項の権利を有していた者に対し，6月を下らない一定期間内に申し出るべき旨を公告し，この期間中にその申出がなかった場合でなければ，これをすることができない。

5 前項の公告その他営業保証金の取戻しに関し必要な手続は，内閣府令・法務省令で定める。

第204条 信託会社等（信託会社，生命保険会社（改正保険業法第2条第3項に規定する生命保険会社をいう。）又は外国生命保険会社等（改正保険業法第2条第8項に規定する外国生命保険会社等をいう。）をいう。）は，この法律の施行後最初に特定信託契約（第20条の規定による改正後の信託業法（以下「新信託業法」という。）第24条の2（改正保険業法第99条第8項（改正保険業法第199条において準用する場合を含む。）において準用する場合を含む。以下この条において同

じ。）に規定する特定信託契約をいう。）の申込みを顧客（新金融商品取引法第2条第31項第四号に掲げる者に限る。）から受けた場合であって，この法律の施行前に，当該顧客に対し，この法律の施行後に当該顧客が新信託業法第24条の2において準用する新金融商品取引法第34条の2第1項の規定による申出ができる旨を新信託業法第24条の2において準用する新金融商品取引法第34条の例により告知しているときには，当該顧客に対し，新信託業法第24条の2において準用する新金融商品取引法第34条に規定する告知をしたものとみなす。

第205条 新金融商品取引法第31条第1項から第3項までの規定は，みなし登録第2種業者については，当該みなし登録第2種業者が附則第200条第2項の規定により同項に規定する書類を提出する日までの間は，適用しない。

第206条 新金融商品取引法第33条の6の規定は，附則第201条第1項の規定により新金融商品取引法第33条の2の登録を受けたものとみなされる者については，当該者が附則第201条第2項の規定により同項に規定する書類を提出する日までの間は，適用しない。

第207条 新金融商品取引法第47条の2（新金融商品取引法第65条の5第2項の規定により適用する場合を含む。）の規定は，施行日以後に終了する事業年度に係る同条（同項の規定により適用する場合を含む。）の事業報告書に

ついて適用し，施行日前に終了した事業年度については，なお従前の例による。

第208条　新金融商品取引法第47条の3（新金融商品取引法第65条の5第2項の規定により適用する場合を含む。）の規定は，施行日以後に終了する事業年度に係る同条（同項の規定により適用する場合を含む。）に規定する説明書類について適用し，施行日前に終了した事業年度については，なお従前の例による。

第209条　新金融商品取引法第48条の2第1項及び第3項の規定は，施行日以後に終了する事業年度に係る同条第1項の事業報告書について適用し，施行日前に終了した事業年度については，なお従前の例による。

第210条　施行日前に銀行，協同組織金融機関その他政令で定める金融機関以外の者に対してされた旧信託業法第101条（旧信託業法第105条第2項の規定により適用する場合を含む。）の規定による処分は，新金融商品取引法第51条（新金融商品取引法第65条の5第2項の規定により適用する場合を含む。）の規定による処分とみなす。

第201条　施行日前に銀行，協同組織金融機関その他政令で定める金融機関に対してされた旧信託業法第101条（旧信託業法第105条第2項の規定により適用する場合を含む。）の規定による処分は，新金融商品取引法第51条の2の規定による処分とみなす。

第212条　銀行，協同組織金融機関その他政令で定める金融機関以外の者が施行日前にした旧信託業法第102条第1項第三号（旧信託業法第105条第2項の規定により読み替えて適用する場合を含む。）に該当する行為は，新金融商品取引法第52条第1項第六号（新金融商品取引法第65条の5第2項の規定により適用する場合を含む。）に該当する行為とみなして，新金融商品取引法第52条第1項（新金融商品取引法第65条の5第2項において適用する場合を含む。）の規定を適用する。

2　新金融商品取引法第52条第2項の規定は，この法律の施行の際現に新金融商品取引法第29条の4第1項第二号イからトまでのいずれかに該当しているみなし登録第2種業者の役員である者（旧信託業法第5条第2項第八号イからチまでのいずれかに該当している者を除く。）が，引き続き新金融商品取引法第29条の4第1項第二号イからトまでのいずれかに該当している場合については，施行日から起算して5年を経過する日までの間は，適用しない。

3　施行日前に銀行，協同組織金融機関その他政令で定める金融機関以外の者に対してされた旧信託業法第102条第1項又は第2項（これらの規定を旧信託業法第105条第2項の規定により読み替えて適用する場合を含む。）の規定による処分は，新金融商品取引法第52条第1項又は第2項（これらの規定を新金融商品取引法第65条の5第2項の規定により適用する場合を含

む。）の規定による処分とみなす。

第213条　銀行，協同組織金融機関その他政令で定める金融機関が施行日前にした旧信託業法第102条第1項第三号（旧信託業法第105条第2項の規定により読み替えて適用する場合を含む。）に該当する行為は，新金融商品取引法第52条の2第1項第三号に該当する行為とみなして，同項の規定を適用する。

2　施行日前に銀行，協同組織金融機関その他政令で定める金融機関に対してされた旧信託業法第102条第1項又は第2項（これらの規定を旧信託業法第105条第2項の規定により読み替えて適用する場合を含む。）の規定による処分は，新金融商品取引法第52条の2第1項又は第2項の規定による処分とみなす。

第214条　新金融商品取引法第54条の規定の適用については，この法律の施行の際現に旧信託業法第86条第1項の登録を受けている者（銀行，協同組織金融機関その他政令で定める金融機関を除く。）は，附則第200条第1項の規定にかかわらず，その登録を受けた日において，新金融商品取引法第29条の登録を受けたものとみなす。

2　新金融商品取引法第54条の規定の適用については，この法律の施行の際現に旧信託業法第86条第1項の登録を受けている者（銀行，協同組織金融機関その他政令で定める金融機関に限る。）は，附則第201条第1項の規定にかかわらず，その登録を受けた日に

おいて新金融商品取引法第33条の2の登録を受けたものとみなす。

第215条　新信託業法第5条第2項第八号トの適用については，旧信託業法第102条第2項又はこれに相当する外国の法令の規定により解任を命ぜられた取締役若しくは執行役若しくは監査役又はこれらに準ずる者でその処分を受けた日から5年を経過しない者は，新信託業法第5条第2項第八号トに該当する者とみなす。

第216条（権限の委任）　内閣総理大臣は，この附則の規定による権限（政令で定めるものを除く。）を金融庁長官に委任する。

2　前項の規定により金融庁長官に委任された権限については，政令で定めるところにより，その一部を財務局長又は財務支局長に委任することができる。

第217条（処分等の効力）　この法律の施行前にした旧証券取引法，旧投資信託法若しくは旧信託業法又はこれらに基づく命令の規定によってした処分，手続その他の行為であって，新金融商品取引法の規定に相当の規定があるものは，この附則に別段の定めがあるものを除き，新金融商品取引法の相当の規定によってしたものとみなす。

第218条（罰則の適用に関する経過措置）　この法律（附則第1条各号に掲げる規定にあっては，当該規定。以下この条において同じ。）の施行前にした行為並びにこの附則の規定によりなお従前の例によることとされる場合及

信 託 業 法　　*507*

びなおその効力を有することとされる場合におけるこの法律の施行後にした行為に対する罰則の適用については，なお従前の例による。

第219条（その他の経過措置の政令等への委任）　この附則に規定するもののほか，この法律の施行に関し必要な経過措置は，政令で定める。

2　第3条の規定による証券取引法の一部改正に伴う登記に関する手続について必要な経過措置は，法務省令で定める。

第220条（検討）　政府は，この法律の施行後5年以内に，この法律の施行の状況について検討を加え，必要があると認めるときは，その結果に基づいて所要の措置を講ずるものとする。

　　　附　則（平成18年12月15日法律第109号）（抄）

この法律は，新信託法の施行の日から施行する。

　　　附　則（平成20年6月13日法律第65号）（抄）

第1条（施行期日）　この法律は，公布の日から起算して6月を超えない範囲内において政令で定める日から施行する。

第40条（罰則の適用に関する経過措置）　この法律（附則第1条各号に掲げる規定にあっては，当該規定。以下この条において同じ。）の施行前にした行為及びこの附則の規定によりなお従前の例によることとされる場合におけるこ

の法律の施行後にした行為に対する罰則の適用については，なお従前の例による。

第41条（政令への委任）　附則第2条から第19条までに定めるもののほか，この法律の施行に関し必要な経過措置は，政令で定める。

第42条（検討）　政府は，この法律の施行後5年以内に，この法律による改正後の規定の実施状況について検討を加え，必要があると認めるときは，その結果に基づいて所要の措置を講ずるものとする。

　　　附　則（平成21年6月10日法律第51号）（抄）

第1条（施行期日）　この法律は，公布の日から起算して1年を超えない範囲内において政令で定める日（以下「施行日」という。）から施行する。

　　　附　則（平成21年6月24日法律第58号）（抄）

第1条（施行期日）　この法律は，公布の日から起算して1年を超えない範囲内において政令で定める日から施行する。ただし，次の各号に掲げる規定は，当該各号に定める日から施行する。

三　第1条中金融商品取引法第37条の6の次に一条を加える改正規定，同法第38条，第45条第一号，第59条の6，第60条の13及び第66条の14第一号ロの改正規定，同法第77条に一項を加える改正規定，

同法第77条の2に一項を加える改正規定，同法第79条の13の改正規定並びに同法第156条の31の次に一条を加える改正規定，第2条中無尽業法目次の改正規定（「第13条」を「第13条ノ2」に改める部分に限る。），同法第9条の改正規定及び同法第2章中第13条の次に一条を加える改正規定，第3条中金融機関の信託業務の兼営等に関する法律第2条第1項及び第2条の2の改正規定，第4条中農業協同組合法第11条の2の4の改正規定，同法第11条の3の次に一条を加える改正規定，同法第11条の10の3の改正規定，同法第11条の12の2を同法第11条の12の3とし，同法第11条の12の次に一条を加える改正規定及び同法第92条の5の改正規定，第5条中水産業協同組合法第11条第4項第二号及び第11条の9の改正規定，同法第11条の10の次に一条を加える改正規定，同法第11条の13第2項及び第15条の7の改正規定，同法第15条の9の2を同法第15条の9の3とし，同法第15条の9の次に一条を加える改正規定並びに同法第92条第1項，第96条第1項，第100条第1項，第100条の8第1項及び第121条の5の改正規定，第6条中中小企業等協同組合法第9条の7の3及び第9条の7の4並びに第9条の7の5第2項の改正規定並びに同法第9条の9の次に二条を加える改正規定，第7条中信用

金庫法第89条第1項の改正規定（「提供等」の下に「，指定紛争解決機関との契約締結義務等」を加える部分に限る。），同条第2項の改正規定及び同法第89条の2の改正規定（「第37条の5（保証金の受領に係る書面の交付），第37条の6（書面による解除）」を「第37条の5から第37条の7まで（保証金の受領に係る書面の交付，書面による解除，指定紛争解決機関との契約締結義務等）」に改める部分に限る。），第8条中長期信用銀行法第17条の2の改正規定（「第37条の5（保証金の受領に係る書面の交付），第37条の6（書面による解除）」を「第37条の5から第37条の7まで（保証金の受領に係る書面の交付，書面による解除，指定紛争解決機関との契約締結義務等）」に改める部分に限る。），第9条中労働金庫法第94条第1項の改正規定（「提供等」の下に「，指定紛争解決機関との契約締結義務等」を加える部分に限る。），同条第2項の改正規定及び同法第94条の2の改正規定，第10条中銀行法第12条の3を同法第12条の4とし，同法第12条の2の次に一条を加える改正規定，同法第13条の4の改正規定，同法第52条の2の5の改正規定（「第37条の5（保証金の受領に係る書面の交付），第37条の6（書面による解除）」を「第37条の5から第37条の7まで（保証金の受領に係る書面の交付，書面に

よる解除，指定紛争解決機関との契約締結義務等）」に改める部分に限る。）及び同法第52条の45の2の改正規定，第11条中貸金業法第12条の2の次に一条を加える改正規定及び同法第41条の7に一項を加える改正規定，第12条中保険業法目次の改正規定（「第105条」を「第105条の3」に改める部分に限る。），同法第99条第8項の改正規定，同法第2編第3章中第105条の次に二条を加える改正規定，同法第199条の改正規定，同法第240条第1項第三号の次に二号を加える改正規定，同法第272条の13の次に一条を加える改正規定，同法第299条の次に一条を加える改正規定及び同法第300条の2の改正規定，第13条中農林中央金庫法第57条の次に一条を加える改正規定，同法第59条の3の改正規定，同法第59条の7の改正規定（「第37条の5，第37条の6」を「第37条の5から第37条の7まで」に改める部分に限る。）及び同法第95条の5の改正規定，第14条中信託業法第23条の次に一条を加える改正規定並びに同法第24条の2及び第50条の2第12項の改正規定，第15条中株式会社商工組合中央金庫法第29条の改正規定，第17条中証券取引法等の一部を改正する法律の施行に伴う関係法律の整備等に関する法律第57条第2項の規定によりなおその効力を有するものとされる同法第1条の規定

による廃止前の抵当証券業の規制等に関する法律目次の改正規定（「第19条」を「第19条の2」に改める部分に限る。）及び同法第3章中第19条の次に一条を加える改正規定並びに附則第8条，第9条及び第16条の規定　公布の日から起算して1年6月を超えない範囲内において政令で定める日

第7条（中小企業等協同組合法の一部改正に伴う調整規定）　附則第1条第三号に掲げる規定の施行の日が保険法の施行に伴う関係法律の整備に関する法律（平成20年法律第57号）の施行の日前である場合には，第6条のうち中小企業等協同組合法第9条の7の5第2項の改正規定中「第9条の7の5第2項」とあるのは，「第9条の7の5第3項」とする。

2　施行日が保険法の施行に伴う関係法律の整備に関する法律の施行の日前である場合には，同日の前日までの間における附則第3条第4項の規定の適用については，同項中「第9条の7の5第2項」とあるのは，「第9条の7の5第3項」とする。

第9条（罰則の適用に関する経過措置）　この法律（附則第1条各号に掲げる規定にあっては，当該規定。以下この条において同じ。）の施行前にした行為及びこの附則の規定によりなお従前の例によることとされる場合におけるこの法律の施行後にした行為に対する罰則の適用については，なお従前の例による。

第20条（政令への委任）　附則第2条から第5条まで及び前条に定めるもののほか，この法律の施行に関し必要な経過措置は，政令で定める。

第21条（検討）　政府は，この法律の施行後3年以内に，この法律による改正後のそれぞれの法律（以下「改正後の各法律」という。）に規定する指定紛争解決機関（以下単に「指定紛争解決機関」という。）の指定状況及び改正後の各法律に規定する紛争解決等業務の遂行状況その他経済社会情勢等を勘案し，消費者庁及び消費者委員会設置法（平成21年法律第48号）附則第3項に係る検討状況も踏まえ，消費者庁の関与の在り方及び業態横断的かつ包括的な紛争解決体制の在り方も含めた指定紛争解決機関による裁判外紛争解決手続に係る制度の在り方について検討を加え，必要があると認めるときは，その結果に基づいて所要の措置を講ずるものとする。

2　政府は，前項に定める事項のほか，この法律の施行後5年以内に，この法律による改正後の規定の実施状況について検討を加え，必要があると認めるときは，その結果に基づいて所要の措置を講ずるものとする。

　　　附　則（平成22年5月19日法律第32号）（抄）

第1条（施行期日）　この法律は，公布の日から起算して1年を超えない範囲内において政令で定める日から施行する。ただし，次の各号に掲げる規定は，当該各号に定める日から施行する。

一　第1条中金融商品取引法第2条第28項の改正規定（「，デリバティブ取引その他」を「若しくはデリバティブ取引（取引の状況及び我が国の資本市場に与える影響その他の事情を勘案し，公益又は投資者保護のため支障を生ずることがないと認められるものとして政令で定める取引を除く。）又はこれらに付随し，若しくは関連する取引として」に改める部分に限る。）及び同法第205条の2の3第九号の改正規定，第4条の規定，第5条中信託業法第49条第1項及び第2項の改正規定並びに附則第13条及び第14条の規定　公布の日

第13条（罰則の適用に関する経過措置）　この法律（附則第1条各号に掲げる規定にあっては，当該規定）の施行前にした行為に対する罰則の適用については，なお従前の例による。

第14条（政令への委任）　附則第2条から第5条まで及び前条に定めるもののほか，この法律の施行に関し必要な経過措置（罰則に関する経過措置を含む。）は，政令で定める。

第15条（検討）　政府は，この法律の施行後5年以内に，この法律による改正後の規定の実施状況について検討を加え，必要があると認めるときは，その結果に基づいて所要の措置を講ずるものとする。

附　則（平成 24 年 8 月 1 日法律第53 号）（抄）

第 1 条（施行期日）　この法律は，公布の日から起算して 3 月を超えない範囲内において政令で定める日から施行する。

附　則（平成 24 年 9 月 12 日法律第86 号）（抄）

第 1 条（施行期日）　この法律は，公布の日から起算して 1 年 6 月を超えない範囲内において政令で定める日から施行する。ただし，次の各号に掲げる規定は，当該各号に定める日から施行する。

一　附則第 4 条第 13 項及び第 18 条の規定　公布の日

二　第 1 条，次条及び附則第 17 条の規定　公布の日から起算して 1 年を超えない範囲内において政令で定める日

三　第 3 条並びに附則第 7 条，第 9 条から第 11 条まで及び第 16 条の規定　公布の日から起算して 3 年を超えない範囲内において政令で定める日

第 17 条（罰則の適用に関する経過措置）　この法律（附則第 1 条第二号及び第三号に掲げる規定については，当該規定）の施行前にした行為に対する罰則の適用については，なお従前の例による。

第 18 条（政令への委任）　附則第 2 条から第 5 条まで及び前条に定めるもののほか，この法律の施行に関し必要な経過措置（罰則に関する経過措置を含

む。）は，政令で定める。

第 19 条（検討）　政府は，この法律の施行後 5 年以内に，この法律による改正後の規定の実施状況について検討を加え，必要があると認めるときは，その結果に基づいて所要の措置を講ずるものとする。

附　則（平成 25 年 6 月 19 日法律第45 号）（抄）

第 1 条（施行期日）　この法律は，公布の日から起算して 1 年を超えない範囲内において政令で定める日から施行する。ただし，次の各号に掲げる規定は，当該各号に定める日から施行する。

一　第 1 条中金融商品取引法第 197 条の 2 の次に一条を加える改正規定，同法第 198 条第二号の次に二号を加える改正規定並びに同法第 198 条の 3，第 198 条の 6 第二号，第 205 条第十四号並びに第 207 条第 1 項第二号及び第 2 項の改正規定，第 3 条の規定，第 4 条中農業協同組合法第 11 条の 4 第 4 項の次に一項を加える改正規定，第 5 条のうち水産業協同組合法第 11 条の 11 中第 5 項を第 6 項とし，第 4 項の次に一項を加える改正規定，第 8 条の規定（投資信託及び投資法人に関する法律第 252 条の改正規定を除く。），第 14 条のうち銀行法第 13 条中第 5 項を第 6 項とし，第 4 項の次に一項を加える改正規定及び同法第 52 条の 22 第 4 項中「前三項」を「前各項」に改め，同

項を同条第5項とし，同条第3項の次に一項を加える改正規定，第15条の規定，第19条のうち農林中央金庫法第58条中第5項を第6項とし，第4項の次に一項を加える改正規定，第21条中信託業法第91条，第93条，第96条及び第98条第1項の改正規定，第22条の規定並びに附則第30条（株式会社地域経済活性化支援機構法（平成21年法律第63号）第23条第2項の改正規定に限る。），第31条（株式会社東日本大震災事業者再生支援機構法（平成23年法律第113号）第17条第2項の改正規定に限る。），第32条，第36条及び第37条の規定　公布の日から起算して20日を経過した日

三　第2条の規定，第4条中農業協同組合法第11条の4第1項及び第3項並びに第93条第2項の改正規定，第5条中水産業協同組合法第11条の11第1項及び第3項並びに第122条第2項の改正規定，第9条の規定，第14条中銀行法第13条第1項及び第3項，第24条第2項，第52条の22第1項及び第2項並びに第52条の31第2項の改正規定，第16条中保険業法第128条第2項，第200条第2項，第201条第2項，第226条第2項，第271条の27第1項，第272条の22第2項及び第272条の40第2項の改正規定，第18条の規定，第19条中農林中央金庫法第58条第1項及び第3項並びに第83条第2項の改正規定，第21条中信託業法第42条第3項及び第58条第2項の改正規定並びに附則第7条から第13条まで，第15条，第16条及び第26条の規定　公布の日から起算して1年6月を超えない範囲内において政令で定める日

第36条（罰則の適用に関する経過措置）　この法律（附則第1条各号に掲げる規定にあっては，当該規定。以下この条において同じ。）の施行前にした行為及びこの附則の規定によりなお従前の例によることとされる場合におけるこの法律の施行後にした行為に対する罰則の適用については，なお従前の例による。

第37条（政令への委任）　附則第2条から第15条まで及び前条に定めるもののほか，この法律の施行に関し必要な経過措置（罰則に関する経過措置を含む。）は，政令で定める。

第38条（検討）　政府は，この法律の施行後5年を目途として，この法律による改正後のそれぞれの法律（以下この条において「改正後の各法律」という。）の施行の状況等を勘案し，必要があると認めるときは，改正後の各法律の規定について検討を加え，その結果に基づいて所要の措置を講ずるものとする。

　　附　則（平成25年11月27日法律
　　　　第86号）（抄）

第1条（施行期日）　この法律は，公布の日から起算して6月を超えない範囲

内において政令で定める日から施行する。

　　附　則（平成 26 年 5 月 30 日法律第
　　　　44 号）（抄）
第 1 条（施行期日）　この法律は，公布
　の日から起算して 1 年を超えない範囲
　内において政令で定める日から施行す
　る。ただし，次の各号に掲げる規定
　は，当該各号に定める日から施行す
　る。
一　第 1 条中金融商品取引法第 87 条
　　の 2 第 1 項ただし書の改正規定並び
　　に附則第 17 条及び第 18 条の規定
　　公布の日
二　第 1 条中金融商品取引法目次の改
　　正規定（「第 8 章　罰則（第 197 条
　　―第 209 条）」を「第 8 章　罰則
　　（第 197 条―第 209 条の 3）8 章の 2
　　没収に関する手続等の特例（第 209
　　条の 4―第 209 条の 7）」に改める
　　部分に限る。），同法第 46 条，第 46
　　条の 6 第 3 項，第 49 条及び第 49 条
　　の 2，第 50 条の 2 第 4 項，第 57 条
　　の 2 第 5 項，第 57 条の 17 第 2 項及
　　び第 3 項並びに第 63 条第 4 項の改
　　正規定，同法第 65 条の 5 第 2 項の
　　改正規定（「規定（」を「規定並び
　　に」に，「罰則を含む。）」を「第 8
　　章及び第 8 章の 2 の規定」に改める
　　部分に限る。），同条第 4 項の改正規
　　定（「規定（」を「規定並びに」
　　に，「罰則を含む。）」を「第 8 章及
　　び第 8 章の 2 の規定」に改める部分
　　に限る。），同法第 209 条の次に二条

を加える改正規定，同法第 8 章の次
に一章を加える改正規定並びに同法
第 210 条第 1 項の改正規定並びに第
2 条（金融商品取引法等の一部を改
正する法律附則第 3 条の改正規定に
限る。），第 3 条（金融機関の信託業
務の兼営等に関する法律第 2 条第 4
項の改正規定（「第 38 条」の下に
「（第七号を除く。）」を加える部分に
限る。）及び同法第 2 条の 2 の改正
規定を除く。），第 4 条（農業協同組
合法第 11 条の 2 の 4，第 11 条の 10
の 3 及び第 92 条の 5 の改正規定を
除く。），第 5 条（消費生活協同組合
法第 12 条の 3 第 2 項の改正規定を
除く。），第 6 条（水産業協同組合法
第 11 条の 9，第 15 条の 7 及び第
121 条の 5 の改正規定を除く。），第
7 条（中小企業等協同組合法第 9 条
の 7 の 5 第 2 項の改正規定を除
く。），第 8 条（協同組合による金融
事業に関する法律第 6 条の 5 の 2 の
改正規定を除く。），第 9 条（投資信
託及び投資法人に関する法律第 197
条及び第 223 条の 3 第 1 項の改正規
定を除く。），第 10 条（信用金庫法
第 89 条の 2 の改正規定を除く。），
第 11 条（長期信用銀行法第 17 条の
2 の改正規定を除く。），第 12 条（労
働金庫法第 94 条の 2 の改正規定を
除く。），第 13 条（銀行法第 13 条の
4，第 52 条の 2 の 5 及び第 52 条の
45 の 2 の改正規定を除く。），第 14
条，第 15 条（保険業法第 300 条の
2 の改正規定を除く。），第 16 条（農

林中央金庫法第59条の3，第59条の7及び第95条の5の改正規定を除く。），第17条（信託業法第24条の2及び附則第20条の改正規定を除く。）及び第18条（株式会社商工組合中央金庫法第6条第8項及び第29条の改正規定を除く。）の規定並びに附則第13条（証券取引法等の一部を改正する法律（平成18年法律第65号）附則第20条の改正規定を除く。），第14条（株式会社日本政策金融公庫法（平成19年法律第57号）第63条第2項の改正規定（「規定（」を「規定並びに」に，「罰則を含む。」を「同法第8章及び第8章の2の規定」に改める部分に限る。）に限る。）及び第15条（株式会社国際協力銀行法（平成23年法律第39号）第43条第2項の改正規定（「規定（」を「規定並びに」に，「罰則を含む。」を「同法第8章及び第8章の2の規定」に改める部分に限る。）及び同条第4項の改正規定に限る。）の規定　公布の日から起算して6月を超えない範囲内において政令で定める日

第17条（罰則の適用に関する経過措置）　この法律（附則第1条各号に掲げる規定にあっては，当該規定。以下この条において同じ。）の施行前にした行為及びこの附則の規定によりなお従前の例によることとされる場合におけるこの法律の施行後にした行為に対する罰則の適用については，なお従前の例による。

第18条（政令への委任）　附則第2条から第6条まで及び前条に定めるもののほか，この法律の施行に関し必要な経過措置（罰則に関する経過措置を含む。）は，政令で定める。

第19条（検討）　政府は，この法律の施行後5年を目途として，この法律による改正後のそれぞれの法律（以下この条において「改正後の各法律」という。）の施行の状況等を勘案し，必要があると認めるときは，改正後の各法律の規定について検討を加え，その結果に基づいて所要の措置を講ずるものとする。

　　　附　則（平成26年6月27日法律第91号）（抄）

この法律は，会社法の一部を改正する法律の施行の日から施行する。

　　　附　則（平成28年6月3日法律第62号）（抄）

第1条（施行期日）　この法律は，公布の日から起算して1年を超えない範囲内において政令で定める日から施行する。

第18条（罰則に関する経過措置）　この法律の施行前にした行為に対する罰則の適用については，なお従前の例による。

第19条（その他の経過措置の政令への委任）　附則第2条から第8条まで及び前条に定めるもののほか，この法律の施行に関し必要な経過措置（罰則に関する経過措置を含む。）は，政令で

信 託 業 法　　*515*

定める。

第20条（検討）　政府は，この法律の施行後5年を目途として，この法律による改正後のそれぞれの法律（以下この条において「改正後の各法律」という。）の施行の状況等を勘案し，必要があると認めるときは，改正後の各法律の規定について検討を加え，その結果に基づいて所要の措置を講ずるものとする。

用語索引

【ア　行】

後継ぎ遺贈　74
一括拠出型　97
遺言　3, 70
　　──の無効確認訴訟　71
遺言執行　10
遺言執行者　10, 191
遺言者　10
遺言信託　7, 10, 76
遺言代用信託　71, 77
遺言による信託　11
遺贈　70
意思能力の確認　54
委託者　4, 22
委託者指図型投資信託　200
委任　62
違法建築　238
遺留分減殺請求　71
運用型信託業　8

【カ　行】

改正信託業法　14
介入権　31
解約実行請求　216
確定給付企業年金信託　96
貸付債権　204
貸付信託受益権　210

貸付信託担保貸付　250
家族信託　100
株式信託　123
管理型信託業　8
企業年金　96
規制改革推進3か年計画　15
帰属権利者　67
共益権　40
競合行為の禁止　35
強制執行　109
共同信託　178
共同相続　223
共有不動産の信託　78
契約による信託　80
区分所有権　238
兼営法　6
限定責任信託　19, 85, 88
公益信託　92
公共工事前払金の預金　252, 264
後見　54
後見信託　60
後見制度支援信託　56, 60
厚生年金基金信託　96
合同運用義務　175
公平義務　35
公的年金　96
合有　156
個人年金信託　96
固有必要的共同訴訟　157

【サ 行】

詐害信託　26, 138
　──の否認　27
指図権者　44
残余財産受益者　67
シンジケートローン　94
自益権　40
自益信託　50
事業型信託　83
事業信託　82
自己執行義務　18, 36
自己信託　19, 48
執行妨害目的の信託　125
私的年金　96
集団信託　164
受益権　40
　──の放棄　217
受益債権　39, 40
受益者　5, 22, 40
受益者指定権者等　46
受益者指定権等　46
受益者代理人　19, 43
受益者連続信託　74
受益証券発行信託　19, 84
受託者　4, 22
　──の利益享受の禁止　28
受託者指定義務　232
証券投資信託　7, 261
商事信託　20
情報提供義務　19
信託の本旨　33
信託会社　8
信託監督人　19, 42
信託管理人　43

信託業　8
信託銀行　6
信託契約　77, 258
信託行為の定めによっても制限するこ
　とのできない権利　40
信託債権　39
信託財産　255
信託財産責任負担債務　83
信託事務処理代行者　37
信託受益権　31
　──の時価　287
信託条項　79
信託宣言　48
信託登記　79
セキュリティ・トラスト　29, 94
成年後見制度　2, 54
善管注意義務　33
相続税対策　71
贈与税　309
訴訟信託の禁止　29
損失のてん補責任　38

【タ 行】

滞納処分の差押え　319
退職給付信託　97
代理　62
他益信託　50
脱法信託の禁止　28
担保権信託　94
担保附社債信託　14
忠実義務　18, 33
帳簿等の閲覧請求権　164
著作権管理信託　170
積立型　96
定期預金担保貸付　250

手形の裏書　111
適合性原則違反　238
撤回可能信託　31
倒産隔離機能　26
投資信託受益証券　206
投信　86
投信法　15, 84, 86
特定公益信託　93
特定障害者　66
特定贈与信託　66
土壌汚染された土地の信託受益権
　230
土地信託　7, 191
取立委任裏書　113

【ナ　行】

日本版 ESOP　98
任意後見監督人　54
　——の職務　59
任意後見契約　58
任意後見人　58
任意後見制度　2
任意的訴訟信託　115
認知症対策としての財産管理　52
認定特定公益信託　93
年金　96
年金信託　7, 96, 175, 187

【ハ　行】

パーソナル・トラスト　12
ビジネス・トラスト　13
複数選任方式　60
負担付遺贈　76
不動産の信託　228, 291

不動産投資信託商品　226
分散投資義務　189
分別管理義務　35
ペット信託　90
平成 16 年改正信託業法　16
平成 18 年改正信託業法　19
報告請求権　164
補佐　54
補助　54
本来の遺言信託　11

【マ・ヤ・ラ行】

民事信託　20
名義信託　107
目的信託　19, 90
ユース　12
リート　87
リレー方式　60
利益相反行為の制限　34
レバレッジリスク　243
劣後受益権　300

ESOP 信託　98
J-REIT　87
MMF　86
NISA　87
TLO　9, 16

判例索引

【大審院・最高裁判所】

大審院昭和8年3月14日判決 ················· 150
大審院昭和9年5月29日判決 ················· 152
大審院昭和13年9月21日判決 ··············· 107
大審院昭和17年7月7日判決 ················· 154
最高裁昭和25年11月16日判決 ············· 147
最高裁昭和36年3月14日判決 ··············· 109
最高裁昭和45年11月11日判決 ············· 115
最高裁平成5年1月19日判決 ················· 191
最高裁平成11年3月25日判決 ··············· 157
最高裁平成14年1月17日判決 ··············· 128
最高裁平成15年2月21日判決 ··············· 132
最高裁平成15年6月12日判決 ··············· 120
最高裁平成18年12月14日判決 ············· 261
最高裁平成21年8月12日決定 ··············· 118
最高裁平成23年11月17日判決 ············· 197
最高裁平成26年2月25日判決 ··············· 221
最高裁平成26年6月5日判決 ················· 282
最高裁平成26年12月12日判決 ············· 223
最高裁平成28年3月15日判決 ··············· 246
最高裁平成28年3月29日判決 ··············· 319

【高等裁判所】

大阪高裁昭和58年2月16日判決 ··········· 210
大阪高裁昭和58年10月27日決定 ········· 123
大阪高裁平成8年10月21日決定 ··········· 125
東京高裁平成8年11月28日判決 ··········· 250
大阪高裁平成9年1月30日判決 ············· 113
東京高裁平成12年10月25日判決 ········· 252
大阪高裁平成12年11月29日判決 ········· 255

大阪高裁平成13年11月6日判決 ··········· 258
東京高裁平成17年2月17日判決 ··········· 170
大阪高裁平成17年3月30日判決 ··········· 175
大阪高裁平成20年9月24日判決 ··········· 134
福岡高裁平成21年4月10日判決 ··········· 264
名古屋高裁平成21年10月2日判決 ········ 215
大阪高裁平成22年4月9日判決 ············· 268
名古屋高裁平成25年4月3日判決 ········· 309
大阪高裁平成25年7月19日判決 ··········· 183
東京高裁平成25年7月19日判決 ··········· 291
東京高裁平成26年8月29日判決 ··········· 300

【地方裁判所】

東京地裁昭和45年12月17日判決 ·········· 206
福岡地裁昭和49年10月1日判決 ··········· 287
東京地裁昭和61年11月18日判決 ········· 138
広島地裁平成5年7月15日判決 ············· 140
大阪地裁平成8年2月15日判決 ············· 111
東京地裁平成13年2月1日判決 ············· 160
東京地裁平成14年1月30日判決 ··········· 226
東京地裁平成14年7月26日判決 ··········· 164
東京地裁平成16年3月30日判決 ··········· 194
東京地裁平成16年8月25日判決 ··········· 212
東京地裁平成17年12月27日判決 ·········· 228
東京地裁平成18年11月28日判決 ········· 230
東京地裁平成19年11月29日判決 ········· 208
東京地裁平成21年3月27日判決 ··········· 178
東京地裁平成21年6月29日判決 ··········· 200
東京地裁平成21年9月1日判決 ············· 232
東京地裁平成22年7月27日判決 ··········· 204
大阪地裁平成23年1月28日判決 ··········· 272
東京地裁平成23年6月14日判決 ··········· 238

判例索引　*523*

大阪地裁平成23年10月7日判決 ………… 278

東京地裁平成23年11月9日判決 ………… 241

東京地裁平成23年12月7日判決 ………… 243

東京地裁平成24年2月7日判決 ………… 180

東京地裁平成24年6月15日判決 ………… 142

大阪地裁平成25年2月20日判決 ………… 235

東京地裁平成25年2月25日判決 ………… 291

大阪地裁平成25年3月7日判決 ………… 217

大阪地裁平成25年3月29日判決 ………… 187

東京地裁平成25年6月25日判決 ………… 144

《著者紹介》

宮崎　裕二（みやざき　ゆうじ）
1979年3月，東京大学法学部卒業。同年10月，司法試験合格。1982年4月，弁護士登録。1986年4月，宮崎法律事務所開設。2008年度に大阪弁護士会副会長，2009年から現在に至るまで大阪地方裁判所調停委員を務める。専門は，不動産，倒産・再生，相続，企業法務。

[主要著書]（共著を含む）
『わかりやすい借地借家法のポイント』（三菱UFJリサーチ＆コンサルティング）
『これならわかる！Q&A55　定期借地権なるほどガイド』（PHP研究所）
『賃貸住宅経営トラブル解決法（改訂）』（清文社）
『道路・通路の裁判例（第2版）』（有斐閣）
『改訂・相続の法律知識』（三菱UFJリサーチ＆コンサルティング）
『非常勤社外監査役の理論と実務』（大阪弁護士会・日本公認会計士協会近畿会編）（商事法務）
『不動産取引における心理的瑕疵の裁判例と評価』（プログレス）
『借家の立退きQ&A74』（住宅新報社）
『土壌汚染をめぐる重要裁判例と実務対策』（プログレス）
『Q&A重要裁判例にみる私道と通行権の法律トラブル解決法』（プログレス）

宮崎法律事務所　〒530-0047　大阪市北区西天満2丁目6番8号　堂ビル211号室

ザ・信託──信託のプロをめざす人のための50のキホンと関係図で読み解く66の重要裁判例
2016年11月20日　印刷
2016年11月30日　発行
著　者　宮崎　裕二 ©
発行者　野々内邦夫

発行所　**株式会社プログレス**

〒160-0022　東京都新宿区新宿1-12-12
電話 03(3341)6573　FAX03(3341)6937
http://www.progres-net.co.jp　E-mail: info@progres-net.co.jp

＊落丁本・乱丁本はお取り替えいたします。　　　　　　　　モリモト印刷株式会社

本書のコピー，スキャン，デジタル化等の無断複製は著作権法上での例外を除き禁じられています。本書を代行業者等の第三者に依頼してスキャンやデジタル化することは，たとえ個人や会社内での利用でも著作権法違反です。

ISBN978-4-905366-59-1　C2032

PROGRES
プログレス

http://www.progres-net.co.jp

Q&A
《重要裁判例にみる》
私道と通行権の
法律トラブル解決法

弁護士 **宮崎 裕二** 著　　■A5判・368頁■本体4,200円＋税

不動産（土地・建物）の開発・売買・仲介・建築・評価等々の実務に日々携わっている方々，
また，自治体の建築指導課・都市計画課・道路課・まちづくり課等の行政マンのために，
不動産の法律問題に精通したベテラン弁護士が，私道と通行権をめぐる法律トラブル
の解決法を，過去の重要裁判例を基に，問答式でやさしく解説した最良の書。

土壌汚染をめぐる
重要裁判例と実務対策
土壌汚染地の売買契約条文と調査・処理の実際

弁護士　　　　不動産鑑定士　　　技術士［環境］
宮崎裕二 ／ 森島義博 ／ 八巻 淳

■ **A5 判・260 頁**
■ **本体 3,000 円＋税**

不動産取引における
心理的瑕疵の裁判例と評価

不動産取引における
**心理的瑕疵の
裁判例と評価**

自殺・孤独死等によって、
不動産の価値は
どれだけ下がるか？

［著者］宮崎 裕二
［著者］仲嶋 保
［著者］難波 里美
［著者］高島 博

Progres

自殺・孤独死等によって、不動産の価値はどれだけ下がるか？

宮崎　裕二（弁護士・宮崎法律事務所）
仲嶋　保　（不動産鑑定士・堂島総合評価システム株式会社）
難波　里美（不動産鑑定士・株式会社難波不動産鑑定）
高島　博　（不動産鑑定士・株式会社谷澤総合鑑定所）

■A5判・200頁
■本体2,000円＋税

いわゆる《事故不動産》をめぐる多くの裁判例を詳解するとともに、
賃貸・売買市場での取引実態を解明し、心理的瑕疵による減価率の
査定手法を具体例をあげて解説した初めての書。